AÑO 2013: TU HORÓSCOPO PERSONAL

Joseph Polansky

Año 2013:
Tu horóscopo personal

Previsiones mes a mes
para cada signo

U R A N O

Argentina - Chile - Colombia - España
Estados Unidos - México - Perú - Uruguay - Venezuela

Título original: *Your Personal Horoscope 2013*
Editor original: Aquarium, An Imprint of HarperCollins Publishers
Traducción: Amelia Brito

Reservados todos los derechos. Queda rigurosamente prohibida, sin la autorización escrita de los titulares del *copyright,* bajo las sanciones establecidas en las leyes, la reproducción parcial o total de esta obra por cualquier medio o procedimiento, incluidos la reprografía y el tratamiento informático, así como la distribución de ejemplares mediante alquiler o préstamo público.

Copyright © 2012 by Star Data, Inc.
73 Benson Avenue
Westwood, NJ 07675
U.S.A.
www.stardata-online.com
info@stardata-online.com
© 2012 *by* Ediciones Urano, S.A.
Aribau, 142, pral. - 08036 Barcelona
www.mundourano.com

ISBN: 978-84-7953-822-4
E-ISBN: 978-84-9944-269-3
Depósito Legal: B-14.890-2012

Fotocomposición: Montserrat Gómez Lao
Impreso por Rodesa S.A. - Polígono Industrial San Miguel - Parcelas E7-E8
31132 Villatuerta (Navarra)

Impreso en España - *Printed in Spain*

Índice

Introducción 9

Glosario de términos astrológicos 11

Aries
Rasgos generales 17
Horóscopo para el año 2013 - Principales tendencias ... 22
Previsiones mes a mes 30

Tauro
Rasgos generales 47
Horóscopo para el año 2013 - Principales tendencias ... 52
Previsiones mes a mes 60

Géminis
Rasgos generales 77
Horóscopo para el año 2013 - Principales tendencias ... 82
Previsiones mes a mes 90

Cáncer
Rasgos generales 107
Horóscopo para el año 2013 - Principales tendencias ... 112
Previsiones mes a mes 120

Leo
Rasgos generales 137
Horóscopo para el año 2013 - Principales tendencias ... 142
Previsiones mes a mes 150

Virgo
Rasgos generales	167
Horóscopo para el año 2013 - Principales tendencias . . .	172
Previsiones mes a mes	180

Libra
Rasgos generales	197
Horóscopo para el año 2013 - Principales tendencias . . .	202
Previsiones mes a mes	210

Escorpio
Rasgos generales	227
Horóscopo para el año 2013 - Principales tendencias . . .	232
Previsiones mes a mes	240

Sagitario
Rasgos generales	259
Horóscopo para el año 2013 - Principales tendencias . . .	263
Previsiones mes a mes	271

Capricornio
Rasgos generales	289
Horóscopo para el año 2013 - Principales tendencias . . .	294
Previsiones mes a mes	302

Acuario
Rasgos generales	321
Horóscopo para el año 2013 - Principales tendencias . . .	326
Previsiones mes a mes	334

Piscis
Rasgos generales	351
Horóscopo para el año 2013 - Principales tendencias . . .	356
Previsiones mes a mes	363

Introducción

He escrito este libro para todas aquellas personas que deseen sacar provecho de los beneficios de la astrología y aprender algo más sobre cómo influye en nuestra vida cotidiana esta ciencia tan vasta, compleja e increíblemente profunda. Espero que después de haberlo leído, comprendas algunas de las posibilidades que ofrece la astrología y sientas ganas de explorar más este fascinante mundo.

Te considero, lector o lectora, mi cliente personal. Por el estudio de tu horóscopo solar me doy cuenta de lo que ocurre en tu vida, de tus sentimientos y aspiraciones, y de los retos con que te enfrentas. Después analizo todos estos temas lo mejor posible. Piensa que lo único que te puede ayudar más que este libro es tener tu propio astrólogo particular.

Escribo como hablaría a un cliente. Así pues, la sección correspondiente a cada signo incluye los rasgos generales, las principales tendencias para el 2013 y unas completas previsiones mes a mes. He hecho todo lo posible por expresarme de un modo sencillo y práctico, y he añadido un glosario de los términos que pueden resultarte desconocidos. Los rasgos generales de cada signo te servirán para comprender tu naturaleza y la de las personas que te rodean. Este conocimiento te ayudará a tener menos prejuicios y a ser más tolerante contigo y con los demás. La primera ley del universo es que todos debemos ser fieles a nosotros mismos; así pues, las secciones sobre los rasgos generales de cada signo están destinadas a fomentar la autoaceptación y el amor por uno mismo, sin los cuales es muy difícil, por no decir imposible, aceptar y amar a los demás.

Si este libro te sirve para aceptarte más y conocerte mejor, entonces quiere decir que ha cumplido su finalidad. Pero la astrología tiene otras aplicaciones prácticas en la vida cotidiana: nos explica hacia dónde va nuestra vida y la de las personas que nos rodean. Al leer este libro comprenderás que, si bien las corrientes cósmicas no nos obligan, sí nos impulsan en ciertas direcciones. Las secciones «Horóscopo para el año 2013» y «Previsiones mes a mes» están destinadas a orientarte a través de los movimientos e influencias de los planetas, para que te resulte más fácil dirigir tu vida en la dirección deseada y sacar el mejor partido del año que te aguarda. Estas previsiones abarcan orientaciones concretas en los aspectos que más nos interesan a todos: salud, amor, vida familiar, profesión, situación económica y progreso personal. Si en un mes determinado adviertes que un compañero de trabajo, un hijo o tu pareja está más irritable o quisquilloso que de costumbre, verás el porqué cuando leas sus correspondientes previsiones para ese mes. Eso te servirá para ser una persona más tolerante y comprensiva.

Una de las partes más útiles de este libro es la sección sobre los mejores días y los menos favorables que aparece al comienzo de cada previsión mensual. Esa sección te servirá para hacer tus planes y remontar con provecho la corriente cósmica. Si programas tus actividades para los mejores días, es decir, aquellos en que tendrás más fuerza y magnetismo, conseguirás más con menos esfuerzo y aumentarán con creces tus posibilidades de éxito. De igual modo, en los días menos favorables es mejor que evites las reuniones importantes y que no tomes decisiones de peso, ya que en esos días los planetas primordiales de tu horóscopo estarán retrógrados (es decir, retrocediendo en el zodiaco).

En la sección «Principales tendencias» se indican las épocas en que tu vitalidad estará fuerte o débil, o cuando tus relaciones con los compañeros de trabajo o los seres queridos requerirán un esfuerzo mayor por tu parte. En la introducción de los rasgos generales de cada signo, se indican cuáles son sus piedras, colores y aromas, sus necesidades y virtudes y otros elementos importantes. Se puede aumentar la energía y mejorar la creatividad y la sensación general de bienestar de modo creativo, por ejemplo usando los aromas, colores y piedras del propio signo, decorando la casa con esos colores, e incluso visualizándolos alrededor de uno antes de dormirse.

Es mi sincero deseo que *Año 2013: Tu horóscopo personal* mejore tu calidad de vida, te haga las cosas más fáciles, te ilumine el camino, destierre las oscuridades y te sirva para tomar más conciencia de tu conexión con el Universo. Bien entendida y usada con juicio, la astrología es una guía para conocernos a nosotros mismos y comprender mejor a las personas que nos rodean y las circunstancias y situaciones de nuestra vida. Pero ten presente que lo que hagas con ese conocimiento, es decir, el resultado final, depende exclusivamente de ti.

Glosario de términos astrológicos

Ascendente

Tenemos la experiencia del día y la noche debido a que cada 24 horas la Tierra hace una rotación completa sobre su eje. Por ello nos parece que el Sol, la Luna y los planetas salen y se ponen. El zodiaco es un cinturón fijo que rodea la Tierra (imaginario pero muy real en un sentido espiritual). Como la Tierra gira, el observador tiene la impresión de que las constelaciones que dan nombre a los signos del zodiaco aparecen y desaparecen en el horizonte. Durante un periodo de 24 horas, cada signo del zodiaco pasará por el horizonte en un momento u otro. El signo que está en el horizonte en un momento dado se llama ascendente o signo ascendente. El ascendente es el signo que indica la imagen de la persona, cómo es su cuerpo y el concepto que tiene de sí misma: su yo personal, por oposición al yo espiritual, que está indicado por su signo solar.

Aspectos

Los aspectos son las relaciones angulares entre los planetas, el modo como se estimulan o se afectan los unos a los otros. Si dos planetas forman un aspecto (conexión) armonioso, tienden a estimularse de un modo positivo y útil. Si forman un aspecto difícil, se influyen mutuamente de un modo tenso, lo cual provoca alteraciones en la influencia normal de esos planetas.

Casas

Hay doce signos del zodiaco y doce casas o áreas de experiencia. Los doce signos son los tipos de personalidad y las diferentes maneras que tiene de expresarse un determinado planeta. Las casas indican en qué ámbito de la vida tiene lugar esa expresión (véase la lista de más abajo). Una casa puede adquirir fuerza e importancia, y convertirse en una casa poderosa, de distintas maneras: si contiene al Sol, la Luna o el regente de la carta astral, si contiene a más de un planeta, o si el regente de la casa está recibiendo un estímulo excepcional de otros planetas.

Primera casa: cuerpo e imagen personal.
Segunda casa: dinero y posesiones.
Tercera casa: comunicación.
Cuarta casa: hogar, familia y vida doméstica.
Quinta casa: diversión, creatividad, especulaciones y aventuras amorosas.
Sexta casa: salud y trabajo.
Séptima casa: amor, romance, matrimonio y asociaciones.
Octava casa: eliminación, transformación y dinero de otras personas.
Novena casa: viajes, educación, religión y filosofía.
Décima casa: profesión.
Undécima casa: amigos, actividades en grupo y deseos más queridos.
Duodécima casa: sabiduría espiritual y caridad.

Fases de la Luna

Pasada la Luna llena, parece como si este satélite (visto desde la Tierra) se encogiera, disminuyendo poco a poco de tamaño hasta volverse prácticamente invisible a simple vista, en el momento de la Luna nueva. A este periodo se lo llama fase *menguante* o Luna menguante.

Pasada la Luna nueva, nuestro satélite (visto desde la Tierra) va creciendo paulatinamente hasta llegar a su tamaño máximo en el momento de la Luna llena. A este periodo se lo llama fase *creciente* o Luna creciente.

Fuera de límites

Los planetas se mueven por nuestro zodiaco en diversos ángulos en relación al ecuador celeste (si se prolonga el ecuador terrestre hacia el Universo se obtiene el ecuador celeste). El Sol, que es la influencia más dominante y poderosa del sistema solar, es la unidad de medida que se usa en astrología. El Sol nunca se aparta más de aproximadamente 23 grados al norte o al sur del ecuador celeste. Cuando el Sol llega a su máxima distancia al sur del ecuador celeste, es el solsticio de invierno (declinación o descenso) en el hemisferio norte y de verano (elevación o ascenso) en el hemisferio sur; cuando llega a su máxima distancia al norte del ecuador celeste, es el solsticio de verano en el hemisferio norte y de invierno en el hemisferio sur. Si en cualquier momento un planeta sobrepasa esta frontera solar, como sucede de vez en cuando, se dice que está «fuera de límites», es decir, que se ha introducido en territorio ajeno, más allá de los límites marcados por el Sol, que es el regente del sistema solar. En esta situación el planeta adquiere más importancia y su poder aumenta, convirtiéndose en una influencia importante para las previsiones.

Karma

El karma es la ley de causa y efecto que rige todos los fenómenos. La situación en la que nos encontramos se debe al karma, a nuestros actos del pasado. El Universo es un instrumento tan equilibrado que cualquier acto desequilibrado pone inmediatamente en marcha las fuerzas correctoras: el karma.

Modos astrológicos

Según su modo, los doce signos del zodiaco se dividen en tres grupos: *cardinales*, *fijos* y *mutables*.

El modo *cardinal* es activo e iniciador. Los signos cardinales (Aries, Cáncer, Libra y Capricornio) son buenos para poner en marcha nuevos proyectos.

El modo *fijo* es estable, constante y resistente. Los signos fijos (Tauro, Leo, Escorpio y Acuario) son buenos para continuar las cosas iniciadas.

El modo *mutable* es adaptable, variable y con tendencia a buscar el equilibrio. Los signos mutables (Géminis, Virgo, Sagitario y Piscis) son creativos, aunque no siempre prácticos.

Movimiento directo

Cuando los planetas se mueven hacia delante por el zodiaco, como hacen normalmente, se dice que están «directos».

Movimiento retrógrado

Los planetas se mueven alrededor del Sol a diferentes velocidades. Mercurio y Venus lo hacen mucho más rápido que la Tierra, mientras que Marte, Júpiter, Saturno, Urano, Neptuno y Plutón lo hacen más lentamente. Así, hay periodos durante los cuales desde la Tierra da la impresión de que los planetas retrocedieran. En realidad siempre avanzan, pero desde nuestro punto de vista terrestre parece que fueran hacia atrás por el zodiaco durante cierto tiempo. A esto se lo llama movimiento retrógrado, que tiende a debilitar la influencia normal de los planetas.

Natal

En astrología se usa esta palabra para distinguir las posiciones planetarias que se dieron en el momento del nacimiento (natales) de las posiciones por tránsito (actuales). Por ejemplo, la expresión Sol natal hace alusión a la posición del Sol en el momento del nacimiento de una persona; Sol en tránsito se refiere a la posición actual del Sol en cualquier momento dado, que generalmente no coincide con la del Sol natal.

Planetas lentos

A los planetas que tardan mucho tiempo en pasar por un signo se los llama planetas lentos. Son los siguientes: Júpiter (que permanece alrededor de un año en cada signo), Saturno (dos años y medio), Urano (siete años), Neptuno (catorce años) y Plutón (entre doce y treinta años). Estos planetas indican las tendencias que habrá durante un periodo largo de tiempo en un determinado ámbito de la vida, y son importantes, por lo tanto, en las previsiones a largo plazo. Dado que estos planetas permanecen tanto tiempo en un signo, hay periodos durante el año en que contactan con los planetas rápidos, y estos activan aún más una determinada casa, aumentando su importancia.

Planetas rápidos

Son los planetas que cambian rápidamente de posición: la Luna (que sólo permanece dos días y medio en cada signo), Mercurio (entre veinte y treinta días), el Sol (treinta días), Venus (alrededor de un mes) y Marte (aproximadamente dos meses). Dado que estos planetas pasan tan rápidamente por un signo, sus efectos suelen ser breves. En un horóscopo indican las tendencias inmediatas y cotidianas.

Tránsitos

Con esta palabra se designan los movimientos de los planetas en cualquier momento dado. En astrología se usa la palabra «tránsito» para distinguir un planeta natal de su movimiento actual en los cielos. Por ejemplo, si en el momento de tu nacimiento Saturno estaba en Cáncer en la casa ocho, pero ahora está pasando por la casa tres, se dice que está «en tránsito» por la casa tres. Los tránsitos son una de las principales herramientas con que se trabaja en la previsión de tendencias.

Aries

♈

El Carnero
Nacidos entre el 21 de marzo y el 20 de abril

Rasgos generales

ARIES DE UN VISTAZO
Elemento: Fuego

Planeta regente: Marte
  Planeta de la profesión: Saturno
  Planeta del amor: Venus
  Planeta del dinero: Venus
  Planeta del hogar y la vida familiar: la Luna
  Planeta de la riqueza y la buena suerte: Júpiter

Colores: Carmín, rojo, escarlata
  Colores que favorecen el amor, el romance y la armonía social: Verde, verde jade
  Color que favorece la capacidad de ganar dinero: Verde

Piedra: Amatista

Metales: Hierro, acero

Aroma: Madreselva

Modo: Cardinal (= actividad)

Cualidad más necesaria para el equilibrio: Cautela

Virtudes más fuertes: Abundante energía física, valor, sinceridad, independencia, confianza en uno mismo

Necesidad más profunda: Acción

Lo que hay que evitar: Prisa, impetuosidad, exceso de agresividad, temeridad

Signos globalmente más compatibles: Leo, Sagitario

Signos globalmente más incompatibles: Cáncer, Libra, Capricornio

Signo que ofrece más apoyo laboral: Capricornio

Signo que ofrece más apoyo emocional: Cáncer

Signo que ofrece más apoyo económico: Tauro

Mejor signo para el matrimonio y/o las asociaciones: Libra

Signo que más apoya en proyectos creativos: Leo

Mejor signo para pasárselo bien: Leo

Signos que más apoyan espiritualmente: Sagitario, Piscis

Mejor día de la semana: Martes

La personalidad Aries

Aries es el activista por excelencia del zodiaco. Su necesidad de acción es casi una adicción, y probablemente con esta dura palabra la describirían las personas que no comprenden realmente la personalidad ariana. En realidad, la «acción» es la esencia de la psicología de los Aries, y cuanto más directa, contundente y precisa, mejor. Si se piensa bien en ello, este es el carácter ideal para el guerrero, el pionero, el atleta o el directivo.

A los Aries les gusta que se hagan las cosas, y suele ocurrir que en su entusiasmo y celo pierden de vista las consecuencias para ellos mismos y los demás. Sí, ciertamente se esfuerzan por ser diplomáticos y actuar con tacto, pero les resulta difícil. Cuando lo hacen tienen la impresión de no ser sinceros, de actuar con falsedad. Les cuesta incluso comprender la actitud del diplomático, del creador de consenso, de los ejecutivos; todas estas personas se pasan la vida en interminables reuniones, conversaciones y negociaciones, todo lo cual parece una gran pérdida de tiempo cuando hay tanto trabajo por hacer, tantos logros reales por alcanzar. Si se le explica, la persona Aries es capaz de comprender que las conversaciones y negociaciones y la armonía social conducen en último término a acciones mejores y más eficaces. Lo interesante es que un Aries rara vez es una persona de mala voluntad o malévola, ni siquiera cuando está librando una guerra. Los Aries luchan sin sentir odio por sus contrincantes. Para ellos todo es una amistosa diversión, una gran aventura, un juego.

Ante un problema, muchas personas se dicen: «Bueno, veamos de qué se trata; analicemos la situación». Pero un Aries no; un Aries piensa: «Hay que hacer algo; manos a la obra». Evidentemente ninguna de estas dos reacciones es la respuesta adecuada siempre. A veces es necesario actuar, otras veces, pensar. Sin embargo, los Aries tienden a inclinarse hacia el lado de la acción, aunque se equivoquen.

Acción y pensamiento son dos principios totalmente diferentes. La actividad física es el uso de la fuerza bruta. El pensamiento y la reflexión nos exigen no usar la fuerza, estar quietos. No es conveniente que el atleta se detenga a analizar su próximo movimiento, ya que ello sólo reducirá la rapidez de su reacción. El atleta debe actuar instintiva e instantáneamente. Así es como tienden a comportarse en la vida las personas Aries. Son rápidas e instintivas para tomar decisiones, que tienden a traducirse en acciones casi de inmediato. Cuando la intuición es fina y aguda, sus actos son poderosos y eficaces. Cuando les falla la intuición, pueden ser desastrosos.

Pero no vayamos a creer que esto asusta a los Aries. Así como un buen guerrero sabe que en el curso de la batalla es posible que reciba unas cuantas heridas, la persona Aries comprende, en algún profundo rincón de su interior, que siendo fiel a sí misma es posible que incurra en uno o dos desastres. Todo forma parte del juego. Los Aries se sienten lo suficientemente fuertes para capear cualquier tormenta.

Muchos nativos de Aries son intelectuales; pueden ser pensadores profundos y creativos. Pero incluso en este dominio tienden a ser pioneros y francos, sin pelos en la lengua. Este tipo de Aries suele elevar (o sublimar) sus deseos de combate físico con combates intelectuales y mentales. Y ciertamente resulta muy convincente.

En general, los Aries tienen una fe en sí mismos de la que deberíamos aprender los demás. Esta fe básica y sólida les permite superar las situaciones más tumultuosas de la vida. Su valor y su confianza en sí mismos hacen de ellos líderes naturales. Su liderazgo funciona más en el sentido de dar ejemplo que de controlar realmente a los demás.

Situación económica

Los Aries suelen destacar en el campo de la construcción y como agentes de la propiedad inmobiliaria. Para ellos el dinero es menos importante de por sí que otras cosas, como por ejemplo la acción, la aventura, el deporte, etc. Sienten la necesidad de apoyar a sus socios y colaboradores y de gozar de su aprecio y buena opinión. El dinero en cuanto medio para obtener placer es otra importante motivación. Aries funciona mejor teniendo su propio negocio, o como directivo o jefe de departamento en una gran empresa. Cuantas menos órdenes reciba de un superior, mucho mejor. También trabaja más a gusto al aire libre que detrás de un escritorio.

Los Aries son muy trabajadores y poseen muchísimo aguante; pueden ganar grandes sumas de dinero gracias a la fuerza de su pura energía física.

Venus es su planeta del dinero, lo cual significa que necesitan cultivar más las habilidades sociales para convertir en realidad todo su potencial adquisitivo. Limitarse a hacer el trabajo, que es en lo que destacan los Aries, no es suficiente para tener éxito económico. Para conseguirlo necesitan la colaboración de los demás: sus clientes y colaboradores han de sentirse cómodos y a gusto. Para tener éxito, es necesario tratar debidamente a muchas personas. Cuando los Aries desarrollan estas capacidades, o contratan a alguien que se encargue de esa parte del trabajo, su potencial de éxito económico es ilimitado.

Profesión e imagen pública

Se podría pensar que una personalidad pionera va a romper con las convenciones sociales y políticas de la sociedad, pero este no es el caso de los nacidos en Aries. Son pioneros dentro de los marcos convencionales, en el sentido de que prefieren iniciar sus propias empresas o actividades en el seno de una industria ya establecida que trabajar para otra persona.

En el horóscopo solar de los Aries, Capricornio está en la cúspide de la casa diez, la de la profesión, y por lo tanto Saturno es el planeta que rige su vida laboral y sus aspiraciones profesionales. Esto nos dice algunas cosas interesantes acerca del carácter ariano. En primer lugar nos dice que para que los Aries conviertan en realidad todo su potencial profesional es necesario que cultiven algunas cualidades que son algo ajenas a su naturaleza básica. Deben ser mejores administradores y organizadores. Han de ser capaces de manejar mejor los detalles y de adoptar una perspectiva a largo plazo de sus proyectos y de su profesión en general. Nadie puede derrotar a un Aries cuando se trata de objetivos a corto plazo, pero una carrera profesional es un objetivo a largo plazo, que se construye a lo largo del tiempo. No se puede abordar con prisas ni «a lo loco».

A algunos nativos de Aries les cuesta mucho perseverar en un proyecto hasta el final. Dado que se aburren con rapidez y están continuamente tras nuevas aventuras, prefieren pasarle a otra persona el proyecto que ellos han iniciado para emprender algo nuevo. Los Aries que aprendan a postergar la búsqueda de algo nuevo hasta haber terminado lo viejo, conseguirán un gran éxito en su trabajo y en su vida profesional.

En general, a las personas Aries les gusta que la sociedad las juzgue por sus propios méritos, por sus verdaderos logros. Una reputación basada en exageraciones o propaganda les parece falsa.

Amor y relaciones

Tanto para el matrimonio como para otro tipo de asociaciones, a los Aries les gustan las personas pasivas, amables, discretas y diplomáticas, que tengan las habilidades y cualidades sociales de las que ellos suelen carecer. Nuestra pareja y nuestros socios siempre representan una parte oculta de nosotros mismos, un yo que no podemos expresar personalmente.

Hombre o mujer, la persona Aries suele abordar agresivamente lo que le gusta. Su tendencia es lanzarse a relaciones y matrimonios. Esto es particularmente así si además del Sol tiene a Venus en su signo. Cuando a Aries le gusta alguien, le costará muchísimo aceptar un no y multiplicará los esfuerzos para vencer su resistencia.

Si bien la persona Aries puede ser exasperante en las relaciones, sobre todo cuando su pareja no la comprende, jamás será cruel ni rencorosa de un modo consciente y premeditado. Simplemente es tan independiente y está tan segura de sí misma que le resulta casi imposible comprender el punto de vista o la posición de otra persona. A eso se debe que Aries necesite tener de pareja o socio a alguien que tenga muy buena disposición social.

En el lado positivo, los Aries son sinceros, personas en quienes uno se puede apoyar y con quienes siempre se sabe qué terreno se pisa. Lo que les falta de diplomacia lo compensan con integridad.

Hogar y vida familiar

Desde luego, el Aries es quien manda en casa, es el Jefe. Si es hombre, tenderá a delegar los asuntos domésticos en su mujer. Si es mujer, querrá ser ella quien lleve la batuta. Tanto los hombres como las mujeres Aries suelen manejar bien los asuntos domésticos, les gustan las familias numerosas y creen en la santidad e importancia de la familia. Un

Aries es un buen miembro de la familia, aunque no le gusta especialmente estar en casa y prefiere vagabundear un poco.

Para ser de naturaleza tan combativa y voluntariosa, los Aries saben ser sorprendentemente dulces, amables e incluso vulnerables con su pareja y sus hijos. En la cúspide de su cuarta casa solar, la del hogar y la familia, está el signo de Cáncer, regido por la Luna. Si en su carta natal la Luna está bien aspectada, es decir, bajo influencias favorables, la persona Aries será afectuosa con su familia y deseará tener una vida familiar que la apoye y la nutra afectivamente. Tanto a la mujer como al hombre Aries le gusta llegar a casa después de un arduo día en el campo de batalla de la vida y encontrar los brazos comprensivos de su pareja, y el amor y el apoyo incondicionales de su familia. Los Aries piensan que fuera, en el mundo, ya hay suficiente «guerra», en la cual les gusta participar, pero cuando llegan a casa, prefieren la comodidad y el cariño.

Horóscopo para el año 2013*

Principales tendencias

Desde que Urano, uno de los planetas más dinámicos, entró en tu signo en marzo de 2011, el tema de tu vida ha sido el cambio, repentino y drástico. Cuando Urano acabe su trabajo contigo, dentro de unos cinco años, estarás en condiciones y circunstancias totalmente diferentes a las de ahora. Todos los Aries sentís y vais a sentir los cambios, pero si naciste en la primera parte del signo (20 de marzo a 5 de abril) los sentirás más fuertes. Parte de esto no es muy agradable. A veces, sin darnos cuenta, nos aferramos a situaciones, relaciones o formas de pensar negativas, nos aferramos a lo rutinario, lo de siempre, y en realidad esto es destructivo para nosotros. Por lo tanto, Urano tiene que tomar medidas drásticas para liberarnos de esas ataduras. A veces el truco lo hace un terremoto, un tsunami o algún otro

---

* Las previsiones de este libro se basan en el Horóscopo Solar y todos los signos que derivan de él; tu Signo Solar se convierte en el Ascendente, y las casas se numeran a partir de él. Tu horóscopo personal, el trazado concretamente para ti (según la fecha, hora y lugar exactos de tu nacimiento) podrían modificar lo que decimos aquí. Joseph Polansky

desastre natural; a veces ocurren otros acontecimientos dramáticos. Nada de esto es un castigo, sino una liberación. Estando involucrado Urano en esto, no es mucho lo que podemos hacer conscientemente para evitarlo o prevenirlo; estas cosas no son algo que se pueda «calcular», hacer planes al respecto. Por lo general, los acontecimientos son repentinos e inesperados, cosas con las que no soñaríamos ni en un millón de años. Con Urano sólo se puede esperar lo inesperado. Pero cuando ocurre el cambio, de pronto te encuentras en una nueva vida, de pronto estás libre para hacer realidad el verdadero deseo de tu corazón. Esto es lo bueno, el beneficio.

Los años 2011 y 2012 fueron muy difíciles, plagados de crisis. Afortunadamente los pasaste, y lo peor ya se acabó. La mayoría de los planetas lentos han salido de sus aspectos desfavorables para ti. Este año debería haber una tremenda mejoría en tu salud y energía. Volveremos sobre este tema.

En octubre del año pasado Saturno entró en tu octava casa. Este tránsito es muy bueno para ti; Saturno salió de su posición desfavorable. Este año deberás examinar más detenidamente tu actividad sexual; es necesario que te centres más en la calidad que en la cantidad. Saturno sabe hacer esto.

El año pasado, el 3 de febrero, Neptuno hizo un tránsito importante, salió de tu casa once y entró en tu espiritual casa doce; la vida espiritual adquiere mucha más importancia de la habitual, y esta es una tendencia de largo plazo.

Las facetas de mayor interés para ti este año son: el cuerpo, la imagen y el placer personal; la comunicación y los intereses intelectuales (hasta el 27 de junio); el hogar y la familia (del 27 de junio en adelante); la sexualidad, la muerte y el renacimiento, la reencarnación, la regresión a vidas anteriores, los estudios ocultos y la reinvención personal; la profesión; la espiritualidad.

Los caminos para tu mayor realización este año son: la comunicación y los intereses intelectuales; el hogar y la familia (a partir del 27 de junio); la sexualidad, la muerte y el renacimiento, la reencarnación, la regresión a vidas anteriores, los estudios ocultos y la reinvención personal.

Salud

(Ten en cuenta que esta es una perspectiva astrológica de la salud, no una médica. Antaño no había ninguna diferencia, ambas eran idénticas, pero en esta época podrían diferir muchísimo. Para una perspectiva médica, por favor, consulta a tu médico o a otro profesional de la salud.)

La salud y la energía están mucho, mucho mejor que en años pasados; si pasaste el 2012, este año lo pasarás sin dificultades; es probable que estés más fuerte que nunca. Tu sexta casa, la de la salud, está fundamentalmente vacía este año, no hay ningún planeta lento en ella; pasarán por ella los planetas rápidos, pero estos tránsitos son temporales, no son tendencias para el año. La sexta casa vacía la considero un punto positivo para la salud: no tienes necesidad de prestarle atención, pues no hay nada mal; más o menos puedes dar por descontada la salud.

Por muy bien que esté tu salud, siempre puedes mejorarla o fortalecerla más. Presta más atención a los siguientes órganos:

La cabeza, la cara y el cuero cabelludo. Esto siempre es importante para Aries. Los masajes periódicos en el cuero cabelludo y la cara siempre son terapia potente para ti; también lo es la terapia sacro-craneal; a veces los huesos del cráneo se desalinean y es necesario realinearlos.

Los pulmones, el intestino delgado, los brazos, los hombros y el sistema respiratorio. Deberás dar masajes periódicos a los brazos y los hombros. La pureza del aire suele ser más importante para ti que para la mayoría.

Dado que estos son los órganos más vunerables, mantenerlos sanos es una buena medicina preventiva.

Urano está en tu signo y se quedará un buen tiempo. Urano en tu signo tiende a impulsarte a ser experimentador con tu cuerpo; quieres «poner a prueba» sus límites. En esencia esto es bueno; así es como adquirimos el conocimiento de nosotros mismos; así es como ensanchamos los límites físicos, mejoramos el rendimiento deportivo o atlético, aumentamos la fuerza y el aguante físicos. Pero esta puesta a prueba hay que hacerla de manera consciente y sensata. Algunas personas ponen a prueba su cuerpo de manera irresponsable; esta semana leí sobre un joven que saltó desde el puente Golden Gate por diversión; este es el tipo de cosas de las que hay que guardarse. Con este tipo de aspecto, te irá bien practicar una disciplina como el yoga, el tai chi, algún tipo de artes marciales; así puedes poner a prueba tu cuerpo y ensanchar sus límites, pero de una manera segura y controlada. Esta tendencia estará en vigor muchos años más.

Mercurio es tu planeta de la salud; es fabuloso tener este planeta de la salud. Por cierto, esto es su dominio natural; es fuerte y poderoso por ti. En el cuerpo físico rige los pulmones, el intestino delgado, los brazos, los hombros y el sistema respiratorio, de ahí la importancia de estos órganos en tu salud general.

Nuestros lectores saben que Mercurio es un planeta de movimiento rápido. A lo largo del año transita por todos los signos y casas del horóscopo. Por lo tanto, hay muchas tendencias de corto plazo en la salud, según dónde esté Mercurio y los aspectos que reciba, y estas es mejor tratarlas en las previsiones mes a mes.

Hogar y vida familiar

Tu cuarta casa, la del hogar y la familia, se hace fuerte, y de modo feliz, a partir del 27 de junio, ya que este día entra Júpiter en ella y continúa ahí hasta bien avanzado 2014.

Nuestros lectores ya saben que el tránsito de Júpiter por la cuarta casa trae buena suerte en la compra o venta de una casa; da prosperidad a la familia en su conjunto, pero en especial a uno de los padres o figuras parentales de tu vida.

A veces indica una mudanza, una mudanza feliz, a una casa o un apartamento más grande y mejor. Pero no es necesaria una mudanza para conseguir felicidad y más espacio en la casa. Muchas veces una renovación lo consigue; a veces añadir un nuevo adorno o accesorio «ensancha» la casa, la hace diferente. A veces las personas compran una segunda casa o alguna otra propiedad.

Sea como sea, te mudes o no, te llegará la oportunidad de mudarte; cuando esto ocurra puedes decidir qué hacer.

Júpiter en la cuarta casa indica felicidad y placer procedente de la familia; hay buen apoyo familiar este año. Tú eres generoso con la familia y a la inversa.

También indica «expansión de la unidad familiar»; por lo general esto ocurre por nacimiento o matrimonio. O tal vez conoces a personas que son como familiares para ti, personas que te apoyan incondicionalmente.

Tal vez lo mejor que ocurre es que el ánimo (la vida emocional) está elevado y optimista. El buen ánimo atrae acontecimientos felices, buenos.

No todo es de color de rosa en la familia. Un pariente político pasa por dificultades: tal vez una intervención quirúrgica, tal vez una experiencia de muerte temporal o casi muerte, o cambios personales drásticos. Pero la familia se mantiene unida y conserva el optimismo; en la familia reina el ánimo elevado, de «eres capaz».

Si estás en edad de concebir, eres mucho más fértil de lo habitual en este periodo; también ocurre esto en 2014.

Tienes el tipo de carta de una persona que ofrece su casa para servicios religiosos, estudio de las Escrituras o reuniones de oración, en especial después del 27 de junio. La familia en su conjunto se ve más orientada a la religión.

Si tienes planes para hacer una renovación en la casa, sobre todo con obras de construcción, cualquier momento después del 27 de junio es bueno, pero en especial el periodo comprendido entre el 13 de julio y el 28 de agosto. Si quieres embellecer la casa, redecorarla, darle una nueva mano de pintura, mejorarla estéticamente, es bueno el periodo del 3 al 28 de junio.

Este año prospera un hermano o hermana o figura fraternal de tu vida. En general tiene un año bueno, pero no se ven probabilidades de mudanza. Si esta persona está soltera, parece que inicia un romance serio.

Un progenitor o figura parental podría hacerse una operación de cirugía estética este año (esto podría haber ocurrido ya).

Este año no se ven mudanzas para los hijos; y no son aconsejables. Lo desean, pero es más conveniente que hagan mejor uso del espacio que tienen.

Profesión y situación económica

Tu segunda casa, la de las finanzas, no es casa de poder este año. Has salido de un año financiero fabuloso, 2012, y se te ve más o menos satisfecho; este es un año en que las cosas continúan como están; no tienes ninguna necesidad especial de hacer cambios drásticos. Sin embargo, el 10 de mayo hay un eclipse solar en tu casa del dinero, y esto produce cierto cambio; pero será de corta duración.

Venus es tu planeta de las finanzas (también tu planeta del amor) y es un planeta de movimiento rápido. Por lo tanto, hay todo tipo de tendencias de corto plazo según dónde esté y los aspectos que reciba; estas tendencias es mejor tratarlas en las previsiones mes a mes.

Pero en general el dinero tiende a llegarte de diversas maneras y a través de diversas personas. Eres muy flexible tratándose de ingresos.

Siendo Venus tu planeta del dinero, tus conexiones sociales son de la máxima importancia en tus finanzas. Eres esencialmente una persona independiente, te gusta trazarte tu destino, pero tratándose de dinero, necesitas a los demás.

Cuando Venus es el planeta del dinero no se puede medir la riqueza de la persona solamente por el estado de sus finanzas; este es sólo la punta del iceberg. Su verdadera riqueza está en las personas que conoce, en las relaciones que ha formado. La riqueza de las amistades es una forma de riqueza. En el mundo empresarial se suele colocar una cantidad de dinero en la amistad y se la llama «buena voluntad». Esto está por encima y más allá de los bienes físicos que posee la empresa.

Aun cuando esté vacía la casa del dinero siempre hay periodos en que pasan por ella los planetas rápidos y la activan temporalmente; estos son los periodos financieros cumbre del año. Este año esto ocurre del 20 de abril al 31 de mayo.

El cónyuge, pareja o ser amado actual pasa por dificultades financieras este año; tiene a Saturno transitando por su casa del dinero y encima hay dos eclipses en esa casa. Esta persona necesita reorganizar sus finanzas, reestructurarlas. Si hace unos cuantos cambios va a descubrir que tiene todos los recursos que necesita. En los dos próximos años saneará sus finanzas, eliminará un montón de gastos innecesarios, derrochadores, y aprenderá a administrar mejor su dinero. Esto no siempre es agradable, pero es realmente un taller cósmico de administración financiera.

La profesión (la posición y el prestigio profesional) es mucho más importante este año que el simple dinero. El dinero y la profesión suelen estar relacionados, pero no siempre. Muchas personas sacrifican sus ingresos por una posición más prestigiosa. No todas las personas son así, pero hay muchas, y tú eres una de ellas.

Plutón, el planeta de la transformación, la muerte y el renacimiento, lleva unos años en tu décima casa, la de la profesión. Saturno, tu planeta de la profesión, entró en tu octava casa (también de la transformación, muerte y renacimiento) en octubre del año pasado. Así pues, tenemos un mensaje doble: tu empresa o industria, tu profesión, va a pasar por una transformación a fondo, será reformada totalmente. Este proceso lleva algunos años, pero ahora se acelera. En los próximos años podría quedar casi irreconocible; será como si estuvieras en otra empresa, industria o profesión.

En cuanto a cómo ocurren estas cosas, son muchas las posibilidades, demasiadas para incluirlas todas aquí. Pero a veces hay cambios importantes en la jerarquía de la empresa o industria; a veces la persona que está en la cima de la jerarquía pasa por una intervención quirúrgica o una experiencia de casi muerte. Otra posibilidad es que la empresa llegue a la bancarrota o a algo cercano a la bancarrota. O el gobierno impone nuevas leyes o reglamentaciones que reforman una industria. Estas son sólo unas pocas posibilidades.

Las dificultades en la profesión son los dolores del parto de algo nuevo y maravilloso. El parto nunca ha sido un proceso fácil ni indoloro.

Amor y vida social

Este año no está poderosa tu séptima casa, la del amor, el matrimonio y las sociedades de negocios. Esta faceta tiende a continuar como está. No ocurre nada especial en la vida amorosa. Sin duda a lo largo del año hay periodos en que la vida amorosa será más activa, cuando los planetas rápidos activen la séptima casa, pero estas son tendencias de corto plazo, no tendencias para el año. Este año estos periodos serán del 16 de agosto al 23 de octubre y del 7 de diciembre hasta fin de año. Si estás soltero o soltera, lo más probable es que continúes así, y lo mismo vale si estás casado o casada.

Si bien está vacía tu séptima casa, la vida social en general se ve mucho mejor que los dos años pasados. Desde 2009 hasta octubre de 2012 estaba Saturno transitando por tu séptima casa. El amor fue puesto a prueba y hubo muchos divorcios o separaciones. También fueron puestas a prueba las relaciones amorosas serias y las amistades. Las buenas sobrevivieron, siempre lo hacen, pero las menos perfectas, las que tenían defectos desde el principio, no sobrevivieron. Esta es la finalidad de estas pruebas. Si tu matrimonio o relación sobrevivió a esos años, es probable que supere cualquier cosa. Has logrado algo muy especial; ya se acabaron las pruebas y ahora podéis disfrutar la relación. Si estás recuperándote de un divorcio, es posible que no estés de ánimo para volver a casarte muy pronto.

Nos hemos referido principalmente a un primer o segundo matrimonio, en vistas o ya realizado. Si estás pensando en un tercer matrimonio, el año pasado hubo romance, y tal vez incluso hubo boda. Los aspectos son fabulosos este año también. Lo que me gusta es que el amor te busca. El ser amado se ve muy dedicado a ti; hay un compromiso fuerte y esto tiende a sobrevivir.

Aries está en sazón para explorar la libertad personal. Por lo general esto no es muy bueno para las relaciones comprometidas; por definición, una relación comprometida es una limitación a la libertad. Una relación comprometida podría funcionar si en ella se permite libertad y cambio. La persona que está en una relación romántica con un nativo de Aries necesita entender esto; debe darle toda la libertad que sea posible siempre que esto no sea destructivo.

Sea cual sea el matrimonio en que estás pensando, este parece ser más un año de «amistad» que de romance. Las amistades te buscan; las amistades te quieren; las amistades anteponen tus intereses a los de ellas.

Estas son las tendencias generales para el año; hay muchas tendencias de corto plazo, las que dependen de dónde está Venus y de los aspectos que recibe, y es mejor tratarlas en las previsiones mes a mes.

Progreso personal

La presencia de Urano en el propio signo, que es de cierta duración, hace necesario aprender a arreglárselas con el cambio. Tal vez dijimos esto el año pasado, pero esta lección, esta necesidad, continúa muy en vigor. El cambio es una ley del Universo; es lo único constante en este mundo creado. Si logras aprender a fluir con los cambios, a no resistirlos, pasarás por esto con mucha facilidad y armonía. Si el cambio es una ley del universo, en realidad, y de verdad, es tu amigo; porque el Universo, el Gran Macrocosmos, está a favor de nosotros, no en contra. El cambio tiende a producir inseguridad, y esta es otra cosa con que debemos arreglárnoslas. Si el Universo se lleva un juguete muy querido, ten la seguridad de que lo reemplazará por otro mejor; siempre trabaja por nuestro bien.

Estando Urano en el signo Aries hay un ánimo de rebelión en el mundo; nadie siente esto más que Aries. A veces es necesaria la rebelión, sobre todo contra la verdadera opresión. Normalmente no lo es. Hay maneras positivas y constructivas de rebelarse. La manera positiva es producir un sistema, una metodología, una organización mejores que las actuales; no va de gritar fuerte, de bravatas o violencia. Si no te gusta cómo se lleva la empresa en que trabajas, crea una manera mejor; enséñala, demuéstrala. Si tienes la suerte de vivir en una democracia, ejerce tu rebelión con tu voto y con activismo político en favor de lo que apoyas.

El peligro de esta posición es que la persona puede lanzarse a una «rebelión a ciegas», a rebelarse simplemente por rebelarse; sean cuales sean los verdaderos problemas, se le «cuelgan a alguien»; la autoridad es mala simplemente porque es autoridad. Esto puede tener consecuencias negativas, tanto para la persona que se rebela como para aquella en contra de la cual se rebela.

Esta tendencia va a predominar en los niños Aries; será más difícil manejarlos. Si tienes hijos Aries, el primer paso es darles toda la libertad posible mientras esto no sea destructivo; animarlos a adoptar aficiones creativas en las que puedan expresar su originalidad y sus impulsos rebeldes de maneras sanas y constructivas. Si deseas que hagan algo, evita el método «autoritario»; hazles ver la lógica, la razón fundamental de lo que les pides, no que lo hagan simplemente «porque yo lo digo».

Previsiones mes a mes

Enero

Mejores días en general: 8, 9, 17, 18, 26, 27, 28
Días menos favorables en general: 4, 5, 10, 11, 24, 25, 31
Mejores días para el amor: 4, 5, 8, 9, 18, 19, 29, 30, 31
Mejores días para el dinero: 4, 8, 9, 12, 18, 19, 20, 22, 29, 30, 31
Mejores días para la profesión: 6, 7, 10, 11, 14, 15, 24, 25

Comienzas el año con el 70 y a veces el 80 por ciento de los planetas sobre el horizonte de tu carta, en la mitad superior de tu horóscopo. Tu décima casa está muy poderosa todo el mes, pero en especial hasta el 19. Estás en medio de una cima profesional del año; estás en el mediodía de tu año. Centra la atención en la profesión y en tus objetivos mundanos externos. Puedes desatender sin riesgo los asuntos domésticos y familiares por un tiempo. Puedes servir mejor a tu familia triunfando en el mundo externo. Este es un mes de inmenso progreso profesional. Hay probabilidades de aumento de sueldo y ascenso.

El mes pasado los planetas comenzaron a trasladarse del sector occidental de tu carta al oriental. Este mes, el 19, el traslado es más pronunciado aún. Ahora domina el sector oriental, el de la independencia. Como saben nuestros lectores, este es un periodo para tomar el mando de tu destino, para configurar las condiciones y circunstancias de la manera que las deseas, para crear tu nirvana personal. Ahora tienes el poder para hacerlo; muy posiblemente los demás estarán de acuerdo contigo, pero si no, puedes actuar solo. Después de haber pasado seis o más meses con los planetas en tu sector occidental, teniendo que adaptarte a las situaciones, ya ves fácilmente lo que es necesario cambiar y estás preparado para arreglar las cosas.

Este mes el 90 por ciento de los planetas están en movimiento directo; a fin de mes lo estarán todos. Así pues, este es un mes de ritmo rápido, y deberías ver un rápido avance hacia tus objetivos.

Es un mes muy bueno para el amor y el dinero. Venus, tu planeta del dinero y del amor, está en Sagitario hasta el 10. Esto indica mayores ingresos, suerte en las especulaciones y en general una actitud optimista hacia las finanzas. Seguro que habrá algún problema, pero tienes la fe y la confianza en ti mismo para hacerle frente. El 10 Venus cruza tu Medio cielo y entra en tu décima casa, la de la profesión. Esto indica aumento de sueldo; te llegan oportunidades financieras gracias a tu buena fama profesional y por el favor de jefes, mayores y figuras de autoridad, tal vez incluso de algún organismo gubernamental. Si tienes asuntos pendientes con un organismo gubernamental, podría ser aconsejable que te ocuparas de ellos después del 10; después de esta fecha, el planeta del dinero en Capricornio da buen juicio financiero; una buena perspectiva de las finanzas a largo plazo. Antes del 10 eres un gastador manirroto, tal vez hasta impulsivo. Después te vuelves más responsable.

El cónyuge, pareja o ser amado actual hace cambios financieros drásticos en este periodo. Esta persona se ve en dificultades. Parece que eres tú quien gana más en estos momentos.

Si estás soltero o soltera y sin compromiso, hay oportunidades amorosas en otros países y en ambientes de tipo formativo o religioso.

Hasta el 19 eres impulsivo en el amor; después de esta fecha llegan la cautela y tal vez pruebas. La pregunta es: ¿eres capaz de mantener el ardor mientras tu planeta del amor está en Capricornio?

La salud general es buena, pero este no es uno de tus mejores meses. Descansa y relájate más hasta el 19. Por suerte este mes te veo más atento a la salud, y eso es bueno.

Febrero

Mejores días en general: 5, 13, 14, 23, 24
Días menos favorables en general: 1, 7, 8, 20, 21, 22, 27, 28
Mejores días para el amor: 1, 9, 10, 18, 19, 27, 28
Mejores días para el dinero: 9, 10, 15, 16, 17, 18, 19, 27
Mejores días para la profesión: 2, 3, 7, 8, 11, 12, 20, 21

La profesión continúa exitosa y sigue siendo un centro de atención importante, aunque el interés se desvanece un poco. Generalmente esto se debe a que has conseguido muchos objetivos de corto plazo y ha llegado el momento de pasar la atención a otras cosas. Desde el 19 del mes pasado ha estado poderosa tu casa once, la de las amistades, y esto continúa hasta el 18 de este mes; estás en un periodo social fuerte, aunque no necesariamente romántico; va más de amistad y actividades de grupo. Este mes aumenta tu comprensión sobre la alta tecnología, y cuando Venus entre en tu casa once el 2, tal vez gastes más en estas cosas.

El movimiento planetario es abrumadoramente directo. Hasta el 18 todos los planetas están en movimiento directo. Así pues, este es un periodo excelente para iniciar nuevos proyectos o lanzar nuevos productos. El mejor periodo del mes es del 10 al 18 (la Luna estará en su fase creciente).

El 18 inicia movimiento retrógrado Saturno, tu planeta de la profesión. Si tienes necesidad de negociar con jefes u organismos gubernamentales, o de tomar otras decisiones profesionales importantes, será mejor que lo hagas antes del 18.

El cónyuge, pareja o ser amado actual va mejor en las finanzas este mes, pero no ha salido de las dificultades; debe reorganizar y reestructurar sus finanzas.

Este es un mes de tipo espiritual. Marte, tu planeta regente, entra el 2 en tu casa doce, la de la espiritualidad. Del 3 al 5 viaja (en conjunción) con Neptuno, tu planeta espiritual. El 5 entra Mercurio en tu casa doce; el 18 entra el Sol en esta casa, y el 26 se les une Venus ahí. Este es un mes para progreso y revelaciones espirituales; el mundo invisible está muy cerca de ti e insólitamente activo en tus asuntos. Este es un periodo para experiencias de tipo sobrenatural, sincronismos, percepciones extrasensoriales y sueños proféticos. Si estás en un camino espiritual harás muchísimo progreso este mes. Es posible que experimentes las cosas de las que has leído en libros u oído en charlas y seminarios. Experimentarás fenómenos que no se pueden negar.

Cuando Marte esté en conjunción con Neptuno (del 3 al 5) será mejor que evites el alcohol, o las drogas; en ese periodo estás naturalmente elevado y estas cosas podrían llevarte al límite. La intuición estará aguda todo el mes, pero en especial en ese periodo.

El elemento agua está muy fuerte todo el mes, pero especialmente después del 18; el 60 y a veces el 70 por ciento de los planetas estarán en signos de agua. Esto significa que las personas que te rodean estarán más sensibles que de costumbre; reaccionarán a cosas aparentemente insignificantes (tono de la voz, lenguaje corporal, expresiones faciales). Ten más cuidado con los sentimientos de los demás en este periodo, en especial con los de los niños.

Marzo

Mejores días en general: 4, 5, 12, 13, 14, 22, 23, 31
Días menos favorables en general: 1, 6, 7, 20, 21, 27, 28
Mejores días para el amor: 1, 2, 3, 10, 11, 21, 22, 27, 28, 31
Mejores días para el dinero: 1, 2, 3, 8, 9, 10, 11, 15, 16, 17, 18, 21, 22, 27, 28, 31
Mejores días para la profesión: 2, 3, 6, 7, 10, 11, 20, 21, 29, 30

Muchas de las tendencias de que hablamos el mes pasado siguen muy en vigor. El elemento agua sigue estando fuerte. Hasta el 20, entre el 60 y el 70 por ciento de los planetas están en signos de agua. Ten presente lo que hablamos. Cuando está fuerte el elemento agua, las personas tienden a deprimirse con más facilidad; ven el mundo, su futuro, según el estado de ánimo del momento; la lógica queda totalmente anulada. Entender esto, y de esto va realmente la astrología, te servirá para llevar mejor las situaciones.

Ahora los planetas están en su posición oriental máxima, por lo tanto tu independencia, tu poder personal, están en su grado máximo. Este es el periodo para tener la vida según tus condiciones. Deja que el mundo se adapte a ti para variar (claro que siempre debes tratar con respeto a los demás, pero puedes hacer las cosas a tu manera mientras esto no sea destructivo para los demás).

La salud y la energía son excelentes este mes, pero en especial después del 20, cuando el Sol entra en tu signo. Tienes toda la energía que necesitas, y de sobra, para realizar lo que sea que te propongas. Puedes fortalecer más la salud prestando más atención a los pies; los masajes periódicos en los pies serán excepcionalmente potentes este mes. Tu planeta de la salud inició movimiento retrógrado el 23 del mes pasado y estará retrógrado hasta el 17 de este. Por lo tanto, hasta el 17 evita hacer cambios dietéticos importantes o cambios en tu programa de salud. Ten más cuidado en la comunicación también; una palabra desconsiderada o irreflexiva puede tener todo tipo de repercusiones que no habrías imaginado jamás.

Hasta el 20 sigue poderosa tu casa doce, la de la espiritualidad. Ten presente, pues, lo que hablamos el mes pasado. Ahora sería un periodo excelente para hacer revisión del año pasado, para evaluar tu progreso o falta de progreso, corregir errores, perdonar a quienes necesiten perdón y fijar tus objetivos para el año que comienza; tu cumpleaños es tu año nuevo personal, un día muy importante desde el punto de vista astrológico. Te conviene comenzar el año nuevo con el pizarrón limpio.

Avanzado el mes, del 18 al 21, Marte estará en conjunción con Urano (pero esto ya lo sentirás antes). Evita las proezas temerarias y controla tu mal genio. Los niños Aries (que han estado rebeldes desde hace unos años) están aún más rebeldes esos días. Evita la precipitación y la impaciencia; esto será difícil, pues eres enérgico y siempre estás con ganas de hacer algo. Se más consciente del plano físico.

Abril

Mejores días en general: 1, 9, 10, 19, 20, 27, 28
Días menos favorables en general: 2, 3, 16, 17, 23, 24, 29, 30
Mejores días para el amor: 1, 9, 10, 21, 22, 23, 24, 29, 30
Mejores días para el dinero: 1, 4, 5, 9, 10, 11, 12, 14, 15, 21, 22, 23, 24, 29, 30
Mejores días para la profesión: 2, 3, 6, 7, 16, 17, 25, 26, 29, 30

La vida ha sido buena desde que el Sol entró en tu signo el 20 del mes pasado. Haces tu voluntad. Estás fuerte (sea cual sea tu edad o fase en la vida, tienes más energía de la habitual). Tu apariencia física resplandece; la libido ruge. Haces el trabajo de diez personas en la mitad de tiempo. Las oportunidades amorosas y financieras te buscan. Esto ha sido así desde el 23 del mes pasado y continuará hasta el 15. No te hace falta buscar a lo largo y ancho para encontrar el amor, ni siquiera puedes evitarlo. No necesitas recurrir a las estratagemas que emplean muchas personas, sólo necesitas estar presente. Simplemente haz tus actividades cotidianas. El amor se ve feliz este mes, en especial del 5 al 9, cuando Venus viaja con Marte, tu planeta personal. Si estás soltero o soltera, esto indica un importante encuentro amoroso. Si ya tienes pareja, indica un periodo más romántico con el ser amado.

La salud y la energía continúan muy buenas. Yo diría que están en su grado máximo del año. Por lo tanto, tienes todo el poder fuego para conseguir lo que sea que desees conseguir. Hasta el 14 fortalece la salud con masajes en los pies; las técnicas espirituales son muy potentes en este periodo también. Después del 14 responses muy bien al masaje en el cuero cabelludo y la cara. También favorece la salud el ejercicio físico vigoroso (el que haces, me parece). El principal peligro para la salud (como lo fue el mes pasado) es el de tener un accidente o lesión debido a las prisas y la impaciencia. Cuando nos precipitamos perdemos la conciencia de las cosas y por eso somos más vulnerables.

El Sol está en Aries y el movimiento planetario es abrumadoramente directo. El 90 por ciento de los planetas están en movimiento directo este mes. Estás, pues, con la mejor «energía de arranque» del año. Este es otro buen periodo para lanzar esos productos o proyectos al mundo. Me gusta especialmente el periodo del 10 al 19; el Sol y Marte están en tu signo y la Luna está en fase creciente.

El 19 el Sol entra en tu casa del dinero, y comienzas una cima financiera anual; al día siguiente, el 20, entra Marte en esta casa. Así pues, estás en un periodo de ingresos cumbre. Estás atento a tus finanzas, y tendemos a conseguir aquello en lo que tenemos centrada la atención. Este es el periodo para incrementar el saldo bancario y la cartera de inversiones. Hay suerte en las especulaciones, pero también otras rachas de suerte en tu vida financiera. El cónyuge, pareja o ser amado actual, y el círculo social en general, apoya tus objetivos financieros. Te las arreglas para combinar trabajo y placer en este periodo. Haces vida social con las personas con que haces negocios, y haces negocios con tus amistades.

Después del 20 también mejoran las finanzas del cónyuge, pareja o ser amado actual; ocurren muchos cambios, pero este es un periodo de «respiro», unas vacaciones financieras.

El 25 hay un eclipse lunar. Reduce tus actividades en ese periodo; evita las especulaciones y ten más paciencia con los hijos o figuras filiales de tu vida. Los familiares también deberán evitar las actividades arriesgadas.

Mayo

Mejores días en general: 6, 7, 16, 17, 25, 26
Días menos favorables en general: 13, 14, 15, 21, 22, 27, 28
Mejores días para el amor: 10, 11, 21, 22, 29, 30
Mejores días para el dinero: 2, 3, 8, 9, 10, 11, 12, 21, 22, 29, 30
Mejores días para la profesión: 4, 13, 14, 23, 27, 28, 31

El 20 de marzo los planetas comenzaron a pasar de la mitad superior de tu carta a la inferior. El mes pasado fue más pronunciado el traslado. Este mes el 60 y a veces el 70 por ciento de los planetas están bajo el horizonte de tu carta (la mitad inferior). Más o menos has conseguido los objetivos profesionales y ahora es el periodo para centrar más la atención en el hogar y la familia, para poner en orden esta faceta de la vida. La profesión sigue siendo muy importante, pero puedes desviar parte de la atención al hogar y a tu vida emocional en general. Ahora es necesario encontrar tu punto de armonía emocional para funcionar a partir de él. Cuando lo encuentres, la profesión irá bien de formas naturales. Si este último tiempo te has desentendido de la familia, ahora es el periodo para mejorar las relaciones y restablecer la armonía.

Hasta el 20 continúas instalado en una cima financiera anual. Hay prosperidad, aunque con algunos baches en el camino. El 10 hay un eclipse solar en tu casa del dinero, y esto indica cambios financieros drásticos, tal vez trastornos. Lo más probable es que fuera necesario hacer estos cambios hace mucho tiempo, pero ahora el eclipse fuerza la decisión. Los cambios se ven buenos a la larga, pero durante un tiempo breve no son agradables.

La salud y la energía siguen muy bien, pero no te hará ningún daño reducir las actividades durante el periodo del eclipse. Este eclipse solar también afecta a los hijos o figuras filiales de tu vida. A veces produce acontecimientos que les cambian la vida a los hijos; se ven obligados a redefinir su imagen, su personalidad, su manera de considerarse (el concepto de sí mismos). Por lo general, esto lleva a cambios en el guardarropa, cambios de corte y color del pelo y en la apariencia general.

El 25 hay un eclipse lunar en tu novena casa. Aunque este eclipse es fundamentalmente benigno contigo, de todos modos no te hará ningún daño reducir tus actividades durante este periodo. Las vibraciones del mundo en general no son las que debieran, están muy agitadas. Como todos los eclipses lunares, este afecta al hogar y la familia (por lo tanto es bueno que centres más la atención en esta faceta). Los familiares podrían estar más temperamentales, así que necesitas más paciencia. Muchas veces es necesario hacer reparaciones en la casa, pues salen a la luz defectos ocultos. Si eres estudiante este eclipse te afecta fuertemente; podría haber cambio de colegio, de asignatura principal o de los planes educativos. Ocurrirán acontecimientos dramáticos, de los que cambian la vida, a personas de tu lugar de culto, o de una organización religiosa a la que perteneces.

Pero, en general, este mes se ve bueno. Hacia fin de mes (del 27 al

29) Venus viaja con Júpiter; esto indica un feliz día de paga, un beneficio inesperado o una oportunidad financiera. Si estás soltero o soltera y sin compromiso, esto indica un encuentro amoroso feliz. Si estás casado o casada, indica más romance con la pareja.

Junio

Mejores días en general: 2, 3, 12, 13, 21, 22, 30, 31
Días menos favorables en general: 10, 11, 17, 18, 23, 24
Mejores días para el amor: 10, 17, 18, 19, 20, 27, 28
Mejores días para el dinero: 5, 6, 8, 9, 10, 17, 18, 19, 20, 26, 27, 28
Mejores días para la profesión: 1, 10, 19, 23, 24, 27

Ahora los planetas están en su posición inferior máxima en tu carta. Estás en la «medianoche» de tu año. La medianoche se considera una hora muy mágica del día. Ha pasado un día y comienza otro, sólo que no es aparente a los sentidos. La noche no es para actividades externas sino para las actividades nocturnas: dormir y reunir fuerzas para el nuevo día. Este es el periodo para trabajar en tus objetivos externos con métodos interiores, no exteriores: soñar, visualizar, entrar en el «estado interior» de lo que deseas o de dónde deseas estar. Este es el preludio (necesario) para conseguir cualquier objetivo. Eres como una semilla germinando bajo tierra. Ocurren cosas potentes, sólo que no se ven. Pero cuando llegue el periodo diurno de tu año (dentro de unos meses) se verán. La semilla brotará de la tierra y florecerá en la realidad visible, tangible.

A principios de mes la atención está en la comunicación y los intereses intelectuales. Es buen periodo para ponerte al día con las cartas, e-mails y llamadas telefónicas que debes. Es fabuloso para hacer cursos en temas que te interesan, para ampliar tus conocimientos, para ejercitar la mente. Pero el 21 el Sol entra en Cáncer, tu cuarta casa; Júpiter entra en esta casa el 27. Este es un mes para centrar la atención en la familia y para hacer progresos psíquicos. Tenderás a sentirte más nostálgico en este periodo; a rememorar. A veces cobran vida personas del pasado y estimulan la memoria. Sentirás más interés por la historia también, no sólo tu historia personal sino la historia en general.

Aunque la profesión no es muy importante en este periodo, hay mucho progreso profesional; Saturno, tu planeta de la profesión, recibe aspectos hermosos. Hay mucho éxito, y tal vez ascenso y aumento de sueldo, aunque esto se manifestará más adelante; tu planeta de la profesión sigue retrógrado.

Neptuno, tu planeta de la espiritualidad, también recibe aspectos hermosos. Así pues, si estás en un camino espiritual haces progresos importantes, recibes revelaciones de lo alto. Tu intuición está súper.

Después del 21 la salud necesita más atención. Como siempre, descansa y relájate más, evita hacer de la noche día. Fortalece la salud con una buena dieta y da más atención al estómago; si eres mujer debes prestar más atención a los pechos también. La salud emocional es muy importante este mes; evita la depresión como a la peste. Mantén el ánimo apacible y constructivo.

El amor y el dinero están cerca de casa. Las conexiones familiares tienen un papel importante en ambas cosas. La familia te apoya mucho en este periodo. Una figura parental entra en un ciclo de prosperidad de dos años.

Julio

Mejores días en general: 1, 9, 10, 11, 19, 20, 27, 28
Días menos favorables en general: 7, 8, 14, 15, 21, 22
Mejores días para el amor: 1, 10, 11, 14, 15, 19, 20, 29, 30
Mejores días para el dinero: 1, 2, 3, 7, 8, 10, 11, 16, 17, 19, 20, 25, 29, 30
Mejores días para la profesión: 7, 16, 17, 21, 22, 25

Muchas de las tendencias de que hablamos el mes pasado continúan muy en vigor, así que repásalas.

El 21 del mes pasado el poder planetario se trasladó del sector oriental de tu carta al occidental. El 18 de este mes tu planeta regente, Marte, también pasa al sector occidental. Ahora domina el sector occidental o social, y estará dominante los cinco a seis próximos meses. Es de esperar que hayas hecho los cambios personales que necesitabas hacer. Ha llegado el periodo de vivir con tu creación. Si has creado juiciosamente, este es un periodo para disfrutarlo; si has cometido errores, bueno, vas a experimentar las consecuencias de esos errores; ya no es tan fácil imponer tu voluntad; ahora te conviene adaptarte a las situaciones lo mejor que puedas y cultivar tus dotes sociales. La buena voluntad de los demás es lo más esencial ahora, en las finanzas, en el amor y en la profesión.

La salud sigue necesitando más atención hasta el 23. No vemos ningún problema de salud importante, pero este no es tu mejor periodo para la salud; la energía no está a la altura habitual y por lo tanto aumenta la vulnerabilidad a los problemas. Fortalece la salud de las maneras que explicamos el mes pasado. Tu planeta de la salud está retrógrado hasta el 20, así que evita hacer cambios importantes en tu programa de salud sin hacer más estudio o análisis. Pasado el 23 retornan la salud y la vitalidad.

Como el mes pasado, la profesión no es muy importante, pero a pesar de esto ocurren muchas cosas maravillosas entre bastidores. El 8 retoma el movimiento directo tu planeta de la profesión, por lo tanto hay más claridad acerca de la profesión.

La vida espiritual también es satisfactoria y exitosa; mejoran muchísimo las facultades espirituales: la percepción extrasensorial, la intuición.

Marte viaja con Júpiter del 18 al 24; este es un tránsito muy feliz. Hay un viaje al extranjero. Si eres estudiante tienes éxito en tus estudios o en entrar en un buen colegio. Llega un beneficio financiero inesperado o una oportunidad. Gozas del favor de personas de autoridad.

El amor es feliz en este periodo. Si estás soltero o soltera no te tomas muy en serio el amor, sino que sales con personas con las que puedes divertirte. Hasta el 23 me parece que das el salto antes de mirar, estás predispuesto/a al amor a primera vista. Pero después del 23 te tornas más cauteloso (y con razón). Venus en Virgo, a partir del 23, no está en una de sus posiciones favoritas; se vuelve demasiado cerebral, analítica, y el romance no lo hacemos con la cabeza sino con el corazón. Después de esta fecha tendrás que esforzarte más en demostrar afecto y simpatía a los demás.

Agosto

Mejores días en general: 6, 7, 15, 16, 23, 24
Días menos favorables en general: 3, 4, 10, 11, 12, 17, 18, 30, 31
Mejores días para el amor: 8, 9, 10, 11, 12, 19, 25, 26
Mejores días para el dinero: 3, 8, 9, 13, 14, 19, 21, 22, 25, 26, 30, 31
Mejores días para la profesión: 3, 13, 17, 18, 21, 30

El 22 del mes pasado entraste en una cima anual de placer personal que sigue en vigor este mes. Pásalo bien. Este es un periodo para explorar las alegrías de la vida, para actividades de ocio y recreación. Si estás en edad de concebir estabas muy fértil el mes pasado y este mes lo estás más aún. Goza de la vida, pero no te dejes llevar por una «exuberancia irracional», sobre todo los días 1 y 2. Conduce con más prudencia estos días, procura evitar las actividades arriesgadas y controla tu genio. Si lees los diarios del 1 y el 2 comprenderás a qué nos referimos.

El elemento agua continúa muy fuerte este mes, así que ten más en cuenta los sentimientos de los demás; todo el mundo está más sensible en este periodo.

En esta estación a la gente le gusta viajar al extranjero, pero esto no es aconsejable en este periodo. En especial, procura evitar viajar al extranjero del 18 al 25. Los viajes favorables en este perioso son los «interiores»: viajes al pasado o a vidas anteriores; viajes emocionales o mentales, que no físicos. Un asunto jurídico o legal podría tomar un giro sorprendente del 18 al 25. Si eres estudiante haces cambios en tus planes educativos en este periodo.

Venus continúa en Virgo hasta el 16; este no es el mejor aspecto para el amor. Como el mes pasado, tendrás que esforzarte en proyectar simpatía y afecto hacia los demás. Podrías ser excesivamente perfeccionista en el amor, demasiado crítico y analítico (o podrían serlo las personas a las que atraes). Esta actitud acaba con los momentos y las oportunidades románticas. Es bueno desear perfección en el amor, te la mereces, pero hay que buscar perfección de la manera correcta, de modo constructivo. El amor será mucho más feliz a partir del 16, cuando Venus entra en Libra, su signo; ahí Venus está fuerte, en beneficio tuyo. El magnetismo social será más fuerte que de costumbre; estás en vena romántica; atraes a personas más románticas. No se ven relaciones serias, estás en ánimo de diversión, pero las oportunidades están ahí.

Hasta el 16 el dinero se gana a la manera antigua, con trabajo y servicios prácticos a los demás. Después del 16 la dimensión social (siempre importante para ti) adquiere más importancia en las finanzas. Las conexiones sociales y tu capacidad para llevarte bien con los demás favorece tu economía.

Si buscas trabajo tienes buena suerte este mes; tu sexta casa, la del trabajo, se hace poderosa después del 22. Si eres empleador encontrarás empleados convenientes si los necesitas.

La salud es súper todo el mes.

Septiembre

Mejores días en general: 2, 3, 11, 12, 20, 21, 29, 30
Días menos favorables en general: 1, 7, 8, 13, 14, 27, 28
Mejores días para el amor: 7, 8, 17, 18, 27, 28
Mejores días para el dinero: 1, 8, 9, 10, 17, 18, 19, 22, 23, 27, 28
Mejores días para la profesión: 1, 9, 10, 13, 14, 18, 27

El poder planetario hace un traslado importante este mes. El 22 la mitad superior de tu carta (el sector de la profesión y las actividades externas) ya estará más fuerte que la mitad inferior (hogar, familia y asuntos emocionales). Llega la aurora a tu año; es la hora de levantarse y emprender las actividades del día. Es el periodo para trabajar en tu profesión y tus objetivos externos con los métodos diurnos: acción física manifiesta. La vida familiar seguirá siendo muy importante, pero puedes desviar más atención a la profesión. Esta es la mejor manera de servir a tu familia.

Continúas en un periodo creativo, de diversión, aunque menos que el mes pasado. El trabajo es importante, desde el 22 del mes pasado. Este es un periodo para ser más productivo en el trabajo, para ocuparte de todas esas tareas aburridas orientadas a los detalles: poner en orden tus cuentas, corregir tus cartas o informes, ordenar tus archivos, en fin, cosas de esa naturaleza. Sigue siendo un periodo favorable si buscas trabajo o necesitas contratar empleados.

El 22 entras en tu cima social anual. Estás en ánimo para el romance, y abundan las oportunidades. Si bien no hay probabilidades de boda, de todos modos tienes experiencias románticas felices, y hay oportunidades. En general, sales más, asistes a más fiestas y reuniones.

El mes se ve agitado. Intentas equilibrar muchos intereses conflictivos: una vida social activa, la necesidad de diversión, tu vida espiritual, el hogar y la profesión; tienes el plato lleno este mes. También parece que estás involucrado en un proyecto importante, complicado, poner en marcha una nueva empresa o negocio o institución; estos grandes proyectos tienden a ser complicados. Por lo tanto, necesitas descansar y relajarte más y prestar más atención a tu salud. Hasta el 9 fortalece la salud prestando más atención al intestino delgado; la dieta correcta sigue siendo muy importante para ti. Después del 9 da más atención a los riñones y las caderas; masajes periódicos en las caderas harán maravillas. Las discordias en el amor o con amistades podrían ser causa de problemas de salud después del 9, así que esfuérzate en mantener la armonía. Del 29 en adelante presta más atención al colon, la vejiga y los órganos sexuales; el sexo seguro y la moderación sexual son importantes entonces; también podría convenirte un lavado de colon.

A pesar de todo el ajetreo el mes se ve próspero. El cónyuge, pareja o ser amado actual tiene un buen mes, tanto en lo personal como en lo financiero; continúa su reorganización financiera pero este mes las cosas se ven más fáciles. Esta persona te apoya más financieramente también. Las amistades en general apoyan más en las finanzas. Hay un bonito día de paga el 27-28, pues Venus forma aspectos fabulosos a Júpiter. Esto también trae un encuentro romántico o una oportunidad social feliz.

Octubre

Mejores días en general: 1, 8, 9, 17, 18, 27, 28
Días menos favorables en general: 4, 5, 11, 12, 24, 25, 31
Mejores días para el amor: 4, 5, 7, 8, 17, 18, 27, 28, 31
Mejores días para el dinero: 6, 7, 8, 15, 16, 17, 18, 19, 20, 24, 25, 27, 28
Mejores días para la profesión: 6, 7, 11, 12, 15, 16, 24, 25

Como el mes pasado, el ritmo de la vida es frenético y trabajas arduo en equilibrar muchos intereses conflictivos. Continúa descansando y relajándote más; esto es difícil ahora, pero si cambias un poco el ritmo de vida, puedes. En lugar de hacer, hacer y hacer, opta por hacer y descansar. Muchas veces podemos maximizar la energía dejando estar las cosas triviales y centrando la atención en las esenciales. Como el mes pasado, puedes fortalecer la salud dando más atención al colon, la vejiga y los órganos sexuales; el sexo seguro y la moderación sexual siguen siendo importantes. Este mes se ve más activo sexualmente de lo habitual, pero si escuchas a tu cuerpo (no a tu mente) sabrás cuándo suficiente es suficiente. También conviene un lavado de colon este mes. Tu planeta de la salud inicia movimiento retrógrado el 21, así que evita hacer cambios importantes en tu dieta o programa de salud a partir de esa fecha. Después del 23 deberían mejorar la salud y la vitalidad.

El cónyuge, pareja o ser amado actual está en una cima financiera anual a partir del 23. Pero de todos modos ocurren muchos cambios financieros drásticos; a mí me parece que son para mejor.

El trabajo es frenético este mes, pero después del 15, cuando entra

Marte en tu sexta casa, tienes una fuerte ética laboral y eres capaz de llevar la carga.

Después del 21 es necesario estudiar más las oportunidades de trabajo; lee la letra pequeña de los contratos; haz preguntas, resuelve todas las dudas.

Hasta el 23 sigues en una cima social anual. Después se hace poderosa tu octava casa; el interés pasa a la transformación y reinvención personales, vidas anteriores y la vida después de la muerte. En el plano financiero centras la atención en las deudas y los impuestos.

Después del 23 llegan felices oportunidades profesionales. Los hijos o figuras filiales también tienen éxito profesional en este periodo.

El 18 hay un eclipse lunar que es fuerte en ti, así que reduce tus actividades. Como todos los eclipses lunares, este afecta al hogar y la familia. Si hay problemas ocultos en la casa (o con familiares) salen la luz para que se puedan solucionar. Este eclipse ocurre en tu signo. Te afecta más si naciste en la última parte del signo, del 13 al 20 de abril. Vas a redefinir tu imagen y personalidad; vas a presentar tu «nuevo yo» al mundo. Si eres estudiante haces cambios importantes en tus planes educativos. Asuntos legales o jurídicos comienzan a avanzar, sea positiva o negativamente (pero los aspectos parecen principalmente positivos).

Noviembre

Mejores días en general: 5, 6, 13, 14, 23, 24
Días menos favorables en general: 1, 7, 8, 20, 21, 22, 28, 29
Mejores días para el amor: 1, 7, 16, 17, 26, 27, 28, 29
Mejores días para el dinero: 3, 4, 7, 11, 12, 16, 17, 21, 22, 26, 27, 30
Mejores días para la profesión: 3, 4, 7, 8, 11, 12, 20, 21, 30

El eclipse solar del 3 es fundamentalmente benigno contigo, pero no te hará ningún daño reducir tus actividades de todos modos. Ocurre en tu octava casa, lo que suele indicar la necesidad de afrontar asuntos relacionados con la muerte, no muerte física personal necesariamente; a veces trae encuentros con la muerte o experiencias de casi muerte. La mayoría de las veces estos encuentros son en el plano psíquico. Es necesario superar el miedo a la muerte, profundizar su comprensión. También indica que hay más cambios financieros para el cónyuge, pareja o ser amado actual; esto ha ocurrido todo el año, pero ahora se intensifica; pero, en general, este es un buen mes financiero para esta persona. El Sol es el regente genérico de los hijos; siendo el Sol el señor de tu quinta casa, es el verdero regente de tus hijos. Así pues, ocurren dramas en la vida de los hijos (o figuras filiales de tu vida), el tipo de acontecimientos que cambian la vida. Estos acontecimientos no tienen por qué ser «malos», pero son importantes y cambian tu relación con ellos. Si eres mujer y estás a punto de dar a luz alrededor del periodo de este eclipse, necesitas tomar más precauciones.

La salud y la energía son muy buenas este mes y mejoran más aún cuando el Sol entre en Sagitario el 22. Tienes toda la energía que necsitas para conseguir tus objetivos.

Este mes el amor es feliz pero complicado. Por un lado alternas con los encumbrados y poderosos, con personas de posición superior a la tuya; tienes un don para conocer a personas que pueden ayudarte en tu profesión. El amor está en los primeros lugares de tu agenda después del 5, y esta atención tiende a llevar al éxito. Hay oportunidades románticas con jefes o superiores este mes. El problema es que estás demasiado práctico en el amor; te cuesta más manifestar tu simpatía natural a los demás; te veo lento y cauteloso en el amor; te resulta más difícil entregar tu corazón. Las personas relacionadas románticamente con nativos de Aries deben tener más paciencia con ellos. Del 14 al 16 Venus forma aspectos difíciles a Plutón y Urano y esto podría agitar un poco las cosas; podría haber una riña con la pareja, un brusco cambio de ánimo en el amor. Esto es de corta duración e incluso podría llevar a algo bueno después; despeja el aire.

Las finanzas van bien en este periodo. Jefes, mayores, padres o figuras parentales apoyan financieramente. Podría haber aumento de sueldo, oficial o no oficial; a veces el jefe no aumenta realmente el sueldo pero hace cosas, dispone las cosas de forma que ganes más.

Me parece que estás en armonía financiera con tu cónyuge, pareja o ser amado actual, y colaboráis mutuamente.

Diciembre

Mejores días en general: 2, 3, 10, 11, 12, 20, 21, 22, 30, 31
Días menos favorables en general: 4, 5, 12, 18, 19, 25, 26
Mejores días para el amor: 4, 5, 13, 14, 23, 24, 25, 26
Mejores días para el dinero: 1, 4, 5, 8, 9, 13, 14, 18, 19, 23, 24, 28, 29
Mejores días para la profesión: 1, 4, 5, 8, 9, 18, 19, 28, 29

Este es un mes feliz y próspero. Hasta el 21 está poderosa tu novena casa. Así pues, te llaman otros países. Ten presente, eso sí, que Júpiter está retrógrado, por lo que podría no ser muy aconsejable viajar al extranjero. Si debes viajar, protégete; asegura tus billetes y procura dejar un buen margen de tiempo entre los vuelos de conexión; programa más tiempo para ir y volver de tu destino. La religión, la metafísica y la formación superior son importantes este mes también. Si eres estudiante, universitario o de posgrado, debería irte bien este mes. El aprendizaje no tiene por qué ser aburrido; en realidad es uno de los grandes placeres de la vida, como te enterarás este mes.

La salud es súper hasta el 21. Hasta el 5 fortalécela de las maneras que hablamos el mes pasado. Después del 5 da más atención al hígado y los muslos; el masaje periódico en los muslos es potente. Después del 24, cuando Mercurio entra en Capricornio, da más atención a la columna, las rodillas y la piel; los masajes periódicos en la espalda serán potentes; si te sientes alicaído, podría convenirte visitar al quiropráctico u osteópata. Después del 21 la salud se vuelve más delicada; procura descansar y relajarte más. Te veo muy ocupado, más que de costumbre, así que esto será difícil. De todos modos, si dejas de lado las trivialidades y centras la atención en lo que es realmente importante, tendrás toda la energía que necesitas para conseguir tus objetivos. Los meses pasados podías permitirte ser derrochador con tu energía, pero ahora no.

Este mes, el 21, los planetas hacen otro traslado importante; pasan del sector occidental de tu carta al sector oriental. A partir de ese día, hasta bien avanzado el año que viene, serás más y más independiente día a día. Nuevamente entras en un ciclo en que puedes hacer y tener las cosas a tu manera; se acaba la necesidad de transigir, o de «complacer» a los demás; tu destino, tu felicidad, estará en tus manos.

El 21 entras en una cima profesional anual. La familia sigue siendo importante, pero la principal atención deberá estar en la profesión. Le debes a tu familia tener éxito. Hay mucho éxito, mucho progreso en la profesión.

Ten paciencia con las finanzas este mes. Tu planeta del dinero está en Capricornio, así que siguen en vigor las tendencias de que hablamos el mes pasado. Sigue habiendo probabilidades de aumento de sueldo. Pero ahora debes adoptar una visión de riqueza a largo plazo; evita el «dinero rápido»; construye tu riqueza metódicamente, a lo largo del tiempo. Este es un muy buen mes para hacer un plan financiero, un plan de ahorros o inversiones a largo plazo. Tu planeta del dinero inicia movimiento retrógrado el 21, así que después de esa fecha evita hacer compras importantes y tomar decisiones financieras importantes. Haz antes las compras para las vacaciones navideñas.

El amor es un cuadro mixto. Por un lado eres activo, osado, en el amor; también gozas de popularidad. Sin embargo, me parece que no sintonizas con el ser amado. Tendrás que trabajar más en hacer funcionar las cosas. Tu pareja está «en la cima» ahora, está al mando, y esto podría resultarte difícil de sobrellevar.

Tauro

♉

El Toro
Nacidos entre el 21 de abril y el 20 de mayo

Rasgos generales

TAURO DE UN VISTAZO
Elemento: Tierra

Planeta regente: Venus
   Planeta de la profesión: Urano
   Planeta del amor: Plutón
   Planeta del dinero: Mercurio
   Planeta de la salud: Venus
   Planeta de la suerte: Saturno

Colores: Tonos ocres, verde, naranja, amarillo
   Colores que favorecen el amor, el romance y la armonía social: Rojo violáceo, violeta
   Colores que favorecen la capacidad de ganar dinero: Amarillo, amarillo anaranjado

Piedras: Coral, esmeralda

Metal: Cobre

Aromas: Almendra amarga, rosa, vainilla, violeta

Modo: Fijo (= estabilidad)

Cualidad más necesaria para el equilibrio: Flexibilidad

Virtudes más fuertes: Resistencia, lealtad, paciencia, estabilidad, propensión a la armonía

Necesidades más profundas: Comodidad, tranquilidad material, riqueza

Lo que hay que evitar: Rigidez, tozudez, tendencia a ser excesivamente posesivo y materialista

Signos globalmente más compatibles: Virgo, Capricornio

Signos globalmente más incompatibles: Leo, Escorpio, Acuario

Signo que ofrece más apoyo laboral: Acuario

Signo que ofrece más apoyo emocional: Leo

Signo que ofrece más apoyo económico: Géminis

Mejor signo para el matrimonio y/o las asociaciones: Escorpio

Signo que más apoya en proyectos creativos: Virgo

Mejor signo para pasárselo bien: Virgo

Signos que más apoyan espiritualmente: Aries, Capricornio

Mejor día de la semana: Viernes

La personalidad Tauro

Tauro es el más terrenal de todos los signos de tierra. Si comprendemos que la tierra es algo más que un elemento físico, que es también una actitud psicológica, comprenderemos mejor la personalidad Tauro.

Los Tauro tienen toda la capacidad para la acción que poseen los Aries. Pero no les satisface la acción por sí misma. Sus actos han de ser productivos, prácticos y generadores de riqueza. Si no logran ver el valor práctico de una actividad, no se molestarán en emprenderla.

El punto fuerte de los Tauro está en su capacidad para hacer realidad sus ideas y las de otras personas. Por lo general no brillan por su inventiva, pero sí saben perfeccionar el invento de otra persona, hacerlo más práctico y útil. Lo mismo puede decirse respecto a todo tipo de proyectos. A los Tauro no les entusiasma particularmente iniciar proyectos, pero una vez metidos en uno, trabajan en él hasta concluirlo. No dejan nada sin terminar, y a no ser que se interponga un acto divino, harán lo imposible por acabar la tarea.

Muchas personas los encuentran demasiado obstinados, conservadores, fijos e inamovibles. Esto es comprensible, porque a los Tauro les desagrada el cambio, ya sea en su entorno o en su rutina. ¡Incluso les desagrada cambiar de opinión! Por otra parte, esa es su virtud. No es bueno que el eje de una rueda oscile. Ha de estar fijo, estable e inamovible. Los Tauro son el eje de la rueda de la sociedad y de los cielos. Sin su estabilidad y su supuesta obstinación, las ruedas del mundo se torcerían, sobre todo las del comercio.

A los Tauro les encanta la rutina. Si es buena, una rutina tiene muchas virtudes. Es un modo fijado e idealmente perfecto de cuidar de las cosas. Cuando uno se permite la espontaneidad puede cometer errores, y los errores producen incomodidad, desagrado e inquietud, cosas que para los Tauro son casi inaceptables. Estropear su comodidad y su seguridad es una manera segura de irritarlos y enfadarlos.

Mientras a los Aries les gusta la velocidad, a los Tauro les gusta la lentitud. Son lentos para pensar, pero no cometamos el error de creer que les falta inteligencia. Por el contrario, son muy inteligentes, pero les gusta rumiar las ideas, meditarlas y sopesarlas. Sólo después de la debida deliberación aceptan una idea o toman una decisión. Los Tauro son lentos para enfadarse, pero cuando lo hacen, ¡cuidado!

Situación económica

Los Tauro son muy conscientes del dinero. Para ellos la riqueza es más importante que para muchos otros signos; significa comodidad, seguridad y estabilidad. Mientras algunos signos del zodiaco se sienten ricos si tienen ideas, talento o habilidades, los Tauro sólo sienten su riqueza si pueden verla y tocarla. Su modo de pensar es: «¿De qué sirve un talento si no se consiguen con él casa, muebles, coche y piscina?»

Por todos estos motivos, los Tauro destacan en los campos de la propiedad inmobiliaria y la agricultura. Por lo general, acaban poseyendo un terreno. Les encanta sentir su conexión con la tierra. La riqueza material comenzó con la agricultura, labrando la tierra. Poseer un trozo de tierra fue la primera forma de riqueza de la humanidad; Tauro aún siente esa conexión primordial.

En esta búsqueda de la riqueza, los Tauro desarrollan sus capacidades intelectuales y de comunicación. Como necesitan comerciar con otras personas, se ven también obligados a desarrollar cierta flexibilidad. En su búsqueda de la riqueza, aprenden el valor práctico del intelecto y llegan a admirarlo. Si no fuera por esa búsqueda de la riqueza, tal vez no intentarían alcanzar un intelecto superior.

Algunos Tauro nacen «con buena estrella» y normalmente, cuando juegan o especulan, ganan. Esta suerte se debe a otros factores presentes en su horóscopo personal y no forma parte de su naturaleza esencial. Por naturaleza los Tauro no son jugadores. Son personas muy trabajadoras y les gusta ganarse lo que tienen. Su conservadurismo innato hace que detesten los riesgos innecesarios en el campo económico y en otros aspectos de su vida.

Profesión e imagen pública

Al ser esencialmente terrenales, sencillos y sin complicaciones, los Tauro tienden a admirar a las personas originales, poco convencionales e inventivas. Les gusta tener jefes creativos y originales, ya que ellos se conforman con perfeccionar las ideas luminosas de sus superiores. Admiran a las personas que tienen una conciencia social o política más amplia y piensan que algún día (cuando tengan toda la comodidad y seguridad que necesitan) les gustará dedicarse a esos importantes asuntos.

En cuanto a los negocios, los Tauro suelen ser muy perspicaces, y eso los hace muy valiosos para la empresa que los contrata. Jamás son perezosos, y disfrutan trabajando y obteniendo buenos resultados. No les gusta arriesgarse innecesariamente y se desenvuelven bien en puestos de autoridad, lo cual los hace buenos gerentes y supervisores. Sus cualidades de mando están reforzadas por sus dotes naturales para la organización y la atención a los detalles, por su paciencia y por su minuciosidad. Como he dicho antes, debido a su conexión con la tierra, también pueden realizar un buen trabajo en agricultura y granjas.

En general, los Tauro prefieren el dinero y la capacidad para ganarlo que el aprecio y el prestigio públicos. Elegirán un puesto que les aporte más ingresos aunque tenga menos prestigio, antes que otro que tenga mucho prestigio pero les proporcione menos ingresos. Son muchos los signos que no piensan de este modo, pero Tauro sí, sobre todo si en su carta natal no hay nada que modifique este aspecto. Los Tauro sólo buscarán la gloria y el prestigio si están seguros de que estas cosas van a tener un efecto directo e inmediato en su billetero.

Amor y relaciones

En el amor, a los Tauro les gusta tener y mantener. Son de los que se casan. Les gusta el compromiso y que las condiciones de la relación estén definidas con mucha claridad. Más importante aún, les gusta ser fieles a una sola persona y esperan que esa persona corresponda a su fidelidad. Cuando esto no ocurre, el mundo entero se les viene abajo. Cuando está enamorada, la persona Tauro es leal, pero también muy posesiva. Es capaz de terribles ataques de celos si siente que su amor ha sido traicionado.

En una relación, los Tauro se sienten satisfechos con cosas sencillas. Si tienes una relación romántica con una persona Tauro, no hay ninguna necesidad de que te desvivas por colmarla de atenciones ni por galantearla constantemente. Proporciónale suficiente amor y comida y un techo cómodo, y será muy feliz de quedarse en casa y disfrutar de tu compañía. Te será leal de por vida. Hazla sentirse cómoda y, sobre todo, segura en la relación, y rara vez tendrás problemas con ella.

En el amor, los Tauro a veces cometen el error de tratar de dominar y controlar a su pareja, lo cual puede ser motivo de mucho sufrimiento para ambos. El razonamiento subyacente a sus actos es básicamente simple. Tienen una especie de sentido de propiedad sobre su pareja y desean hacer cambios que aumenten la comodidad y la seguridad generales de ambos. Esta actitud está bien cuando se trata de cosas inanimadas y materiales, pero puede ser muy peligrosa cuando se aplica a personas, de modo que los Tauro deben tener mucho cuidado y estar alertas para no cometer ese error.

Hogar y vida familiar

La casa y la familia son de importancia vital para los Tauro. Les gustan los niños. También les gusta tener una casa cómoda y tal vez elegante, algo de que alardear. Tienden a comprar muebles sólidos y pesados, generalmente de la mejor calidad. Esto se debe a que les gusta sentir la solidez a su alrededor. Su casa no es sólo su hogar, sino también su lugar de creatividad y recreo. La casa de los Tauro tiende a ser verdaderamente su castillo. Si pudieran elegir, preferirían vivir en el campo antes que en la ciudad.

En su hogar, un Tauro es como un terrateniente, el amo de la casa señorial. A los nativos de este signo les encanta atender a sus visitas con prodigalidad, hacer que los demás se sientan seguros en su casa y tan satisfechos en ella como ellos mismos. Si una persona Tauro te invita a cenar a su casa, ten la seguridad de que recibirás la mejor comida y la mejor atención. Prepárate para un recorrido por la casa, a la que Tauro trata como un castillo, y a ver a tu amigo o amiga manifestar muchísimo orgullo y satisfacción por sus posesiones.

Los Tauro disfrutan con sus hijos, pero normalmente son estrictos con ellos, debido a que, como hacen con la mayoría de las cosas en su vida, tienden a tratarlos como si fueran sus posesiones. El lado positivo de esto es que sus hijos estarán muy bien cuidados y educados. Tendrán todas las cosas materiales que necesiten para crecer y educarse bien. El lado negativo es que los Tauro pueden ser demasiado represivos con sus hijos. Si alguno de ellos se atreve a alterar la rutina diaria que a su padre o madre Tauro le gusta seguir, tendrá problemas.

Horóscopo para el año 2013*

Principales tendencias

El 2012 fue esencialmente un buen año. Los planetas lentos no te formaban aspectos desfavorables y fueron principalmente amistosos contigo. La salud debería haber sido buena; la energía general estaba elevada. Sin embargo, hacia fines de año, en octubre, Saturno entró en Escorpio y en una alineación desfavorable contigo. Si naciste en la primera parte de tu signo (del 20 de abril al 5 de mayo) vas a sentir esto más fuerte. Si naciste más adelante, lo sientes ahora pero lo sentirás más intensamente en 2014. Así pues, ahora hay más resistencia. Esta dificultad no basta para causar fallos, pero te enlentece un poco. Es necesario vigilar la energía; hay más resistencia a tus objetivos. Volveremos sobre esto.

Al entrar en Escorpio, Saturno entró en tu séptima casa, la del amor y las actividades sociales. Habrá una buena puesta a prueba del matrimonio o relación seria actual. También habrá pruebas para las sociedades de negocios. En general, este año hay menos actividad social. Volveremos sobre este tema.

Neptuno, el más espiritual de los planetas, hizo una importante entrada en tu casa once el año pasado, y continuará ahí unos trece años más o menos. Es una tendencia a largo plazo. Tu esfera social, tus amistades, se refinan y espiritualizan, aumentan en vibraciones. En consecuencia, atraerás a más personas espirituales a tu vida. Hablaremos más de esto.

En marzo de 2011 Urano hizo una importante entrada en tu casa

---

* Las previsiones de este libro se basan en el Horóscopo Solar y todos los signos que derivan de él; tu Signo Solar se convierte en el Ascendente, y las casas se numeran a partir de él. Tu horóscopo personal, el trazado concretamente para ti (según la fecha, hora y lugar exactos de tu nacimiento) podrían modificar lo que decimos aquí. Joseph Polansky

doce, y continuará ahí unos cinco años más. Esta es otra tendencia a largo plazo. Urano es tu planeta de la profesión, por lo tanto este tránsito tiene importantes repercusiones en tu profesión, de las que hablaremos más adelante. Pero lo principal es que indica un cambio drástico, radical, en tu vida espiritual interior. Tauro es una persona fundamentalmente tradicional, conservadora; pero ya no lo es en los asuntos espirituales. Ahora te vuelves experimentador y cienfífico. Vas a cambiar de maestro, de programa y de práctica, y es posible que muchas veces. Si nunca te ha interesado la espiritualidad, es probable que comience a interesarte, este año o los venideros. Si ya estás en el camino, vas a cambiar de camino. Hay mucha agitación y trastorno en esta faceta de la vida. También hay mucho trastorno en una organización benéfica o altruista a la que perteneces o con la que tienes alguna relación.

Las facetas de mayor interés para ti este año son: las finanzas (hasta el 27 de junio); la comunicación y las actividades intelectuales (a partir del 27 de junio); el amor y las actividades sociales; la religión, la filosofía, viajes al extranjero y la formación superior; las amistades, los grupos, las actividades de grupo, las organizaciones; la espiritualidad.

Los caminos hacia tu mayor realización este año son: las finanzas (hasta el 27 de junio); la comunicación y los intereses intelectuales (después del 27 de junio); el amor, el romance y las actividades sociales.

Salud

(Ten en cuenta que esta es una perspectiva astrológica de la salud, no una médica. Antaño no había ninguna diferencia, ambas eran idénticas, pero en esta época podrían diferir muchísimo. Para una perspectiva médica, por favor, consulta a tu médico o a otro profesional de la salud.)

Como hemos dicho, los planetas lentos son principalmente amables contigo este año. Solamente Saturno te pone dificultades a largo plazo. Por lo tanto, la salud debería continuar buena; tal vez no tan buena como el año pasado, pero buena de todos modos. Saturno solo no basta para causar problemas graves; sólo cuando el poder planetario «se une» en tu contra comenzamos a preocuparnos.

El hecho de que tu sexta casa esté vacía también es buena señal. No estás excesivamente atento a los asuntos de salud porque no tienes ninguna necesidad. Nada importante va mal.

Pero aunque tu salud es buena, siempre puedes mejorarla. Presta más atención a los siguientes órganos:

Los riñones y las caderas. Deberás dar masajes periódicos a las caderas.

El cuello y la garganta. El masaje en el cuello siempre es beneficioso para ti; en ti es una zona sensible; ahí tiende a acumularse la tensión y es necesario relajarla. La terapia sacro-craneal es especialmente buena para ti: trabaja las vértebras cervicales además de los huesos del cráneo; es necesario mantener bien alineadas estas vértebras. Cantar, entonar mantras o las cinco vocales, de modo rítmico, afloja mucha tensión y armoniza la garganta y todo el cuerpo.

El corazón: esta es una zona vulnerable este año. Si estás en edad, podría convenirte hacerte revisiones periódicas. Más importante aún es evitar la preocupación y la ansiedad, que son la principal causa espiritual de los problemas cardiacos. Piensa seriamente en esto. Si ante un problema puedes hacer algo positivo, hazlo, faltaría más, pero si no puedes hacer nada constructivo, ¿de qué sirve la preocupación para solventar el problema? No sólo no lo soluciona, sino que, además, empeora las cosas, en especial si entiendes las leyes metafísicas del Universo. Desde el punto de vista de la salud, sólo somete a más esfuerzo al corazón. Desde la perspectiva psicológica secular (la mundana), la preocupación es natural y normal; al fin y al cabo, todo el mundo se preocupa. Pero desde la perspectiva espiritual, la preocupación es una patología mental y la causa principal de muchas patologías físicas.

Como sin duda saben nuestros lectores, Venus es tu planeta de la salud. En el cuerpo físico, Venus rige los riñones, las caderas, el cuello y la garganta; de ahí la importancia de estos órganos en la salud general.

Venus es el planeta genérico del amor (en tu carta tu planeta del amor es Plutón, pero en general Venus es el planeta regente). Por lo tanto, los problemas en el amor tienden a ser las causas principales de los problemas de salud. Dado que el amor está difícil este año, va a pasar por verdaderas pruebas, tendrás que trabajar más que de costumbre para mantener la armonía. Es posible que haya que disolver la relación; si te ocurre esto procura que sea de la manera más armoniosa posible, con el mínimo de sufrimiento o rencor. Esto es fácil decirlo pero no tan fácil hacerlo. Pero si surgiera un problema de salud (no lo permita Dios), será necesario hacerlo.

Venus, como saben nuestros lectores, es un planeta de movimiento rápido; en un año transita por todos los signos del horóscopo. Por lo tanto, hay muchas tendencias a corto plazo, según dónde esté Venus y los aspectos que reciba, que es mejor tratar en las previsiones mes a mes.

Hogar y vida familiar

En 2014 la historia será diferente, pero este año no está poderosa tu cuarta casa, la del hogar y la familia. En esencia, esto indica satisfacción con las cosas como están, ninguna necesidad importante de hacer cambios drásticos. Lógicamente, siempre tienes el libre albedrío, eso no lo pierdes nunca, pero el Cosmos no te impulsa ni en uno ni en otro sentido.

Los padres o figuras parentales harán bien en no mudarse este año, aunque es muy probable que lo deseen. Si se mudan habrá muchos retrasos y contratiempos; les conviene más hacer mejor uso del espacio que tienen, reorganizar la casa, trasladar muebles, cosas de esa naturaleza. Al parecer compran equipamiento para mejorar la salud en casa, o instalan en ella un equipo.

Un progenitor o figura parental experimenta muchos cambios personales, dramas. Es posible que pase por una intervención quirúrgica o tenga una experiencia de casi muerte. Esta persona parece tener conflictos con su cónyuge o pareja actual. Ninguno de los dos aprueba mucho al otro. Esto no favorece la vida amorosa y es una de las dificultades en el amor este año.

A este mismo progenitor o figura parental (su sexo depende de si tú eres hombre o mujer) le llegan oportunidades de trabajo soñadas, muy buenas. Si emplea a otros, hay un aumento en la fuerza laboral.

Los hijos o figuras filiales de tu vida tienen éxito este año; tienen un año profesional fabuloso; hay elevación, honores y reconocimiento. Pero de mudanza no se ven probabilidades este año. Si la hubiera tal vez sería en la segunda parte del año, después del 27 de junio.

En cuanto a los nietos, este año se ve mucha inestabilidad en la casa y con la familia; es posible que se muden muchas veces. Con este aspecto a veces no es una verdadera mudanza, sino que la persona vive en diferentes lugares durante largos periodos y es «como» si se mudara de casa muchas veces. Necesitan cultivar el equilibrio emocional, este año y muchos venideros. Al parecer están extraordinariamente sensibles y temperamentales. El yoga, la meditación, una disciplina espiritual les haría maravillas.

Si tienes pensado hacer obras en la casa, reparaciones importantes, del 22 de julio al 23 de agosto y del 28 de agosto al 15 de octubre son buenos periodos. Si deseas hacer cambios de tipo estético, del 28 de junio al 23 de agosto es buen periodo; este último periodo es un bueno también si quieres comprar objetos de arte para la casa.

Hay muchas tendencias a corto plazo para la familia, y que trataremos en las previsiones mes a mes. El Sol, tu planeta de la familia, es de movimiento rápido.

Profesión y situación económica

Las finanzas siempre son importantes para Tauro, ya esté fuerte o débil la casa del dinero. Pero este año está fuerte tu casa del dinero, así que tu atención está más centrada en esta faceta que de costumbre.

Como hemos dicho, desde que Júpiter entró en tu signo en junio de 2011 has estado en un ciclo de prosperidad. Y esta tendencia continúa este año, hasta el 27 de junio. Las finanzas irán bien después también, pero más o menos pueden gandulear, deslizarte sin esfuerzo; no te hará falta poner mucha atención.

Sin duda nuestros lectores saben que el tránsito de Júpiter por la casa del dinero es un indicador clásico de prosperidad. Aumenta los ingresos, ensancha los horizontes financieros, hace más valiosos los bienes que posees. También ofrece oportunidades económicas felices. Más importante aún, produce optimismo financiero, la moral alta de «eres capaz». Cuando Júpiter entra en la casa del dinero comienzan a ocurrir cosas «afortunadas». Llega un cliente o trabajo inesperado; la devolución de Hacienda es más alta de lo habitual; la persona gana en la lotería o cualquier otro tipo de apuesta o juego; de pronto se te hace alcanzable un artículo que deseabas pero no podías permitirte comprar; envías una factura a alguien y te envía el doble de dinero y te dice que te quedes con el cambio. Sientes la presencia constante de la dama suerte (que está a las órdenes de Júpiter, por cierto).

Júpiter en tu casa del dinero (más el optimismo que produce) te hace más gastador este año. Eres más generoso con los demás también. Gastas y das porque consideras que puedes permitírtelo (tengas o no el dinero en la mano). Tal vez este es el mayor peligro financiero ahora: gastar en exceso. Gasta por supuesto en lo que necesitas, no te reprimas, pero a veces el gasto puede ser «innecesario», y esto debes evitarlo.

En tu horóscopo Júpiter rige la octava casa. Por lo tanto, podría ocurrir que te llegue una herencia y parece que esta es importante (esto podría haber ocurrido el año pasado también). En muchos casos no es necesario que muera alguien; alguien podría nombrarte en su testamento, o recibes fondos que estaban en fideicomiso, o te nombran ejecutor de un testamento. Si tienes asuntos pendientes con compañías de seguros, el resultado se ve afortunado. Este año es fácil endeudarse, lo que tiene su lado bueno y su lado malo. La deuda da impulso al mundo empresarial; si no hay préstamo el negocio está en crisis. Pero para ti esto no parece ser un problema. Tienes buen acceso al crédito. La verdadera dificultad es evitar el abuso de la deuda. Que haya disponible dinero ajeno no significa que tengas que cogerlo simplemente por cogerlo. Tiene que haber una finalidad legítima. Si tienes buenas ideas este es un buen año para atraer inversores a tus proyectos.

La muerte no es un tema agradable y, comprensiblemente, la gente lo rehúye. Pero para ti hay beneficios en esto. Como el año pasado, puedes beneficiarte de propiedades o empresas con problemas, tal vez incluso de propiedades o empresas en bancarrota o a punto de sucumbir, y dar vuelta las tornas. Tienes un don, un instinto, para ver valor en ellas.

Si eres inversor, este año me gusta el mercado de bonos, en especial el de las empresas y medios de comunicación, y el transporte.

El 27 de junio Júpiter entra en tu tercera casa, la de la comunicación. Por lo tanto, te llega un coche nuevo, y uno bueno, y un equipo de comunicación. Las ventas y la mercadotecnia adquieren importancia en tus finanzas. Debes hacer buen uso de los medios.

Amor y vida social

Como hemos dicho, este es un año difícil en el amor y en lo social. Saturno, en tránsito por tu séptima casa, pone severas pruebas a las relaciones existentes: matrimonios y sociedades de negocios. Esto ya lo hace bastante difícil, pero además hay dos eclipses en esta casa este año: uno lunar, el 25 de abril, y uno solar, el 3 de noviembre. A esta mezcla le añadimos la cuadratura de Urano con Plutón, tu planeta del amor (que será muy exacta durante unos meses) y tenemos la receta para una extraordinaria volubilidad en el amor. El verdadero amor siempre triunfa, pero no será fácil; cualquier relación menos que perfecta probablemente se disolverá.

No sabemos si el amor es verdadero cuando todo es armonioso, tipo luna de miel; cuando las cosas van bien es natural que nos sintamos contentos y satisfechos. Es en los tiempos difíciles cuando comprobamos la profundidad de nuestro amor. Si las condiciones son infernales y la pareja sigue deseándose mutuamente, lo más probable es que el amor sea verdadero. Si estás dispuesto a afrontar las dificultades y no huir corriendo, el amor es verdadero.

Esta es la finalidad cósmica que se oculta detrás de todo esto. En las dificultades de las pruebas, los tiempos difíciles, surge la realidad. El Cosmos sólo desea lo mejor para ti; cualquier cosa inferior no servirá.

De las pruebas surgen otras cosas positivas también. Cuando una empresa ha fabricado un coche, lo prueba en carretera, lo somete a pruebas que superan las dificultades normales, a mucho más de lo que se enfrenta jamás un conductor normal. En estas pruebas, ante estas dificultades, se revelan los problemas ocultos para poder corregirlos. Y así, el producto final es de calidad superior. Lo mismo ocurrirá en tu relación. Las dificultades revelarán los defectos ocultos y podrás corregirlos y tener una relación mejor que antes. Sin embargo, con toda sinceridad, esto no es una experiencia agradable. Es bueno, pero no agradable.

Si estás soltero o soltera, en especial si estás pensando en un primer matrimonio, será mejor que no te cases este año. En realidad, es necesario reorganizar la vida social. Centra la atención en la calidad, que no en la cantidad. Es mejor menos citas, pero de calidad, que montones de citas mediocres. Aprende a disfrutar de tu compañía; si disfrutas en tu compañía, los demás también disfrutarán.

En el caso de estar soltero o soltera, vemos una atracción por personas mayores, más establecidas. Con ellas tienes una sensación de estabilidad y comodidad. La persona tiene que ser muy bien educada y refinada y estar establecida en su trabajo, negocio o profesión. Tienes los aspectos de una persona que se enamora del profesor, el pastor religioso, el mentor, el gurú.

Hay oportunidades amorosas en otros países, con personas extranjeras y en ambientes de tipo educativo o religioso.

Si estás en el segundo matrimonio, la relación conyugal es más fácil, pero se ponen a prueba las amistades y las sociedades de negocios. Si estás pensando en un segundo matrimonio, la oportunidad es fuerte después del 27 de junio. Lo mismo vale si estás pensando en un tercer matrimonio. Alrededor de ese tiempo Júpiter comienza a formar aspectos hermosos a Neptuno.

Progreso personal

Teniendo a Júpiter en tu casa del dinero la primera mitad del año, las finanzas mejorarán solas; no necesitas hacer nada especial; simplemente acepta la liberalidad y aprovecha las oportunidades que sin duda se presentarán. Pero la situación amorosa es otra historia; en ella tus actos y actitudes bien pueden exacerbar o suavizar los problemas. Ah, y habrá problemas; sólo se trata de cómo los llevas.

En los próximos dos años te conviene comprender y aplicar el principio del Menor Dolor, el Menor Daño. Las relaciones con problemas son dolorosas, ya sea que se disuelvan o sobrevivan. Esto es inevitable. Pero el desafío es seguir el camino del menor dolor o sufrimiento, del menor daño. Muchas veces, por desgracia, la tendencia es infligir el máximo sufrimiento a las personas que nos han agraviado. Esto sólo genera un ciclo de más y más dolor; todos sufren más de lo que es necesario. Además, retrasa las relaciones futuras, las buenas. Y, si se entiende la ley kármica, el problema actual tiende a repetirse una y otra vez, hasta que se aprende la lección. La escuela cosmica de la Tierra, si bien llena de amor y compasión, sigue siendo una ley continua. A diferencia de las escuelas humanas, que envían a la universidad a alumnos que no saben leer, simplemente para sacarlos de la escuela, o por algún otro «ismo» psicológico predominante en el momento, la escuela cósmica te tendrá en el primer año eternamente si es necesario, hasta que aprendas las lecciones de ese curso.

Si la relación se va a disolver, y muchas veces es necesario, hazlo de la manera menos dolorosa posible; si la relación va a sobrevivir, pero hay dificultades, resuelve las diferencias de la manera menos dolorosa también. Cuál es esta manera, debes discernirlo tú. No hay reglas, cada situación es única y especial.

Los dos próximos años también es muy importante practicar el arte el perdón. Guardar rencor, aunque esté justificado, bloquea la energía espiritual, impide que entre, y suele tener consecuencias para la salud. Perdonar nos resulta más fácil si entendemos que perdonamos a la persona, no el acto. El acto malo es malo, ya está; pero a la persona se la perdona, hizo lo que hizo movida por todo tipo de impulsos interiores, y, ¿quien sabe?, si hubiéramos estado en su piel podríamos haber actuado igual. El perdón llegará finalmente, con el tiempo, pero ¿para qué alargar el proceso y aumentar el sufrimiento?

Urano, como hemos dicho, está en tu casa doce, la de la espiritualidad, y continuará ahí unos cuantos años; este es un tránsito muy importante. Muchas personas tienen la idea errónea de que la «espiritualidad» es una parte aislada, una especie de compartimento que no tiene nada que ver con la vida «práctica». Nada podría estar más lejos de la verdad. Este mundo exterior tridimensional es un mundo de «puro efecto», no es la causa de nada. Todos los acontecimientos externos que observamos con nuestros sentidos son solamente los efectos secundarios de fuerzas «internas»; las causas siempre son internas. Por lo tanto, cuando una persona comienza a cambiar las condiciones internas, los pensamientos y sentimientos, cambian inevitablemente las condiciones externas. En este periodo van a producirse inmensos cambios internos, cambios revolucionarios, y a su debido tiempo los verás manifestarse en tu vida externa. Estás en el proceso de crear «libertad interior», libertad de pensamiento y de sentimiento, y esto llevará inevitablemente a la libertad exterior, a la ruptura de muchas otras ataduras. Ten paciencia, el proceso lleva su tiempo.

Previsiones mes a mes

Enero

Mejores días en general: 2, 3, 10, 11, 19, 20, 29, 30
Días menos favorables en general: 6, 7, 12, 13, 26, 27, 28
Mejores días para el amor: 2, 3, 6, 7, 8, 9, 10, 11, 18, 19, 20, 29, 30
Mejores días para el dinero: 2, 3, 4, 10, 11, 12, 21, 22, 23, 31
Mejores días para la profesión: 8, 12, 13, 17, 26, 27

Comienzas el año con el 80 y a veces el 90 por ciento de los planetas sobre el horizonte de tu carta, la mitad superior. El 19 entras en una cima profesional anual. Este es, pues, un periodo para centrar la atención en la profesión, en las consecuciones externas. La familia es importante para ti, pero incluso la familia apoya tus objetivos profesionales; te alientan. Hay poco del habitual conflicto entre la vida familiar y la profesión en este periodo, y esto es bueno. Es un mes de éxito y progreso.

El movimiento planetario es directo este mes. El 90 por ciento de los planetas están en movimiento directo hasta el 30; después del 30 todos estarán en movimiento directo. Este es un periodo excelente, en especial del 11 al 27, para iniciar nuevos proyectos o lanzar nuevos productos al mundo. El progreso debería ser más rápido de lo habitual.

A partir del 19 el poder planetario se traslada del sector occidental o social de tu carta al sector oriental o del yo. Esto produce cambios psíquicos. Entras en un periodo de mayor independencia personal; tienes más poder y capacidad para crear las circunstancias como las deseas, para tener la vida según tus condiciones. En los seis meses pasados te has visto obligado a adaptarte a las situaciones, a transigir y a complacer. Ahora ya sabes qué situaciones son desagradables y qué es necesario cambiar. Puedes comenzar a hacer los cambios. La felicidad depende de ti y sólo de ti.

La salud y la vitalidad son fundamentalmente buenas hasta el 19; después necesitas descansar y relajarte más y mantener elevada la energía. Si dejas estar las trivialidades y te ocupas de lo que realmente importa, comprobarás que tienes toda la energía que necesitas para conseguir tus objetivos. Fortalece la salud de las maneras que explicamos en las previsiones para el año. Pero hasta el 10 da más atención al hígado y los muslos; te irá bien darte masajes periódicos en los muslos. Después del 10 tu planeta de la salud estará en Capricornio, así que es necesario prestar más atención a la columna, las rodillas, la dentadura, los huesos, la piel y la alineación esquelética general; los masajes periódicos en la espalda y las rodillas serán potentes. Si te sientes alicaído, podría convenirte una visita al quiropráctico u osteópata. Hasta el 10 son potentes los regímenes de desintoxicación; después del 10, son potentes las terapias metafísicas: oración, decir la palabra, visualización positiva.

La principal dificultad profesional ahora procede del cónyuge, pareja o ser amado actual; hay una cierta oposición. Tal vez esta persona considera que estás demasiado concentrado en tu vida externa y no lo bastante en la relación. Esto será un reto todo el año; de alguna manera tienes que equilibrar tus deberes profesionales con tus obligaciones en el amor.

El amor es difícil este año, pero en especial este mes, hasta el 19; la relación pasa por pruebas.

Estás en un ciclo de prosperidad en este periodo; el dinero llega a raudales. Pero la prosperidad será más fuerte aún después del 19.

Febrero

Mejores días en general: 7, 8, 15, 16, 17, 25, 26
Días menos favorables en general: 2, 3, 9, 10, 23, 24
Mejores días para el amor: 2, 3, 7, 8, 9, 10, 15, 16, 18, 19, 25, 26
Mejores días para el dinero: 1, 9, 11, 12, 18, 19, 21, 22, 27
Mejores días para la profesión: 4, 5, 9, 10, 13, 23

Los planetas siguen principalmente sobre el horizonte de tu carta; hasta el 15, el 90 por ciento están sobre el horizonte; después del 15 el porcentaje baja a 80. Continúas bien instalado en una cima profesional anual, así que ve por tus objetivos; mantén la atención. El mes pasado había probabilidades de aumento de sueldo y ascenso, y esto podría ocurrir todavía este mes. La familia apoya tus actividades profesionales y al parecer participa activamente. Lo bueno es que no tienes el conflicto entre vida familiar y profesión que suelen tener muchas personas. Las dos facetas se fusionan bellamente. Como el mes pasado, y esta es una tendencia para el año, tu reto es equilibrar la vida amorosa (el matrimonio o relación, la vida social) con la profesión. Esto llevará esfuerzo, transigencia, pero de alguna manera tienes que conquistar el apoyo del ser amado y las amistades. Se te ocurrirá una manera de hacerlo.

El movimiento planetario es directo este mes. Hasta el 18 todos los planetas están en movimiento directo (muy insólito). Más avanzado el mes hay actividad retrógrada, pero no supera al 20 por ciento. Así pues, este es un buen mes para lanzar nuevos productos o iniciar nuevos proyectos, en especial del 10 al 18.

Sigues en un ciclo de prosperidad, pero las finanzas se presentan más difíciles este mes, más complicadas. El 5 tu planeta del dinero, Mercurio, entra en Piscis en aspecto desfavorable con Júpiter; esto podría ser causa de gastos excesivos o exceso de confianza en ti mismo. Una confianza sana es siempre algo bueno, pero a veces no es realista e induce a la persona a correr riesgos innecesarios. Mercurio inicia movimiento retrógrado el 23, así que procura hacer las compras importantes o tomar las decisiones importantes antes de esta fecha. Después del 23 te conviene hacer una saludable revisión de tu vida financiera. Es un periodo para adquirir más claridad en las finanzas, no para hacer gestiones.

El 6 y el 7 tu planeta del dinero viaja con Neptuno; esos días estate alerta para captar intuiciones financieras. La orientación te llegará en sueños, o a través de videntes, pastores religiosos o canalizadores espirituales. Este es un periodo espiritual, por cierto; tu planeta de la espiritualidad viaja con Neptuno del 3 al 6, así que cuentas con ayuda del mundo invisible.

La salud continúa necesitada de atención hasta el 18. Hasta el 2 da más atención a la columna, las rodillas, la dentadura, los huesos, la piel y la alineación esquelética general, como el mes pasado. Después del 2 presta más atención a los tobillos y pantorrillas; te conviene dar masajes regulares a ambas zonas. Después del 26 son importantes los pies; te beneficiarás de masajes periódicos en los pies.

Marzo

Mejores días en general: 6, 7, 15, 16, 24, 25, 26
Días menos favorables en general: 2, 3, 8, 9, 22, 23, 29, 30
Mejores días para el amor: 2, 3, 6, 7, 10, 11, 15, 16, 21, 22, 24, 25, 29, 30, 31
Mejores días para el dinero: 1, 2, 3, 8, 9, 10, 11, 17, 18, 19, 20, 21, 27, 28, 29, 30
Mejores días para la profesión: 4, 8, 9, 12, 13, 22, 31

Si bien ya acabó la cima profesional anual, siguen ocurriendo cosas buenas. Continúa el éxito. Tu planeta de la profesión, Urano, recibe estimulación intensa y positiva hacia fin de mes. La mayoría de los planetas continúan sobre el horizonte de tu carta, así que la atención sigue en el mundo externo. Marte forma conjunción con tu planeta de la profesión del 18 al 21; esto indica que trabajas arduo y eres osado en los asuntos profesionales; indica seguridad en ti mismo y consecución rápida (también puede traer ciertos conflictos). El Sol está en conjunción con Urano del 27 al 30; esto indica buen apoyo familiar a tu profesión o que conexiones familiares crean oportunidades. Es posible que trabajes más desde casa en ese periodo. Venus también forma conjunción con Urano alrededor de esos días (del 26 al 29); esto indica éxito personal, elevación, una persona que está «en la cima», por encima de todas las personas de tu mundo. Estos aspectos también traen oportunidades profesionales felices.

Hasta el 12 es muy fuerte el elemento agua; el 60 y a veces el 70 por ciento de los planetas están en signos de agua. Las personas están extraordinariamente sensibles en este periodo, así que ten más cuidado al tratar con los demás. Reaccionan no sólo a las palabras, sino también a gestos, al lenguaje corporal, a los tonos de la voz y a las expresiones faciales; cosas aparentemente insignificantes pueden provocar reacciones inesperadas. Tomar precauciones extras puede prevenir posteriores dolores de cabeza y sentimientos heridos. En general, el tiempo estará más lluvioso de lo habitual; habrá más humedad.

Este es también un mes muy espiritual. Hasta el 20 hay muchos planetas en Piscis. Y después también, pues entran el Sol, Marte y Venus en Aries, que es tu casa de la espiritualidad. Así pues, sobre todo si estás en un camino espiritual, harás mucho progreso. La práctica espiritual irá mejor también. Estás cerca del mundo invisible y el mundo invisible está cerca de ti. Puedes esperar una vida onírica hiperactiva y muchos tipos de experiencias sobrenaturales. Es un buen mes para participar en obras benéficas y causas altruistas.

Las finanzas siguen algo delicadas. Tu planeta del dinero está retrógrado hasta el 17. Por lo tanto, continúa revisando tu vida financiera. Sigue siendo un periodo para obtener claridad en las finanzas, no para hacer las cosas. Cuando Mercurio retome el movimiento directo el 17, debería haber llegado la claridad y hay menos riesgo en tomar decisiones financieras importantes o hacer gestiones.

El planeta del dinero en Piscis indica buena intuición financiera. Pero mientras esté retrógrado la intuición necesita más verificación. Después del 17 ya será fiable.

Las oportunidades financieras llegan a través de amistades, grupos y actividades en grupo. Las actividades *online* también fomentan las finanzas. Es muy importante que te mantengas al día en las últimas tecnologías. Tus habilidades tecnológicas son importantes en tu economía.

El amor es sensato hasta el 20; después se torna tormentoso. La relación pende de un hilo.

Abril

Mejores días en general: 2, 3, 11, 12, 21, 22, 29, 30
Días menos favorables en general: 4, 5, 19, 20, 25, 26
Mejores días para el amor: 1, 2, 3, 9, 10, 11, 12, 21, 22, 25, 26, 29, 30
Mejores días para el dinero: 4, 5, 7, 8, 14, 15, 19, 23, 24, 27, 28
Mejores días para la profesión: 1, 4, 5, 9, 10, 19, 20, 27, 28

Los planetas están ahora en su posición oriental máxima del año. Esta tendencia continúa el próximo mes también. Este es el periodo para crearte las condiciones que deseas en tu vida. Tienes el poder para hacerlo. Sabes lo que deseas mejor que nadie, y debes actuar según eso. Puedes tener la vida según tus condiciones este mes, y la tendrás.

El 19 los planetas comenzarán a trasladarse de la mitad superior de tu horóscopo a la inferior. El traslado no se completará este mes, sino el próximo, pero ya comienzas a sentir el cambio. Has conseguido más o menos los objetivos profesionales y llega el momento de pasar la atención al hogar, la familia y tu bienestar emocional. Comienza el crepúsculo de tu año. El Sol está a punto de ponerse; aun no está oscuro, pero oscurecerá. Ata los cabos sueltos en la profesión y prepárate para poner en orden el hogar.

El movimiento planetario es fuertemente directo este mes; el 90 por ciento de los planetas están en movimiento directo hasta el 12, y después lo estarán el 80 por ciento. Es muy buen periodo, en especial del 10 al 25, para lanzar nuevos productos o iniciar nuevas empresas. La Luna nueva del 10 es el momento óptimo para estas cosas.

Hasta el 19 estás en un periodo muy espiritual, así que repasa lo que hablamos el mes pasado.

El amor es problemático. Sólo una relación muy sólida, con fuertes lazos de amor, puede sobrevivir a esto. El ser amado no sólo tiene conflictos con tu profesión, sino también con tus dos figuras parentales y tal vez con toda la familia. Las cosas serán un poco más fáciles después del 15, pero la situación se ve difícil.

Tu planeta del dinero continúa en el místico Piscis hasta el 14. Así pues, la intuición financiera es súper, puedes fiarte de ella. Tauro es una persona muy práctica, muy terrenal, pero este es un mes en que profundizas en las fuentes sobrenaturales de la riqueza, que no en las naturales. Te llega dinero milagroso, de modo inesperado, no debido a tu trabajo o a ingeniosas tácticas. Simplemente te llega. Esto te obligará a pensar de qué va la riqueza y de dónde procede realmente.

Después del 14, cuando el planeta del dinero entra en Aries, debes guardarte de la precipitación al tomar decisiones financieras. Si has conseguido cierta claridad mental durante el movimiento retrógrado de Mercurio, esto no será un problema, pero si no, podría serlo.

El 19 el Sol cruza tu ascendente y entra en tu signo. Al día siguiente entra Marte. Por lo tanto, estás en una cima anual de placer personal. Este es un periodo para gozar de todos los deleites de los sentidos y del cuerpo; un periodo para poner en forma el cuerpo y la imagen. Aunque el amor ha estado difícil, sigues atrayendo al sexo opuesto. Tu apariencia es fabulosa, tienes más carisma. La salud y la energía están súper.

El 25 hay un eclipse lunar que es difícil en ti, en especial si naciste en la primera parte del signo (del 21 de abril al 1 de mayo); reduce tus actividades. Este eclipse va a poner a prueba la relación amorosa actual, los coches y el equipo de comunicación.

Mayo

Mejores días en general: 8, 9, 10, 18, 19, 27, 28
Días menos favorables en general: 2, 3, 16, 17, 23, 24, 29, 30
Mejores días para el amor: 8, 9, 10, 11, 18, 19, 21, 22, 23, 24, 27, 28, 29, 30
Mejores días para el dinero: 2, 3, 8, 9, 10, 11, 12, 21, 22, 29, 30
Mejores días para la profesión: 2, 3, 6, 7, 16, 17, 25, 26, 29, 30

Cuando Mercurio entra en tu signo el 1 se completa el traslado planetario a la mitad inferior de tu horóscopo; entre el 60 y el 70 por ciento de los planetas quedan bajo el horizonte de tu carta; esta será la posición inferior máxima del año. La profesión sigue siendo importante, pero ahora estás en el periodo de trabajar en la profesión con métodos interiores, con los métodos nocturnos, que no los diurnos. Visualiza lo que deseas y dónde deseas estar. Duérmete con esta imagen. Trabaja interiormente para lograr la «sensación» del resultado deseado. Esta es una forma de «soñar despierto», pero tú controlas conscientemente el sueño. Dejas de lado la apariencia del mundo, buscas un «estado interior» y, la verdad, ninguna apariencia externa tiene el poder de impedirte la entrada. Viviendo en la sensación de lo que deseas, finalmente se hará objetivo el estado interior, se hará manifiesto (en especial cuando los planetas vuelvan a trasladarse).

Cuando Mercurio entra en tu signo comienzas a recibir buenas rachas de suerte financiera. Este es un mes próspero. Las oportunidades financieras te buscan, sin necesidad de que corras tras ellas. Tu apariencia y tu actitud general son muy importantes en las finanzas este mes, y por lo tanto gastas más en tu imagen.

La salud y la energía siguen súper. En realidad, esta abundancia de energía podría generar algunos problemas; tiendes a las prisas; deseas que todo ocurra rápido. Y así, la precipitación y la impaciencia pueden volverte descuidado. El mal genio podría ser un problema también; podría dar pie a conflictos indeseables o innecesarios. Date prisa pero ten presente los riesgos.

Este mes tenemos dos eclipses. El primero, el solar del 10, es el más fuerte. Ocurre en tu signo. Tómate las cosas con calma y reduce tus actividades alrededor de ese periodo. Todos los nativos de Tauro lo sentiréis, pero si naciste entre el 5 y el 15 de mayo lo sentirás más fuerte. Muchas veces estos eclipses producen una desintoxicación del cuerpo, sobre todo si no has tenido cuidado en asuntos dietéticos. Produce una necesidad de redefinir la personalidad y la imagen; ocurrirán acontecimientos que te obligarán a esto. Comenzarás a pensar distinto acerca de ti, y presentarás una nueva imagen al mundo. A veces esto lleva a cambios en el corte de pelo o peinado y en el guardarropa. Este eclipse también afecta a la familia. Habrá conmociones, acontecimientos en la vida de familiares (o de personas que son como familiares para ti), de aquellos que cambian la vida. Si hay defectos ocultos en la casa, los descubrirás y te verás obligado a corregirlos.

El eclipse lunar del 25 produce dramas en la vida de hermanos o figuras fraternas de tu vida. Se ponen a prueba los coches y el equipo de comunicación; es posible que sea necesario reemplazarlos. El cónyuge, pareja o ser amado actual se ve obligado a hacer cambios financieros drásticos.

Junio

Mejores días en general: 5, 6, 15, 16, 23, 24
Días menos favorables en general: 12, 13, 19, 20, 25, 26
Mejores días para el amor: 5, 6, 10, 15, 16, 19, 20, 23, 24, 27, 28
Mejores días para el dinero: 1, 7, 8, 9, 10, 11, 17, 18, 19, 20, 26, 27, 28
Mejores días para la profesión: 2, 3, 12, 13, 21, 22, 25, 26, 30, 31

El 20 del mes pasado entraste en una cima financiera anual, el cielo de Tauro. Esta continúa hasta el 21 de este mes. El dinero entra a raudales; se consiguen los objetivos financieros. El 27, cuando Júpiter sale de tu casa del dinero, tu interés pasa al intelecto, al aprendizaje, la comunicación, la enseñanza, a actividades intelectuales. Llegado es el momento de tomarse un descanso en las finanzas y de hacer evaluación. El 26 inicia movimiento retrógrado tu planeta del dinero, y ese es el periodo para hacer la pausa que renueva. Después del 26 evita los compromisos financieros importantes y tomar decisiones importantes. Centra más la atención en conseguir «claridad», reunir información y hacer reflexión.

La entrada de Júpiter en tu tercera casa te trae un coche y equipo de comunicación nuevos; si no este mes, este año.

Las finanzas son el principal centro de atención hasta el 21. Después te conviene aumentar tus conocimientos, expandir la mente, hacer cursos en temas que te interesan, acrecentar tu vocabulario, ponerte al día en la correspondencia, e-mails y llamadas telefónicas. Esto no sólo será agradable en sí, sino que, además, teniendo a tu planeta del dinero en tu tercera casa todo el mes, tendrá buen efecto en tu economía también.

El amor continúa problemático este mes, en especial después del 21. Ha habido problemas todo el año, pero los dos últimos meses deberían haberse calmado las cosas. Ahora vuelven a estallar. La relación actual está en crisis. A veces esto no se debe a la relación en sí; podría haber acontecimientos dramáticos, de los que cambian la vida, o crisis en la vida del cónyuge, pareja o ser amado actual, y los problemas proceden de eso.

Los asuntos del corazón son complicados. Es difícil dar reglas, pues cada situación es única. Pero, como principio general, podríamos decir que hay que tomar la ruta del menor sufrimiento; una relación tormentosa es dolorosa, sea como sea, pero el sufrimiento se puede maximizar o minimizar. Haz todo lo posible por minimizarlo.

Un jefe, progenitor o figura parental, una figura de autoridad en tu vida, podría pasar por una intervención quirúrgica o una experiencia de casi muerte.

Un asunto legal o jurídico se retrasa, pero el resultado final se ve exitoso. Este mes hay felices oportunidades de viaje, pero programa más tiempo para ir y volver de tu destino.

El amor es difícil, pero la situación social en general es feliz. Este mes entran en el cuadro nuevas e importantes amistades.

Un progenitor o figura parental tiene un beneficio financiero inesperado del 19 al 21. También hay oportunidades para mudarse, comprar otra casa o renovar la actual en ese periodo.

Julio

Mejores días en general: 2, 3, 12, 13, 21, 22, 29, 30
Días menos favorables en general: 9, 10, 11, 17, 23, 24
Mejores días para el amor: 1, 2, 3, 10, 11, 12, 13, 17, 19, 20, 21, 22, 29, 30
Mejores días para el dinero: 4, 5, 6, 7, 8, 16, 17, 25, 26
Mejores días para la profesión: 1, 12, 13, 21, 22, 23, 24, 27, 28

A veces el Cosmos tiene que agitar un poco las cosas para materializar los deseos de tu corazón, y a veces lo hace de formas drásticas o dramáticas. Esto es lo que ocurre este mes. El amor continúa con severas pruebas; ocurren importantes cambios profesionales; y la situación familiar también se ve inestable. Todos estos cambios serán buenos en último término, pero mientras ocurren no son muy agradables.

Parte de la dificultad familiar se puede atribuir a una mudanza, una renovación u otra mejora en la casa. Es bueno que ahora centres la atención en el hogar y la familia. Los asuntos profesionales tardarán un tiempo en resolverse; no hay solución rápida. Tu planeta de la profesión inicia movimiento retrógrado el 17, y estará retrógrado hasta el 17 de diciembre, casi todo el resto del año. Ahora las apariencias son engañosas; evita juzgar la profesión por lo que «parece». Trabaja en conseguir claridad mental acerca de la profesión; esto es lo más importante.

Tu tercera casa continúa muy poderosa hasta el 22. Este es un tránsito muy bueno si eres estudiante, pero no universitario. El aprendizaje es diversión; hay éxito en los estudios.

Un hermano, hermana o figura fraterna entra en un periodo de dos años de prosperidad y éxito general.

Este es un mes frenético, activo. Afortunadamente, la salud es buena hasta el 22 y tienes toda la energía que necesitas para hacer frente a toda esta actividad. Pero después del 22 necesitas descansar y relajarte más, y hacer todo lo que puedas para mantener elevada la energía. Pasa más tiempo en el balneario de salud; ve a que te den masajes. Hasta el 23 puedes fortalecer la salud prestando más atención al corazón; evita todo lo posible la preocupación y la ansiedad; una dieta apropiada también es importante. Después del 23 presta más atención al intestino delgado.

Si estás soltero o soltera este es un buen mes para practicar el amor incondicional. Si estás con miras a un segundo matrimonio, tienes buenas oportunidades amorosas este mes, y el mes pasado también las tuviste. Del 12 al 19 podría materializarse un viaje al extranjero, pero al estar todavía retrógrado tu planeta de los viajes programa más tiempo para ir y volver de tu destino.

Este mes ocurren importantes cambios en las finanzas. Del 17 al 21 tu planeta del dinero acampa (está detenido, a punto de cambiar de dirección) en cuadratura con Urano. De todos modos es mejor hacer los cambios después del 21, cuando Mercurio ya estará en movimiento directo.

El poder planetario comienza a trasladarse del sector oriental al occidental o social de tu carta. Así pues, va a llegar a su fin tu periodo de independencia personal; el traslado aun no está completo, pero está en proceso. Vas a comenzar a hacer los cambios psíquicos; la atención pasa a los demás, deja de estar en tus intereses personales.

Agosto

Mejores días en general: 8, 9, 17, 18, 25, 26, 27
Días menos favorables en general: 6, 7, 13, 14, 19, 20
Mejores días para el amor: 8, 9, 13, 14, 17, 19, 25, 26
Mejores días para el dinero: 1, 2, 3, 4, 13, 14, 15, 16, 21, 22, 24, 25, 28, 29, 30, 31
Mejores días para la profesión: 6, 7, 15, 16, 19, 20, 23, 24

A fin de mes, el 28, se habrá completado el traslado planetario a tu sector occidental. Este será el poder máximo del año en el sector occidental. Estarán ahí el 60 y a veces el 70 por ciento de los planetas. Es el periodo para poner el yo en segundo plano y centrar la atención en las necesidades de los demás. Es de esperar que te hayas creado buenas condiciones, pues ha llegado el periodo de someter a la prueba de la carretera a tus creaciones. Si has construido bien, disfrutarás de tu creación; si no, verás los defectos y podrás corregirlos durante el próximo ciclo de independencia personal, el año que viene.

Tu décima casa, la de la profesión, está prácticamente vacía este mes, mientras que tu cuarta casa, la del hogar y la familia, está fuerte todo el mes. Así pues, la atención está centrada en la familia, como debe ser. Tu armonía emocional, tu atención a la familia, te serán útiles en la profesión este mes. Tus superiores lo verán.

Las finanzas se ven bien este mes. Mercurio, tu planeta del dinero, avanza raudo, transitará por tres signos y casas del horóscopo. Esto indica seguridad financiera, progreso rápido, mucho terreno cubierto. Me parece que los cambios que hiciste el mes pasado dan resultado. Tu planeta del dinero está en Cáncer hasta el 8 y entonces entra en tu cuarta casa (la del hogar y la familia), donde estará hasta el 24. Así pues, vas a gastar más en la familia en este periodo, pero también puedes ganar de ella. Los familiares te apoyan económicamente, y las conexiones familiares y figuras parentales también. Hay muchas probabilidades de que ganes desde casa, también, haciendo más trabajo en casa. Mercurio está en Leo del 8 al 24; esto indica, por un lado, que ganas dinero de modos felices y disfrutas de la riqueza que tienes; por otro lado, indica que esto puede volverte más especulador y arriesgado. Si te excedes en esto, podrías sufrir. Esta tendencia especuladora continúa después del 24, pues Mercurio entra en tu quinta casa. Los hijos o figuras filiales de tu vida te estimulan a ganar más y muchas veces tienen buenas ideas financieras: «Salido de la boca de un bebé».

La salud mejora mucho después del 22. Pero hasta entonces continúa descansando y relajándote más; repasa lo que hablamos el mes pasado. Hasta el 16 puedes fortalecer la salud prestando más atención al intestino delgado (como el mes pasado); después da más atención a los riñones y las caderas; los masajes en las caderas serán especialmente beneficiosos. Mantener la armonía en la vida amorosa es siempre importante para tu salud, pero lo es en especial después del 16. Si te sientes alicaído, devuelve la armonía a tu vida amorosa todo lo que puedas. Estando tan difícil el amor, esto no será fácil, pero, como hemos dicho, puedes minimizar la negatividad, en lugar de maximizarla.

Septiembre

Mejores días en general: 4, 5, 6, 13, 14, 22, 23
Días menos favorables en general: 2, 3, 9, 10, 15, 16, 29, 30
Mejores días para el amor: 4, 5, 8, 9, 10, 13, 14, 17, 18, 22, 23, 27, 28
Mejores días para el dinero: 1, 5, 6, 9, 10, 15, 16, 18, 19, 24, 25, 26, 27, 28
Mejores días para la profesión: 2, 3, 11, 12, 15, 16, 20, 21, 29, 30

El 22 del mes pasado entraste en una de tus cimas anuales de placer personal, uno de tus periodos de vacaciones cósmicas. Este es un periodo para la recreación y el disfrute de la vida. Estás en esta cima hasta el 22 de este mes. Sean cuales sean los problemas o complicaciones que afrontes, de todos modos puedes gozar de la vida, y ese gozo mitiga muchos de los problemas. Esta es la lección de este mes.

Si estás en edad de concebir, los dos meses pasados han sido los más fértiles del año para ti, y esta tendencia continúa este mes (en 2014 estarás más fértil aun que ahora).

El 22, cuando el Sol entra en tu sexta casa, entras en un periodo más orientado al trabajo serio. Tienes la necesidad de ser productivo. Es un muy buen periodo si buscas trabajo; hay buena suerte; y deberías explorar las conexiones familiares.

Este mes tenemos una gran cuadratura muy dinámica en el firmamento; estará en vigor todo el mes (comenzó el 16 del mes pasado).

Esto indica un periodo algo difícil; estás involucrado en una enorme empresa, muy complicada, y esto tiende a ser estresante. Deseas materializar algo Grande en el mundo; debes equilibrar y armonizar muchos intereses conflictivos: amor, profesión, intereses personales, trabajo, hogar y familia. Cada uno tira de ti en diferentes sentidos; cada uno exige tu atención. Cuando las cosas son tan complicadas lo mejor es arreglárselas con cada día tal como se presenta; atiende a las necesidades del día, las necesidades de la hora, y procura no proyectar demasiado lejos en el futuro. Si llevas bien el día de hoy, también llevarás bien el de mañana.

El amor vuelve a pasar por severas pruebas. Como hemos dicho, esto ha ocurrido todo el año, pero la severidad tiende a aumentar, no a menguar. Ahora las pruebas son más severas que antes. No podrás eliminar del todo la negatividad, pero puedes minimizarla lo más posible. Lo bueno es que tu casa del amor, la séptima, está fuerte ahora, y la mayoría de los planetas siguen en el sector occidental de tu carta. Por lo tanto, el amor y las actividades sociales son muy importantes para ti. Estás atento a estas cosas, dispuesto a superar todas las dificultades, y esto lleva al éxito.

Del 9 al 29 hay más cambios financieros drásticos; pero saldrás de esto. Tu buena ética laboral y tus conexiones sociales te serán de gran ayuda.

La salud es fundamentalmente buena; esto también es una ayuda. Con la energía elevada te las arreglas bien con la actividad frenética. Hasta el 11 puedes mejorar aún más la salud dando más atención a los riñones y las caderas (como el mes pasado), y después al colon, la vejiga y los órganos sexuales. Los regímenes de desintoxicación son potentes después del 11; podría ser aconsejable un lavado de colon en ese periodo.

Octubre

Mejores días en general: 2, 3, 11, 12, 19, 20, 29, 30
Días menos favorables en general: 1, 6, 7, 13, 14, 27, 28
Mejores días para el amor: 2, 3, 6, 7, 8, 11, 12, 17, 18, 19, 20, 27, 28, 29, 30
Mejores días para el dinero: 6, 7, 15, 16, 22, 23, 24, 25
Mejores días para la profesión: 1, 8, 9, 13, 14, 17, 18, 27, 28

Este mes vuelve a trasladarse el poder planetario; esta vez se traslada de la mitad inferior de tu carta a la superior, al sector de la profesión y las consecuciones externas. Es la mañana de tu año, es el periodo para levantarte y centrar la atención en el mundo externo, en especial la profesión. El traslado comenzó el 23 del mes pasado. A partir de ahora, todo el resto del año, puedes dejar de lado los asuntos familiares y emocionales y concentrarte en tus objetivos externos.

El 23 entras en una cima social anual. La vida amorosa, que ha estado difícil todo el año, se torna más fácil y más activa. Continúa tu necesidad de ser selectivo con tus amistades y las invitaciones que aceptas, pero las que se presentan ahora son de la mayor calidad. Si estás soltero o soltera, tienes más citas, pero no se ven probabilidades de boda. Si estás con miras al segundo o tercer matrimonio tuviste muy buenas oportunidades el mes pasado y este mes y llegarán más. Parece que un ex cónyuge o amante vengativo hace daño a tu buena fama profesional, o desea hacerlo. Finalmente triunfará la verdad.

El ritmo de la vida es menos agitado que el mes pasado, sobre todo después del 23. Me parece que ese proyecto importante que tienes entre manos progresa y necesita menos esfuerzo. Sigue siendo necesario vigilar la salud y, afortunadamente, estás atento. Lo importante es descansar más después del 23. Favorece la salud con regímenes de desintoxicación todo el mes. Hasta el 7 es potente la desintoxicación del colon; después, la desintoxicación del hígado. Hasta el 7 son importantes el sexo seguro y la moderación sexual; después serán potentes los masajes periódicos en los muslos.

El 18 hay un eclipse lunar en tu casa doce, la de la espiritualidad; además, hace impacto en Júpiter, el planeta de la religión y la metafísica. Esto sugiere que se producen cambios espirituales y filosóficos importantes. Cambias tu programa y disciplina espirituales, tal vez también cambias de profesor o maestro. Ocurren cosas dramáticas, de las que cambian la vida, a personas de tu lugar de culto y de una organización espiritual a la que perteneces o en la que participas. Estando involucrado Júpiter (el regente de tu octava casa) podrías tener un encuentro con la muerte (generalmente estos encuentros son psíquicos); es necesario asumir la muerte, entenderla mejor. Con este aspecto, el cónyuge, pareja o ser amado actual se ve obligado a hacer cambios financieros drásticos. Se ponen a prueba los coches y el equipo de comunicación.

Tu planeta del dinero estará en tu séptima casa todo el mes. Con esto podría formarse una sociedad de negocios o empresa conjunta; te llegan oportunidades. Los contactos sociales tienen un papel importante en los ingresos. Este mes tienes acceso a dinero ajeno, de préstamo o de inversores.

Mercurio inicia movimiento retrógrado el 21. Procura hacer antes las compras importantes o tomar decisiones importantes. Después será necesario hacer el trabajo de reflexión y evaluación. Podría parecerte que tu vida financiera retrocede en lugar de avanzar, pero eso es ilusorio. Simplemente necesitas aminorar la marcha y hacer revisión de tu vida financiera.

Noviembre

Mejores días en general: 7, 8, 16, 17, 25, 26, 27
Días menos favorables en general: 3, 4, 9, 10, 23, 24, 30
Mejores días para el amor: 3, 4, 7, 8, 16, 17, 25, 26, 27, 30
Mejores días para el dinero: 3, 4, 11, 12, 18, 19, 20, 21, 22, 30
Mejores días para la profesión: 5, 6, 9, 10, 13, 14, 23, 24

Este no es uno de tus mejores periodos para la salud, así que continúa descansando y relajándote más, y presta más atención a tu salud; repasa lo que hablamos el mes pasado. Además, el 3 hay un eclipse solar que no favorece las cosas. Hasta el 5 da más atención al hígado y los muslos, como el mes pasado; van bien la desintoxicación del hígado y el masaje en los muslos. Después del 5 presta más atención a la columna, las rodillas, la dentadura, los huesos, la piel y la alineación esquelética general; serán potentes los masajes periódicos en la espalda y las visitas a un quiropráctico u osteópata. Si practicas el yoga da preferencia a las posturas que fortalecen la columna. Después del 22 la salud mejora espectacularmente.

El eclipse solar del 3 es fuerte en ti, así que reduce las actividades en ese periodo, unos cuantos días antes y otros tantos después. Pasa más tiempo tranquilo en casa; ve una película, lee un libro, medita y ora. Evita las actividades arriesgadas o estresantes. La vida amorosa ha estado difícil todo el año, y este eclipse pone más presión en ella. La relación actual pasa por serios problemas; aunque sea una buena relación, pasa por pruebas. Si la relación era mala, ya hace tiempo que habrá acabado. Si la relación sobrevive a este periodo es muy probable que sobreviva a cualquier cosa. Todos los eclipses solares afectan a tu familia, y este no es diferente; el Sol es el regente de tu cuarta casa. Hay, por lo tanto, conmociones en la familia. En la vida de algún familiar ocurre un acontecimiento dramático, de aquellos que cambian la vida, tal vez incluso una experiencia de casi muerte. A veces un familiar pasa por una intervención quirúrgica peligrosa (o se la recomiendan). Si hay defectos en la casa o en la relación familiar, los descubres, pues salen a la luz para que puedas corregirlos; no era mucho lo que podías hacer cuando estaban ocultos.

Este mes siguen en vigor las tendencias financieras de que hablamos el mes pasado. Sin embargo, tu planeta del dinero retoma el movimiento directo el 10, y vuelve la claridad en las finanzas. Después del 10 será mucho más fácil (y segura) la toma de decisiones. Este debería ser un mes próspero; tu planeta del dinero recibe aspectos hermosos de Júpiter y Neptuno; la intuición financiera es buena (sobre todo después del 10) y el acceso a dinero ajeno es mejor aún que el mes pasado. Este mes es más fácil endeudarse, pero también es más fácil pagar las deudas.

Si estás soltero o soltera, hay oportunidades románticas felices del 14 al 16, pero la estabilidad de cualquier relación es dudosa.

Diciembre

Mejores días en general: 4, 5, 13, 14, 23, 24
Días menos favorables en general: 1, 6, 7, 20, 21, 22, 28, 29
Mejores días para el amor: 1, 4, 5, 13, 14, 23, 24, 28, 29
Mejores días para el dinero: 1, 8, 9, 10, 11, 15, 16, 17, 18, 19, 21, 22, 28, 29
Mejores días para la profesión: 2, 3, 6, 7, 10, 11, 20, 21, 30, 31

Tu octava casa se hizo poderosa el 22 del mes pasado y continúa poderosa hasta el 21 de este mes. Así pues, este es un periodo para hacer desintoxicación en todos los diversos planos: mental, emocional y físico. Con el tiempo se acumulan en el cuerpo todo tipo de materias. En el momento no son necesariamente malas ni tóxicas, pero si continúan en el cuerpo pueden volverse nocivas, así que es conveniente limpiar el cuerpo. Lo mismo vale para las posesiones materiales. Tendemos a aferrarnos a todo tipo de cosas que ya no necesitamos; estas tienden a «atascar» el cuerpo financiero, y es necesario eliminarlas. Es el periodo para hacer una buena limpieza de la casa; líbrate de lo que ya no te sirve; véndelo, regálalo o entrégalo a una institución de beneficencia. Muchos acarreamos pautas de comportamiento del borroso pasado, de la infancia; tal vez en otro tiempo nos fueran útiles, pero ya no lo son, y es posible que nos refrenen; suelta esas pautas, déjalas marchar. De esto va la resurrección. Cuando nos libramos de lo que no necesitamos y de lo que nos ha quedado pequeño, ocurre naturalmente la resurrección.

La vida amorosa ha sido difícil y no se ven probabilidades de boda, pero la vida sexual se ve activa en este periodo. Satisfaces tus necesidades.

La salud es buena este mes y es mejor aún después del 21. Fortalécela de las maneras que hablamos el mes pasado.

Después del 8 tenemos otra gran cuadratura. Este es un periodo agitado; nuevamente cobra importancia ese gran proyecto. Las cosas grandes nunca ocurren sin dificultad y esfuerzo, y esta es la situación ahora. Afortunadamente tienes la energía para llevarla adelante.

El amor es más activo este mes, pero nuevamente muy inestable. Espera lo inesperado. Los cambios de estado de ánimo en el amor son difíciles de llevar. Toda tu vida te has esforzado en tener estabilidad en el amor y ahora tienes justo lo contrario. Es difícil saber cómo estás en cada momento.

Tu novena casa está poderosa después del 21. Viajar al extranjero es más fácil ahora que Saturno está en movimiento directo. Si eres estudiante te va mejor en los estudios en este periodo.

Del 23 al 31 hay aspectos muy dinámicos. Conduce con más prudencia, evita las discusiones, ten más conciencia del plano físico y evita las actividades arriesgadas y las proezas temerarias; no es un periodo para esas cosas.

Géminis

♊

Los gemelos
Nacidos entre el 21 de mayo y el 20 de junio

Rasgos generales

GÉMINIS DE UN VISTAZO
Elemento: Aire

Planeta regente: Mercurio
  Planeta de la profesión: Neptuno
  Planeta de la salud: Plutón
  Planeta del amor: Júpiter
  Planeta del dinero: la Luna

Colores: Azul, amarillo, amarillo anaranjado
  Colores que favorecen el amor, el romance y la armonía social: Azul celeste
  Colores que favorecen la capacidad de ganar dinero: Gris, plateado

Piedras: Ágata, aguamarina

Metal: Mercurio

Aromas: Lavanda, lila, lirio de los valles, benjuí

Modo: Mutable (= flexibilidad)

Cualidad más necesaria para el equilibrio: Pensamiento profundo en lugar de superficial

Virtudes más fuertes: Gran capacidad de comunicación, rapidez y agilidad de pensamiento, capacidad de aprender rápidamente

Necesidad más profunda: Comunicación

Lo que hay que evitar: Murmuración, herir con palabras mordaces, superficialidad, usar las palabras para confundir o malinformar

Signos globalmente más compatibles: Libra, Acuario

Signos globalmente más incompatibles: Virgo, Sagitario, Piscis

Signo que ofrece más apoyo laboral: Piscis

Signo que ofrece más apoyo emocional: Virgo

Signo que ofrece más apoyo económico: Cáncer

Mejor signo para el matrimonio y/o las asociaciones: Sagitario

Signo que más apoya en proyectos creativos: Libra

Mejor signo para pasárselo bien: Libra

Signos que más apoyan espiritualmente: Tauro, Acuario

Mejor día de la semana: Miércoles

La personalidad Géminis

Géminis es para la sociedad lo que el sistema nervioso es para el cuerpo. El sistema nervioso no introduce ninguna información nueva, pero es un transmisor vital de impulsos desde los sentidos al cerebro y viceversa. No juzga ni pesa esos impulsos; esta función se la deja al cerebro o a los instintos. El sistema nervioso sólo lleva información, y lo hace a la perfección.

Esta analogía nos proporciona una indicación del papel de los Géminis en la sociedad. Son los comunicadores y transmisores de información. Que la información sea verdadera o falsa les tiene sin cuidado; se limitan a transmitir lo que ven, oyen o leen. Enseñan lo que dice el libro de texto o lo que los directores les dicen que digan. Así pues, son tan capaces de propagar los rumores más infames como de transmitir verdad y luz. A veces no tienen muchos escrúpulos a la hora de comunicar algo, y pueden hacer un gran bien o muchísimo daño con su poder. Por eso este signo es el de los Gemelos. Tiene una naturaleza doble.

Su don para transmitir un mensaje, para comunicarse con tanta facilidad, hace que los Géminis sean ideales para la enseñanza, la literatura, los medios de comunicación y el comercio. A esto contribuye el hecho de que Mercurio, su planeta regente, también rige estas actividades.

Los Géminis tienen el don de la palabra, y ¡menudo don es ése! Pueden hablar de cualquier cosa, en cualquier parte y en cualquier momento. No hay nada que les resulte más agradable que una buena conversación, sobre todo si además pueden aprender algo nuevo. Les encanta aprender y enseñar. Privar a un Géminis de conversación, o de libros y revistas, es un castigo cruel e insólito para él.

Los nativos de Géminis son casi siempre excelentes alumnos y se les da bien la erudición. Generalmente tienen la mente llena de todo tipo de información: trivialidades, anécdotas, historias, noticias, rarezas, hechos y estadísticas. Así pues, pueden conseguir cualquier puesto intelectual que les interese tener. Son asombrosos para el debate y, si se meten en política, son buenos oradores.

Los Géminis tienen tal facilidad de palabra y de convicción que aunque no sepan de qué están hablando, pueden hacer creer a su interlocutor que sí lo saben. Siempre deslumbran con su brillantez.

Situación económica

A los Géminis suele interesarles más la riqueza del aprendizaje y de las ideas que la riqueza material. Como ya he dicho, destacan en profesiones como la literatura, la enseñanza, el comercio y el periodismo, y no todas esas profesiones están muy bien pagadas. Sacrificar las necesidades intelectuales por el dinero es algo impensable para los Géminis. Se esfuerzan por combinar las dos cosas.

En su segunda casa solar, la del dinero, tienen a Cáncer en la cúspide, lo cual indica que pueden obtener ingresos extras, de un modo armonioso y natural, invirtiendo en propiedades inmobiliarias, restaurantes y hoteles. Dadas sus aptitudes verbales, les encanta regatear y negociar en cualquier situación, pero especialmente cuando se trata de dinero.

La Luna rige la segunda casa solar de los Géminis. Es el astro que avanza más rápido en el zodiaco; pasa por todos los signos y casas cada 28 días. Ningún otro cuerpo celeste iguala la velocidad de la Luna ni su capacidad de cambiar rápidamente. Un análisis de la Luna, y de los fenómenos lunares en general, describe muy bien las actitudes geminianas respecto al dinero. Los Géminis son versátiles y flexibles en los asuntos económicos. Pueden ganar dinero de muchas maneras. Sus actitudes y necesidades en este sentido parecen variar diariamente. Sus estados de ánimo respecto al dinero son cambiantes. A veces les entusiasma muchísimo, otras apenas les importa.

Para los Géminis, los objetivos financieros y el dinero suelen ser solamente medios para mantener a su familia y tienen muy poco sentido en otros aspectos.

La Luna, que es el planeta del dinero en la carta solar de los Géminis, tiene otro mensaje económico para los nativos de este signo: para poder realizar plenamente sus capacidades en este ámbito, han de desarrollar más su comprensión del aspecto emocional de la vida. Es necesario que combinen su asombrosa capacidad lógica con una comprensión de la psicología humana. Los sentimientos tienen su propia lógica; los Géminis necesitan aprenderla y aplicarla a sus asuntos económicos.

Profesión e imagen pública

Los Géminis saben que se les ha concedido el don de la comunicación por un motivo, y que este es un poder que puede producir mucho bien o un daño increíble. Ansían poner este poder al servicio de las verdades más elevadas y trascendentales. Este es su primer objetivo: comunicar las verdades eternas y demostrarlas lógicamente. Admiran a las personas que son capaces de trascender el intelecto, a los poetas, pintores, artistas, músicos y místicos. Es posible que sientan una especie de reverencia sublime ante las historias de santos y mártires religiosos. Uno de los logros más elevados para los Géminis es enseñar la verdad, ya sea científica, histórica o espiritual. Aquellas personas que consiguen trascender el intelecto son los superiores naturales de los Géminis, y estos lo saben.

En su casa diez solar, la de la profesión, los Géminis tienen el signo de Piscis. Neptuno, el planeta de la espiritualidad y el altruismo, es su planeta de la profesión. Si desean hacer realidad su más elevado potencial profesional, los Géminis han de desarrollar su lado trascendental, espiritual y altruista. Es necesario que comprendan la perspectiva cósmica más amplia, el vasto fluir de la evolución humana, de dónde venimos y hacia dónde vamos. Sólo entonces sus poderes intelectuales ocuparán su verdadera posición y Géminis podrá convertirse en el «mensajero de los dioses». Es necesario que cultive la facilidad para la «inspiración», que no se origina «en» el intelecto, sino que se manifiesta «a través» de él. Esto enriquecerá y dará más poder a su mente.

Amor y relaciones

Los Géminis también introducen su don de la palabra y su locuacidad en el amor y la vida social. Una buena conversación o una contienda verbal es un interesante preludio para el romance. Su único problema en el amor es que su intelecto es demasiado frío y desapasionado para inspirar pasión en otra persona. A veces las emociones los perturban, y su pareja suele quejarse de eso. Si estás enamorado o enamorada de una persona Géminis, debes comprender a qué se debe esto. Los nativos de este signo evitan las pasiones intensas porque estas obstaculizan su capacidad de pensar y comunicarse. Si adviertes frialdad en su actitud, comprende que esa es su naturaleza.

Sin embargo, los Géminis deben comprender también que una cosa es hablar del amor y otra amar realmente, sentir el amor e irradiarlo. Hablar elocuentemente del amor no conduce a ninguna parte. Es necesario que lo sientan y actúen en consecuencia. El amor no es algo del intelecto, sino del corazón. Si quieres saber qué siente sobre el amor una persona Géminis, en lugar de escuchar lo que dice, observa lo que hace. Los Géminis son muy generosos con aquellos a quienes aman.

A los Géminis les gusta que su pareja sea refinada y educada, y que haya visto mucho mundo. Si es más rica que ellos, tanto mejor. Si estás enamorado o enamorada de una persona Géminis, será mejor que además sepas escuchar.

La relación ideal para los Géminis es una relación mental. Evidentemente disfrutan de los aspectos físicos y emocionales, pero si no hay comunión intelectual, sufrirán.

Hogar y vida familiar

En su casa, los nativos de Géminis pueden ser excepcionalmente ordenados y meticulosos. Tienden a desear que sus hijos y su pareja vivan de acuerdo a sus normas y criterios idealistas, y si estos no se cumplen, se quejan y critican. No obstante, se convive bien con ellos y les gusta servir a su familia de maneras prácticas y útiles.

El hogar de los Géminis es acogedor y agradable. Les gusta invitar a él a la gente y son excelentes anfitriones. También son buenos haciendo reparaciones y mejoras en su casa, estimulados por su necesidad de mantenerse activos y ocupados en algo que les agrada hacer. Tienen muchas aficiones e intereses que los mantienen ocupados cuando están solos. La persona Géminis comprende a sus hijos y se lleva bien con ellos, sobre todo porque ella misma se mantiene joven. Dado que es una excelente comunicadora, sabe la manera de explicar las cosas a los niños y de ese modo se gana su amor y su respeto. Los Géminis también alientan a sus hijos a ser creativos y conversadores, tal como son ellos.

Horóscopo para el año 2013*

Principales tendencias

Has tenido muchos años de cambios repentinos y drásticos, cambios tipo relámpago. En un momento las cosas están de una cierta manera y de repente la vida es totalmente diferente. Muchas personas han experimentado este tipo de cosas, pero para ti ha sido continuado, sin parar. Las cosas se han estabilizado un poco estos dos últimos años: Urano salió de su aspecto desfavorable para ti, pero ya has aprendido a vivir con la «inseguridad», y de esto justamente se trataba. En este plano terrenal nada es nunca permanente y necesitamos aprender a arreglarnos con la «no permanencia».

El año pasado ocurrieron dos tránsitos importantes: Neptuno salió de tu novena casa y entró en la décima, y Júpiter entró en tu signo. Estos dos tránsitos afectan a las finanzas y a la profesión. La entrada de Júpiter en tu signo (en junio de 2012) inició un ciclo de prosperidad de dos años. Así pues, este año es próspero. La entrada de Neptuno en tu décima casa indica más idealismo en los asuntos profesionales. Tiendes a ser idealista en tu profesión de todos modos, pero ahora lo eres más aún. Se te conocerá más por tus actividades benéficas, tus logros espirituales, que por tus consecuciones profesionales externas. Volveremos sobre este punto.

Saturno entró en tu sexta casa el año pasado y continuará ahí otros dos años. Esto indica la necesidad de trabajar más arduo y de modo más disciplinado. La situación laboral se ve difícil y muchos Géminis habéis cambiado de trabajo; también ha tenido un impacto en tu salud y programa de salud. Volveremos sobre este tema.

Si estás en edad de concebir eres más fértil este año. Se hace necesario vigilar más el peso en general.

El amor prospera este año; el año pasado también fue bueno, pero este es tal vez mejor aún. Hablaremos más de esto.

Tus intereses más importantes este año son: el cuerpo, la imagen y el placer personal (hasta el 27 de junio); las finanzas (a partir del 27

---

* Las previsiones de este libro se basan en el Horóscopo Solar y todos los signos que derivan de él; tu Signo Solar se convierte en el Ascendente, y las casas se numeran a partir de él. Tu horóscopo personal, el trazado concretamente para ti (según la fecha, hora y lugar exactos de tu nacimiento) podrían modificar lo que decimos aquí. Joseph Polansky

de junio); la salud y el trabajo; la sexualidad, los estudios ocultos, la reinvención personal, vidas anteriores, la vida después de la muerte; la profesión; las amistades, grupos y actividades en grupo. Tienes muchos intereses este año; procura no dispersar tu energía; trata de elegir las cosas más importantes y centra la atención en ellas.

Los caminos para tu mayor realización este año son: el cuerpo, la imagen y el placer personal (hasta el 27 de junio); las finanzas (después del 27 de junio); la salud y el trabajo.

Salud

(Ten en cuenta que esta es una perspectiva astrológica de la salud, no una médica. Antaño no había ninguna diferencia, ambas eran idénticas, pero en esta época podrían diferir muchísimo. Para una perspectiva médica, por favor, consulta a tu médico o a otro profesional de la salud.)

La salud mejora inmensamente respecto al periodo 2009-2011. Este año sólo hay un planeta lento que presenta dificultades: Neptuno; y él solo no puede causar problemas importantes. La salud debería ser buena. Sin duda hay periodos en el año en que la salud será menos fácil de lo habitual, pero estas cosas están causadas por los tránsitos de los planetas rápidos, y por lo tanto son temporales, no tendencias para el año. Una vez que pasa el tránsito, vuelven tu energía y salud normales.

Saturno en tu casa de la salud todo el año indica muchas cosas. Una es que atiendes más a tu salud; estás dispuesto a adoptar programas de salud disciplinados, incluso espartanos. Puesto que la salud es buena, esto lo interpreto como que hay que trabajar en «mantener» esa buena salud, no como enfermedad necesariamente. También indica la necesidad de prestar más atención a la columna, las rodillas, la dentadura, los huesos, la piel y la alineación esquelética general. Plutón, tu planeta de la salud, está en el signo Capricornio todo el año (y muchos años por venir), y Capricornio rige estas mismas zonas. Te convendría hacer visitas periódicas a un fisioterapeuta u osteópata; es necesario mantener bien alineadas las vértebras. El yoga, la técnica Alexander, la gimnasia Pilates y el método Feldenkreis son excelentes para la columna, cada una de manera diferente. Masajes periódicos en la espalda serían maravillosos. Da más apoyo y protección a las rodillas cuando hagas ejercicios o deporte. Si estás mucho tiempo al sol usa un filtro solar potente. Tu piel está más sensible que de costumbre.

Saturno rige tu octava casa, la de la cirugía. Plutón, tu planeta de la salud, rige genéricamente la cirugía. Así pues, es probable que haya una intervención quirúrgica este año. No se ven operaciones que pongan en peligro tu vida, pero parece que estás receptivo a esta forma de terapia. Es probable que te recomienden operarte; siempre hay que buscar una segunda opinión en estas cosas. Si debieras optar por una operación, se ve exitosa. Sin embargo, también te beneficias de regímenes de desintoxicación; muchas veces estos consiguen lo mismo que la intervención quirúrgica, aunque tardan más tiempo.

Siendo Plutón tu planeta de la salud es muy importante mantener limpio el colon; este año te convendrían uno o dos lavados de colon (en general es una buena terapia para ti). Los problemas del colón tienden a afectar la parte inferior de la espalda, que este año es una zona vulnerable.

Este año hay dos eclipses en tu casa de la salud: uno lunar el 25 de abril y uno solar el 3 de noviembre. Estos eclipses tenderán a producir «sustos» en la salud, pero gozando como gozas de tan buena salud en general, es probable que sólo sean sustos y nada más. Muchas veces estos eclipses indican cambios importantes, fundamentales, en el programa de salud y la dieta, normalmente para mejor. Hacía tiempo que era necesario hacer estos cambios, pero el eclipse más o menos te obliga a hacerlos; da el empujón necesario.

Teniendo a Júpiter en tu primera casa desde junio de 2012, debes controlar tu peso, como hemos dicho. En esencia, este es un tránsito feliz, trae placeres sensuales, la satisfacción de las fantasías y los deseos carnales. El principal peligro para la salud es el exceso, demasiado de algo bueno. Disfruta de todos los placeres que trae Júpiter, faltaría más, pero procura no excederte; esto tiene su precio; escucha a tu cuerpo cuando comas o goces de los placeres carnales; él te dirá cuándo es suficiente.

Los periodos en que estará más vulnerable tu salud este año serán del 18 al 20 de marzo; del 23 de agosto al 22 de septiembre, y del 22 de noviembre al 21 de diciembre. Estos son periodos para descansar y relajarte más y, en general, prestar más atención a la salud.

Hogar y vida familiar

Tu cuarta casa, la del hogar y la familia, está muy vacía este año, no es casa de poder; no es un importante foco de atención. Generalmente, como ya saben nuestros lectores, esto indica satisfacción con las cosas como están, no hay ninguna necesidad que impulse a hacer cambios importantes. Tienes más libertad que de costumbre en esta faceta, pero ¿la usarás? Por lo general, las personas no la usan.

Un progenitor o figura parental va a entrar en un periodo muy espiritual; se espiritualiza y perfecciona su cuerpo, aumentan sus vibraciones. Si no está en un camino espiritual debería embarcarse en uno. A veces esto indica una tendencia a abusar del alcohol o de las drogas, pero debe evitarlo, pues su cuerpo podría reaccionar mal. Ejercicios como el yoga, el tai chi, la eurritmia (de tipo espiritual) son muy buenos para este progenitor; le ayudarán en el proceso de elevar el cuerpo más que otros. Esta persona hace cambios financieros drásticos, tal vez participa en otra empresa, o «puesta en marcha» de una empresa. Es probable que se mude, renueve la casa o compre una segunda casa (esto podría haber ocurrido el año pasado también). Si los padres o figuras parentales están casados, no se ven cambios en su relación este año. Habrá periodos en que la relación será más difícil (cuando Mercurio esté en alineación desfavorable con Neptuno) y periodos menos difíciles (cuando Mercurio esté en alineación armoniosa con Neptuno), pero estas son tendencias de corta duración, pasarán rápido.

Los hermanos y figuras fraternales de tu vida experimentan inestabilidad emocional; al parecer no se sienten felices en la casa; la sienten limitadora, estrecha. Sin embargo, no es aconsejable una mudanza este año.

Los hijos hacen excelente progreso psíquico. Enfrentan asuntos psíquicos muy, muy profundos y al parecer tienen éxito. Hacen renovaciones en sus habitaciones (si viven contigo) o en sus casas (si ya están en edad de independizarse).

Los nietos que están en edad podrían haberse mudado el año pasado; este año se ven satisfechos con las cosas como están.

Si tienes planes para hacer reparaciones o renovaciones importantes en la casa (y tienes mucha libertad en esto), del 15 de octubre al 7 de diciembre es buen periodo para hacerlas. Si sólo deseas redecorar, hacer cambios estéticos o comprar objetos de arte, son buenos los periodos del 22 de julio al 16 de agosto y del 23 de agosto al 22 de septiembre.

Profesión y situación económica

Ya hemos dicho que desde que Júpiter entró en tu signo en junio del año pasado estás en un ciclo de prosperidad. Este año sigues en las primeras etapas del ciclo, así que la riqueza aumenta a buen ritmo. Gozas de la buena vida, comiendo bien, y tal vez platos de gastrónomo, viajando más y siendo optimista acerca de ti y de tu futuro. Y tienes los recursos para disfrutar de todos los placeres carnales. La dama suerte ha acampado en tu aura y coges las rachas afortunadas. Muchas veces vemos esto tanto en las cosas pequeñas como en las grandes. Recibes una devolución de Hacienda inesperadamente suculenta. Vas a la tienda a comprar algo y descubres que está de rebajas y compras el artículo por la mitad del precio que suponías que ibas a pagar. Si eres jugador descubres que tienes más suerte en el casino. Con este aspecto la persona gana en la lotería, no siempre grandes sumas, pero importantes; más de lo que esperaba. Vas por la calle y encuentras monedas, y esto te ocurre con frecuencia. Estas son las pequeñas señales de que Júpiter está obrando su magia en ti, que está en camino lo bueno, más de lo que esperabas; que las puertas celestes de la riqueza están abiertas.

El tránsito de Júpiter por tu signo (hasta el 27 de junio) también trae oportunidades de formación felices, y parece juicioso aprovecharlas. Si eres estudiante tienes éxito en tus estudios. Si presentas la solicitud para entrar en la universidad, te va muy bien; las universidades te buscan, no tú a ellas.

El Cosmos tiene muchas maneras de hacerte prosperar, pero no te hará ningún daño invertir modestas sumas en la lotería este año; claro que hazlo siempre siguiendo tu intuición, cuando te venga la sensación; no lo hagas automáticamente.

El 27 de junio Júpiter entra en tu casa del dinero: más prosperidad. Esa colección de monedas antiguas que tienes en el armario y que creías que no valía mucho, resulta que vale muchísimo. Las cosas que posees aumentan su valor. Es probable que tu casa valga más de lo que creías. Se ensanchan tus horizontes financieros. Tus objetivos financieros son más grandes y tienes más poder para conseguirlos; ya no están fuera de tu alcance. Llegan oportunidades financieras también.

Júpiter es tu planeta del amor. Esto traducido a términos financieros indicaría una sociedad de negocios o empresa conjunta lucrativa y feliz. Con este aspecto las empresas suelen fusionarse o venderse. El cónyuge, pareja o ser amado actual te apoya económicamente, mucho más que de costumbre. Los contactos sociales son importantes en las finanzas. Las amistades se ven ricas y también te apoyan; te ofrecen oportunidades financieras. Cuando el planeta del amor está involucrado en las finanzas no se puede juzgar la riqueza de la persona por el estado de sus cuentas ni simplemente mirando sus bienes palpables. La riqueza de Géminis en este periodo es mucho más que esto. Las personas que conoce son tan importantes como lo que posee. La riqueza de los amigos, como saben nuestros lectores, es una forma válida de riqueza.

Cuando Júpiter entre en Cáncer el 27 de junio comenzará a formar aspectos fabulosos a Neptuno, tu planeta de la profesión. Este aspecto es más fuerte, más exacto, en julio, pero sigue en vigor después. Esto te trae elevación en tu profesión. Por lo general esto indica aumento de sueldo y ascenso, pero también trae honores, reconocimiento y elevación de tu posición en tu empresa, profesión o industria. El cónyuge, pareja o ser amado actual, y las amistades en general, apoyan tu profesión y ofrecen oportunidades. Tu capacidad para llevarte bien con los demás, tu popularidad en general, tu talante social, son un factor importante en tu profesión y en el éxito. Cuando Júpiter entre en Cáncer se formará un gran trígono en los signos de agua y tu planeta de la profesión formará parte de él. Por lo tanto, este año hay éxito profesional incluso después de julio.

Teniendo a tu planeta de la profesión en el espiritual signo Piscis, necesitas una profesión que tenga sentido para ti. No se trata solamente de hacer dinero y tener éxito externo; tu profesión tiene que tener un valor espiritual, tiene que ser algo que beneficie realmente al mundo. Este es tu principal reto ahora y en los años que vienen. Volveremos a tocar este tema.

Amor y vida social

El año pasado fue fabuloso para el amor, en especial la segunda mitad, y la tendencia continúa este año, tal vez más fuerte. Si estás soltero o soltera no continuarás así mucho tiempo. Puede que no haya boda o matrimonio legal, pero será como si te hubieras casado; entablarás una relación romántica seria con fuertes posibilidades de matrimonio.

Júpiter, tu planeta del amor, está transitando por tu signo. El amor te llega, no se ven probabilidades de escapar, se ve inevitable. Esta persona te encuentra, te galantea, te corteja.

Este año tienes el amor según tus condiciones. El ser amado atiende a tus necesidades, te quiere, está totalmente de tu parte. Esta persona antepone tus intereses a los de ella. Eres lo más importante en su vida. Es difícil resistirse a esta dedicación.

Este año tienes suerte en las finanzas, pero tal vez más aún en el amor.

Más avanzado el año, en agosto, se pone a prueba el amor; tu planeta del amor forma cuadratura con Urano, pero me parece que la relación cuenta con muchísima ayuda cósmica. Creo que puede sobrevivir a estas pruebas.

Lo que decimos sobre al amor vale para la amistad también. Las amistades te buscan, como también las oportunidades sociales. Tienes éxito y atractivo social; tu popularidad es inmensa, más que de costumbre.

Muchas veces hemos comparado el efecto de un tránsito planetario con la acción de una droga; es como si hubieras tomado un afrodisiaco cósmico. Rezumas amor y donaire. Te ves bien, elegante. Siempre eres inteligente e intelectual, pero ahora la fuerza amorosa emana de ti y las personas reaccionan a esto; expresas tus ideas ingeniosas con encanto y amenidad. Este es un año de inmensa popularidad.

Una vez que tu planeta del amor entre en tu casa del dinero, el 27 de junio, vas a esforzarte en combinar una vida social activa con una vida financiera activa, vas a integrar estas dos facetas; estas se fusionan, se mezclan. Haces negocios con tus amistades, con las personas con que haces vida social, y haces vida social con las personas con quienes haces negocios.

Como hemos dicho, hasta el 27 de junio no es mucho lo que necesitas hacer para encontrar el amor; tu tarea es simplemente estar presente. Después encuentras el amor y las oportunidades sociales cuando estás atendiendo a tus objetivos financieros normales, y con personas involucradas en tus finanzas.

Antes del 27 de junio te atraen los aspectos físicos del amor: los encantos del cuerpo, la imagen, la buena apariencia. El ser amado tiene que calzar con tu imagen del amor y a la inversa. El amor se expresa de forma física, no sólo con relación sexual sino con abrazos, caricias, masajes y cosas de esa naturaleza, con «manoseos» (no todo el mundo se siente cómodo con este tipo de cosas, por cierto). Después del 27, la riqueza se vuelve un atractivo importante; te atraen personas ricas, buenas proveedoras, personas que te pueden ayudar económicamente. El amor se expresa de formas materiales, con regalos materiales o apoyo financiero. Así es como te sientes amado y así expresas el amor.

Progreso personal

Saturno, como hemos dicho, está en tu sexta casa, la de la salud, y continuará ahí los dos próximos años. En la sección salud hablamos de los aspectos físicos de esto, pero hay más.

Saturno en tu sexta casa indica que tiendes a la medicina tradicional ortodoxa. Deseas terapias avaladas por las pruebas del tiempo. Aun en el caso de que te gusten las terapias alternativas, es probable que optes por sistemas muy antiguos: acupuntura y digitopresión, por ejemplo. No es para ti lo nuevo y no probado, por muy de moda que esté.

Lo bueno de esto es que no recurres a «remedios rápidos»; deseas una cura duradera, soluciones para largo plazo. Por lo general, esto significa cambios en el estilo de vida, adoptar un estilo de vida más saludable. Ahora pareces dispuesto a hacerlo.

Eres muy próspero este año. Podría ser que simplemente trabajas más, y más horas. Tienes la buena suerte de tu lado, pero también trabajas. En el caso de que seas empleador, es probable que hagas reducción de personal este año. Tendrás menos fuerza laboral, pero más productiva. Eliminarás derroche y personal sobrante.

Si trabajas para otros, es probable que veas el mismo fenómeno en tu empresa. Hay cambios en el trabajo, cambios en las condiciones laborales y en el lugar de trabajo.

Neptuno en tu Medio cielo te hace muy idealista en tu profesión, como hemos dicho. También indica una profesión de tipo espiritual para muchos Géminis. Si estás en una profesión mundana (lo que no tiene nada de malo, por cierto) podrías desear dedicar más tiempo a causas benéficas o altruistas. Esto no sólo te dará muchísima satisfacción personal, sino que también mejorará tu imagen profesional y pública. Lógicamente, esto no lo harías por tu beneficio personal, sino que este será el efecto secundario natural.

El buen uso del cine, la fotografía y la música también favorecen la profesión. Es posible que te atraigan estas industrias este año.

También es posible que la espiritualidad se convierta en tu profesión; la misión será el desarrollo espiritual. Y es una misión válida, por cierto. Prácticas que parecen solitarias, como la meditación, los ejercicios de respiración o la apertura de chakras, no son solitarias en absoluto. Influyen, de modo positivo, en todas las personas que te rodean. La práctica espiritual hace cambiar a familias, comunidades e incluso al mundo.

Previsiones mes a mes

Enero

Mejores días en general: 4, 5, 12, 13, 21, 22, 23, 31
Días menos favorables en general: 2, 3, 8, 9, 14, 15, 29, 30
Mejores días para el amor: 4, 8, 9, 12, 18, 19, 22, 29, 30, 31
Mejores días para el dinero: 2, 3, 4, 10, 11, 12, 21, 22, 24, 25, 31
Mejores días para la profesión: 6, 14, 15, 24

Comienzas el año con la mayoría de los planetas en el sector occidental o social de tu horóscopo. Son importantes las relaciones. Tu bien (a excepción del romance) te llega por la buena voluntad de los demás y no tanto debido a tus capacidades o actos personales. Es necesario, pues, que cultives tus dotes sociales y te adaptes más a las situaciones. Si las condiciones no son agradables, toma nota y prepárate para cambiarlas cuando entres en tu periodo de independencia. Aun no ha llegado el momento de forzar las cosas. Deja que se impongan los demás mientras no sea destructivo.

En la mitad superior de tu carta están el 60 y a veces el 70 por ciento de los planetas. Estás, por lo tanto, en un ciclo en que domina la profesión, tus objetivos mundanos externos. Estás concentrado en esto y por lo tanto hay más probabilidades de éxito. Obtenemos aquello en que centramos la atención. El próximo mes entrarás en una cima profesional anual y el éxito será mayor aún.

El movimiento planetario es abrumadoramente directo este mes; el 90 por ciento de los planetas están en movimiento directo, y el 30 lo estarán todos. Este es, pues, un mes excelente para iniciar nuevos proyectos o lanzar nuevos productos al mundo. Del 11 al 27 es un periodo especialmente favorable para estos lanzamientos.

Las casas octava y novena son las más poderosas este mes. Hasta el 19 está fuerte tu octava casa; este es, pues, un buen periodo para los regímenes de desintoxicación en todos los planos: físico, emocional, mental y financiero. También irá mejor tu trabajo en transformación personal, en dar a luz a la persona que deseas ser. Después del 19, cuando el Sol entra en tu novena casa, será un buen periodo para progresar en lo religioso y metafísico; es bueno para programar viajes al extranjero. Si eres estudiante debería irte mejor en el colegio. Si tienes pendiente algún asunto jurídico o legal, procura ocuparte de él después del 19.

El amor es excelente todo el mes, y en especial después del 19; este es buen periodo para programar una boda u otro tipo de fiesta, especialmente después del 30.

Las finanzas son aceptables este mes; no ocurre nada especial ni en uno ni otro sentido. En general, deberías ganar más del 11 al 27; en ese periodo tienes más energía y entusiasmo financieros que antes o después.

La salud está mucho mejor que el mes pasado. El principal peligro es un exceso de lo bueno; eso podría causarte problemas de peso. Fortalece la salud de las maneras explicadas en las previsiones para el año.

Febrero

Mejores días en general: 1, 9, 10, 18, 19, 27, 28
Días menos favorables en general: 5, 11, 12, 25, 26
Mejores días para el amor: 5, 9, 10, 18, 19, 27
Mejores días para el dinero: 1, 9, 10, 18, 20, 21, 22, 27
Mejores días para la profesión: 2, 11, 12, 20

El 19 del mes pasado entraste en una minicima amorosa del año. Aunque tendrás otras más adelante, esta es una de ellas, y continúa hasta el 18 de este mes. Podrías estar en una relación seria, pero si no, este es un periodo para conocer a una persona especial. Tu planeta del amor estuvo retrógrado casi todo el mes pasado, hasta el 30. Ahora está en movimiento directo, así que están bien la confianza y el jucio sociales. Ha vuelto la claridad mental para el amor; ahora no hay riesgo en tomar decisiones importantes en esta faceta.

En muchas facetas de la vida tienes que transigir y adaptarte a los demás, pero en el amor tienes las cosas a tu manera y según tus condiciones. Después del 5 ten más paciencia con el ser amado; parece que hay pequeños desacuerdos.

El movimiento planetario continúa directo la mayor parte del mes. Hasta el 18 todos los planetas están en movimiento directo. Estás, por lo tanto, en otro buen mes para iniciar nuevos proyectos o lanzar nuevos productos al mundo. Del 10 al 18 es el mejor periodo.

El 18 entras en una cima profesional anual (y esto lo sentirás antes). La profesión es activa y exitosa. Un ascenso no sería una sorpresa en este periodo. Los días 6, 7, 11, 12 y del 19 al 21 son especialmente exitosos. Si tienes algún asunto pendiente con tu jefe o con algún organismo gubernamental, estos son los días más indicados para ocuparte de él.

La salud y la energía son maravillosas hasta el 18; después procura descansar y relajarte más; teniendo tan activa la profesión tal vez esto te resulte difícil, pero si dejas estar las trivialidades, lo encontrarás más fácil. Fortalece la salud de las maneras explicadas en las previsiones para el año, y haz todo lo posible por mantener elevada la energía. La salud es esencialmente buena este año, pero este no es uno de tus mejores periodos.

El 18 el poder planetario comienza a trasladarse al sector oriental de tu carta, pasa del sector social al personal. Así pues, comenzarás a ser más y más independiente día a día. Tendrás el poder para crear lo que deseas en tu vida, para imponer tu voluntad, para encontrar tu felicidad. Los demás comenzarán a adaptarse a ti.

Del 3 al 5 Marte está en conjunción con tu planeta de la profesión. Un amigo/a tiene mucho éxito y te ayuda o respalda. Las amistades en general te abren puertas profesionales. Tus conocimientos en alta tecnología se ven importantes en ese periodo.

Las finanzas son más fuertes del 11 al 25, cuando la Luna está en fase creciente; puedes programar tus asuntos en conformidad. Las finanzas no son muy importantes este mes; más importantes son la posición, el prestigio, ser el número uno.

Marzo

Mejores días en general: 1, 8, 9, 17, 18, 19, 27, 28
Días menos favorables en general: 4, 5, 10, 11, 24, 25, 26, 31
Mejores días para el amor: 1, 2, 3, 4, 5, 8, 9, 10, 11, 17, 18, 21, 22, 27, 28, 31
Mejores días para el dinero: 1, 2, 3, 8, 9, 10, 11, 17, 18, 20, 21, 22, 27, 28, 31
Mejores días para la profesión: 1, 2, 10, 11, 20, 29

Mercurio, el señor de tu horóscopo, y planeta muy importante en tu vida, inició movimiento retrógrado el 23 del mes pasado y estará retrógrado hasta el 17. Tienes éxito, estás en la cima, muy ambicioso, pero desorientado; estás, pues, en un periodo para adquirir claridad mental acerca de tus objetivos personales y en los asuntos familiares. Tal vez no sabes cómo vestirte o el tipo de imagen que deseas proyectar. Tómate el tiempo para reflexionar y analizar estas cosas. Después del 17 llegará la claridad.

GÉMINIS

Estás decididamente al mando en la faceta romance. Te impones al ser amado, llevas la voz cantante. Muchas veces esto genera problemas. Es maravilloso tener autoridad, pero si se abusa de ella hay problemas en el amor. A las amistades podría no hacerles ninguna gracia esto tampoco. El ser amado, y las amistades en general, tienen conflictos con sus familias y esto se suma a la dificultad. Después del 20 mejora espectacularmente la vida amorosa y social. El mes que viene será mejor aún.

El Sol estará en Aries a partir del 20. Esto se considera la mejor energía de arranque del año. La primavera es la estación en que las plantas comienzan a brotar y a crecer, y resucita la naturaleza. Y, además, el movimiento planetario es directo, en especial después del 17; el 90 por ciento de los planetas están en movimiento directo. Este es, pues, otro mes fabuloso para lanzar nuevos productos o iniciar nuevas empresas. Del 20 al 27 es el mejor periodo para hacer este tipo de lanzamientos.

La salud sigue necesitada de atención hasta el 20. Repasa lo que hablamos el mes pasado. La salud y la vitalidad vuelven con fuerza después del 20.

El 20 se hace poderosa tu casa once, la de las amistades (y esto lo sientes antes de esta fecha). Es, pues, un fuerte periodo social. Te relacionas con amistades y grupos, participas en actividades de grupo y de organizaciones profesionales. Este es muy buen periodo para ponerte al día en tu tecnología o para aumentar tus conocimientos en esta materia. También hay probabilidades de viajes al extranjero, ya que Urano (tu planeta de los viajes) recibe intensa estimulación. El viaje en grupo se ve más favorable que el viaje a solas.

Plutón, tu planeta del trabajo, recibe aspectos desfavorables después del 20; esto significa que hay cambios laborales en lontananza. El cambio podría ocurrir en la empresa en que trabajas, o cambias a otra. También cambian las condiciones laborales. Si eres empleador hay inestabilidad en el personal en este periodo; cambio de empleados, lo más probable. También harás cambios importantes en tu programa de salud y la dieta.

Abril

Mejores días en general: 4, 5, 14, 15, 23, 24
Días menos favorables en general: 1, 6, 7, 8, 21, 22, 27, 28
Mejores días para el amor: 1, 4, 5, 9, 10, 14, 15, 21, 22, 23, 24, 27, 28, 29, 30

Mejores días para el dinero: 1, 4, 5, 9, 10, 14, 15, 16, 17, 21, 23, 24, 29, 30
Mejores días para la profesión: 6, 7, 8, 16, 25

El Sol está en Aries y el movimiento planetario continúa abrumadoramente directo. Si tienes nuevos productos o proyectos para lanzar, y aún no lo has hecho, este sigue siendo un periodo fabuloso. El 10, con la Luna nueva, es particularmente bueno, y el periodo del 10 al 25, la fase creciente de la Luna, es aceptable.

Tu planeta de la salud recibe aspectos desfavorables hasta el 20. Muchas veces esto produce un susto en la salud. Pero la salud se ve excelente en este periodo, y el resto del año, así que es probable que sólo sea eso, un susto. Como el mes pasado, vemos cambios laborales y cambios en las condiciones de trabajo. Si eres empleador, tienes más cambio de personal. Si buscas trabajo, debes tener más paciencia este mes; Plutón inicia movimiento retrógrado el 12, así que entonces las oportunidades de trabajo necesitan más estudio; no todo lo que dice el contratante es así; lee el contrato, examina bien la letra pequeña. Esto vale también para las pólizas de seguros y los documentos de un seguro médico.

El eclipse lunar del 25 refuerza lo que acabamos de decir. Trae cambios laborales, inestabilidad en los empleados y tal vez un susto en la salud. También indica cambios financieros drásticos.

La mayoría de los planetas continúan sobre el horizonte de tu carta y tu décima casa está poderosa hasta el 14, así que continúa con la atención centrada en la profesión. Hay mucho éxito y novedades positivas. No hay riesgo en desatender los asuntos domésticos y familiares. En realidad, la familia apoya mucho tu profesión. La familia en su conjunto se ha elevado de posición en los meses pasados. Un progenitor o figura parental se ve muy activo en su vida social.

Este mes el poder planetario se aproxima a su posición oriental máxima. El máximo absoluto ocurrirá el mes que viene, pero ya estás cerca. Así pues, no hay necesidad de transigir en este periodo. Crea tu vida, las condiciones y circunstancias, como las deseas. Este es el periodo para tener las cosas a tu manera. Eres el experto en ti y debes decidir tú tu camino hacia la mayor felicidad, no los demás. Estás en un periodo en que cuentan la iniciativa y la capacidad personales. Aprovecha esto al máximo. Más avanzado el año será más difícil cambiar las condiciones.

Tu casa once, la de las amistades, sigue poderosa todo el mes, así que repasa lo que hablamos el mes pasado. Parece que hay viaje al extranjero, especialmente un viaje en grupo.

El 19 adquiere poder tu casa doce, la de la espiritualidad. Si estás en el camino, este es un periodo de progreso espiritual, de revelaciones interiores. El crecimiento que ocurre es interior, entre bastidores, no es visible a los demás. Pero los resultados serán visibles el próximo mes. Cada progreso espiritual lleva inevitablemente a un progreso físico o material. Las cosas siempre ocurren primero en el mundo espiritual.

Las finanzas no son muy importantes este mes, y esto ha sido así desde comienzos del año. Pero los ingresos (y tu ánimo para las finanzas) serán más fuertes del 10 al 25.

El amor continúa muy feliz.

Del 5 al 9 se ve una experiencia romántica muy feliz para un hijo, hija o figura filial.

Mayo

Mejores días en general: 2, 3, 11, 12, 21, 22, 29, 30
Días menos favorables en general: 4, 5, 18, 19, 25, 26, 31
Mejores días para el amor: 2, 3, 10, 11, 12, 21, 22, 26, 29, 30
Mejores días para el dinero: 2, 3, 8, 9, 10, 11, 12, 13, 14, 15, 19, 20, 21, 22, 29, 30
Mejores días para la profesión: 4, 5, 13, 23, 31

Este mes tenemos dos eclipses, lo que nos asegura un periodo turbulento y de mucho cambio. Si lees los diarios verás lo que quiero decir. Sin embargo, a pesar de esto, tu vida va bien. No te afectan demasiado los eclipses; estarás en buena posición para ayudar a los demás en este periodo; las cosas podrían no irles tan bien.

El eclipse solar del 10 ocurre en tu casa doce, la de la espiritualidad. Esto indica cambios en tu práctica y actitud espirituales; generalmente esto se produce debido a revelaciones interiores. Con este tipo de eclipse la persona cambia de maestro o profesor, de enseñanza y de camino espiritual. Habrá trastornos o reestructuración en una organización de tipo espiritual o benéfica a la que perteneces. Este eclipse también pondrá a prueba los coches y el equipo de comunicación, y producirá dramas en la vida de los hermanos o las figuras fraternas, acontecimientos de esos que cambian la vida. También afecta a las amistades.

El eclipse lunar del 25 ocurre en tu séptima casa, la del amor. Por lo general esto indica pruebas en el amor y, la verdad, el ser amado está más temperamental en este periodo. A veces indica cambio en el estado civil. En tu caso, siendo tan buena tu vida amorosa, podría indicar boda, que avanzas un paso más en la relación. La Luna es tu planeta del dinero, así que todos los eclipses lunares traen cambios financieros drásticos; este no es diferente; las personas rara vez hacen los cambios voluntariamente; los acontecimientos tienen que obligarlas, y esta es la función del eclipse. En general tenemos un intenso «miedo financiero» y necesitamos superarlo. Este eclipse hace fuerte impacto en Neptuno, tu planeta de la profesión, por lo tanto ocurren cambios profesionales; también hay cambios en tu industria y en la jerarquía de tu empresa. Los padres, figuras parentales o jefes experimentan acontecimientos dramáticos, de esos que cambian la vida.

De todos modos, como hemos dicho, este es un mes feliz. El 20 entras en una cima anual de placer personal. Has tenido mucho placer personal (carnal) en lo que va de año, pero este mes lo tienes más aún. Tienes mucha energía y carisma; tu apariencia resplandece. Están muy sanas ahora la confianza en ti mismo y la autoestima; el problema podría venir de disfrutar demasiado de lo bueno.

Tu energía financiera es más fuerte del 10 al 25, cuando la Luna está en fase creciente. Las finanzas van esencialmente bien. El eclipse trae cambios, pero los resultados del cambio los verás el mes que viene.

Junio

Mejores días en general: 7, 8, 17, 18, 25, 26
Días menos favorables en general: 1, 15, 16, 21, 22, 27, 28
Mejores días para el amor: 8, 9, 10, 17, 18, 19, 20, 21, 22, 26, 27, 28
Mejores días para el dinero: 7, 8, 9, 10, 11, 17, 18, 26, 27
Mejores días para la profesión: 1, 10, 19, 27, 28

Los eclipses produjeron cambios financieros y profesionales y este mes ves los resultados positivos de estos. El 21 entras en una cima financiera anual. El 27 Júpiter entra en tu casa del dinero y estará allí todo un año. Esta podría ser una cima financiera de toda la vida más que una anual. El dinero entra a raudales. Te conviene incrementar tu cuenta bancaria y tu cartera de inversiones en este periodo. Administrar tu riqueza es tan importante como ganarla. El cónyuge, pareja o ser amado actual también prospera muchísimo más avanzado el mes;

a finales del mes le llegan oportunidades profesionales fabulosas (el próximo mes también es bueno).

Hasta el 21 sigues en una cima de placer personal, una de ellas. Se te abren todos los placeres de los sentidos y tienes los medios para complacerte. El único problema que vemos es el exceso. La complacencia excesiva tiene su precio.

El 27, cuando entra Júpiter en tu casa del dinero, parece que surge la idea de formar una sociedad de negocios muy lucrativa. Esto podría no ocurrir este mes, pero ocurrirá en los meses futuros (llegará la oportunidad). El cónyuge, pareja o ser amado actual te apoya económicamente. Las amistades en general colaboran en tus finanzas; lo más importante es que tienes la atención puesta en eso, algo que no habíamos visto en lo que va de año. La atención es lo que tiende a producir el éxito. Tu apariencia personal, tu actitud en general, es importante en las finanzas. Es posible que inviertas en ropa o accesorios.

La salud es excelente todo el mes. Tienes toda la energía que necesitas para realizar o conseguir lo que sea que te proponga. Puedes fortalecer más la salud de las maneras explicadas en las previsiones para el año.

El 20 del mes pasado el poder planetario hizo otro importante traslado. Pasó de la mitad superior de tu carta a la inferior. Siguen llegándote muy buenas oportunidades profesionales, y continúa el éxito, pero ahora puedes desviar parte de la atención al hogar, a la familia y a tu bienestar emocional. Comenzarás a sentirte quisquilloso con las oportunidades profesionales; por buenas que parezcan, si obstaculizan tu armonía emocional o te ponen en tensión por la familia o asuntos domésticos, probablemente las dejarás pasar.

Julio

Mejores días en general: 4, 5, 6, 14, 15, 23, 24
Días menos favorables en general: 12, 13, 19, 20, 25, 26
Mejores días para el amor: 1, 7, 8, 10, 11, 16, 17, 19, 20, 25, 29, 30
Mejores días para el dinero: 7, 8, 16, 17, 18, 25, 27
Mejores días para la profesión: 7, 16, 17, 25, 26

El elemento agua adquirió mucha fuerza el mes pasado, en especial después del 21; el 60 y a veces el 70 por ciento de los planetas están en signos de agua. Esto intensifica la sensibilidad emocional de las personas; cosas insignificantes (tono de la voz, lenguaje corporal, un comentario aparentemente inocente) pueden provocarlas. Así pues, ten más cuidado este mes. También hay cosas muy positivas con toda esta agua. Las personas se vuelven más tiernas y compasivas; en especial hay más ternura en la vida amorosa. La creatividad personal es más fuerte. En el plano metafísico, es más fácil conseguir la «sensación» de lo que deseas y, por lo tanto, es más fácil materializarlo y crearlo. La «sensación» de algo es la señal de materialización inminente.

Ha aumentado la actividad retrógrada. El 40 por ciento de los planetas están retrógrados hasta el 8 y luego del 17 al 20; después del 20 el 30 por ciento estarán retrógrados. Estamos en el máximo de actividad retrógrada del año. Así pues, ten paciencia con los pequeños contratiempos y complicaciones que produce esto. Aminora el ritmo y sé más perfecto en todo lo que haces.

Continúas en una cima financiera anual. Las finanzas van súper ahora. Coges las rachas de buena suerte y cuentas con el apoyo financiero de tu cónyuge, pareja o ser amado actual. También cuentas con el apoyo de tu círculo social. La Luna nueva del 8 es un día particularmente fuerte en las finanzas. Esta Luna nueva también esclarecerá las finanzas a medida que avanza el mes. Recibirás toda la información que necesitas.

El 22 se hace poderosa tu tercera casa, la de la comunicación y los intereses intelectuales, por lo tanto estás en el cielo de Géminis. El Cosmos te impulsa a hacer lo que más te gusta: aprender, enseñar, leer, comunicarte, vender y comerciar. Este es, pues, un periodo próspero y placentero. Tienes la mente más aguda que de costumbre; también están súper tus dotes de comunicación.

Si estás soltero o soltera y sin compromiso, las oportunidades amorosas se presentan cuando estás dedicado a tus rutinas financieras normales, cuando vas en pos de tus objetivos, y tal vez con personas involucradas en tus finanzas. Las oportunidades sociales también llegan así. El amor se demuestra de modos prácticos, materiales, con apoyo financiero o regalos materiales. Así demuestras el amor y así te sientes amado. Dicen que el amor no se puede comprar, pero en este periodo esto no es así para Géminis. La riqueza en general te atrae.

La salud y la energía son excelentes. Puedes fortalecer más la salud de las maneras explicadas en las previsiones para el año.

Se ven cambios laborales este mes también.

Agosto

Mejores días en general: 1, 2, 10, 11, 12, 19, 20, 28, 29
Días menos favorables en general: 8, 9, 15, 16, 21, 22
Mejores días para el amor: 3, 8, 9, 13, 14, 15, 16, 19, 21, 22, 25, 26, 30, 31
Mejores días para el dinero: 3, 4, 6, 7, 13, 14, 15, 16, 21, 22, 25, 30, 31
Mejores días para la profesión: 3, 13, 21, 22

Este mes continúa muy fuerte el elemento agua, no tanto como en los dos meses pasados, pero fuerte de todos modos. Repasa lo que hablamos el mes pasado al respecto.

Hay novedades profesionales muy hermosas; esta ha sido la tendencia los últimos meses y continúa. Hay mucho éxito, muchas oportunidades de progreso. Sin embargo, estando la mayoría de los planetas todavía bajo el horizonte de tu carta, y con tu cuarta casa poderosa después del 22, tu principal trabajo es tu vida emocional y tu situación familiar. Necesitas establecer las condiciones interiores para que ocurra el éxito profesional. Las oportunidades están, pero tienes que estar preparado emocionalmente para ellas. Como reza el dicho, necesitas estar preparado para la hora de la gloria. Neptuno, tu planeta de la profesión, está retrógrado desde el 7 de junio, así que examina con más detenimiento las ofertas profesionales. No hay ninguna prisa.

Hasta el 22 continúa poderosa tu tercera casa, la de la comunicación y los intereses intelectuales. Tu mente, naturalmente aguda, lo está más aún. Inspiras información. Están aumentadas todas tus dotes de comunicación naturales. Este es un periodo fabuloso si eres escritor, profesor, periodista. Si eres estudiante, debería irte muy bien.

Después del 22 la atención está en el hogar y la familia. Este es un periodo para poner en orden la casa, pasar más tiempo con la familia y hacer progreso psíquico. Es un periodo para todo tipo de revelaciones psíquicas.

La salud y la energía siguen excelentes, pero después del 22 comienza a descansar y relajarte más; el Sol en Virgo no es uno de tus mejores periodos para la salud. Fortalécela maximizando la energía de las maneras explicadas en las previsiones para el año.

El amor continúa muy feliz. El cónyuge, pareja o ser amado actual continúa prosperando y siendo generoso contigo. Su prosperidad será más fuerte después del 22 que antes; pero todo el mes es esencialmente bueno. Si estás soltero o soltera y sin compromiso, encuentras el amor cuando estás trabajando en tus objetivos financieros normales.

El 1 y el 2 Marte está en cuadratura con Urano; conduce con más prudencia y ten más en cuenta el plano físico esos días. Esto vale para las amistades también.

Del 18 al 23 Júpiter forma cuadratura con Urano. El cónyuge, pareja o ser amado actual podría estar más temperamental esos días; ten más paciencia. Esta persona deberá conducir con más prudencia y evitar las discusiones. Del 4 al 13 Júpiter forma cuadratura con Plutón, y valen los mismos consejos.

Las finanzas van bien este mes y el resto del año. El poder adquisitivo tenderá a ser más fuerte del 6 al 23, cuando la Luna está en fase creciente.

Septiembre

Mejores días en general: 7, 8, 15, 16, 24, 25, 26
Días menos favorables en general: 4, 5, 6, 11, 12, 18, 19
Mejores días para el amor: 1, 8, 9, 10, 11, 12, 17, 18, 19, 27, 28
Mejores días para el dinero: 1, 4, 5, 9, 10, 13, 14, 18, 19, 24, 27, 28
Mejores días para la profesión: 1, 9, 17, 18, 19, 27

El 22 del mes pasado el poder planetario se trasladó de tu sector oriental o del yo al sector occidental o de los demás. Se produce, pues, un cambio psíquico. Ahora te ves obligado a cultivar tus dotes sociales; ya no es tan importante tu capacidad personal. El factor «simpatía» sí es importante. El éxito depende de los demás y no tanto de ti. Es de esperar que hayas creado las condiciones como las deseas; ha llegado el momento de someter tu creación a la prueba de la carretera; ahora es más difícil crear; lo mejor es que te adaptes todo lo posible a las condiciones existentes. Desde ahora hasta el final del año toma nota de las condiciones que te molestan y necesitas cambiar. Cuando llegue tu próximo periodo de independencia, el año que viene, podrás hacer esos cambios (con más facilidad, menos dificultad).

Tu planeta de la profesión continúa retrógrado, la mayoría de los planetas continúan bajo el horizonte de tu carta y tu cuarta casa, la del hogar y la familia, sigue poderosa. El mensaje es muy claro. Como el mes pasado, mantén la atención centrada en el hogar y la familia y en tu vida emocional. Continúa trabajando en establecer las condiciones interiores para el éxito, en estar preparado emocionalmente para él. Están en proceso muchas oportunidades profesionales positivas, pero no te precipites a aceptar ninguna sin hacer más reflexión y examen. Además, tu instinto visceral te dirá si algo te conviene o no. Las oportunidades profesionales tienen que ser «emocionalmente agradables» y amables con tu familia.

Si estás en edad de concebir, te encuentras en tu periodo más fértil del año.

La salud necesita atención hasta el 22; después mejora enormemente. El 22 entras en otra cima anual de placer personal. Este ha sido un año de diversión. Trabajas más arduo que de costumbre, y hay mucha tensión en el mundo, pero a pesar de esto te las arreglarás para divertirte un poco.

El 16 del mes pasado se formó una excepcional gran cuadratura en el firmamento. Esta gran cuadratura continúa todo este mes. Tú, y tal vez también tu cónyuge, pareja o ser amado actual, os veis involucrados en una empresa importante y estáis más estresados de lo habitual. Si tienes pendiente algún asunto legal o jurídico, las cosas se ven difíciles, complicadas. No son aconsejables los viajes al extranjero en este periodo, a no ser que debas hacerlos. Si tenías pensado un viaje cualquiera, será mejor que lo reprogrames para otra ocasión.

Este mes continúa la prosperidad, y el próximo mes será mejor aún. Tu poder adquisitivo más fuerte será del 5 al 19, cuando la Luna está en fase creciente; en ese periodo es cuando tienes más entusiasmo para los asuntos financieros.

El amor es más delicado después del 22. El cónyuge, pareja o ser amado actual estará más estresado o con dificultades y es posible que surja algún desacuerdo contigo. Este es un problema de corta duración y el 29 ya habrá acabado.

Octubre

Mejores días en general: 4, 5, 13, 14, 22, 23, 31
Días menos favorables en general: 2, 3, 8, 9, 15, 16, 29, 30
Mejores días para el amor: 6, 7, 8, 9, 15, 16, 17, 18, 24, 25, 27, 28
Mejores días para el dinero: 4, 5, 6, 7, 13, 14, 15, 16, 23, 24, 25
Mejores días para la profesión: 6, 15, 16, 24

Este mes hay mucho poder en el elemento agua. Siempre hay un mínimo del 50 por ciento de los planetas en signos de agua y en ciertos periodos el porcentaje sube a 70. Ten presente lo que hemos dicho sobre esto. Ten en cuenta las sensibilidades de los demás (este mes es probable que estén hipersensibles). Cuando está fuerte el elemento agua las personas se tornan nostálgicas y sentimentales; el estado anímico domina la lógica. Por eso en periodos como este las personas de pensamiento claro como tú son más necesarias que nunca. Lo que ahora necesita el mundo es una dosis de pensamiento racional (comunicado de manera sensible).

La gran cuadratura de que hablamos el mes pasado continúa en vigor hasta el 23. Es un periodo activo, frenético, para ti, para el ser amado, para las amistades y para el mundo en general. Ahora se manifiestan cosas grandes, gigantescas.

Como el mes pasado, sigues arreglándotelas para tener un poco de diversión a pesar del ritmo agitado. Hasta el 23 continúas en una de tus cimas anuales de placer personal.

El 18 hay un eclipse lunar que ocurre en tu casa once. Este eclipse es fundamentalmente benigno contigo, pero podría no serlo tanto con las personas que te rodean, así que será mejor que reduzcas tus actividades de todos modos. Como siempre, haz lo que debes hacer, pero reprograma las cosas opcionales, sobre todo si son difíciles o estresantes. Este eclipse trae cambios en las finanzas, que a la larga resultarán bien. Produce dramas en la vida de amigos/as, y debido a esto las amistades podrían pasar por pruebas. Este eclipse hace impacto en Júpiter, tu planeta del amor, por lo que tu relación actual pasa por un breve periodo difícil; es posible que el ser amado esté más temperamental, así que ten más paciencia; no te tomes las cosas como ofensas personales. Hay armonía entre tú y el ser amado; saldréis bien de este periodo.

La situación en el trabajo se ve muy inestable; esto ha ocurrido todo el año, pero ahora parece ser particularmente intensa. La cuadratura de Urano con tu planeta del trabajo es muy exacta ahora. Lo positivo de esto es que estás muy concentrado en el trabajo todo el mes y pareces dispuesto a superar todos los diversos retos y cambios.

Si buscas trabajo tienes excelentes aspectos todo el mes, y en especial después del 23. Pese a la inestabilidad en el trabajo, la profesión en general va súper. Las tendencias en la profesión de que hemos hablado en los meses pasados continúan en vigor en este periodo.

La salud es buena todo el mes; además, estás al caso, le das muchísima atención. Tu estado de salud influye potentemente en tu apariencia personal en este periodo, lo que no siempre es así. Así pues, mantenerte sano hace más por tu apariencia que todos los perfumes y cosméticos. Esto parece ser el motivo de tu atención, no un problema de salud.

Noviembre

Mejores días en general: 1, 9, 10, 18, 19, 28, 29
Días menos favorables en general: 5, 6, 11, 12, 25, 26, 27
Mejores días para el amor: 3, 4, 5, 6, 7, 11, 12, 16, 17, 21, 22, 26, 27, 30
Mejores días para el dinero: 3, 4, 11, 12, 20, 21, 22, 23, 30
Mejores días para la profesión: 3, 11, 12, 20, 30

Después del 22 de este mes el poder planetario comienza a trasladarse a la mitad superior de tu carta; el traslado se completará el próximo mes, pero comenzarás a sentir el cambio después del 22. Es de esperar que hayas puesto en orden tu vida familiar y emocional. Llega el periodo para centrar la atención en tu vida externa, tu profesión y tus objetivos mundanos externos.

La situación continúa inestable en el trabajo. Es probable que haya muchos despidos en la empresa y tal vez otros cambios en el lugar de trabajo. La cuadratura de Urano con tu planeta del trabajo continúa muy exacta. Un eclipse solar en tu sexta casa también señala cambios laborales y reorganización en el lugar de trabajo. Pero no temas, tu profesión en general no se ve afectada; continúa prosperando este año.

El eclipse solar del 3 pondrá a prueba los coches y el equipo de comunicación; todos los eclipses solares tienen este efecto, pues el Sol es tu planeta de la comunicación. Trae acontecimientos dramáticos en la vida de los hermanos, figuras fraternas y vecinos. A veces con un eclipse como este hay trastornos en el barrio, obras de construcción u otras cosas. Las cartas no se echan al correo o se comete un error en la dirección. Contratiempos en el correo o en los envíos de e-mail serían normales con un eclipse solar. Este eclipse hace impacto en Saturno, el señor de tu octava casa; por lo tanto trae cambios drásticos en las finanzas del cónyuge o pareja. También produce encuentros con la muerte, por lo general en el plano psíquico; algunas personas sueñan con la muerte; a veces muere una persona conocida y hay que asistir al funeral; a veces ocurre una experiencia de casi muerte. La finalidad de esto es que haya una comprensión más profunda de la muerte para vivir mejor la vida.

En tu carta hay una herencia desde el 27 de junio, y este mes se ve nuevamente. Es de esperar que no sea necesario que muera nadie;

puede indicar que alguien te nombra en su testamento, o que recibes fondos en fideicomiso o un pago de seguros.

El 22 entras en una cima social anual. Si estás soltero o soltera y sin compromiso podrías conocer a una persona especial. Si ya estás en una relación debería haber más romance en ella. En general, sales más, asistes a más fiestas, haces más vida social.

La salud se vuelve más delicada después del 22. No hay nada grave, simplemente este no es uno de tus mejores periodos para la salud. Fortalécela de las maneras explicadas en las previsiones para el año.

El poder adquisitivo es fuerte todo el mes, pero en especial del 3 al 17.

Diciembre

Mejores días en general: 6, 7, 15, 16, 17, 25, 26
Días menos favorables en general: 2, 3, 8, 9, 23, 24, 30, 31
Mejores días para el amor: 1, 2, 3, 4, 5, 8, 9, 13, 14, 18, 19, 23, 24, 28, 29, 30, 31
Mejores días para el dinero: 1, 2, 3, 8, 9, 11, 12, 18, 19, 22, 23, 28, 29
Mejores días para la profesión: 1, 8, 9, 18, 28

Mercurio, el señor de tu horóscopo, parece estar «exiliado» este mes, en especial del 5 al 24; está lejos, muy lejos, de su hogar natural. Esto más o menos te describe a ti; estás lejos de tu yo normal, en extrañas circunstancias; no estás tan seguro de ti mismo como lo estás normalmente. Tal vez esto es bueno; habiendo tantos planetas en tu sector occidental y dependiendo tanto de la buena voluntad de los demás, viene bien un poco de humildad; resulta bien socialmente. Gozas de mucha popularidad este mes. Tu séptima casa, la del amor, está fuerte hasta el 21, y Mercurio está en ella desde el 5 al 24. Esto indica que te desvives por los demás; antepones sus intereses a los tuyos. Es bueno tenerte de amigo en este periodo. Los demás lo notan y lo aprecian.

Tu planeta del amor inició movimiento retrógrado el 7 del mes pasado, por lo tanto la confianza social no es la que debiera. Este es otro motivo para desvivirte por los demás. El movimiento retrógrado de tu planeta del amor no frena la vida social, sólo enlentece un poco las cosas. Si estás soltero o soltera continuarás saliendo y divirtiéndote, pero es mejor que dejes para después las decisiones importantes en el amor. El 21 de este mes Venus también inicia movimiento retrógrado (cosa que sólo hace cada dos años). Así pues, los dos planetas del amor de tu horóscopo estarán retrógrados al mismo tiempo. Se hace necesaria más cautela en el amor (o en sociedades de negocios). Podría parecerte que tu vida amorosa o tu relación actual retrocede en lugar de avanzar, pero lo que ocurre es simplemente una «revaluación». Tomarte un descanso ahora podría ser saludable.

La salud sigue necesitada de atención hasta el 21; después retornan tu salud y vitalidad naturales.

Sean cuales sean las complicaciones de tu vida amorosa, este mes se ve activo sexualmente. Sea cual sea tu edad o fase en la vida, la libido está más fuerte que de costumbre.

Estando poderosa tu octava casa después del 21, el cónyuge, pareja o ser amado actual está en una cima financiera anual, y es probable que sea más generoso contigo.

Este es buen periodo para pagar deudas o para pedir un préstamo si lo necesitas. Hay mejor acceso a capital ajeno este mes.

Hacia fin de mes hay ciertos aspectos muy dinámicos, así que esos días evita las actividades arriesgadas. Del 23 al 31 Marte estará en cuadratura con Urano y Plutón (una energía muy dinámica); del 29 al 31 Mercurio (tu planeta regente) estará en cuadratura con estos planetas también, y del 30 al 31 con el Sol. Conduce con más prudencia, evita las discusiones todo lo posible, controla tu mal genio y ten más en cuenta el plano físico. Lee los diarios en ese periodo y verás qué quiero decir.

Cáncer

El Cangrejo
Nacidos entre el 21 de junio y el 20 de julio

Rasgos generales

CÁNCER DE UN VISTAZO
Elemento: Agua

Planeta regente: Luna
  Planeta de la profesión: Marte
  Planeta de la salud: Júpiter
  Planeta del amor: Saturno
  Planeta del dinero: el Sol
  Planeta de la diversión y los juegos: Plutón
  Planeta del hogar y la vida familiar: Venus

Colores: Azul, castaño rojizo, plateado
  Colores que favorecen el amor, el romance y la armonía social: Negro, azul índigo
  Colores que favorecen la capacidad de ganar dinero: Dorado, naranja

Piedras: Feldespato, perla

Metal: Plata

Aromas: Jazmín, sándalo

Modo: Cardinal (= actividad)

Cualidad más necesaria para el equilibrio: Control del estado de ánimo

Virtudes más fuertes: Sensibilidad emocional, tenacidad, deseo de dar cariño

Necesidad más profunda: Hogar y vida familiar armoniosos

Lo que hay que evitar: Sensibilidad exagerada, estados de humor negativos

Signos globalmente más compatibles: Escorpio, Piscis

Signos globalmente más incompatibles: Aries, Libra, Capricornio

Signo que ofrece más apoyo laboral: Aries

Signo que ofrece más apoyo emocional: Libra

Signo que ofrece más apoyo económico: Leo

Mejor signo para el matrimonio y/o las asociaciones: Capricornio

Signo que más apoya en proyectos creativos: Escorpio

Mejor signo para pasárselo bien: Escorpio

Signos que más apoyan espiritualmente: Géminis, Piscis

Mejor día de la semana: Lunes

La personalidad Cáncer

En el signo de Cáncer los cielos han desarrollado el lado sentimental de las cosas. Esto es lo que es un verdadero Cáncer: sentimientos. Así como Aries tiende a pecar por exceso de acción, Tauro por exceso de inacción y Géminis por exceso de pensamiento, Cáncer tiende a pecar por exceso de sentimiento.

Los Cáncer suelen desconfiar de la lógica, y tal vez con razón. Para ellos no es suficiente que un argumento o proyecto sea lógico, han de «sentirlo» correcto también. Si no lo sienten correcto lo rechazarán o les causará irritación. La frase «sigue los dictados de tu corazón» podría haber sido acuñada por un Cáncer, porque describe con exactitud la actitud canceriana ante la vida.

Sentir es un método más directo e inmediato que pensar. Pensar es un método indirecto. Pensar en algo jamás toca esa cosa. Sentir es una facultad que conecta directamente con la cosa o tema en cuestión. Realmente la tocamos y experimentamos. El sentimiento es casi otro sentido que poseemos los seres humanos, un sentido psíquico. Dado que las realidades con que nos topamos durante la vida a menudo son dolorosas e incluso destructivas, no es de extrañar que Cáncer elija erigirse barreras de defensa, meterse dentro de su caparazón, para proteger su naturaleza vulnerable y sensible. Para los Cáncer se trata sólo de sentido común.

Si se encuentran en presencia de personas desconocidas o en un ambiente desfavorable, se encierran en su caparazón y se sienten protegidos. Los demás suelen quejarse de ello, pero debemos poner en tela de juicio sus motivos. ¿Por qué les molesta ese caparazón? ¿Se debe tal vez a que desearían pinchar y se sienten frustrados al no poder hacerlo? Si sus intenciones son honestas y tienen paciencia, no han de temer nada. La persona Cáncer saldrá de su caparazón y los aceptará como parte de su círculo de familiares y amigos.

Los procesos del pensamiento generalmente son analíticos y separadores. Para pensar con claridad hemos de hacer distinciones, separaciones, comparaciones y cosas por el estilo. Pero el sentimiento es unificador e integrador. Para pensar con claridad acerca de algo hay que distanciarse de aquello en que se piensa. Pero para sentir algo hay que acercarse. Una vez que un Cáncer ha aceptado a alguien como amigo, va a perseverar. Tendrías que ser muy mala persona para perder su amistad. Un amigo Cáncer jamás te abandonará, hagas lo que hagas. Siempre intentará mantener cierto tipo de conexión, incluso en las circunstancias más extremas.

Situación económica

Los nativos de Cáncer tienen una profunda percepción de lo que sienten los demás acerca de las cosas, y del porqué de esos sentimientos. Esta facultad es una enorme ventaja en el trabajo y en el mundo de los negocios. Evidentemente, es indispensable para formar un hogar y establecer una familia, pero también tiene su utilidad en los negocios. Los cancerianos suelen conseguir grandes beneficios en negocios de tipo familiar. Incluso en el caso de que no trabajen en una empresa familiar, la van a tratar como si lo fuera. Si un Cáncer trabaja para otra persona, entonces su jefe o jefa se convertirá en la figura parental y sus compañeros de trabajo en sus hermanas y hermanos. Si la persona Cáncer es el jefe o la jefa, entonces considerará a todos los empleados sus hijos. A los cancerianos les gusta la sensación de ser los proveedores de los demás. Disfrutan sabiendo que otras personas reciben su sustento gracias a lo que ellos hacen. Esta es otra forma de proporcionar cariño y cuidados.

Leo está en la cúspide de la segunda casa solar, la del dinero, de Cáncer, de modo que estas personas suelen tener suerte en la especulación, sobre todo en viviendas, hoteles y restaurantes. Los balnearios y las salas de fiesta son también negocios lucrativos para los nativos de Cáncer. Las propiedades junto al mar los atraen. Si bien básicamente son personas convencionales, a veces les gusta ganarse la vida de una forma que tenga un encanto especial.

El Sol, que es el planeta del dinero en la carta solar de los Cáncer, les trae un importante mensaje en materia económica: necesitan tener menos cambios de humor; no pueden permitir que su estado de ánimo, que un día es bueno y al siguiente malo, interfiera en su vida laboral o en sus negocios. Necesitan desarrollar su autoestima y un sentimiento de valía personal si quieren hacer realidad su enorme potencial financiero.

Profesión e imagen pública

Aries rige la cúspide de la casa 10, la de la profesión, en la carta solar de los Cáncer, lo cual indica que estos nativos anhelan poner en marcha su propia empresa, ser más activos en la vida pública y política y más independientes. Las responsabilidades familiares y el temor a herir los sentimientos de otras personas, o de hacerse daño a sí mismos, los inhibe en la consecución de estos objetivos. Sin embargo, eso es lo que desean y ansían hacer.

A los Cáncer les gusta que sus jefes y dirigentes actúen con libertad y sean voluntariosos. Pueden trabajar bajo las órdenes de un superior que actúe así. Sus líderes han de ser guerreros que los defiendan.

Cuando el nativo de Cáncer está en un puesto de jefe o superior se comporta en gran medida como un «señor de la guerra». Evidentemente sus guerras no son egocéntricas, sino en defensa de aquellos que están a su cargo. Si carece de ese instinto luchador, de esa independencia y ese espíritu pionero, tendrá muchísimas dificultades para conseguir sus más elevados objetivos profesionales. Encontrará impedimentos en sus intentos de dirigir a otras personas.

Debido a su instinto maternal, a los Cáncer les gusta trabajar con niños y son excelentes educadores y maestros.

Amor y relaciones

Igual que a los Tauro, a los Cáncer les gustan las relaciones serias y comprometidas, y funcionan mejor cuando la relación está claramente definida y cada uno conoce su papel en ella. Cuando se casan, normalmente lo hacen para toda la vida. Son muy leales a su ser amado. Pero hay un profundo secretillo que a la mayoría de nativos de Cáncer les cuesta reconocer: para ellos casarse o vivir en pareja es en realidad un deber. Lo hacen porque no conocen otra manera de crear la familia que desean. La unión es simplemente un camino, un medio para un fin, en lugar de ser un fin en sí mismo. Para ellos el fin último es la familia.

Si estás enamorado o enamorada de una persona Cáncer debes andar con pies de plomo para no herir sus sentimientos. Te va a llevar un buen tiempo comprender su profunda sensibilidad. La más pequeña negatividad le duele. Un tono de voz, un gesto de irritación, una mirada o una expresión puede causarle mucho sufrimiento. Advierte el más ligero gesto y responde a él. Puede ser muy difícil acostumbrarse a esto, pero persevera junto a tu amor. Una persona Cáncer puede ser una excelente pareja una vez que se aprende a tratarla. No reaccionará tanto a lo que digas como a lo que sientas.

Hogar y vida familiar

Aquí es donde realmente destacan los Cáncer. El ambiente hogareño y la familia que crean son sus obras de arte personales. Se esfuerzan por hacer cosas bellas que los sobrevivan. Con mucha frecuencia lo consiguen.

Los Cáncer se sienten muy unidos a su familia, sus parientes y, sobre todo, a su madre. Estos lazos duran a lo largo de toda su vida y maduran a medida que envejecen. Son muy indulgentes con aquellos familiares que triunfan, y están apegados a las reliquias de familia y los recuerdos familiares. También aman a sus hijos y les dan todo lo que necesitan y desean. Debido a su naturaleza cariñosa, son muy buenos padres, sobre todo la mujer Cáncer, que es la madre por excelencia del zodiaco.

Como progenitor, la actitud de Cáncer se refleja en esta frase: «Es mi hijo, haya hecho bien o mal». Su amor es incondicional. Haga lo que haga un miembro de su familia, finalmente Cáncer lo perdonará, porque «después de todo eres de la familia». La preservación de la institución familiar, de la tradición de la familia, es uno de los principales motivos para vivir de los Cáncer. Sobre esto tienen mucho que enseñarnos a los demás.

Con esta fuerte inclinación a la vida de familia, la casa de los Cáncer está siempre limpia y ordenada, y es cómoda. Les gustan los muebles de estilo antiguo, pero también les gusta disponer de todas las comodidades modernas. Les encanta invitar a familiares y amigos a su casa y organizar fiestas; son unos fabulosos anfitriones.

Horóscopo para el año 2013*

Principales tendencias

Has pasado dos años muy duros, Cáncer. Has «cumplido tu deber» haciéndote más fuerte y resistente. Todo lo has ganado con el «sudor de tu frente». 2011 fue más difícil que 2012, pero 2012 también fue difícil; sólo es cuestión de grados. Este año comienzas a ver las recompensas de tus esfuerzos y arduo trabajo. Te parecerá que ahora tienes más suerte, pero la verdad es que sencillamente vas a cosechar lo sembrado en los dos años pasados.

Sin duda tienes elevadas aspiraciones, y eso es bueno. Pero para conseguir aquello a lo que aspiras, era necesario desarrollar la «musculatura» espiritual y mental. Era necesario entrenar los reflejos, y ese es el motivo del periodo difícil. Nadie esperaría que corrieras en los Juegos Olímpicos sin haber entrenado los músculos y la energía. Lo que has pasado ha sido algo así.

La primera mitad del año tu crecimiento es espiritual e interior; Júpiter estará en tu casa doce. Ocurren muchas cosas potentes, cosas secretas, cosas sagradas, pero que no son visibles. Cuando Júpiter entre en tu signo el 27 de junio, comenzarás a ver las manifestaciones externas de ese crecimiento interior, de modo físico y tangible. Los demás también lo verán.

Dado que se eliminan los obstáculos que te estorbaban y tus músculos están más fuertes, tendrías que ver un progreso rápido hacia tus objetivos. Este es un año de éxito. Y próspero también. Volveremos a este tema.

La salud fue difícil también en 2011 y 2012, más en 2011 que en 2012. Y este año cambia la situación. La salud será buena. Si ha habido problemas, tendrás buenas noticias al respecto. Hablaremos más adelante de esto.

Este año hay cambios drásticos en el trabajo y la profesión. Yo pienso que para mejor, pero dado que estas cosas ocurren de repente, podría haber ciertas dificultades.

---

* Las previsiones de este libro se basan en el Horóscopo Solar y todos los signos que derivan de él; tu Signo Solar se convierte en el Ascendente, y las casas se numeran a partir de él. Tu horóscopo personal, el trazado concretamente para ti (según la fecha, hora y lugar exactos de tu nacimiento) podrían modificar lo que decimos aquí. Joseph Polansky

Desde que Urano entró en tu décima casa (en 2011) la profesión ha sido inestable; ya ha habido cambios, y vendrán muchos más. Volveremos a esto.

Tus intereses más importantes este año son: la espiritualidad (hasta el 27 de junio); el cuerpo, la imagen y el placer personal (a partir del 27 de junio); los hijos, la creatividad y las actividades de ocio; el amor y el romance; la religión, la metafísica, la formación superior y los viajes al extranjero; la profesión.

Los caminos para tu mayor realización este año son: la espiritualidad (hasta el 27 de junio); el cuerpo, la imagen y el placer personal (después del 27 de junio); los hijos, la creatividad y las actividades de ocio.

Salud

(Ten en cuenta que esta es una perspectiva astrológica de la salud, no una médica. Antaño no había ninguna diferencia, ambas eran idénticas, pero en esta época podrían diferir muchísimo. Para una perspectiva médica, por favor, consulta a tu médico o a otro profesional de la salud.)

Si has salido de 2011 y 2012 con la salud intacta, te ha ido muy bien; 2013 será coser y cantar. De todos modos debes cuidar la salud; dos planetas lentos y poderosos siguen en alineación desfavorable contigo. Pero esto no es nada comparado con los aspectos que has tenido antes.

Hacia el final del año pasado, en octubre, Saturno salió de su aspecto difícil y ahora te forma aspectos armoniosos. También el año pasado Neptuno salió de un aspecto neutro y pasó a uno armonioso. Este año Júpiter entra en tu signo, y esto es un aspecto armonioso y feliz. Por lo tanto, la salud es buena. Si no buena, muy mejorada. Día a día te haces más y más fuerte.

Como hemos dicho, si has tenido problemas de salud, tendrás buenas noticias en ese frente. Tal vez el mérito de esto se lo lleve un médico, una terapia o un remedio nuevo, las cosas suelen ocurrir así, pero la verdad es que ha cambiado la alineación planetaria y por lo tanto ha entrado en ti más «poder curativo» cósmico, fuerza vital, chi, como quieras llamarlo. Esto ha producido la mejoría.

De todos modos, es necesario que estés atento a tu salud este año, y parece que lo estás. Júpiter, tu planeta de la salud, entra en tu signo el 27 de junio. Tu sexta casa, la de la salud, está más o menos vacía, pero tu planeta de la salud está en un lugar de poder. Por lo tanto, tu atención está en ella.

Son muchas las cosas que se pueden hacer para mejorar la salud. La primera y más importante es mantener elevada la energía. Descansa y relájate más; no te permitas cansarte en exceso. Delega las tareas que se puedan delegar. Con un poco de reflexión y planificación encontrarás la manera de hacer más con menos esfuerzo.

Además de eso, presta más atención a los siguientes órganos:

El corazón. Evita la preocupación y la ansiedad, que son la principal causa espiritual de los problemas cardiacos.

El estómago y, si eres mujer, los pechos (importantes todo el año, pero en especial después del 27 de junio). Una dieta apropiada es más importante para ti que para la mayoría; tu estómago tiende a ser sensible. Presta atención a lo que comes, pero también a «cómo» comes. Las comidas deben tomarse de modo tranquilo y relajado, debes bendecir los alimentos, comerlos con sentimientos de gratitud y aprecio.

El hígado y los muslos. Deberías dar masajes periódicos a los muslos.

Los pulmones, el intestino delgado, los brazos, los hombros y el sistema respiratorio (importantes hasta el 27 de junio). Deberías dar masajes periódicos a los hombros. La pureza del aire es más importante que de costumbre.

Dado que estas son las zonas más vulnerables este año, mantenerlas sanas y en forma es una buena medicina preventiva. La mayoría de las veces se pueden prevenir los problemas y, si no se previenen totalmente, se suavizan y modifican muchísimo.

Hogar y vida familiar

Nuestros lectores saben que para Cáncer el hogar y la familia es una faceta importante, esté fuerte o débil la cuarta casa. La familia es la finalidad de su vida, el motivo de haber nacido. Pero el poder de la cuarta casa indica si en un determinado año va a haber más o menos atención a esta faceta; es cuestión de grados. Este año la atención es menor de lo habitual; en los años anteriores la atención fue mayor, y toda esta faceta de la vida fue más difícil.

Ahora que Saturno salió de tu cuarta casa (en octubre del año pasado) puedes respirar con más tranquilidad. Al parecer se han resuelto los principales problemas. Los dos años pasados te echaste encima cargas y responsabilidades familiares extras; fue necesario reorganizar el hogar, las relaciones familiares y la rutina doméstica cotidiana. Tal vez llegaste a sentirte restringido o sofocado en la casa, tanto en el plano físico como en el psíquico. Tal vez redecoraste la casa, compraste objetos de arte o la embelleciste de otras maneras. Toda la vida social estaba centrada en la casa, y con la familia.

Teniendo tu cuarta casa más o menos vacía este año, han pasado los principales retos y el Cosmos no te impulsa ni en un sentido ni en otro. Tiende a predominar dejar las cosas como están.

Este año la atención está más centrada en los hijos, y las personas que tienen ese papel en tu vida. Los hijos están en un periodo serio de su vida, en especial los mayores. Su autoestima y confianza en sí mismos no están a la altura que debieran. Un hijo o hija parece deprimido, pesimista, ve las cosas oscuras y negras. Al parecer tiene miedo de «dejar brillar la luz», aunque en realidad un ánimo bajo es lo normal a estas edades. De todos modos, se puede dejar brillar la propia luz de manera tranquila y callada. Este es el reto para este hijo, hija o figura filial. El colegio le resulta difícil y lo siente como una carga; podría tener problemas con un hermano o hermana; colaboran mutuamente, pero la relación se ve tensa; su energía general no es la que debiera y podría haber problemas de salud; tal vez su vida social no es la adecuada. Pero en esto hay puntos positivos también: el chico o la chica es más disciplinado y serio acerca de la vida (tal vez demasiado). Procura que se divierta más, que no todo sea trabajo, trabajo, trabajo. Si el chico o la chica necesita bajar de peso, este es un buen año para eso; es un buen año para adoptar un régimen de salud disciplinado y poner el cuerpo en forma.

Además de lo ya dicho, hay dos eclipses que afectan a este hijo o hija, por lo tanto hay muchos cambios que trastornan su vida.

En general tu reto es aprender a disciplinar juiciosamente a tus hijos y figuras filiales. Hazles conocer sus límites, sé muy claro en esto, pero, dentro de los límites, dales libertad. Por mucho que los quieras, no debes dejarlos hacer lo que se les antoje; tiene que haber unos límites.

Si tienes planes para hacer reparaciones o renovaciones importantes en la casa, después del 7 de diciembre es un buen periodo. Si deseas hacer cambios embellecedores o redecorarla, del 16 de agosto al 11 de septiembre y del 22 de septiembre al 23 de octubre son buenos periodos.

Profesión y situación económica

Las finanzas han ido más o menos igual, sin novedades, desde hace unos años, pero esto está a punto de cambiar. El 27 de junio entra Júpiter en tu signo y con esto se inicia un ciclo de prosperidad de muchos años. Mientras tanto, te preparas para esto. Ten paciencia. Cuando se siembra una semilla, el observador superficial no ve ocurrir nada. No hay ninguna actividad discernible. Pero la verdad es que bajo tierra hay una actividad tremenda y dinámica. La semilla muere como semilla, se transforma y se desarrolla rápidamente, pero bajo tierra. Un buen día aparecen unos brotes. Pero esta visibilidad no ocurriría si no fuera por la actividad interior secreta. Esto es lo que te ha ocurrido a ti desde que Júpiter entró en tu casa doce (en junio del año pasado); se ha estado produciendo un crecimiento interior bello y potente. Los adivinos y videntes son capaces de verlo, pero para la persona corriente no ocurre nada. Te parece que no tienes nada para mostrar. Pero cuando Júpiter cruza el Ascendente, comienzan a aparecer los brotes, llega la visibilidad, de modo natural, normal, sin esfuerzo. De repente cambia todo el cuadro. Lo invisible se hace visible, lo interior se hace exterior.

Nuestros lectores saben, lo hemos dicho muchas veces, que cuando Júpiter entra en la primera casa, el propio signo trae con él la buena vida. Se echan por la borda todo tipo de limitaciones. De pronto el éxito es alcanzable, está al alcance de tu mano. Comienzan a ocurrir cosas afortunadas. Con este aspecto la persona suele ganar en la lotería o en otros tipos de apuestas; viaja a otros países; come en buenos restaurantes; va a buenos clubes, compra (o recibe) ropa y accesorios caros. Hace realidad muchas de sus fantasías carnales. Más importante aún, tiene los medios para hacer estas cosas. Más importante que las cosas físicas que ocurren es la sensación de optimismo que llega, ese «puedo, soy capaz». Te sientes rico, te sientes afortunado. Y, por lo tanto, comienzan a ocurrir acontecimientos afortunados. Comienzas a atraerte riqueza y oportunidades de riqueza.

Júpiter es tu planeta del trabajo. Por lo tanto su tránsito por tu Ascendente es muy afortunado si buscas trabajo. Este indica que te llegan oportunidades de trabajos soñados, felices. No necesitas gastar las suelas de tus zapatos recorriendo las aceras, no necesitas golpear puertas. El trabajo te llega. Es muy probable que no puedas escapar de él ni que lo intentes (siempre tienes libre albedrío, puedes declinar si quieres, pero de la oportunidad no escaparás).

Entretanto, mientras Júpiter está en tu casa doce, si buscas trabajo intenta encontrarlo en ambientes de tipo espiritual o altruista. Se ve probable un trabajo en una organización no lucrativa o espiritual. Tal vez podría convenirte trabajar unas horas de voluntario en una de estas organizaciones, y esto llevará a verdaderas oportunidades de trabajo.

La profesión ha sido emocionante desde que Urano entró en tu décima casa en marzo de 2011. Ocurren muchos cambios y en realidad parece que eso te gusta. Hay mucha inestabilidad, tal vez una cierta inseguridad, pero mucha libertad y entusiasmo. Ahora parece ser más favorable el trabajo como autónomo; necesitas cambios constantes. Lo mismo de siempre no te atrae en este periodo; te aburres muy rápido. Aun en el caso de que estés trabajando en una empresa, necesitas tareas diferentes y variadas. La lección más importante en este periodo es aprender a sentirte cómodo con la inseguridad en los asuntos profesionales. En tu empresa y en tu industria hay muchos cambios, cambios revolucionarios, trastornos. Y las reglas del juego no paran de cambiar. Los altibajos en la profesión, tu posición y categoría, son extremos. Cuando viene el éxito es insólitamente grande, pero hay rachas de profunda sequía también. Se te está liberando, y este es un proceso de muchos años, para que sigas la profesión de tus sueños. Con el tiempo caerán las barreras que te impedían esto. De pronto se despeja el camino; a veces son necesarios actos drásticos para romper los obstáculos y barreras, y el Cosmos los proporciona.

Acabarás el año más rico que cuando lo comenzaste, y 2014 será mejor aún.

El Sol es tu planeta del dinero y, puesto que es un planeta de movimiento rápido, hay muchas tendencias de corto plazo en las finanzas, según dónde esté el Sol y los aspectos que reciba, y estas es mejor tratarlas en las previsiones mes a mes.

Amor y vida social

Ahora que Plutón está en tu séptima casa, la del amor, y estará muchos años, esta es una faceta importante de tu vida, un foco de mucha atención. El amor ha sido difícil los dos años anteriores, y continúa difícil este año, aunque menos. Si tu relación ha capeado las tormentas de estos dos años, sobrevivirá a las de este también.

En 2011 y 2012 (y gran parte de 2010) tu planeta del amor estaba en aspecto desfavorable con Plutón y Urano. El amor fue puesto severamente a prueba. Es probable que se haya disuelto cualquier relación que fuera menos que perfecta; perfección es lo que el Cosmos desea para ti. Esto vale tanto para las sociedades de negocios como para las relaciones románticas. Parece que ya ha pasado lo peor.

Ahora tu planeta del amor está en tu quinta casa, en Escorpio, y continuará ahí los dos próximos años. Ha cambiado la actitud en el amor. Lo más importante parece ser el magnetismo sexual. Has pasado por bastantes dificultades y ahora deseas una relación que sea placentera, pasarlo bien, disfrutar de momentos de diversión con el ser amado. Deseas esa sensación de «luna de miel». Este año comenzarás a atraerte este tipo de cosas, aunque ten presente que las lunas de miel no duran eternamente, por mucho que lo intentemos. Esperar que una relación sea una constante luna de miel no es realista, siendo como es la naturaleza humana.

La química sexual es el componente esencial de la relación romántica; sin embargo, esto se puede exagerar, y esto podría ocurrir este año. Tu planeta del amor está en el sexy Escorpio, y Plutón, el planeta genérico de la sexualidad, está en tu séptima casa, la del amor. La buena relación sexual cubre muchos pecados, pero en sí misma no basta para mantener unida a la pareja. Según mi experiencia, incluso la mejor química sexual (cuando no hay nada más) tiene una duración de nueve a doce meses. Así pues, es necesario mirar más en profundidad, tomar en cuenta más cosas. Por otro lado, me parece que la persona Cáncer soltera no se toma muy en serio el amor este año, no le interesa una relación comprometida duradera, así que esta actitud podría ser la correcta: pasarlo bien en la relación y cuando se acaba se acaba.

Si tu matrimonio o relación sobrevivió a los dos años pasados, ha llegado el momento de divertiros juntos, tal vez de hacer una segunda luna de miel. Es el periodo para comenzar a disfrutar mutuamente otra vez. Si estás soltero o soltera y con miras a un primer matrimonio, el amor se encuentra en los lugares habituales: clubes, balnearios, lugares de diversión. Si estás con miras a un segundo matrimonio, el amor está en ambientes de tipo espiritual, el seminario de meditación, la sala de yoga, la reunión de oración o la función benéfica; sólo una buena relación sexual no será suficiente para ti; buscas compatibilidad espiritual, la compañera o el compañero del alma; tal vez esto no lo encontrarás en clubes o bares. Pero, con toda seguridad, este tipo de relación te llega, con más probabilidades en la segunda parte del año. Si estás pensando en un tercer matrimonio, este año se presenta sin novedades: las cosas continúan como están.

En general, y esta es una tendencia a largo plazo, tu vida amorosa, tu esfera social, experimenta una desintoxicación cósmica. Rara vez es agradable la desintoxicación, pero el resultado final es bueno. Es necesario que salgan las impurezas en el amor (tal como las impurezas físicas del cuerpo); hay que eliminarlas del organismo para que pueda llegar el amor sano. Estás en el proceso de dar a luz la vida amorosa, el matrimonio, de tus sueños. Los problemas y dificultades son simplemente «dolores del parto». Nacerá el bebé; Plutón sabe llevar esto a término.

Progreso personal

Júpiter, como hemos dicho, ha estado en tu espiritual casa doce desde junio de 2012. Esto indica un año de intenso desarrollo espiritual; gran parte de este desarrollo es en salud y curación. Este es un periodo en que profundizas en las dimensiones espirituales de la curación. Es posible que ya tengas una buena comprensión de esto, adquirida especialmente los dos años anteriores. Pero siempre hay más por aprender y vas a profundizar en tu aprendizaje.

La curación espiritual es algo diferente a la conexión «mente-cuerpo». Es superior y más profunda. Recuerdo una época en que no se aceptaba la conexión mente-cuerpo; a cualquier persona que hablara de ella se la consideraba «peligrosa», una charlatana. Gracias a los amantes del yoga y a muchos otros pioneros, actualmente la conexión mente-cuerpo es muy conocida y popular. Ya nadie se acalora al oír hablar de ella; es algo normal. No te quepa duda, esto fue un gran progreso para el mundo.

La medicina mente-cuerpo tiene que ver con el pensamiento positivo, las afirmaciones, pensar y visualizar ideas de salud y del rendimiento físico deseado. La capacidad para visualizar posturas «dificilísimas» permite al yogui realizarlas físicamente. Los grandes atletas también entienden este principio; el rendimiento atlético, en los niveles superiores, es verdaderamente un juego mental.

Pero en la curación espiritual aspiramos a más. El objetivo de la curación espiritual es acceder a un poder, a una fuerza, que está esencialmente por encima de la mente y la trasciende. Se usa la mente, pero el poder que produce la curación trasciende la mente. No tiene nada que ver con pensar, como lo entendemos. Es una fuerza que sólo conoce la perfección y cuando se la invita a actuar en la mente y el cuerpo inmediatamente comienza a crear perfección.

A este poder se accede mediante oración, meditación e invocación. Por lo tanto, el método es diferente del de mente-cuerpo.

No hay límites para lo que puede hacer este poder en el cuerpo y no es juicioso ponerle límites. Las limitaciones que experimentamos son personales, limitaciones de nuestras creencias, de la conciencia. Pero el poder no tiene límites; para él no hay nada incurable. Es posible que en 2012, y especialmente en 2011, te hayas visto obligado a invocar este poder; los acontecimientos eran francamente abrumadores.

Cuando se invoca este poder no sólo comienza a tratar los problemas físicos, sino también las causas espirituales de los problemas. Los cura en su núcleo, en su raíz, y esto suele llevar tiempo. Los problemas pueden ser muy profundos.

Tal vez entiendes claramente de qué hablo. Ahora es el periodo para profundizar en ello.

Previsiones mes a mes

Enero

Mejores días en general: 6, 7, 14, 15, 24, 25
Días menos favorables en general: 4, 5, 10, 11, 17, 18, 31
Mejores días para el amor: 6, 7, 8, 9, 10, 11, 14, 15, 18, 19, 24, 25, 29, 30
Mejores días para el dinero: 2, 3, 4, 10, 11, 12, 21, 22, 26, 27, 28, 31
Mejores días para la profesión: 4, 5, 12, 13, 17, 18, 22, 23, 31

Comienzas el año con el 70 y a veces el 80 por ciento de los planetas en el sector occidental o social de tu carta. Tu séptima casa, la del amor, está poderosa todo el mes, en especial hasta el 19. Estás en el medio de una cima social anual. Es mejor que pongas en un segundo plano tus intereses, tus deseos personales. Las relaciones, los demás, son lo más importante en este periodo. Si estás soltero o soltera dudo que te cases este mes, aunque veo probabilidades de que conozcas a una persona que podría ser material para matrimonio, con la que considerarías la posibilidad de casarte. Los aspectos para el matrimonio son mucho mejores más avanzado el año, en julio y agosto.

También parece ser un mes activo sexualmente; la libido ruge.

El mes pasado el poder planetario comenzó a trasladarse de la mitad inferior de tu carta a la superior; el 10 de este mes se completa el traslado. El 80 y a veces el 90 por ciento de los planetas (elevado porcentaje) están sobre el horizonte de tu carta. Así pues, aunque el hogar y la familia son siempre importantes para ti, estás en un periodo para centrar la atención en la profesión y en tus objetivos mundanos externos. Esta es ahora la mejor manera de servir a tu familia. Lejos de restar valor a tu vida familiar tu éxito externo la va a favorecer y mejorar.

Tu buen talante social, tu capacidad para llevarte bien con los demás, es importante en el plano financiero también. Tus contactos sociales tienen un importantísimo (y positivo) papel en tus ingresos hasta el 19. Te relacionas socialmente con las personas con las que haces negocios o trabajas (y gran parte de tu actividad social está relacionada con tus negocios o trabajo), y haces negocios con amigos/as. El 19 el Sol entra en tu octava casa, y esto señala la entrada del cónyuge, pareja o ser amado actual en una cima financiera anual; por lo tanto, es probable que esta persona sea más generosa.

El tránsito de tu planeta del dinero por tu octava casa a partir del 19 indica la capacidad para pagar deudas o conseguir un préstamo. Ambas cosas son fáciles; sólo depende de cuál es tu necesidad. Después del 19 se hace necesaria una buena desintoxicación financiera. Líbrate de lo que te sobra: cuentas bancarias o bursátiles extras, tarjetas de crédito, gastos excesivos o despilfarro. Este es un periodo para prosperar «podando». Lógicamente, no hay que podar lo necesario, sólo lo superfluo. Te conviene hacer una revisión de la casa y librarte de posesiones (prendas de ropa o muebles) que ya no usas. Véndelos o regálalos a una institución de beneficencia. Esto limpiará los canales para que entren nuevas provisiones.

La salud es delicada hasta el 19. Procura descansar y relajarte más. Fortalece la salud de las maneras explicadas en las previsiones para el año.

Febrero

Mejores días en general: 2, 3, 11, 12, 20, 21, 22
Días menos favorables en general: 1, 7, 8, 13, 14, 27, 28
Mejores días para el amor: 2, 3, 7, 8, 9, 10, 11, 12, 18, 19, 20, 21
Mejores días para el dinero: 1, 9, 10, 18, 20, 23, 24, 27
Mejores días para la profesión: 1, 11, 12, 13, 14, 20, 21, 22

El movimiento planetario es abrumadoramente directo este mes. Hasta el 18 todos los planetas están en movimiento directo, algo muy insólito. El ritmo de la vida es más rápido; los resultados llegan más pronto. Este es, pues, un periodo para poner en marcha nuevas empresas o lanzar nuevos productos al mundo. Del 10 al 18, cuando la Luna está creciente, sería el mejor periodo, pero todo el mes es fundamentalmente bueno.

Tu octava casa continúa poderosa hasta el 18, así que repasa lo que hablamos el mes pasado. Tal vez estás trabajando en tu transformación, reinvención personal, y este es un buen periodo para hacer progreso en eso.

Teniendo a Júpiter en tu casa doce, la vida espiritual ha sido muy importante. Aumentarán los fenómenos espirituales este mes, ya que hay muchos planetas en Piscis. Tu capacidad vidente, aumenta más aún. La vida onírica será extraordinariamente activa; estate atento a tus sueños los días 6 y 7, ya que estos parecen ser especialmente importantes.

El elemento agua (tu elemento nativo) está muy fuerte este mes, a partir del 18. Esto es bueno para ti. El mundo en general está más orientado a los sentimientos, más «susceptible»; importan poco la lógica, la racionalidad; lo que importa es el estado de ánimo del momento, la sensación. Te sientes muy cómodo con esto.

El 18 se hace poderosa tu novena casa (y esto lo sentirás antes de esta fecha). Llegan oportunidades de viaje al extranjero y se ven felices. Del 3 al 5 podría haber un viaje relacionado con la profesión. Se presentan felices oportunidades de formación y deberías aprovecharlas. Tu mente tiene una orientación más filosófica, captas fácilmente lo que te enseñan; este es un buen periodo si eres estudiante, sobre todo universitario o de posgrado. Es un periodo para hacer progreso religioso y filosófico.

El amor se vuelve más complicado, pues tu planeta del amor inicia movimiento retrógrado el 18. Esto lo has experimentado muchas veces en tu vida; Saturno está retrógrado unos cuantos meses cada año. Esto no frena tu vida amorosa, sólo enlentece un poco las cosas. No deberías tomar decisiones importantes en el amor los próximos meses. Este es un periodo para hacer revisión y revaluación. Pero aparte de esta complicación de poca importancia, el amor se ve feliz, sobre todo después del 18; Saturno recibe aspectos hermosos de muchos planetas. Si estás soltero o soltera tienes muchas oportunidades románticas y sales más. Si estás casado o casada asistes a más fiestas y reuniones. Es fabuloso disfrutar de estas cosas sin comprometerse a nada.

Las finanzas van bien este mes y son mejores aún después del 18. La intuición financiera es súper a partir del 18, y en especial del 19 al 21.

La salud es maravillosa.

Marzo

Mejores días en general: 2, 3, 10, 11, 20, 21, 29, 30
Días menos favorables en general: 1, 6, 7, 12, 13, 14, 27, 28
Mejores días para el amor: 2, 3, 6, 7, 10, 11, 20, 21, 22, 29, 30, 31
Mejores días para el dinero: 1, 2, 3, 8, 9, 10, 11, 17, 18, 22, 23, 27, 28, 31
Mejores días para la profesión: 2, 3, 11, 12, 13, 14, 22, 31

Los planetas continúan principalmente en la mitad superior de tu carta, y el 20 entras en una cima profesional anual. Ve a por el oro; centra la atención en tu profesión. Los asuntos familiares no necesitan mucha atención en este periodo. De hecho, la familia apoya tus actividades externas. Llega mucho éxito; hay probabilidades de aumento de sueldo, ya sea manifiesto y de modos más sutiles. Tu buena fama profesional favorece tu economía. Este es un mes próspero. Mayores, jefes, padres o figuras parentales no sólo apoyan tu profesión sino también tus objetivos financieros.

Esta concentración en la profesión podría afectar a tu salud si lo permites. La salud se vuelve más delicada después del 20; el 50 y a veces el 70 por ciento de los planetas estarán en alineación desfavorable contigo después del 20; el porcentaje es elevado. Da a la profesión toda la atención que necesita, pero hazlo de modo que maximice la energía. Descansa cuando estés cansado; deja estar las trivialidades; introduce un programa de salud en tu agenda de trabajo; ve a que te hagan masajes con la mayor frecuencia que puedas. Fortalece la salud de las maneras explicadas en las previsiones para el año.

Este mes los planetas hacen un importante traslado, pasan de tu sector occidental, donde han estado en lo que va de año, al sector oriental. El traslado comenzará el 20, y empezarás a sentirlo antes, y se establecerá más el próximo mes. Entras, pues, en un ciclo de independencia personal. Los demás son siempre importantes, pero en este periodo lo son menos. Tu iniciativa y tus capacidades son lo que importa ahora. Es de esperar que en los meses pasados hayas tomado nota de las condiciones que te fastidian; ahora y los próximos meses es el periodo para hacer los cambios, para crearte las condiciones como las deseas; tienes más control personal.

Mercurio está retrógrado desde el 23 del mes pasado y continuará retrógrado hasta el 17 de este mes. Esto afecta a tu intuición espiritual, la que necesita más verificación en este periodo. La intuición, la verdadera intuición, siempre es correcta, pero a veces la mente humana no la interpreta bien; este es el principal problema ahora. Ten también más cuidado al comunicarte; asegúrate de que dices lo que quieres decir y que la otra persona recibe el verdadero mensaje; también vale a la inversa. En tu carta el movimiento retrógrado de Mercurio es más fuerte que para la persona corriente. Mercurio no sólo es el señor genérico de la comunicación, sino que además en tu carta es el señor real (regente de tu tercera casa). Por lo tanto, ten paciencia cuando se corte una llamada telefónica, tu ordenador se cuelgue o estropee o las cartas no lleguen a su destino; estos son fenómenos típicos; como el tiempo. Comprender lo que ocurre te servirá para ser más filosófico en estas cosas.

El cónyuge, pareja o ser amado actual se ve más generoso los días 1 y 2; tiene un bonito día de paga.

Del 27 al 30 ocurre un importante cambio financiero; será una conmoción o sorpresa; esto es de muy corta duración; lo manejarás bien.

Los padres o figuras parentales deben conducir con más prudencia del 18 al 21; también deben evitar todo tipo de actividades arriesgadas. En este periodo podría haber reorganización en la jerarquía de tu empresa (o industria).

Abril

Mejores días en general: 6, 7, 8, 16, 17, 25, 26
Días menos favorables en general: 2, 3, 9, 10, 23, 24, 29, 30
Mejores días para el amor: 1, 2, 3, 6, 7, 9, 10, 16, 17, 21, 22, 25, 26, 29, 30
Mejores días para el dinero: 1, 4, 5, 9, 10, 14, 15, 19, 20, 21, 23, 24, 29, 30
Mejores días para la profesión: 1, 9, 10, 21, 29, 30

El 14, cuando Mercurio pasa al sector oriental, se completa el traslado del poder planetario. Los próximos seis meses más o menos estás en un periodo de independencia personal. Puedes y debes tener las cosas a tu manera, mientras esto no sea dañino para los demás. Si los demás no están de acuerdo con tus planes, tienes el poder y los medios para lanzarte solo si es necesario. Ya no hay disculpas: tu felicidad depende de ti.

El principal titular del mes es el poder de tu décima casa, la de la profesión. Estuvo fuerte el mes pasado y ahora está más fuerte aún. El 60 por ciento de los planetas transitan por esta casa este mes. Esto indica mucha concentración y mucha actividad. El mes pasado podría haber ocurrido un aumento de sueldo, y todavía puede ocurrir; del 14 al 20 me parece el periodo más probable para que ocurra esto. Jefes, mayores y figuras parentales apoyan tus objetivos financieros. Como hemos dicho, no siempre hay un verdadero aumento de sueldo: los ingresos podrían aumentar de una manera oculta, disfrazada.

Este es un mes muy próspero. Generalmente la concentración en la profesión empaña la vida familiar, pero esto no te ocurre a ti. La familia apoya muchísimo tus objetivos profesionales, te estimula y promueve.

Las finanzas van bien este mes también. Del 1 al 3 evita la especulación. Ten más cuidado con las deudas; si pides un préstamo lee toda la letra pequeña. Un hijo, hija o figura filial podría ser causa de un gasto repentino estos días. Pero estos son pequeños baches en el camino, de corta duración. La prosperidad es fuerte. La Luna nueva del 10 trae oportunidades profesionales e incremento financiero. También esclarece asuntos profesionales a medida que avanza el mes.

La salud sigue necesitada de más atención hasta el 19. Así pues, ten presente lo que hablamos el mes pasado. Después del 19 mejoran espectacularmente la salud y la energía. Fortalece la salud de las maneras explicadas en las previsiones para el año.

El movimiento planetario es principalmente directo y el Sol está en Aries; esta es la mejor energía «de arranque» del zodiaco. Si tienes nuevos proyectos o productos para lanzar al mundo, este es el mes para hacerlo. El 10, con la Luna nueva, es el mejor día, pero hasta el 25 cualquier momento es bueno.

Un hijo, hija o figura filial tiene un periodo difícil; se ve rebelde y es difícil de manejar. Paciencia, paciencia, paciencia; le vendrá bien más atención también.

El eclipse lunar del 25 refuerza lo que acabamos de decir. Haz lo posible para proteger de cualquier daño a los hijos o figuras filiales. Conviene reducir las actividades, tanto tú como los hijos.

El amor se ve más difícil después del 19. Tal vez hay desacuerdos con el ser amado respecto a las finanzas; tal vez tu atención a la profesión le resta atención al romance. Ninguno de estos es el verdadero motivo, sólo son las excusas que se dan. Simplemente después del 19 el ser amado está más estresado o tenso y tal vez más irritable.

Mayo

Mejores días en general: 4, 5, 13, 14, 15, 23, 24, 31
Días menos favorables en general: 6, 7, 21, 22, 27, 28
Mejores días para el amor: 4, 10, 11, 13, 14, 21, 22, 23, 27, 28, 29, 30, 31
Mejores días para el dinero: 2, 3, 8, 9, 10, 11, 12, 16, 17, 19, 20, 21, 22, 29, 30
Mejores días para la profesión: 6, 7, 8, 9, 10, 18, 19, 27, 28

Dos eclipses este mes aseguran que este sea azaroso, tanto para ti como para el mundo en general. Los humanos somos seres poderosos con el don del libre albedrío; este nos permite desviarnos del Plan Divino para nuestra vida y son necesarios acontecimientos producidos por eclipses (un terremoto, un desastre natural, una experiencia de casi muerte) para encarrilarnos. Las creaciones humanas, sobre todo las de naturaleza destructiva, necesitan medidas fuertes, y los eclipses las proporcionan. A ti más que a la mayoría te afectan los eclipses; siendo la Luna tu planeta regente, los eclipses lunares tienden a ser más fuertes. Pero los eclipses solares son poderosos en el sentido de que afectan a tu vida financiera.

Los eclipses de este mes, uno solar el 10 y uno lunar el 25, son moderados comparados con algunos que ya has experimentado. No afectan a muchos otros planetas. Además, te forman o bien aspectos armoniosos o bien aspectos no destructivos. De todos modos, no te hará ningún daño reducir tus actividades en esos periodos.

El eclipse solar del 10 trae cambios en las finanzas; estos son fundamentalmente buenos y es muy posible que hiciera tiempo que era necesario hacerlos; hacen falta dramas producidos por los eclipses para obligar a cambiar estas cosas. Este eclipse ocurre en tu casa once, la de las amistades, por lo tanto estas podrían pasar por pruebas; a veces el problema está en la propia relación, otras veces las pruebas se deben a acontecimientos dramáticos que ocurren en la vida de los amigos/as. Se ponen a prueba tu equipo y aparatos de alta tecnología. Te convendría actualizar tu programa antivirus. Este eclipse toca de refilón a Marte, tu planeta de la profesión, así que podría haber una reestructuración en tu profesión o alguna conmoción en la vida de personas relacionadas con tu profesión. Los padres o figuras parentales deberán reducir sus actividades durante el periodo de este eclipse.

El eclipse lunar del 25 induce a hacer una redefinición de la personalidad y concepto propio. Vas a cambiar tu manera de considerarte y el modo como deseas que te perciban los demás. Esto es saludable; mejoras y perfeccionas tu imagen. Si no has tenido cuidado en los asuntos dietéticos, este eclipse lunar podría producir una desintoxicación del cuerpo (no es una enfermedad, pero los síntomas parecen ser los mismos). Este eclipse ocurre en tu sexta casa, por lo que podría traer un susto en la salud o un cambio laboral. Puesto que la salud es fundamentalmente buena, es muy probable que no sea otra cosa que un susto. Este eclipse hace impacto en Neptuno, el señor de tu novena casa; tal vez no te convenga viajar al extranjero en este periodo, sobre todo si el viaje es optativo. Si eres estudiante, hay dramas en el colegio o con profesores. Ocurren acontecimientos dramáticos, de los que cambian la vida, a personas de tu lugar de culto. Muchas veces este eclipse trae «crisis de fe»; se ponen a prueba tus creencias acerca de la vida y su sentido.

Junio

Mejores días en general: 1, 10, 11, 19, 20, 27, 28
Días menos favorables en general: 2, 3, 17, 18, 23, 24, 30, 31
Mejores días para el amor: 1, 10, 19, 20, 23, 24, 27, 28
Mejores días para el dinero: 7, 8, 9, 12, 13, 17, 18, 26, 27
Mejores días para la profesión: 2, 3, 7, 8, 17, 18, 25, 26, 30, 31

El mes pasado fue un periodo muy espiritual, en especial a partir del 20; esto fue bueno, a la luz de lo producido por los dos eclipses. En tiempos de aflicción, cuando los acontecimientos son muy abrumadores, necesitamos apelar a nuestros recursos espirituales, y es muy probable que esto fuera lo que ocurrió. Estos recursos son muy adecuados para sobrellevar cualquier tipo de crisis en el plano material. Tu periodo espiritual continúa hasta el 21 de este mes; es un periodo para revelaciones y progreso espiritual; tu acceso al mundo invisible, al mundo del espíritu y la energía, está mucho mejor que en otros periodos. Ahora te irá bien revisar lo del año anterior, expiar los errores, perdonarte tú y perdonar a otros, y fijar tus objetivos para el año que comienza el día de tu cumpleaños, tu año nuevo personal.

Ahora te encuentras en la cúspide (el comienzo) de cosas grandes y gloriosas. Las cosas podrían parecerte oscuras a comienzos del mes, pero, como dicen, siempre está más oscuro antes del alba. Ocurren cosas trascendentes. Júpiter entra en tu signo el 27, iniciando un periodo de dos años de prosperidad, felicidad y buena suerte. Comienzas a coger las rachas de suerte de la vida. Tienes suerte en las especulaciones; estás animado y optimista. Comenzarán a ocurrir cosas que antes eran un simple soñar despierto o fantasías.

El poder planetario está en su posición oriental máxima en tu carta. Así pues, te encuentras en un periodo de máxima independencia personal. Puedes y quieres tener las cosas a tu manera. Puedes y quieres crear las condiciones para tu felicidad y satisfacción. Esto depende de ti. Aunque la salud sigue delicada (todavía tienes a dos planetas poderosos en aspectos desfavorables), este mes es súper, después del 21; con más energía se te abren todo tipo de nuevas posibilidades.

La vida amorosa, que ha estado «así así» hasta ahora, despega después del 21. Si estás soltero o soltera y sin compromiso conoces a una persona importante. Una boda no sería una sorpresa, aunque el mes que viene es mejor para esto. Se huele el romance.

Teniendo al Sol y a Venus transitando por tu signo, tu apariencia es fabulosa; estás magnético y carismático. Vistes con buen gusto y elegancia. Te ves rico también; tienes la imagen de una persona próspera. Pero es algo más que sólo la imagen; cuando el Sol cruce tu Ascendente el 21 traerá considerables beneficios financieros inesperados. El resto del año vivirás un estilo de vida superior; con Júpiter importa poco si tienes el dinero para sostener este estilo de vida; vivirás «como si» fueras rico.

Hay viaje en la última parte del mes también. Ten presente, eso sí, que Neptuno, tu planeta de los viajes, inicia movimiento retrógrado el 7, así que programa más tiempo para ir y volver de tu destino.

Julio

Mejores días en general: 7, 8, 17, 25, 26
Días menos favorables en general: 1, 14, 15, 21, 22, 27, 28
Mejores días para el amor: 1, 7, 10, 11, 16, 17, 19, 20, 21, 22, 25, 29, 30
Mejores días para el dinero: 7, 8, 9, 10, 11, 16, 17, 18, 25, 27
Mejores días para la profesión: 1, 5, 6, 16, 17, 25, 26, 27, 28

Has tenido unos años duros, muy especialmente 2011 y 2012, pero ahora llega la restitución positiva, la compensación Divina. Estás en uno de los mejores periodos de toda tu vida. Todos los nativos de Cáncer sienten esto, pero si naciste en la primera parte del signo, del

21 de junio al 1 de julio, lo sientes más fuerte. ¿Sigues enfrentando retos? Eso seguro, pero lo bueno, la armonía, es mucho, mucho más fuerte.

El 21 del mes pasado entraste en una cima anual de placer personal. Esta cima es mucho más fuerte que otras, ya que el benévolo Júpiter se ha unido a la fiesta. Ahora serás más rico, tal vez más, tal vez menos que otros de tu signo, pero no importa; todos los planetas que están en tu signo (el Sol, Venus, Mercurio, Marte y Júpiter) indican que vives «como si» fueras rico. Llevas una vida de alto estatus. Se cumplen tus fantasías sensuales: buena comida, buenos vinos, comes en buenos restaurantes, viajas y vives por todo lo alto. Si eres estudiante tienes éxito en el colegio; te va bien si solicitas admisión en la universidad. En general, la dama suerte está a tu lado en la mayoría de los asuntos de tu vida.

Después de pasar años tan difíciles sería natural complacerte en la buena vida; un poco de complacencia es comprensible. Pero este es el principal peligro para la salud en este periodo. Es necesario que controles el peso. Por lo demás, la salud y la energía están súper; tienes toda la energía que necesitas para conseguir tus objetivos.

Si estás en edad de concebir, has entrado en un periodo de mayor fertilidad; ahora está en su fase más fuerte, pero continuará fuerte el resto del año.

En el frente amoroso hay muchas novedades positivas también. Tu planeta del amor, Saturno, retoma el movimiento directo el 8, después de meses de estar retrógrado. La vida social, pues, cobra impulso. Más importante aún, este mes Saturno recibe aspectos hermosos de Júpiter (y de muchos otros planetas); forma parte de un excepcional gran trígono en el elemento agua. Por lo tanto, hay amor en el ambiente, hay romance, si lo deseas. Oportunidades de matrimonio también.

Todo el mes es próspero financieramente. El 22 entras en una cima financiera anual.

El 21 del mes pasado el poder planetario empezó a trasladarse de la mitad superior de tu carta a la inferior. Este mes el traslado es más pronunciado. Por lo tanto, llega el periodo de centrar la atención en tu primer amor: el hogar, la familia y la vida emocional. A pesar de este traslado, del 19 al 24 hay felices oportunidades profesionales, éxito. Ahora puedes permitirte ser selectivo para aceptar ofertas; deben resultarte cómodas emocionalmente y no ser causa de trastornos familiares.

Agosto

Mejores días en general: 3, 4, 13, 14, 21, 22, 30, 31
Días menos favorables en general: 10, 11, 12, 17, 18, 23, 24
Mejores días para el amor: 3, 8, 9, 13, 17, 18, 19, 21, 25, 26, 30
Mejores días para el dinero: 3, 6, 7, 13, 14, 15, 16, 21, 22, 25, 30, 31
Mejores días para la profesión: 3, 4, 13, 14, 22, 23, 24

La cima financiera anual que comenzó el mes pasado se hace más fuerte este mes, pues planetas rápidos se unen al Sol en tu casa del dinero. El dinero entra a raudales, y de muchas fuentes distintas. Las puertas celestes de la abundancia se han abierto y esta llueve sobre ti, una experiencia muy maravillosa.

Seguimos teniendo un excepcional gran trígono en agua, tu elemento nativo. Esto tiende a producir armonía emocional, pues las personas están más sensibles en el plano de los sentimientos. Es también muy agradable para ti.

Las oportunidades profesionales te buscan, no tienes necesidad de buscarlas tú. Estás en «gran demanda». No estás muy concentrado en la profesión, y sin embargo sigue yendo bien (esto demuestra la verdad del dicho de que demasiada intervención personal puede estropear algo bueno; a veces es mejor «dejar» que ocurra lo bueno en lugar de intentar forzarlo).

En cuanto a crear tus condiciones de felicidad personal, estaría bien tomar la iniciativa; en asuntos profesionales no.

Este mes también hay probabilidades de viaje al extranjero, pero ten presente que tu planeta de los viajes, Neptuno, está retrógrado, así que programa más tiempo para ir y volver de tu destino. Si eres estudiante tienes éxito y entras en un buen colegio. Es muy probable que haya muchos colegios para elegir y esto hará necesario más reflexión y análisis. Tómate tiempo para hacer la elección.

Y aunque no seas estudiante, en este periodo hay felices oportunidades de formación, y deberías aprovecharlas. Hay adelantos importantes en asuntos religiosos y filosóficos también.

La salud y la energía continúan buenas. Como el mes pasado, el peligro está en el exceso de complacencia en la buena vida. Lo bueno es que Marte pasa la mayor parte del mes (hasta el 28) en tu signo. Esto indica que haces más ejercicio físico y deporte.

El 1 y el 2 Marte forma cuadratura con Urano, aspecto muy dinámico; evita los estallidos de mal genio (eres más propenso a ello también) y los riesgos indebidos, y conduce con más prudencia. Esto vale para los padres o figuras parentales también. Podría haber trastorno o reorganización en tu empresa o industria, entre los altos mandos.

El amor va bien, como hemos dicho, pero el cónyuge, pareja o ser amado actual parece más estresado; esta persona necesita descansar y relajarse más. Este estrés podría complicar la relación, que es fundamentalmente buena.

Septiembre

Mejores días en general: 1, 9, 10, 18, 19, 27, 28
Días menos favorables en general: 7, 8, 13, 14, 20, 21
Mejores días para el amor: 1, 8, 9, 10, 13, 14, 17, 18, 27, 28
Mejores días para el dinero: 1, 2, 3, 4, 5, 9, 10, 13, 14, 18, 19, 24, 27, 28, 29, 30
Mejores días para la profesión: 2, 3, 11, 12, 20, 21, 29, 30

Este mes el poder planetario está en el punto inferior máximo de tu carta: el paraíso canceriano. Los objetivos profesionales se han conseguido más o menos (nunca se consiguen totalmente, siempre hay más, pero conseguidos de forma relativa), y ahora puedes pasar la atención a tu verdadero amor: el hogar y la familia. Esta situación no durará eternamente, los planetas volverán a trasladarse dentro de unos meses, así que disfruta de este periodo mientras dura. Este es un descanso de la profesión, la pausa que renueva. Ahora es el periodo para reunir las fuerzas para el siguiente empujón profesional, dentro de unos meses. Estás en la noche de tu año. El cuerpo está quieto, las actividades externas están más o menos suspendidas, pero interiormente ocurren procesos poderosísimos. Y son justamente estos procesos los que capacitan al cuerpo para funcionar cuando llega la hora de despertar y levantarse.

El poder planetario hace otro importante traslado el 22 (esto lo sentirás antes). Nuevamente predomina el sector occidental o social de tu carta. Ha acabado tu periodo de independencia y ahora es más difícil tener las cosas a tu manera; es muy probable que tu manera no sea la mejor en este periodo. El camino ahora es conseguir las cosas por consenso y por las dotes sociales. Es más difícil (es posible, pero más difícil) crear las condiciones como las deseas, así que es mejor que te adaptes lo mejor que puedas a las condiciones o circunstancias. Es de esperar que hayas aprovechado los cinco últimos meses para crear las cosas como las deseas, pues ahora es el periodo para someter a la prueba de la carretera tus creaciones.

El hogar y la familia son ahora el centro de tu vida. Hay más vida social en casa y con los familiares y reuniones en casa. Incluso la vida amorosa está más o menos centrada en la casa. Venus, tu planeta de la familia, viaja con tu planeta del amor después del 11. Las oportunidades amorosas están cerca de casa; se presentan a través de familiares, en especial de un progenitor o figura parental, y las conexiones familiares.

Las finanzas van bien este mes. Hasta el 3 se ven importantes la compra venta, el comercio, la venta al detalle. Es importante la mercadotecnia, dar a conocer tu producto o servicio. Después del 22, cuando tu planeta del dinero entra en tu cuarta casa, son las conexiones familiares las que traen las oportunidades financieras. Es muy probable que hagas más de tu trabajo en casa también.

Si buscas trabajo tienes aspectos maravillosos desde el 27 de junio. Las oportunidades de trabajo te buscan, no a la inversa. No es mucho lo que necesitas hacer para encontrar trabajo, éste te encontrará.

La salud es más delicada después del 22, así que procura descansar y relajarte más. Fortalece la salud de las maneras explicadas en las previsiones para el año.

Octubre

Mejores días en general: 6, 7, 15, 16, 24, 25
Días menos favorables en general: 4, 5, 11, 12, 17, 18, 31
Mejores días para el amor: 6, 7, 8, 11, 12, 15, 16, 17, 18, 24, 25, 27, 28
Mejores días para el dinero: 1, 4, 5, 6, 7, 13, 14, 15, 16, 23, 24, 25, 27, 28
Mejores días para la profesión: 1, 8, 9, 17, 18, 19, 30

Todos los eclipses lunares son fuertes en ti; la Luna rige tu carta, es un planeta muy importante para ti. Pero el eclipse lunar del 18 es más fuerte que la mayoría; sin duda es más fuerte que los últimos que tuviste en abril y mayo; te forma aspectos difíciles. Así pues, no olvides reducir las actividades en ese periodo; pasa más tiempo tranquilo en casa; ve una película, lee un buen libro, medita y ora. Los padres, figuras parentales y los hijos también deben reducir sus actividades. Este eclipse ocurre en tu décima casa, la de la profesión (que también rige a los jefes, figuras de autoridad, padres y figuras parentales), por lo tanto hay cambios profesionales en lontananza. Hay trastornos o reorganización en tu empresa o industria, en la jerarquía. Además, este eclipse hace impacto en Júpiter, tu planeta del trabajo, así que también hay cambios laborales. Hay importantes cambios financieros que es necesario hacer y el eclipse los fuerza. Dado que la salud está más delicada, podrías tener un susto, sobre todo si no has estado atento a tu salud. Todos los eclipses lunares te obligan a redefinir tu imagen, personalidad y concepto de ti mismo; este no es diferente. Pasas por el proceso (el fenómeno eclipse está en vigor seis meses) de proyectar una nueva imagen al mundo, un nuevo «yo».

La salud y la energía mejoran después del 23, pero hasta entonces descansa y relájate más.

Aunque el poder planetario está bajo el horizonte de tu carta, este mes hay muchas oportunidades profesionales felices, en especial después del 23. Algunas podrían haberse presentado el mes pasado también. Pero, como hemos dicho, puedes ser más selectivo en este periodo; elige la oportunidad que sea más «amiga de la familia», más agradable emocionalmente.

El 23 el Sol entra en tu quinta casa y tú entras en otra cima anual de placer personal, en un periodo de vacaciones cósmicas, un periodo para la recreación y la diversión. Un periodo para disfrutar de tus hijos (o las figuras filiales de tu vida). Es un periodo muy feliz; tienes una actitud despreocupada hacia la vida. Las finanzas van súper. Tienes los medios para divertirte, y es probable que sean diversiones caras. Hay suerte en las especulaciones. Más importante que eso, ganas el dinero de modos felices y disfrutas de tu riqueza; no todo el mundo puede decir esto. Después del 23 hay una oportunidad para formar una sociedad de negocios o empresa conjunta (esto podría ocurrir el próximo mes). Las oportunidades financieras y las ganancias podrían producirse cuando te estás divirtiendo, en algún balneario, en el teatro o en una fiesta.

La vida amorosa continúa feliz. Desde el punto de vista astrológico, no podrías pedir mejores aspectos para el amor de los que tienes después del 23. También hay probabilidades de un viaje al extranjero, pero ten presente que tu planeta de los viajes está retrógrado, por lo que podría haber retrasos y contratiempos. El 21 Mercurio inicia movimiento retrógrado, con lo que los dos planetas que rigen los viajes en tu horóscopo estarán retrógrados al mismo tiempo. Será mejor programar tu viaje antes del 21.

Noviembre

Mejores días en general: 3, 4, 11, 12, 20, 21, 22, 30
Días menos favorables en general: 1, 7, 8, 13, 14, 28, 29
Mejores días para el amor: 3, 4, 7, 8, 11, 12, 16, 17, 20, 21, 26, 27, 30
Mejores días para el dinero: 3, 4, 11, 12, 21, 22, 23, 24, 30
Mejores días para la profesión: 7, 8, 13, 14, 16, 17, 26, 27

En lo que se refiere a los eclipses, el solar del 3 es relativamente benigno contigo; ocurre en tu quinta casa, así que afecta a los hijos o figuras filiales; pasan por experiencias dramáticas, de aquellas que cambian la vida. Ha sido turbulenta la vida de los hijos todo el año, pero ahora lo es más. Haz todo lo que esté en tu mano para protegerlos de cualquier daño en este periodo. Es mejor evitar la especulación los días en torno al eclipse; tienes suerte en las especulaciones en este periodo, pero no en el del eclipse. Como todos los eclipses solares, este trae cambios financieros drásticos. Lo que sea que no se cambió con el último eclipse lunar cambiará y ajustará ahora. Este eclipse hace impacto en Saturno, tu planeta del amor, así que se pone a prueba el amor. La vida amorosa continúa siendo buena, pero salen a la luz las impurezas, las cosas que se han metido debajo de la alfombra, para que se haga limpieza. El ser amado podría estar más temperamental, así que ten más paciencia. Estos eclipses nos muestran el «lado oscuro» del ser amado, algo que no deseamos ver; es otra manera de poner a prueba el amor. Lo más probable es que este eclipse lleve tu relación actual al siguiente nivel. Suele haber boda cuando es eclipsado el planeta del amor; indica un cambio en el estado civil: una persona casada podría divorciarse, una soltera, casarse.

Hasta el 22 continúas en una de tus cimas anuales de placer personal. Cierto que trabajas, pero también te las arreglas para divertirte. El 22 entras en un periodo de trabajo, un periodo más serio. La diversión, los juegos y la recreación son maravillosos, pero no son el único fin y ya está. La recreación nos permite trabajar mejor, ser más productivos en nuestro trabajo elegido. En general, este es buen periodo si buscas trabajo, y lo seguirá siendo, pero tu planeta del trabajo inicia movimiento retrógrado el 7. Las oportunidades de trabajo podrían no ser lo que las hacen parecer, así que reflexiona y analízalas más detenidamente. También necesitan más reflexión y análisis los programas de salud, en especial los nuevos. Este es un buen periodo para hacer todas esas tareas aburridas pero necesarias: poner al día el libro de contabilidad, ordenar y organizar los archivos.

La salud es buena este mes; puedes fortalecerla más de las maneras explicadas en las previsiones para el año.

Las finanzas también son buenas todo el mes. Del 4 al 7 podría llegar la oportunidad para formar una sociedad de negocios o empresa conjunta. Los contactos sociales, el cónyuge, pareja o ser amado actual te apoyan mucho en ese periodo. Del 12 al 14 hay un bonito día de paga y tal vez una misión en el trabajo; estos días también son favorables las especulaciones. Del 22 al 25 analiza más detenidamente todas las oportunidades financieras; el Sol está en aspecto adverso con Neptuno, lo que significa que hay tratos entre bastidores, secretos, que es necesario entender.

Diciembre

Mejores días en general: 1, 8, 9, 18, 19, 28, 29
Días menos favorables en general: 4, 5, 10, 11, 12, 25, 26
Mejores días para el amor: 1, 4, 5, 8, 9, 13, 14, 18, 19, 23, 24, 28, 29
Mejores días para el dinero: 1, 2, 3, 8, 9, 11, 12, 18, 19, 20, 21, 22, 23, 28, 29
Mejores días para la profesión: 4, 5, 10, 11, 12, 15, 16, 25, 26

Este es un mes muy activo y frenético, de mucho cambio. Después del 8 hay una gran cuadratura en el cielo y después del 21 se hará más fuerte. La salud está más delicada, en especial después del 21; descansa y relájate más; centra la atención en las cosas importantes de tu vida y deja estar las cosas triviales; a veces esto requiere decisiones difíciles. No puedes estar en todas partes, no puedes hacerlo todo; las exigencias son más grandes que de costumbre; concéntrate en lo verdaderamente importante. Fortalece la salud de las maneras explicadas en las previsiones para el año.

Hasta el 21 los intereses dominantes son la salud y el trabajo. Este es un periodo para conseguir todos tus objetivos laborales; estás en ánimo para trabajar y esto te da energía extra. El 21 entras en una cima social anual. El romance ha sido fundamentalmente bueno desde julio y ahora mejora más aún. Si estás soltero o soltera, tienes más citas; si estás casado o casada o tienes pareja hay más romance en la relación.

Marte, tu planeta de la profesión, entra en tu cuarta casa el 8. Esto indica que tu misión en este periodo es tu familia; estás aquí para ellos; son tu profesión. Pero también indica que haces más de tu trabajo en casa; sigues el camino profesional desde casa. Esta es una situación temporal que durará un mes más o menos. El 21 el poder planetario se traslada de la mitad inferior de tu carta a la superior. Llega el periodo para prestar más atención a la profesión y los objetivos externos. Ya has encontrado tu punto de armonía emocional, y si no, lo encontrarás este mes. Llega el periodo para traducir esta armonía en éxito externo.

En este periodo es necesario hacer más segura la casa, sobre todo a partir del 23. Mantén fuera del alcance de los niños los objetos afilados, las cerillas y otros objetos peligrosos. Esto es siempre una buena práctica, pero ahora lo es especialmente. Los padres o figuras parentales deben conducir con más prudencia y evitar las actividades arriesgadas. Los hijos también.

Del 29 al 31 tú y tus hijos o figuras filiales debéis conducir con más precaución.

Hasta el 21 el dinero viene a la manera tradicional, del trabajo. Me parece que estás muy gastador hasta el 21. Después de esta fecha el juicio financiero se torna más sensato, más práctico, y en ese periodo el círculo social (amistades, cónyuge o ser amado) tienen un papel importantísimo en tus finanzas. Tal vez gastas más en el cónyuge o pareja también.

Leo

♌

El León
Nacidos entre el 21 de julio y el 21 de agosto

Rasgos generales

LEO DE UN VISTAZO
Elemento: Fuego

Planeta regente: Sol
  Planeta de la profesión: Venus
  Planeta de la salud: Saturno
  Planeta del amor: Urano
  Planeta del dinero: Mercurio

Colores: Dorado, naranja, rojo
  Colores que favorecen el amor, el romance y la armonía social: Negro, azul índigo, azul marino
  Colores que favorecen la capacidad de ganar dinero: Amarillo, amarillo anaranjado

Piedras: Ámbar, crisolita, diamante amarillo

Metal: Oro

Aroma: Bergamota, incienso, almizcle

Modo: Fijo (= estabilidad)

Cualidad más necesaria para el equilibrio: Humildad

Virtudes más fuertes: Capacidad de liderazgo, autoestima y confianza en sí mismo, generosidad, creatividad, alegría

Necesidad más profunda: Diversión, alegría, necesidad de brillar

Lo que hay que evitar: Arrogancia, vanidad, autoritarismo

Signos globalmente más compatibles: Aries, Sagitario

Signos globalmente más incompatibles: Tauro, Escorpio, Acuario

Signo que ofrece más apoyo laboral: Tauro

Signo que ofrece más apoyo emocional: Escorpio

Signo que ofrece más apoyo económico: Virgo

Mejor signo para el matrimonio y/o las asociaciones: Acuario

Signo que más apoya en proyectos creativos: Sagitario

Mejor signo para pasárselo bien: Sagitario

Signos que más apoyan espiritualmente: Aries, Cáncer

Mejor día de la semana: Domingo

La personalidad Leo

Cuando pienses en Leo, piensa en la realeza; de esa manera te harás una idea de cómo es Leo y por qué los nativos de este signo son como son. Es verdad que debido a diversas razones algunos Leo no siempre expresan este rasgo, pero aun en el caso de que no lo expresen, les gustaría hacerlo.

Un monarca gobierna no por el ejemplo (como en el caso de Aries) ni por consenso (como hacen Capricornio y Acuario), sino por su voluntad personal. Su voluntad es ley. Sus gustos personales se convierten en el estilo que han de imitar todos sus súbditos. Un rey tiene en cierto modo un tamaño más grande de lo normal. Así es como desea ser Leo.

Discutir la voluntad de un Leo es algo serio. Lo considerará una ofensa personal, un insulto. Los Leo nos harán saber que su voluntad implica autoridad, y que desobedecerla es un desacato y una falta de respeto.

Una persona Leo es el rey, o la reina, en sus dominios. Sus subordinados, familiares y amigos son sus leales súbditos. Los Leo reinan con benevolente amabilidad y con miras al mayor bien para los demás. Su presencia es imponente, y de hecho son personas poderosas. Atraen la atención en cualquier reunión social. Destacan porque son los astros en sus dominios. Piensan que, igual que el Sol, están hechos para brillar y reinar. Creen que nacieron para disfrutar de privilegios y prerrogativas reales, y la mayoría de ellos lo consiguen, al menos hasta cierto punto.

El Sol es el regente de este signo, y si uno piensa en la luz del Sol, es muy difícil sentirse deprimido o enfermo. En cierto modo la luz del Sol es la antítesis misma de la enfermedad y la apatía. Los Leo aman la vida. También les gusta divertirse, la música, el teatro y todo tipo de espectáculos. Estas son las cosas que dan alegría a la vida. Si, incluso en su propio beneficio, se los priva de sus placeres, de la buena comida, la bebida y los pasatiempos, se corre el riesgo de quitarles su voluntad de vivir. Para ellos, la vida sin alegría no es vida.

Para Leo la voluntad humana se resume en el poder. Pero el poder, de por sí, y al margen de lo que digan algunas personas, no es ni bueno ni malo. Únicamente cuando se abusa de él se convierte en algo malo. Sin poder no pueden ocurrir ni siquiera cosas buenas. Los Leo lo saben y están especialmente cualificados para ejercer el poder. De todos los signos, son los que lo hacen con más naturalidad. Capricornio, el otro signo de poder del zodiaco, es mejor gerente y administrador que Leo, muchísimo mejor. Pero Leo eclipsa a Capricornio con su brillo personal y su presencia. A Leo le gusta el poder, mientras que Capricornio lo asume por sentido del deber.

Situación económica

Los nativos de Leo son excelentes líderes, pero no necesariamente buenos jefes. Son mejores para llevar los asuntos generales que los detalles de la realidad básica de los negocios. Si tienen buenos jefes, pueden ser unos ejecutivos excepcionales trabajando para ellos. Tienen una visión clara y mucha creatividad.

Los Leo aman la riqueza por los placeres que puede procurar. Les gusta llevar un estilo de vida opulento, la pompa y la elegancia. Incluso aunque no sean ricos, viven como si lo fueran. Por este motivo muchos se endeudan, y a veces les cuesta muchísimo salir de esa situación.

Los Leo, como los Piscis, son generosos en extremo. Muchas veces desean ser ricos sólo para poder ayudar económicamente a otras personas. Para ellos el dinero sirve para comprar servicios y capacidad empresarial, para crear trabajo y mejorar el bienestar general de los que los rodean. Por lo tanto, para los Leo, la riqueza es buena, y ha de disfrutarse plenamente. El dinero no es para dejarlo en una mohosa caja de un banco llenándose de polvo, sino para disfrutarlo, distribuirlo, gastarlo. Por eso los nativos de Leo suelen ser muy descuidados con sus gastos.

Teniendo el signo de Virgo en la cúspide de su segunda casa solar, la del dinero, es necesario que los Leo desarrollen algunas de las características de análisis, discernimiento y pureza de Virgo en los asuntos monetarios. Deben aprender a cuidar más los detalles financieros, o contratar a personas que lo hagan por ellos. Tienen que tomar más conciencia de los precios. Básicamente, necesitan administrar mejor su dinero. Los Leo tienden a irritarse cuando pasan por dificultades económicas, pero esta experiencia puede servirles para hacer realidad su máximo potencial financiero.

A los Leo les gusta que sus amigos y familiares sepan que pueden contar con ellos si necesitan dinero. No les molesta e incluso les gusta prestar dinero, pero tienen buen cuidado de no permitir que se aprovechen de ellos. Desde su «trono real», a los Leo les encanta hacer regalos a sus familiares y amigos, y después disfrutan de los buenos sentimientos que estos regalos inspiran en todos. Les gusta la especulación financiera y suelen tener suerte, cuando las influencias astrales son buenas.

Profesión e imagen pública

A los Leo les gusta que los consideren ricos, porque en el mundo actual la riqueza suele equivaler a poder. Cuando consiguen ser ricos, les gusta tener una casa grande, con mucho terreno y animales.

En el trabajo, destacan en puestos de autoridad y poder. Son buenos para tomar decisiones a gran escala, pero prefieren dejar los pequeños detalles a cargo de otras personas. Son muy respetados por sus colegas y subordinados, principalmente porque tienen el don de comprender a los que los rodean y relacionarse bien con ellos. Generalmente luchan por conquistar los puestos más elevados, aunque hayan comenzado de muy abajo, y trabajan muchísimo por llegar a la cima. Como puede esperarse de un signo tan carismático, los Leo siempre van a tratar de mejorar su situación laboral, para tener mejores oportunidades de llegar a lo más alto.

Por otro lado, no les gusta que les den órdenes ni que les digan lo que han de hacer. Tal vez por eso aspiran a llegar a la cima, ya que allí podrán ser ellos quienes tomen las decisiones y no tendrán que acatar órdenes de nadie.

Los Leo jamás dudan de su éxito y concentran toda su atención y sus esfuerzos en conseguirlo. Otra excelente característica suya es que, como los buenos monarcas, no intentan abusar del poder o el éxito que consiguen. Si lo llegan a hacer, no será voluntaria ni intencionadamente. En general a los Leo les gusta compartir su riqueza e intentan que todos los que los rodean participen de su éxito.

Son personas muy trabajadoras y tienen buena reputación, y así les gusta que se les considere. Es categóricamente cierto que son capaces de trabajar muy duro, y con frecuencia realizan grandes cosas. Pero no olvidemos que, en el fondo, los Leo son en realidad amantes de la diversión.

Amor y relaciones

En general, los Leo no son del tipo de personas que se casan. Para ellos, una relación es buena mientras sea agradable. Cuando deje de serlo, van a querer ponerle fin. Siempre desean tener la libertad de dejarla. Por eso destacan por sus aventuras amorosas y no por su capacidad para el compromiso. Una vez casados, sin embargo, son fieles, si bien algunos tienen tendencia a casarse más de una vez en su vida. Si estás enamorado o enamorada de un Leo, limítate a procurar que se lo pase bien, viajando, yendo a casinos y salas de fiestas, al teatro y a discotecas. Ofrécele un buen vino y una deliciosa cena; te saldrá caro, pero valdrá la pena y os lo pasaréis muy bien.

Generalmente los Leo tienen una activa vida amorosa y son expresivos en la manifestación de su afecto. Les gusta estar con personas optimistas y amantes de la diversión como ellos, pero acaban asentándose con personas más serias, intelectuales y no convencionales. Su pareja suele ser una persona con más conciencia política y social y más partidaria de la libertad que ellos mismos. Si te casas con una persona Leo, dominar su tendencia a la libertad se convertirá ciertamente en un reto para toda la vida, pero ten cuidado de no dejarte dominar por tu pareja.

Acuario está en la cúspide de la casa siete, la del amor, de Leo. De manera, pues, que si los nativos de este signo desean realizar al máximo su potencial social y para el amor, habrán de desarrollar perspectivas más igualitarias, más acuarianas, con respecto a los demás. Esto no es fácil para Leo, porque «el rey» sólo encuentra a sus iguales entre otros «reyes». Pero tal vez sea esta la solución para su desafío social: ser «un rey entre reyes». Está muy bien ser un personaje real, pero hay que reconocer la nobleza en los demás.

Hogar y vida familiar

Si bien los nativos de Leo son excelentes anfitriones y les gusta invitar a gente a su casa, a veces esto es puro espectáculo. Sólo unos pocos amigos íntimos verán el verdadero lado cotidiano de un Leo. Para este, la casa es un lugar de comodidad, recreo y transformación; un retiro secreto e íntimo, un castillo. A los Leo les gusta gastar dinero, alardear un poco, recibir a invitados y pasárselo bien. Disfrutan con muebles, ropa y aparatos de última moda, con todas las cosas dignas de reyes.

Son apasionadamente leales a su familia y, desde luego, esperan ser correspondidos. Quieren a sus hijos casi hasta la exageración; han de procurar no mimarlos ni consentirlos demasiado. También han de evitar dejarse llevar por el deseo de modelar a los miembros de su familia a su imagen y semejanza. Han de tener presente que los demás también tienen necesidad de ser ellos mismos. Por este motivo, los Leo han de hacer un esfuerzo extra para no ser demasiado mandones o excesivamente dominantes en su casa.

Horóscopo para el año 2013*

Principales tendencias

La mayor parte de 2012 fue coser y cantar; los planetas lentos o bien eran amables o te dejaban en paz. Tenías energía abundante, sobre todo comparada con la de los años anteriores, por lo tanto había más probabilidades de éxito general y de la consecución de tus objetivos. Hacia finales del año, en octubre, Saturno entró en una alineación difícil contigo. Esto generó más resistencia a tu voluntad y objetivos, pero no lo bastante como para estorbarlos. Saturno te enlenteció un poco, pero de todos modos debería haber habido éxito. Esta tendencia continúa este año. La salud es fundamentalmente buena, pero tendrás que estar más atento a ella este año. Volveremos sobre este tema.

Tu planeta del amor lleva dos años en Aries; forma aspectos armoniosos con tu Sol y durante la primera mitad de 2012 formó aspectos

---

* Las previsiones de este libro se basan en el Horóscopo Solar y todos los signos que derivan de él; tu Signo Solar se convierte en el Ascendente, y las casas se numeran a partir de él. Tu horóscopo personal, el trazado concretamente para ti (según la fecha, hora y lugar exactos de tu nacimiento) podrían modificar lo que decimos aquí. Joseph Polansky

hermosos con Júpiter. Así pues, la vida amorosa fue buena. Esta tendencia continúa durante la primera parte de 2013. Por lo tanto, este es un año fuerte en lo social. Has conocido, y conocerás, a amistades importantes. Se amplía muchísimo tu círculo social. Disfrutas con tus amigos y ellos disfrutan contigo. Esta ampliación del círculo social continúa hasta el 27 de junio, día en que Júpiter entra en tu espiritual casa doce. Así pues, la segunda parte del año será intensamente espiritual. Si ya estás en un camino espiritual, profundizarás en tu práctica. Habrá mucho adelanto espiritual en ese periodo. Es un periodo de crecimiento interior que te llevará a un ciclo de prosperidad de dos años, que comienza en 2014.

Se perfeccionan y espiritualizan la vida sexual y las prácticas sexuales. Esta tendencia comenzó el año pasado y seguirá muchos años más.

Las facetas de mayor interés para ti este año son: el hogar y la familia; la salud y el trabajo; la sexualidad, la reinvención personal, los estudios ocultos, la muerte y el renacimiento, vidas anteriores; la religión, la filosofía, la formación superior, los viajes al extranjero; las amistades, los grupos y las actividades en grupo (hasta el 27 de junio); la espiritualidad (a partir del 27 de junio)

Los caminos para tu mayor realización este año son: el hogar y la familia; las amistades, los grupos y las actividades en grupo (hasta el 27 de junio); la espiritualidad (después del 27 de junio).

Salud

(Ten en cuenta que esta es una perspectiva astrológica de la salud, no una médica. Antaño no había ninguna diferencia, ambas eran idénticas, pero en esta época podrían diferir muchísimo. Para una perspectiva médica, por favor, consulta a tu médico o a otro profesional de la salud.)

La salud, como hemos dicho, es fundamentalmente buena, pero un pelín más delicada que el año pasado. De todos los planetas lentos, sólo Saturno está en alineación difícil contigo. Esto no basta para causar problemas importantes. De todos modos, es bueno que tu sexta casa esté fuerte, porque así le prestarás atención a tu salud. El peligro sería no hacer caso en absoluto a los problemas de salud, de darla por descontada.

Como saben nuestros lectores, es mucho lo que se puede hacer para mejorar la salud y evitar que surjan problemas. Da más atención a lo siguiente:

El corazón. Siempre es importante para ti, pero en especial este año. Evita la preocupación y la ansiedad, que son las causas principales de los problemas cardiacos.

La columna vertebral, las rodillas, la dentadura, los huesos, la piel y la alineación esquelética general. Esto también es siempre importante para ti; Saturno es tu planeta de la salud. Siempre son buenos los masajes periódicos en la espalda, en especial si se hace fricción a lo largo de la columna, por los lados, no directamente sobre ella; esto fortalece los músculos que la mantienen alineada. Te beneficiarían mucho las visitas periódicas a un fisioterapeuta, quiropráctico u osteópata. También son buenos los ejercicios de yoga y Pilates, en especial las posturas que trabajan la columna. Otras terapias buenas son la Técnica Alexander y el método Feldenkreis. Da más protección y apoyo a las rodillas cuando hagas ejercicio. Si vas a la playa usa un buen filtro solar.

El colon, la vejiga y los órganos sexuales. El sexo seguro y la moderación sexual son importantes en este periodo, dado sobre todo que Plutón está en tu sexta casa, entró en ella en 2008. Además, tu planeta de la salud está en el signo Escorpio y continuará ahí los dos próximos años. Serían convenientes lavados de colon; las toxinas tienden a acumularse en el colon y pueden causar pereza en los movimientos intestinales y otros problemas.

Dado que estas son las zonas más vulnerables este año, mantenerlas sanas y en forma es una buena medicina preventiva, desde la perspectiva astrológica.

Saturno es tu planeta de la salud, como hemos dicho, de ahí la importancia de la columna, las rodillas, la dentadura, los huesos, la piel y la alineación esquelética general; él es su regente.

Saturno rige la salud desde tu cuarta casa, y esto nos da muchos mensajes. En primer lugar, la situación doméstica y familiar ha de estar en orden y armonía; si hay problemas podrían afectar a la salud. Si surgiera un problema (no lo permita Dios) procura poner armonía lo más rápido posible. La cuarta casa rige la vida emocional, el estado anímico y los sentimientos de cada día, por lo tanto es necesario mantenerlos positivos y constructivos. Hay que evitar la depresión, la irritación y el pesimismo como a la peste (por cierto, Saturno en la cuarta casa tiende a la depresión, así que hay que estar atento a esto).

La cuarta casa (como la Luna, que es su regente natural) está relacionada con el cuerpo mnemónico. Como saben nuestros lectores, este cuerpo contiene los recuerdos de todas las experiencias del pasado, y no sólo de esta vida. Si estos se «reactivan» podrían manifestarse como enfermedad. Aunque en general no soy partidario de la regresión a vidas anteriores, si esto afecta a la salud podría ser conveniente este año.

La vida emocional tenderá a ser inestable, así que mantenerla positiva y constructiva será un importante desafío.

Hogar y vida familiar

Tu cuarta casa, la del hogar y la familia, se hizo poderosa en octubre del año pasado, y será importante otros dos años.

Este tránsito suele ser difícil para los asuntos domésticos y familiares. El Cosmos va a reorganizar y reconstruir toda esta faceta: la familia, las relaciones familiares, tu vida emocional y la casa. El resultado final será un hogar más organizado y sano. Pero mientras ocurre esto, es más o menos como reformar la cocina: todo está por todas partes, este aparato no se puede usar durante un tiempo, aquel otro funciona a la mitad de su capacidad, los armarios están vacíos, las ollas, sartenes y platos están por todas partes; todo esto para que los trabajadores puedan hacer el trabajo. Cuando el trabajo se ha acabado y ha pasado el trastorno y la incomodidad, la cocina está perfecta, mejor que antes.

De vez en cuando es necesario reorganizar una parte diferente de la vida, y este año, y el próximo, le toca al hogar.

Esto lo vemos de otras maneras también. Este año hay dos eclipses en tu cuarta casa, uno lunar el 25 de abril y uno solar el 3 de noviembre. Estos también tienden a producir trastornos, reorganización, reparaciones repentinas o inesperadas en la casa, dramas con los familiares y en la vida de familiares.

Saturno en tu cuarta casa indica que asumes más responsabilidades en la casa y con la familia; estas responsabilidades son inevitables; no es juicioso evitarlas; por lo tanto, desde el punto de vista mundano, la vida doméstica y familiar te supone una mayor carga.

Hay ocasiones en que el hogar se reorganiza debido a cosas felices: el nacimiento de un hijo, mellizos o trillizos, por ejemplo. Esto es un acontecimiento feliz (y podría ocurrir si estás en edad de concebir), pero estresante de todos modos.

Al parecer la salud de un progenitor o figura parental es causa de preocupación; esta persona lo pasa mal en este periodo; después del 27 de junio se sentirá mejor, pero antes ve difícil la vida.

Creo que vas a instalar todo tipo de aparatos para la salud en casa.

Esto es así desde hace mucho tiempo, pero este año se refuerza. La casa va a parecer una especie de gimnasio o balneario de salud, aparte de una vivienda. En general, te esfuerzas en hacer más sana la casa; a veces las personas eliminan toxinas de la pintura o asbestos (u otras sustancias similares) de las paredes. A veces se descubren acumulaciones de sustancias tóxicas debajo de la casa, y es necesario eliminarlas.

Si tienes la intención de redecorar o embellecer la casa, del 11 de septiembre al 22 de noviembre es un buen periodo. Este año no es aconsejable una mudanza, aunque la tentación será fuerte. Esto se ve plagado de contratiempos, retrasos y dificultades.

Profesión y situación económica

Tu segunda casa, la del dinero, no está poderosa este año; no es un centro de atención o interés. Tienes plena libertad en los asuntos financieros; el Cosmos no te impulsa en un sentido ni en otro. Por lo general, se opta por dejar las cosas como están. En tu caso, esto es bueno. Acabas de salir de un año muy fuerte en lo profesional; pareces satisfecho con tu profesión y tu vida financiera.

Si buscas trabajo tienes suerte este año. Saturno (tu planeta del trabajo) y Plutón (tu planeta de la familia) están en «recepción mutua», cada uno es huésped en la casa del otro. Esto denota muchísima colaboración entre la familia y el trabajo. Así pues, las conexiones familiares te traen trabajo. Tal vez hay trabajo en la empresa o negocio de la familia o con familiares. Es muy probable también que encuentres un trabajo que puedas realizar desde casa. Averigua esto antes de comenzar a patear las calles.

Como hemos dicho, Júpiter entra en tu casa doce el 27 de junio y estará ahí hasta bien entrado 2014. Estás, pues, en un periodo de preparación para un nuevo ciclo de prosperidad que comenzará en 2014, en la segunda mitad del año. Ahora es el periodo para aclarar tus objetivos financieros, para orar y meditar en busca de orientación interior. Generalmente los planes financieros hechos sólo con el intelecto, que siempre juzga basándose en el pasado, no son realistas. Ahora, además del intelecto, es necesaria la intuición, que ve claramente el futuro.

Mercurio, como ya saben nuestros lectores, es tu planeta de las finanzas. Es un planeta de movimiento rápido, que en un año transita por todos los signos y casas del horóscopo. Por lo tanto, en las finanzas hay muchas tendencias de corto plazo según dónde esté Mercurio y los aspectos que reciba. Estas es mejor tratarlas en las previsiones mes a mes.

Mercurio hace movimiento retrógrado tres veces al año; estos son periodos en que es necesaria más prudencia o cautela en los asuntos financieros; durante esos periodos es mejor no firmar contratos ni hacer compras o inversiones importantes ni tomar otras decisiones financieras. Estos son periodos para hacer revisión y esclarecer las cosas. Este año esos periodos son: del 23 de febrero al 17 de marzo; del 26 de junio al 20 de julio, y del 21 de octubre al 10 de noviembre.

Siendo Mercurio tu planeta del dinero, los ingresos llegan de comunicaciones, transportes, actividades mediáticas, ventas, mercadotecnia, relaciones públicas, publicidad, docencia y escritura. El comercio y las ventas al por menor son naturalmente buenos para ti también.

El año pasado hubo mucho éxito en la profesión, como hemos dicho, y vienes saliendo de él; este año no se ven novedades ni cambios en la profesión. Un eclipse solar el 10 de mayo va a agitar un poco las cosas, pero el efecto es temporal.

Un progenitor o figura parental parece tener dificultades personales y en sus finanzas, pero el otro prospera y hace su aportación.

Los hijos que están en edad prosperan pero deben tener cuidado de no abusar de los préstamos; su intuición financiera es estupenda, tal vez va contra la lógica, pero es buena y deben seguirla.

Lo mismo vale para el cónyuge, pareja o ser amado actual; esta persona va a profundizar en las dimensiones espirituales de la riqueza los próximos años.

Amor y vida social

Vivimos en un Universo móvil; no para ni un solo segundo. Por lo tanto, somos seres cambiantes y evolutivos. Esto ocurre en todos nuestros asuntos, y especialmente en el amor. Estos deseos y necesidades cambiantes son las causas principales de muchos problemas relacionales. Nos enamoramos de tal o cual persona cuando estamos con cierta predisposición y la persona está en cierta predisposición; pero con el paso del tiempo cambiamos y la persona cambia, y es posible que ya no nos sintamos tan atraídos o entusiasmados por cosas que antes sí nos atraían. Adaptarnos a nuestros cambios y a los de las personas que nos rodean no es fácil, pero la astrología es de inmensa ayuda.

Durante unos ocho años, hasta el 12 de marzo de 2011, tu planeta del amor estuvo en Piscis, tu octava casa. El magnetismo sexual, el glamur, la fantasía, eran los atractivos en el amor. La sexualidad siempre es importante para Leo, tal vez más que para cualquier otro signo (a excepción de Escorpio). De todos modos, esto no basta para mantener unida a una pareja a lo largo del tiempo; incluso la mejor química sexual se desvanece al cabo de un año más o menos. Una buena relación necesita algo más. Ahora que tu planeta del amor está en Aries, tu novena casa, lo ves con más claridad.

La buena química sexual está muy bien, pero también necesitas una compatibilidad filosófica con el ser amado. Necesitas estar en la misma onda filosófica con la persona, tener una visión del mundo y una perspectiva del sentido de la vida similares. En esta fase de tu vida, las diferencias filosóficas trastornarán hasta la mejor química sexual con el tiempo.

Lógicamente deseas disfrutar de tu relación, pasarlo bien, esta es la filosofía básica de Leo; pero también deseas una persona de la que puedas aprender, que amplíe y dilate tus horizontes mentales. Ahora (desde marzo de 2011) tienes los aspectos de una persona que se enamora del profesor universitario, del mentor, del gurú o del pastor religioso.

El horóscopo nos muestra no sólo las necesidades en el amor sino también cómo se pueden tratar las relaciones con problemas. Si hay problemas en tu relación tal vez os convenga viajar a algún lugar exótico, tal vez hacer una segunda (o tercera) luna de miel. También os conviene orar juntos y quizás hacer alguna actividad juntos, como pareja. Es necesario reforzar los lazos mentales.

Si estás soltero o soltera y sin compromiso, las oportunidades amorosas se presentan en otros países o con personas extranjeras en tu país. Te atrae lo exótico, cuanto más exótica la persona, mejor. También encuentras el amor y las oportunidades sociales en ambientes educacionales y religiosos, en tu lugar de culto o con miembros de tu lugar de culto, en la universidad o eventos universitarios.

El amor se ve feliz este año, en especial durante la primera mitad. Si estás en una relación lo más probable es que continúe. Si estás libre y sin compromiso pareces satisfecho con eso.

Estas tendencias valen en el caso de que estés con miras a un primer o segundo matrimonio.

Si estás pensando en un tercer matrimonio, el año pasado tuviste maravillosas oportunidades románticas y este año también las tendrás. Hay probabilidades de matrimonio o de una relación equivalente al matrimonio.

Progreso personal

Como hemos dicho, ahora Saturno está en tu cuarta casa, donde continuará los dos próximos años. La vida hogareña, la situación familiar, no es tremendamente feliz. Hay cosas que resolver, pero necesitan tiempo. Saturno en la cuarta casa tiende a deprimirte, como ya dijimos. Tienes la sensación de que es «arriesgado» expresar los sentimientos, por lo tanto tiendes a reprimirlos, a meterlos debajo de la alfombra. Y cuando los expresas, pues no es posible reprimir mucho tiempo los sentimientos, lo haces de forma totalmente desproporcionada a la situación o incidente que los provocó. Entonces la situación empeora más aún.

Reprimir los sentimientos negativos tiene también consecuencias en la salud; es la causa principal de muchas enfermedades. Los sentimientos negativos se alojan en el cuerpo y finalmente es necesario expulsarlos (por una fiebre, gripe u otra enfermedad). El cuerpo arroja fuera la negatividad y esto no es agradable mientras ocurre.

Así pues, es necesario liberar los sentimientos, expresarlos, pero de una manera no destructiva, prudente, sin riesgos.

Si tienes un psicoterapeuta al cual recurrir, es un método válido. Si no, intenta escribir tus sentimientos, para sacarlos fuera del organismo. Haz esto periódicamente durante los dos próximos años. Tómate un tiempo, digamos, una media hora, sobre todo cuando te sientas disgustado, angustiado o «atorado» emocionalmente, y escribe todo lo que sientes, sin reprimir nada. Cuando termines, rompe los papeles (sin leer lo que has escrito) y arrójalos a la basura. Algunas personas los queman. Debes pensar que esas energías ya están en el «cubo de la basura cósmico» y no volverán a molestarte. A algunas personas les gusta «hablar» de sus sentimientos; expresa tus sentimientos con palabras grabándolos en una cinta o aparato digital; di todo lo que te pase por la cabeza sin guardarte nada. Cuando termines (sentirás una verdadera liberación mientras hablas), borra lo grabado. No escuches lo que has dicho, simplemente bórralo. Ha salido de ti, no volverá a molestarte. La salud emocional y física comenzará a mejorar. En mi libro *A Technique for Meditation* explico esto con más detalle y ofrezco otras técnicas también.

Cuando tengas a Júpiter en tu casa doce tal vez profundices más en la espiritualidad. Te interesará explorar los inmensos dominios sobrenaturales de tu interior, los dominios de lo Divino. Descubrirás que cuando te liberas de las emociones negativas atascadas va mucho mejor tu meditación; y no sólo eso, también se escucharán más rápido tus oraciones.

Los sabios dicen que el principal motivo de que se retrasen las respuestas a las oraciones (entre los creyentes) es la discordia en el cuerpo sensorial o sensible. El poder superior necesita armonía para circular bien, y cuando restablecemos la armonía con los métodos mencionados, el poder superior fluye mejor.

Acostúmbrate a una vida onírica activa este año. Acostúmbrate a las experiencias de tipo sobrenatural, al sincronismo, y a las «corazonadas» inexplicables que resultan correctas. A algunas personas les asustan estas cosas, pero no hay por qué asustarse. Es tan natural en determinados momentos de la vida como la salida del sol y el viento. En lugar de asustarte podría convenirte más anotar tus sueños y tus experiencias en un diario. No los juzgues, simplemente escríbelos como si fueras un cronista objetivo, impersonal. De esta manera te llegará información muy importante.

Previsiones mes a mes

Enero

Mejores días en general: 8, 9, 17, 18, 26, 27, 28
Días menos favorables en general: 6, 7, 12, 13, 19, 20
Mejores días para el amor: 8, 9, 12, 13, 17, 18, 19, 26, 27, 29, 30
Mejores días para el dinero: 2, 3, 4, 10, 11, 12, 21, 22, 29, 30, 31
Mejores días para la profesión: 8, 9, 18, 19, 20, 29, 30

Comienzas el año con el 80 y a veces el 90 por ciento de los planetas en el sector occidental o social de tu carta. De hecho, están en su posición occidental máxima. Te encuentras en un fuerte periodo social. Tu destino parece estar en manos de los demás. Esta es una posición difícil para un rey o una reina. Tus dones personales parecen importar muy poco. Es la simpatía, caer bien, lo que importa casi en todas las facetas de la vida. A Leo le gusta imponerse, tener las cosas a su manera, pero tu manera podría no ser la mejor en este periodo. La independencia personal no está fuerte. Es el periodo para cultivar las dotes sociales, conseguir tus fines por consenso y adaptarte a las situaciones lo mejor posible. El rey está lejos de su trono, exiliado, por así decirlo, en territorio desconocido; no puede proyectar toda la fuerza de su voluntad y personalidad. Esta es una situación temporal que cambiará dentro de unos meses. Mientras tanto, adáptate a las cosas lo mejor que puedas. Toma nota de las condiciones que es necesario cambiar y cuando llege el periodo de tu independencia personal podrás hacer los cambios deseados.

El 19 entras en una cima amorosa y social anual. La vida amorosa es activa y feliz. El principal problema en el amor, que tendrás todo el año, es lograr que la familia acepte al ser amado y viceversa. Parece que hay mucha tensión.

El 19 ocurren otras cosas también. El poder planetario se traslada de la mitad inferior de tu carta a la superior. Despunta el alba en tu año. Llega el periodo para centrar la atención en tus objetivos mundanos y trabajar en conseguirlos de formas físicas, tangibles. Tu planeta de la profesión pasará el mes en tu séptima casa, por lo tanto, los demás son muy importantes en tu profesión. Tu progreso depende de ellos. Esto también indica que adelantas en la profesión por medios sociales, asistiendo a u ofreciendo fiestas convenientes, estableciendo los contactos sociales correctos.

La salud es más delicada después del 19. Como siempre, la mejor medicina preventiva es descansar y relajarte más, mantener elevada la energía. Fortalece la salud de las maneras explicadas en las previsiones para el año.

Aunque tiendes a ser especulador, hasta el 19 el dinero se gana del modo tradicional; esta no es la carta de la persona que gana la lotería. Del 22 al 24 retorna la dama suerte; hay un bonito día de paga y algunas oportunidades financieras felices. Del 25 al 27 también parece ser un periodo afortunado en este frente.

El movimiento planetario es fuertemente directo este mes. El 90 por ciento de los planetas están en movimiento directo hasta el 30; después del 30 lo están todos los planetas. Por lo tanto, este es un mes excelente para iniciar nuevos proyectos o lanzar nuevos productos al mundo. Del 11 al 27 es un periodo especialmente bueno.

Febrero

Mejores días en general: 5, 13, 14, 23, 24
Días menos favorables en general: 2, 3, 9, 10, 15, 16, 17
Mejores días para el amor: 4, 5, 9, 10, 13, 18, 19, 23
Mejores días para el dinero: 1, 9, 11, 12, 18, 21, 22, 25, 26, 27
Mejores días para la profesión: 9, 10, 15, 16, 17, 18, 19

El movimiento planetario continúa abrumadoramente directo. Hasta el 18 todos los planetas están en movimiento directo. Es rápido el avance hacia tus objetivos (y del mundo en general). Este es otro buen mes para lanzar nuevos productos o iniciar nuevos proyectos. De este mes me gusta más el periodo del 10 al 18; pero del 18 al 25 es bastante bueno, una sensata segunda opción.

Hasta el 18 continúas en una cima social anual. Se huele el romance. Si bien no se ven probabilidades de boda, hay oportunidades. Si estás soltero o soltera y sin compromiso conoces a personas que podrían ser «material de matrimonio»; tienes abundancia para elegir: de tipo atlético o militar, intelectuales, ricos y poderosos; cada uno tiene su atractivo particular. Tu popularidad es inmensa en este periodo. Te veo atento con los demás; los antepones a todos (exactamente lo que debes hacer) y ellos reaccionan a esto.

El sector occidental o social continúa fuerte todo el mes. Estar en el poder es bueno, pero no estarlo también tiene sus puntos positivos. Este es un periodo para fluir con la vida, dejar que un poder superior tome el mando. Muchos de los problemas en la vida vienen porque ha estado al mando una mente humana, muy limitada, y ha obstaculizado el plan perfecto que desea manifestarse. Ahora que el yo humano limitado está menos al mando, el plan superior puede manifestarse.

La salud sigue necesitada de atención hasta el 18; ten presente lo que hablamos el mes pasado. Después del 18 la salud y la energía mejoran espectacularmente. Si ha habido un problema de salud, de repente tienes buenas noticias al respecto. Los regímenes de desintoxicación son buenos todo el año, pero en especial después del 19, cuando se hace poderosa tu octava casa. Pero la desintoxicación no se ha de limitar al cuerpo; debe aplicarse a la mente, a las emociones y a la vida financiera. La mente se obstruye con material de desecho (errores e informaciones falsas) y necesita una buena limpieza; lo mismo vale para las emociones; muchas veces tenemos una reacción automática habitual que tal vez fue buena y útil en otro tiempo pero ya no lo es. Tendemos a acumular posesiones que no necesitamos ni usamos, por si algún día nos viene bien, pero rara vez ocurre esto. Estas cosas atascan la maquinaria e impiden su buen funcionamiento. Este es un buen mes para hacer limpieza de esas cosas.

El amor continúa feliz todo el mes. La vida social es menos activa después del 18, pero el amor sigue bien. Este es un mes activo sexualmente, y para Leo esto es un buen bocado.

El 6 y el 7 Venus forma aspectos fabulosos al Sol, y esto trae éxito y oportunidades profesionales. Evita las especulaciones del 8 al 10 y del 24 al 26.

El 6 y el 7 es muy activa la vida onírica; te llega importante información espiritual. Podría haber un encuentro con una persona tipo gurú.

Marzo

Mejores días en general: 4, 5, 12, 13, 14, 22, 23, 31
Días menos favorables en general: 2, 3, 8, 9, 15, 16, 29, 30
Mejores días para el amor: 2, 3, 4, 8, 9, 10, 11, 12, 13, 21, 22, 31
Mejores días para el dinero: 1, 2, 3, 8, 9, 10, 11, 17, 18, 20, 21, 24, 25, 26, 27, 28, 29, 30
Mejores días para la profesión: 2, 3, 10, 11, 15, 16, 21, 22, 31

El elemento agua se hizo muy fuerte el 18 del mes pasado y esta situación continúa hasta el 20. Las personas están más sensibles, así que ten cuidado; evita hasta la «apariencia» de insensibilidad; reaccionarán (y tal vez exageradamente) a cosas insignificantes, como el tono de la voz, el lenguaje corporal y las expresiones faciales. No hay por qué juzgarlas, sólo es el tiempo astrológico.

Tu planeta del dinero está en tu octava casa desde el 5 del mes pasado y continuará ahí todo este mes. Esto indica la necesidad de centrar la atención en los intereses financieros de otras personas; es necesario que tomes en cuenta esos intereses en todos tus asuntos de negocios, y en realidad tendrías que anteponerlos a los tuyos. Cuando tienes éxito en hacer prosperar a otros, tu prosperidad te llega naturalmente. Tu planeta del dinero inició movimiento retrógrado el 23 del mes pasado y estará retrógrado hasta el 17. Este es, pues, un periodo para hacer revisión de tus finanzas, no para hacer gestiones importantes. El objetivo ahora es conseguir claridad mental sobre tus finanzas, y cuando la tengas estarás en mejor posición para hacer gestiones después del 17. La intuición financiera es buena, pero hasta el 17 necesita más verificación. El problema no está en la intuición sino en la interpretación que podrías darle. El cónyuge, pareja o ser amado actual entró en una cima financiera anual el 19 del mes pasado y continúa en ella hasta el 20; esta persona debería ser más generosa contigo en este periodo. Este es un buen mes para hacer desintoxicación en todos los planos; repasa lo que hablamos el mes pasado.

La salud es buena todo el mes; tienes muchísima energía, muchísima vitalidad, muchísimo entusiasmo para conseguir todos tus objetivos. El 20 aumenta más aún la energía. Es un periodo muy próspero.

El movimiento planetario continúa directo. El Sol entra en Aries el 20, y esta es una excelente energía «de arranque». Así pues, si tienes nuevos productos para lanzar o proyectos que iniciar, este es un buen periodo para hacerlo. Del 20 al 27 es el mejor periodo para esto este mes.

El 20 se hace muy fuerte tu novena casa, así que la atención pasa a la religión, la filosofía y la formación superior. Otros países te llaman y hay probabilidades de un viaje al extranjero. Si eres estudiante tienes éxito en tus estudios. Cuando está poderosa la novena casa, la persona suele preferir una conversación teológica o la charla con un gurú, que una salida nocturna de diversión; los placeres mentales y espirituales son más importantes que los físicos.

Tuviste tu cima social anual del 20 de enero al 18 del mes pasado, pero puesto que el 20 muchos planetas comienzan a viajar con Urano, tienes otra cima social. La vida amorosa se hace muy activa y feliz. Si estás soltero o soltera tienes un importante encuentro romántico entre el 26 y el 30.

Abril

Mejores días en general: 1, 9, 10, 19, 20, 27, 28
Días menos favorables en general: 4, 5, 11, 12, 25, 26
Mejores días para el amor: 1, 4, 5, 9, 10, 19, 20, 21, 22, 27, 28, 29, 30
Mejores días para el dinero: 4, 5, 7, 8, 14, 15, 19, 21, 22, 23, 24, 27, 28
Mejores días para la profesión: 1, 9, 10, 11, 12, 21, 22, 29, 30

Este mes tienes otros días para iniciar nuevos proyectos o lanzar nuevos productos; el 10 con la Luna llena es el mejor; el 11 es una buena segunda opción. Tienes todos los aspectos que desearías para esto: muchos planetas en Aries, la Luna en fase creciente y el fuerte movimiento directo de los planetas (el 90 por ciento directos hasta el 12). Del 12 al 19 es un periodo aceptable para nuevos proyectos, pero no tan bueno como el 10 o el 11.

La mayoría de los planetas continúan sobre el horizonte de tu carta, en la mitad superior, y tu décima casa se torna muy poderosa después del 19. Entras en una cima profesional del año. Hay mucho éxito y adelanto. Mantén la atención en la profesión y deja estar los asuntos familiares y domésticos por un tiempo. No puedes desatender totalmente el hogar y la familia, pero sí puedes desviar la atención a la profesión. Cuando el Sol, tu planeta regente, cruce tu Medio cielo el 19, estarás en la cumbre, al mando. Esta situación no dura mucho, sólo un mes, así que disfrútala mientras ocurre. Este mes eres como una celebridad en tu mundo, te admiran, te honran y te valoran.

Tu concentración en la profesión, y el hecho de que estés al mando, dando las órdenes, genera cierta tensión hacia ti en los familiares. Ten más paciencia con ellos. Evita ser muy autoritario o despótico.

Tu novena casa continúa muy poderosa hasta el 19, así que repasa lo que hablamos el mes pasado.

Tu planeta del dinero está ya en movimiento directo y estará en tu octava casa hasta el 14; repasa lo dicho el mes pasado. El periodo es bueno para pagar deudas o contraer nuevas, según tus necesidades. En los meses pasados has eliminado el derroche financiero, así que cuando Mercurio entre en Aries el 14 tu prosperidad será más sólida. Siempre eres especulador, arriesgado, y después del 14 lo eres más aún; y tienes suerte en ese frente entonces. El planeta del dinero en Aries favorece las nuevas empresas, las cosas que se inician. Indica confianza financiera: los objetivos se consiguen pronto, las decisiones se toman rápido (tal vez demasiado rápido). Las oportunidades financieras llegan de otros países, de empresas extranjeras o de extranjeros en general. Personas de tu lugar de culto se involucran en tus finanzas, y de modo positivo.

El amor continúa feliz. Si estás soltero o soltera y sin compromiso, tienes oportunidades maravillosas en este periodo. Si ya estás en una relación, estás más unido con el ser amado; ahora iría bien una segunda luna de miel o una escapada romántica a un lugar exótico. Las oportunidades románticas se presentan tal y como las describimos en las previsiones para el año.

El 25 hay un eclipse lunar que es fuerte en ti (en especial si naciste en la primera parte del signo, en julio), así que programa tus actividades de manera tranquila, relajada. Ten más paciencia con los familiares, pues estarán más temperamentales. Haz todo lo posible por mantener el equilibrio emocional. Este eclipse anuncia cambios importantes en tu vida espiritual, en tu práctica y actitud.

Mayo

Mejores días en general: 6, 7, 16, 17, 25, 26
Días menos favorables en general: 2, 3, 8, 9, 10, 23, 24, 29, 30
Mejores días para el amor: 2, 3, 6, 7, 10, 11, 16, 17, 21, 22, 25, 26, 29, 30
Mejores días para el dinero: 2, 3, 8, 9, 10, 11, 12, 18, 19, 21, 22, 29, 30
Mejores días para la profesión: 8, 9, 10, 11, 21, 22, 29, 30

Dos eclipses y un traslado de los planetas indican un mes tumultuoso y frenético, tanto para ti como para el mundo en general.

La salud ha estado más delicada desde el 19 del mes pasado. No hay duda de que necesitas descansar y relajarte más; modera aún más tu ritmo. Estás muy ocupado en este periodo, así que encontrar tiempo para descansar será difícil. Te iría bien programar mini descansos a lo largo del día. Además, fortalece la salud de las maneras explicadas en las previsiones para el año. El corazón necesita atención especial hasta el 20.

El eclipse solar del 10 ocurre en tu décima casa, la de la profesión, y anuncia cambios profesionales. Son diversas las posibilidades. Hay trastornos o reorganización en la jerarquía de tu empresa o industria; tal vez hay escándalos también; sale a la luz información que no tenías (y probablemente no halgüeña). Ocurren acontecimientos dramáticos en la vida de los padres, figuras parentales o figuras de autoridad de tu vida; se hace necesario un cambio de táctica o estrategia en la consecución de tus objetivos profesionales. Generalmente ocurren cosas que cambian las reglas del juego. Necesitas descansar y relajarte más hasta el 20, pero especialmente durante el periodo del eclipse. Si no has tenido cuidado en los asuntos dietéticos, podría haber una desintoxicación del cuerpo. Dos veces al año, cada vez que hay un eclipse solar, tienes la oportunidad de redefinirte, de crearte un «nuevo yo», una nueva imagen, una nueva manera de presentarte al mundo. Y esto va a ocurrir ahora. Ten presente que los fenómenos causados por los eclipses están en vigor durante seis meses; estas cosas no ocurren inmediatamente sino a lo largo de seis meses.

El eclipse lunar del 25 trae cambios en la vida espiritual, cambio de profesor, de enseñanza, de práctica y actitud. A veces anuncia trastornos o reorganización en alguna organización benéfica o espiritual a la que perteneces. Ocurren acontecimientos dramáticos, de los que cambian la vida, en la vida de tu gurú o persona mentora. Este eclipse ocurre en tu quinta casa, por lo tanto indica cambios en la vida de los hijos o figuras filiales. No se trata de cambios normales y corrientes, sino de cambios drásticos. Muchas veces estos cambios son buenos (el hijo o hija se va de casa para ir al colegio, se casa o comienza un trabajo) pero cambia la relación. Los hijos o figuras filiales deben evitar las actividades arriesgadas durante el periodo del eclipse. No son aconsejables las especulaciones. Si trabajas en las artes creativas, el campo del espectáculo o diversión, este eclipse indica cambios importantes, novedades en tu creatividad.

El 19 del mes pasado el poder planetario comenzó a trasladarse de tu sector occidental al oriental. El 1 de este mes, cuando Mercurio pasa al sector oriental, el traslado es completo. Aunque la mitad occidental estará fuerte todo el año, ahora entras en tu periodo de independencia personal.

Junio

Mejores días en general: 2, 3, 12, 13, 21, 22, 30, 31
Días menos favorables en general: 5, 6, 19, 20, 25, 26
Mejores días para el amor: 2, 3, 10, 12, 13, 19, 20, 21, 22, 25, 26, 27, 28, 30, 31
Mejores días para el dinero: 1, 8, 9, 10, 11, 15, 16, 17, 18, 19, 20, 26, 27, 28
Mejores días para la profesión: 5, 6, 10, 19, 20, 27, 28

Este mes aumenta la actividad retrógrada. Al comienzo del mes sólo el 20 por ciento de los planetas están retrógrados, hacia el final el porcentaje es el doble. Procura hacer las cosas importantes en los primeros días, antes del 7 si es posible.

El 20 del mes pasado se hizo muy poderosa tu casa once, la de las amistades, y sigue poderosa hasta el 21. Esto indica un mes de tipo social. Te relacionas con amistades, grupos, participas en actividades en grupo y organizaciones. Esto no sólo es interesante por sí mismo, sino que también tiene beneficios financieros. Te relacionas con personas ricas que parece que te apoyan financieramente; te dan consejos y oportunidades. Las amistades te han apoyado todo el año, pero en especial en este periodo. Tu planeta del dinero en la casa once indica que la alta tecnología es importante en las finanzas, sea cual sea el trabajo que hagas; es importante tu pericia tecnológica. Gastas más en tecnología, para estar al día en los últimos adelantos, pero esto también te favorece. Las finanzas van bien hasta el 21; después se complican. Ciertos gastos de la familia parecen ser un problema. No estás en sintonía financiera con el cónyuge, pareja o ser amado actual. Pero estas son dificultades de corta duración y el próximo mes ya habrán acabado. Este mes hay una herencia en tu carta, y esta puede tomar muchas formas. Podrías heredar dinero o cosas, y tal vez de personas desconocidas, no tiene que morir nadie cercano a ti; o una persona amiga cuyo cónyuge u otro familiar ha muerto podría regalarte ropa o joyas; en fin, cosas de esa naturaleza. Si necesitas pedir un préstamo o conocer a inversores, del 19 al 22 es un periodo excelente para eso; hay un bonito día de paga también. Conseguir un préstamo es más fácil también a partir del 21. Si eres emprendedor puedes ganar dinero con una financiación creativa.

El 21 se hace muy poderosa tu casa doce, la de la espiritualidad. El resto del año es muy espiritual también. Júpiter entra en tu casa doce el 27, en la que pasará todo un año. Eres persona de fiestas, pero ahora, a partir del 21, te conviene pasar más tiempo en soledad, dedicar más tiempo al examen de conciencia, apartado de los demás. Este es un periodo para conectar con el Poder Superior que llevas en tu interior para discernir su voluntad y plan para tu vida. Es un periodo para hacer una concienzuda revisión del año pasado, para evaluar qué has hecho y qué no, para ver los errores pasados, hacer las correcciones (expiación) y fijar objetivos para el próximo año, que comienza el día de tu cumpleaños.

Hay mucho crecimiento y novedades, pero ocurren en el interior, entre bastidores. Podrías sentirlo, pero es invisible para los demás. Pero el mes que viene (y el próximo año) el crecimiento será visible y palpable.

El cónyuge, pareja o ser amado actual tiene un bonito día de paga del 26 al 28.

Los hijos en edad apropiada tuvieron muy buenos aspectos para el amor el mes pasado, y también los tienen este mes. Todo el año ha sido bueno en el frente del amor.

Tu planeta del dinero inicia movimiento retrógrado el 26, así que evita tomar decisiones financieras importantes después de esta fecha. Procura concluir las cosas o cerrar los tratos antes.

Julio

Mejores días en general: 1, 9, 10, 11, 19, 20, 27, 28
Días menos favorables en general: 2, 3, 17, 23, 24, 29, 30

Mejores días para el amor: 1, 10, 11, 12, 13, 19, 20, 21, 22, 23, 24, 27, 28, 29, 30
Mejores días para el dinero: 7, 8, 12, 13, 16, 17, 25, 26
Mejores días para la profesión: 1, 2, 3, 10, 11, 19, 20, 29, 30

El 21 del mes pasado se hizo fuerte el elemento agua y continuará fuerte este mes. Experimentaste algo de esto en febrero y marzo; las personas están más sensibles y se sienten heridas más fácilmente, incluso por cosas aparentemente insignificantes. Debes tener cuidado; evita las ironías y las bromas tontas o pesadas. Tienen su precio, que tendrás que pagar después.

Continúas en un periodo muy espiritual, idealista, altruista. Esto continuará el resto del año, pero en especial hasta el 22. Es un muy buen periodo para conseguir tus objetivos espirituales, para dedicarte a tu práctica espiritual; esta será mucho más potente de lo habitual. Es un buen periodo para participar en causas benéficas o altruistas también. El 18 Marte entra en tu casa doce, y esto es bueno para hacer peregrinaciones espirituales, viajes de naturaleza religiosa o espiritual. Este es un mes (y un año) para el progreso y las revelaciones espirituales y experiencias de tipo sobrenatural.

Tu altruismo y orientación espiritual no le sienta bien a tu pareja, pero este es un problema de corta duración; el 22 ya hay armonía en el amor. El cónyuge, pareja o ser amado actual tiene días de paga muy buenos en este periodo; la prosperidad será buena todo el año, pero en especial ahora. Esta persona compra un coche y equipo de comunicación nuevo este mes.

Tu planeta del dinero inició movimiento retrógrado el 26 del mes pasado y estará retrógrado hasta el 21; además, acampa (se detiene para cambiar de sentido) en cuadratura con Urano. Por lo tanto, del 17 al 24 hay cambios financieros drásticos; procura hacerlos antes del 21, si es posible. La intuición financiera es buena, pero hasta el 21 necesita más verificación.

Si buscas trabajo tienes éxito a comienzos del mes, aunque todo el año es bueno para encontrar trabajo.

Ahora los planetas están en su posición oriental máxima; te encuentras, pues, en tu periodo de máxima independencia. Este es el periodo para coger el toro por los cuernos y hacer esos cambios que has estado deseando hacer. Puedes actuar solo si es necesario (aunque ten en cuenta la sensibilidad de los demás); hay mucha menos necesidad de adaptarte a las situaciones. Puedes y debes tener la vida y las situaciones según tus condiciones.

El 22, cuando el Sol cruza tu Ascendente y entra en tu signo, entras en una de tus cimas anuales de placer personal. No hay ninguna necesidad de instruir a Leo acerca de estas cosas. Que lo pases bien.

El amor es más armonioso después del 22, como hemos dicho, pero continúa algo complicado. Urano, tu planeta del amor, estará retrógrado (a partir del 17). El cónyuge, pareja o ser amado actual está desorientado; tal vez a la relación le falta orientación, a pesar de la armonía. No es aconsejable tomar decisiones importantes en el amor después del 17, ni en uno ni en otro sentido.

Agosto

Mejores días en general: 6, 7, 15, 16, 23, 24
Días menos favorables en general: 13, 14, 19, 20, 25, 26, 27
Mejores días para el amor: 6, 7, 8, 9, 15, 16, 19, 20, 23, 24, 25, 26
Mejores días para el dinero: 3, 4, 8, 9, 13, 14, 15, 16, 21, 22, 24, 25, 30, 31
Mejores días para la profesión: 8, 9, 19, 25, 26, 27

Sigues inmerso en una cima anual de placer personal; es un mes de diversión, el cielo de Leo. La salud es súper; tienes la energía de diez personas. Aun cuando seas muy mayor, tienes más energía de la habitual. Te ves bien y la confianza en ti mismo y autoestima están en la cumbre del año. Continúa creando tu vida, y las condiciones, como las deseas. El mundo se adaptará a ti en este periodo.

La situación laboral se ve difícil y tal vez inestable este mes, pero abundan las oportunidades de trabajo si lo necesitas.

Tu planeta del dinero cruza tu Ascendente el 8 y entra en tu signo. Esto indica prosperidad; llegan beneficios inesperados. Gastas más en ti; tu apariencia personal parece importante en las finanzas y por lo tanto gastas en ella. El 22 entras en una cima financiera anual. Hay prosperidad. Del 8 al 24 hay suerte en las especulaciones; después del 24 hay menos. El cónyuge, pareja o ser amado actual también prospera. Después del 24 debes esforzarte más en crear armonía financiera entre vosotros. Este es un buen mes para incrementar tu fondo de inversiones y hacer planes para el futuro.

El 22 del mes pasado el poder planetario comenzó a trasladarse de la mitad superior de tu carta a la inferior. Este mes se completa el traslado. A fines de mes el 60 por ciento de los planetas estarán bajo el horizonte de tu carta, la mitad inferior. Llega, pues, el periodo para trabajar en la profesión con métodos interiores, visualizando, diciendo la palabra, es decir, para crear las condiciones interiores para el futuro éxito profesional.

El cónyuge, pareja o ser amado actual debe conducir con más prudencia el 1 y el 2. Esta persona podría estar más temperamental esos días, así que ten más paciencia.

Los hijos o figuras filiales de tu vida deben evitar las actividades arriesgadas del 4 al 13 y del 18 al 25. Haz todo lo posible por protegerlos de daños. Es necesario evitar las proezas temerarias. Este no es un periodo para especulaciones tampoco.

Después del 28 llega una feliz oportunidad de formación o de viaje.

Septiembre

Mejores días en general: 2, 3, 11, 12, 20, 21, 29, 30
Días menos favorables en general: 9, 10, 15, 16, 22, 23
Mejores días para el amor: 2, 3, 8, 11, 12, 15, 16, 17, 18, 20, 21, 27, 28, 29, 30
Mejores días para el dinero: 1, 4, 5, 6, 9, 10, 15, 16, 18, 19, 25, 26, 27, 28
Mejores días para la profesión: 8, 17, 18, 22, 23, 27, 28

Marte estará en tu signo todo el mes. Esto te hace más enérgico, independiente y contundente. Impones enérgicamente tu voluntad y tus derechos. Marte en tu signo indica que estás más atlético y sigues un programa de ejercicios. Haces y consigues las cosas muy rápido. Sin embargo, hay un lado negativo al que debes estar atento; este tránsito te hace más impaciente, apresurado, precipitado; esto puede ser causa de accidentes o lesiones; ten más conciencia del plano físico. También intensifica tu mal genio; podrías irritarte con mucha facilidad por retrasos o problemas con los demás; esto puede llevar a conflictos, discusiones e incluso a veces a violencia física. Así pues, ten más cuidado en este periodo.

Como el mes pasado, hay felices oportunidades de formación y de viajes. Si eres estudiante universitario tendría que irte bien en los estudios. Si buscas admisión en la universidad, los colegios te buscan.

Continúas en tu cima financiera anual. Consigues tus objetivos financieros. Este periodo es bueno no sólo para «ganar» dinero, sino también para hacer planes financieros para el futuro, para consolidar tu cartera de inversiones, hacer planes de ahorro, para todos los asuntos relacionados con dinero.

Las ventas, la mercadotecnia, las relaciones públicas, la publicidad, el buen uso de los medios de comunicación son siempre importantes para ti en el plano financiero, pero lo son especialmente después del 9. Del 15 al 17 no son aconsejables las especulaciones; esos días ocurren cambios financieros importantes; tal vez debes revisar tu forma de pensar o planificar.

El amor es tormentoso después del 22. Tú y el ser amado veis las cosas desde perspectivas opuestas; ambas perspectivas son válidas; ninguno tiene la razón ni está equivocado. A veces tiene la razón el ser amado, a veces la tienes tú. El reto es «zanjar» las diferencias, elevarse por encima de ellas. Uno puede tener una opinión diferente y seguir amando a la otra persona. En realidad, las diferencias pueden llevar a soluciones mejores si se las emplea bien. Existe una solución que combina ambas posiciones; es debido al conflicto que la encontraréis. Parte del problema es que el ser amado está pasando por un periodo difícil, y esto afecta a la relación; la culpa no es de ninguno de los dos.

A fines de mes el poder planetario comienza a trasladarse al sector occidental. El traslado será más pronunciado el mes que viene. Se acaba tu periodo de independencia personal. Si todavía hay condiciones que debes corregir, procura hacerlo a comienzos del mes. Será más difícil en los próximos meses.

Octubre

Mejores días en general: 1, 8, 9, 17, 18, 27, 28
Días menos favorables en general: 6, 7, 13, 14, 19, 20
Mejores días para el amor: 1, 7, 8, 9, 13, 14, 17, 18, 27, 28
Mejores días para el dinero: 2, 3, 6, 7, 15, 16, 24, 25, 29, 30
Mejores días para la profesión: 7, 8, 17, 18, 19, 20, 27, 28

El 23 se completa el traslado del poder planetario al sector occidental de tu carta. Entre el 70 y el 80 por ciento de los planetas estarán en la mitad occidental, el máximo del resto del año. Es de esperar que te hayas creado condiciones según tu gusto; ahora toca poner a prueba tus creaciones. Si has creado bien, las cosas serán agradables; si no, vas a experimentar las molestias de la mala creación, las que te llevarán a hacer cambios mejores cuando llegue tu próximo periodo de independencia personal. El sufrimiento no es bueno, pero de él sale algo bueno; es un mensaje de que algo está mal y necesita corrección.

Los planetas están ahora en el «nadir»* de tu carta; estás en la noche de tu año, la hora mágica, la medianoche. Este es el periodo en que el yo externo (el cuerpo) está quieto, mientras que los procesos interiores están más activos. La quietud es simplemente otra forma de actividad; es el periodo para establecer las «condiciones interiores» para el éxito futuro, para prepararte emocionalmente para la consecución de tus objetivos. Si consiguieras objetivos sin la preparación emocional, serían temporales; pronto volverías atrás. La profesión es menos importante en este periodo. En realidad, teniendo al planeta de la profesión en tu cuarta casa desde el 9 del mes pasado, el hogar y la familia «es» tu profesión ahora; es el periodo para poner en orden esa faceta de la vida. Una base hogareña estable es esencial para el éxito profesional. Este es un mes para el progreso y la comprensión psíquica; es un mes para poner orden en el «cuerpo sensible», la vida emocional.

Saturno, tu planeta del trabajo, recibe mucha estimulación este mes. Este es un periodo excelente si buscas trabajo. Los trabajos están cerca de casa. Es posible que trabajes desde casa. Al parecer las oportunidades de trabajo vienen a través de la familia o conexiones familiares; los trabajos que se presentan ahora son «emocionalmente agradables».

Tu planeta del dinero está en tu cuarta casa todo el mes, por lo tanto la familia y las conexiones familiares son importantes en el plano financiero también. Mercurio inicia movimiento retrógrado el 21, así que procura hacer antes las compras o inversiones importantes.

El 18 hay un eclipse lunar que es principalmente benigno contigo; ocurre en tu novena casa e indica cambios en los planes educativos si eres estudiante; podrías cambiar de asignatura principal o de colegio. Como todos los eclipses lunares, este trae cambios en la vida espiritual, en la práctica y la actitud. Podría producir trastornos o reestructuración en una organización benéfica o espiritual a la que perteneces. Hay dramas en la vida de tu guru o mentor espiritual.

El amor continúa difícil, pero mejora después del 23.

* Nadir: el punto más bajo del horóscopo.

Noviembre

Mejores días en general: 5, 6, 13, 14, 23, 24
Días menos favorables en general: 3, 4, 9, 10, 16, 17, 30
Mejores días para el amor: 5, 6, 7, 9, 10, 13, 14, 16, 17, 23, 24, 26, 27
Mejores días para el dinero: 3, 4, 11, 12, 21, 22, 23, 25, 26, 27, 30
Mejores días para la profesión: 7, 16, 17, 26, 27

El principal titular de este mes es el eclipse solar del 3. Todos los eclipses solares te afectan más que a la mayoría, pues el Sol es el señor de tu horóscopo; eres muy sensible a estas cosas. Ocurre en Escorpio y en una alineación desfavorable contigo. Por lo tanto, reduce tus actividades; la reducción de actividades es aconsejable hasta el 22, pero en especial en el periodo de este eclipse. Ocurre en tu cuarta casa, la del hogar y la familia, por lo tanto hay trastornos en la casa, tal vez reparaciones inesperadas u otros problemas. Hay drama en la vida de los padres o figuras parentales. Los familiares están más temperamentales en ese periodo, así que procura no empeorar las cosas. Como todos los eclipses solares, este afecta al cuerpo y la imagen, causa una redefinición del concepto de ti mismo, de tu forma de presentarte al mundo. Tienes la oportunidad de mejorar tu imagen y personalidad; esta oportunidad la tienes dos veces al año. Dado que este eclipse ocurre muy cerca de Saturno, puedes esperar cambios laborales también. Habrá cambios en tu programa y tus prácticas de salud.

Tu planeta del dinero continúa retrógrado hasta el 10, así que evita hacer compras o gestiones financieras importantes hasta pasada esta fecha. Tu tarea ahora es conseguir claridad mental respecto a tus finanzas; tómate tu tiempo en esto. Una vez que tengas la claridad, será más fácil la toma de decisiones financieras. Mercurio pasa el mes en tu cuarta casa, como el mes pasado. Así pues, la familia y las conexiones familiares son una fuente de apoyo y oportunidades. Es probable que pases más tiempo en casa y con la familia en este periodo, pero también ganas desde casa. Como hemos visto todo el año, es posible que trabajes en casa. Si eres inversor, te irá bien invertir en inmobiliaria y en industrias de abastecimiento para el hogar; también se ve interesante el mercado de bonos u obligaciones.

La salud ha estado más delicada desde el 23 del mes pasado. Si dejas estar lo no esencial, y esto requiere decisiones difíciles, descubrirás que tienes toda la energía que necesitas para hacer lo que es importante para ti. Continúa fortaleciendo la salud de las maneras explicadas en las previsiones para el año.

Si estás en edad de concebir estás más fértil en este periodo. En realidad, estás en tu periodo más fértil del año (comenzó el 23 del mes pasado).

La salud y la energía mejoran espectacularmente después del 22.

El 22, cuando el Sol entra en tu quinta casa, entras en otra de tus cimas anuales de placer personal, el reino de los cielos de Leo, un periodo de vacaciones cósmicas. Sin duda trabajas, pero te las arreglas para divertirte muchísimo también. El amor es más feliz en este periodo. Si estás soltero o soltera, tienes una buena oportunidad romántica; si estás casado o casada, tienes más armonía en tu matrimonio. De todos modos, teniendo retrógrado a tu planeta del amor, no es un periodo para tomar decisiones importantes en este sentido; deja que el amor se desarrolle a su aire; no intentes forzar las cosas.

Diciembre

Mejores días en general: 2, 3, 10, 11, 12, 20, 21, 22, 30, 31
Días menos favorables en general: 1, 6, 7, 13, 14, 28, 29
Mejores días para el amor: 2, 3, 4, 5, 6, 7, 10, 11, 13, 14, 20, 21, 23, 24, 30, 31
Mejores días para el dinero: 1, 8, 9, 10, 11, 18, 19, 21, 22, 23, 24, 28, 29
Mejores días para la profesión: 4, 5, 13, 14, 23, 24

Este es un mes de fiestas y tú continúas en tu periodo personal de fiestas, así que todo está alineado para ser un mes de diversión. Siempre eres el alma de la fiesta, y en este periodo lo eres más aún.

Si estás en edad de concebir, la fertilidad está muy fuerte hasta el 21; para los prudentes, una palabra basta.

El 21 entras en un periodo más serio, orientado al trabajo. Se acaba la fiesta. Hay objetivos laborales, detalles de la vida a los que hay que atender; ahora es el momento. Este es otro excelente periodo si buscas trabajo o necesitas contratar empleados. Que hicieras trabajos extras no sería una sorpresa.

Aunque la salud es fundamentalmente buena, pareces más atento a ella después del 21. Es muy probable que estés más atento a la salud de familiares, no necesariamente a la tuya.

Las finanzas son excelentes este mes; hay incremento financiero. Mercurio está en el afortunado Sagitario hasta el 24; el único problema sería gastar en exceso, lo que es probable; el optimismo financiero es tan intenso que crees que puedes permitirte todo; las expectativas podrían ser insensatas o exageradas en este periodo. Es bueno ser generoso, y pocos son tan generosos como tú, Leo, pero procura fijar límites a la generosidad. Después del 24, cuando Mercurio entra en el conservador Capricornio, el juicio financiero es más sensato y práctico (tal vez te llegan las facturas de los gastos y esto te vuelve más serio). En realidad, las especulaciones son favorables hasta el 24; después no son aconsejables.

La mitad inferior de tu horóscopo continúa siendo el sector dominante. Esto cambiará el próximo mes. Así pues, sigue siendo importante que centres la atención en el hogar y la familia y en tu bienestar y estabilidad emocional. Sigue siendo importante crear las condiciones interiores para el éxito. Tu planeta de la profesión inicia movimiento retrógrado (el que hace cada dos años) el 21. Ese es, pues, un periodo para hacer revisión de la profesión; para adquirir claridad mental. Tómate todo el tiempo que necesites; no hay ninguna prisa. Cuando tengas claridad mental será fácil tomar las decisiones y hacer las gestiones profesionales.

A fin de mes (del 23 al 31) hay una alineación planetaria muy potente. Tú, el ser amado y los familiares debéis conducir con más prudencia y evitar las actividades arriesgadas o temerarias y los conflictos. Si lees los diarios en ese periodo, comprenderás a qué nos referimos.

Virgo

♍

La Virgen
Nacidos entre el 22 de agosto y el 22 de septiembre

Rasgos generales

VIRGO DE UN VISTAZO
Elemento: Tierra

Planeta regente: Mercurio
  Planeta de la profesión: Mercurio
  Planeta de la salud: Urano
  Planeta del dinero: Venus
  Planeta del hogar y la vida familiar: Júpiter
  Planeta del amor: Neptuno
  Planeta de la sexualidad: Marte

Colores: Tonos ocres, naranja, amarillo
  Color que favorece el amor, el romance y la armonía social: Azul
  Colores que favorecen la capacidad de ganar dinero: Jade, verde

Piedras: Ágata, jacinto

Metal: Mercurio

Aromas: Lavanda, lila, lirio de los valles, benjuí

Modo: Mutable (= flexibilidad)

Cualidad más necesaria para el equilibrio: Ver el cuadro completo

Virtudes más fuertes: Agilidad mental, habilidad analítica, capacidad para prestar atención a los detalles, poderes curativos

Necesidad más profunda: Ser útil y productivo

Lo que hay que evitar: Crítica destructiva

Signos globalmente más compatibles: Tauro, Capricornio

Signos globalmente más incompatibles: Géminis, Sagitario, Piscis

Signo que ofrece más apoyo laboral: Géminis

Signo que ofrece más apoyo emocional: Sagitario

Signo que ofrece más apoyo económico: Libra

Mejor signo para el matrimonio y/o las asociaciones: Piscis

Signo que más apoya en proyectos creativos: Capricornio

Mejor signo para pasárselo bien: Capricornio

Signos que más apoyan espiritualmente: Tauro, Leo

Mejor día de la semana: Miércoles

La personalidad Virgo

La virgen es un símbolo particularmente adecuado para los nativos de este signo. Si meditamos en la imagen de la virgen podemos comprender bastante bien la esencia de la persona Virgo. La virgen, lógicamente, es un símbolo de la pureza y la inocencia, no ingenua sino pura. Un objeto virgen es fiel a sí mismo; es como siempre ha sido. Lo mismo vale para una selva virgen: es prístina, inalterada.

Aplica la idea de pureza a los procesos de pensamiento, la vida emocional, el cuerpo físico y las actividades y proyectos del mundo cotidiano, y verás cómo es la actitud de los Virgo ante la vida. Desean la expresión pura del ideal en su mente, su cuerpo y sus asuntos. Si encuentran impurezas tratarán de eliminarlas.

Las impurezas son el comienzo del desorden, la infelicidad y la inquietud. El trabajo de los Virgo es eliminar todas las impurezas y mantener solamente lo que el cuerpo y la mente pueden aprovechar y asimilar.

Aquí se revelan los secretos de la buena salud: un 90 por ciento del arte del bienestar es mantener puros la mente, el cuerpo y las emociones. Cuando introducimos más impurezas de las que el cuerpo y la mente pueden tratar, tenemos lo que se conoce por malestar o enfermedad. No es de extrañar que los Virgo sean excelentes médicos, enfermeros, sanadores y especialistas en nutrición. Tienen un entendimiento innato de la buena salud y saben que no sólo tiene aspectos físicos. En todos los ámbitos de la vida, si queremos que un proyecto tenga éxito, es necesario mantenerlo lo más puro posible. Hay que protegerlo de los elementos adversos que tratarán de socavarlo. Este es el secreto subyacente en la asombrosa pericia técnica de los Virgo.

Podríamos hablar de las capacidades analíticas de los nativos de Virgo, que son enormes. Podríamos hablar de su perfeccionismo y su atención casi sobrehumana a los detalles. Pero eso sería desviarnos de lo esencial. Todas esas virtudes son manifestaciones de su deseo de pureza y perfección; un mundo sin nativos de Virgo se habría echado a perder hace mucho tiempo.

Un vicio no es otra cosa que una virtud vuelta del revés, una virtud mal aplicada o usada en un contexto equivocado. Los aparentes vicios de Virgo proceden de sus virtudes innatas. Su capacidad analítica, que debería usarse para curar, ayudar o perfeccionar un proyecto, a veces se aplica mal y se vuelve contra la gente. Sus facultades críticas, que deberían utilizarse constructivamente para perfeccionar una estrategia o propuesta, pueden a veces usarse destructivamente para dañar o herir. Sus ansias de perfección pueden convertirse en preocupación y falta de confianza; su humildad natural puede convertirse en autonegación y rebajamiento de sí mismo. Cuando los Virgo se vuelven negativos tienden a dirigir en su contra sus devastadoras críticas, sembrando así las semillas de su propia destrucción.

Situación económica

Los nativos de Virgo tienen todas las actitudes que crean riqueza: son muy trabajadores, diligentes, eficientes, organizados, ahorrativos, productivos y deseosos de servir. Un Virgo evolucionado es el sueño de todo empresario. Pero mientras no dominen algunos de los dones sociales de Libra no van ni a acercarse siquiera a hacer realidad su potencial en materia económica. El purismo y el perfeccionismo pueden ser muy molestos para los demás si no se los maneja con corrección y elegancia. Los roces en las relaciones humanas pueden ser devastadores, no sólo para nuestros más queridos proyectos, sino también, e indirectamente, para nuestro bolsillo.

A los Virgo les interesa bastante su seguridad económica. Dado que son tan trabajadores, conocen el verdadero valor del dinero. No les gusta arriesgarse en este tema, prefieren ahorrar para su jubilación o para los tiempos de escasez. Generalmente hacen inversiones prudentes y calculadas que suponen un mínimo riesgo. Estas inversiones y sus ahorros normalmente producen buenos dividendos, lo cual los ayuda a conseguir la seguridad económica que desean. A los Virgo ricos, e incluso a los que no lo son tanto, también les gusta ayudar a sus amigos necesitados.

Profesión e imagen pública

Los nativos de Virgo realizan todo su potencial cuando pueden comunicar sus conocimientos de manera que los demás los entiendan. Para transmitir mejor sus ideas, necesitan desarrollar mejores habilidades verbales y maneras no críticas de expresarse. Admiran a los profesores y comunicadores; les gusta que sus jefes se expresen bien. Probablemente no respetarán a un superior que no sea su igual intelectualmente, por mucho dinero o poder que tenga. A los Virgo les gusta que los demás los consideren personas educadas e intelectuales.

La humildad natural de los Virgo suele inhibirlos de hacer realidad sus grandes ambiciones, de adquirir prestigio y fama. Deberán consentirse un poco más de autopromoción si quieren conseguir sus objetivos profesionales. Es necesario que se impulsen con el mismo fervor que emplearían para favorecer a otras personas.

En el trabajo les gusta mantenerse activos. Están dispuestos a aprender a realizar cualquier tipo de tarea si les sirve para lograr su objetivo último de seguridad económica. Es posible que tengan varias ocupaciones durante su vida, hasta encontrar la que realmente les gusta. Trabajan bien con otras personas, no les asusta el trabajo pesado y siempre cumplen con sus responsabilidades.

Amor y relaciones

Cuando uno es crítico o analítico, por necesidad tiene que reducir su campo de aplicación. Tiene que centrarse en una parte y no en el todo, y esto puede crear una estrechez de miras temporal. A los Virgo no les gusta este tipo de persona. Desean que su pareja tenga un criterio amplio y una visión profunda de las cosas, y lo desean porque a veces a ellos les falta.

En el amor, los Virgo son perfeccionistas, al igual que en otros aspectos de la vida. Necesitan una pareja tolerante, de mentalidad abierta y de manga ancha. Si estás enamorado o enamorada de una persona Virgo, no pierdas el tiempo con actitudes románticas nada prácticas.

Haz cosas prácticas y útiles por tu amor Virgo; eso será lo que va a apreciar y lo que hará por ti.

Los nativos de Virgo expresan su amor con gestos prácticos y útiles, de modo que no te desanimes si no te dice «Te amo» cada dos días. No son ese tipo de persona. Cuando aman lo demuestran de modos prácticos. Siempre estarán presentes; se interesarán por tu salud y tu economía; te arreglarán el fregadero o la radio. Ellos valoran más estas cosas que enviar flores, bombones o tarjetas de san Valentín.

En los asuntos amorosos, los Virgo no son especialmente apasionados ni espontáneos. Si estás enamorado o enamorada de una persona Virgo, no interpretes esto como una ofensa. No quiere decir que no te encuentre una persona atractiva, que no te ame o que no le gustes. Simplemente es su manera de ser. Lo que les falta de pasión lo compensan con dedicación y lealtad.

Hogar y vida familiar

No hace falta decir que la casa de un Virgo va a estar inmaculada, limpia y ordenada. Todo estará en su lugar correcto, ¡y que nadie se atreva a cambiar algo de sitio! Sin embargo, para que los Virgo encuentren la felicidad hogareña, es necesario que aflojen un poco en casa, que den más libertad a su pareja y sus hijos y que sean más generosos y de mentalidad más abierta. Los miembros de la familia no están para ser analizados bajo un microscopio; son personas que tienen que expresar sus propias cualidades.

Una vez resueltas estas pequeñas dificultades, a los Virgo les gusta estar en casa y recibir a sus amigos. Son buenos anfitriones y les encanta hacer felices a amigos y familiares y atenderlos en reuniones de familia y sociales. Aman a sus hijos, pero a veces son muy estrictos con ellos, ya que quieren hacer lo posible para que adquieran un sentido de la familia y los valores correctos.

Horóscopo para el año 2013*

Principales tendencias

Tal como le ocurrió a Géminis, estos diez últimos años han ido de arreglártelas con los cambios, cambios repentinos y drásticos, y de aprender a superar el miedo y la inseguridad que nos producen. Cuando algo ocurre una vez, bueno, lo podemos atribuir a una pura coincidencia, pero cuando continúa, ocurre una y otra vez, quiere decir que hay algo detrás. Has estado como el jugador de un equipo que en un partido de liga importante tiene dificultades para chutar un balón que viene trazando una parábola; naturalmente, los jugadores del equipo contrario se dan cuenta y le lanzan una y otra vez el balón en línea curva; el jugador no tiene otra alternativa que aprender a chutar bien el balón en línea curva; y cuando domina ese arte, dejan de llegarle balones así tantas veces. Tu balón en línea curva era el cambio y la inseguridad; no paraban de llegarte hasta que los «dominaste», hasta que dejaron de alterarte, hasta que te sentiste cómodo con esto. Ahora que te sientes cómodo con el cambio, se acaba esa actividad. No tendrás que vértelas con este tipo de fenómeno hasta dentro de unos veinte años más o menos.

Las cosas comenzaron a estabilizarse para ti en 2011, cuando Urano salió de su aspecto desfavorable para ti. El periodo de 2008 a 2010 podría llamarse un «crisol» en tu vida. Un horno con fuego muy fuerte que consumió muchas impurezas psíquicas. 2011 fue más fácil que 2010, y 2012 más fácil que 2011. Este año es ligeramente difícil, pero pan comido comparado con el periodo 2008-2010. Todo es relativo.

En junio del año pasado Júpiter cruzó tu Medio cielo y entró en tu décima casa, la de la profesión. Esto inició un periodo de gran éxito profesional e importantes consecuciones. Se han ensanchado los horizontes profesionales. Se te presentan oportunidades muy felices. Y esta tendencia continúa la primera mitad de este año. Volveremos sobre este punto.

---

* Las previsiones de este libro se basan en el Horóscopo Solar y todos los signos que derivan de él; tu Signo Solar se convierte en el Ascendente, y las casas se numeran a partir de él. Tu horóscopo personal, el trazado concretamente para ti (según la fecha, hora y lugar exactos de tu nacimiento) podrían modificar lo que decimos aquí. Joseph Polansky

Urano pasó muchísimo tiempo (más de siete años) en tu séptima casa, la del amor. Por lo tanto, la vida amorosa fue muy inestable. Hubo muchos divorcios o rupturas entre 2003 y 2010. Ahora las cosas están mucho más calmadas; las relaciones tienen más posibilidades de durar, este año y los próximos. En febrero del año pasado Neptuno hizo un importante tránsito, entrando en tu séptima casa, y toda la vida amorosa se purifica, se eleva y espiritualiza. Hablaremos más de esto.

El año comienza con dos planetas lentos en aspectos difíciles para ti: Júpiter y Neptuno. El 27 de junio Júpiter sale de su aspecto desfavorable y comienza a formarte aspectos armoniosos. Así pues, la salud será mejor después del 27 de junio. Volveremos sobre este tema.

Ahora que Saturno salió de tu casa del dinero (en octubre del año pasado), deberías experimentar un aumento inmediato en tu poder adquisitivo. Las finanzas son mucho más fáciles que el año pasado. Hablaremos más sobre esto.

Las facetas de mayor interés para ti este año son: la comunicación y las actividades intelectuales; los hijos, la creatividad y las actividades de ocio; el amor y el romance; la sexualidad, los estudios ocultos, la reinvención y la transformación personales, vidas anteriores y reencarnación; la profesión (hasta el 27 de junio); las amistades, los grupos y las actividades en grupo (a partir del 27 de junio).

Los caminos para tu mayor realización este año son: la comunicación y los intereses intelectuales; la profesión (hasta el 27 de junio); las amistades, los grupos y las actividades en grupo (después del 27 de junio).

Salud

(Ten en cuenta que esta es una perspectiva astrológica de la salud, no una médica. Antaño no había ninguna diferencia, ambas eran idénticas, pero en esta época podrían diferir muchísimo. Para una perspectiva médica, por favor, consulta a tu médico o a otro profesional de la salud.)

La salud siempre es importante para Virgo, pero teniendo vacía tu sexta casa, este año lo será menos que de costumbre.

La salud se ve fundamentalmente buena. Como hemos dicho, hay dos planetas lentos causándote dificultades (Júpiter y Neptuno), pero estos planetas no son maléficos; ellos solos no bastan para causar problemas graves. Y, como hemos dicho, acabarás el año con sólo un planeta lento en aspecto desfavorable, así que la salud y la energía mejoran día a día.

Por buena que sea tu salud, siempre puedes mejorarla más. Presta más atención a las zonas vulnerables este año, aquellas en que hay más probabilidades de que surjan problemas. Estas zonas son:

El intestino delgado. Siempre es importante para ti; la dieta es importante en tu vida. Además, debes comer más lento y calmado, en espíritu de oración. Esto ayudará a tu digestión.

El corazón (hasta el 27 de junio). Evita la preocupación y la ansiedad todo lo posible. Si puedes hacer algo constructivo en una situación, hazlo, faltaría más, pero si no, evita la preocupación; esta es una causa principal de los problemas cardiacos.

Los tobillos y las pantorrillas. Estas zonas son siempre importantes para ti; te irá bien darles masajes periódicos. Da más apoyo y protección a los tobillos cuando hagas ejercicio.

La cabeza, la cara y el cuero cabelludo. El masaje en el cuero cabelludo y la cara será una potente terapia este año y muchos años por venir. La cabeza y la cara contienen puntos reflejos de todo el cuerpo, así que al darles masaje das energía a todo el cuerpo.

Las glándulas suprarrenales. Evita la rabia y el miedo, emociones que tienden a hacer trabajar excesivamente a las suprarrenales.

Tu planeta de la salud está en tu octava casa todo el año. Por lo tanto, los regímenes de desintoxicación te serán muy beneficiosos. La buena salud no va tanto de añadir cosas al cuerpo, como de liberarlo de cosas que no deben estar en él. A veces, con esta posición las personas tienden a hacerse operaciones quirúrgicas, tal vez se precipitan a recurrir a esto. Siempre busca una segunda opinión.

El planeta de la salud en la octava casa indica que para ti buena salud también significa una vida sexual sana. Es necesario equilibrar la vida sexual, ni demasiado ni demasiado poco. Si escuchas a tu cuerpo sabrás cuándo suficiente es suficiente.

Estando tu planeta de la salud en el signo Aries la musculatura es muy importante. La debilidad de un músculo genera debilidad en un órgano, como han demostrado los quinesiólogos. El ejercicio físico vigoroso es importante en este periodo. En muchos casos un día en el gimnasio hace tanto bien como la visita a un profesional de la salud.

Hogar y vida familiar

Aunque este año tu cuarta casa no está poderosa, el señor de tu cuarta casa, Júpiter, ocupa una posición prominente en tu horóscopo de este año; está cerca del Medio cielo, en tu décima casa. Por lo tanto, prestas atención a esta faceta, al menos la mitad del año.

Muchas veces esta posición indica que el hogar y la familia se transforman en la verdadera profesión; a veces indica que trabajas desde casa, ejerces tu profesión en casa. Muchos Virgo ya tenéis una oficina en casa, pero el número podría aumentar este año.

La casa se hace más prestigiosa, más amplia en sus funciones; deseas que tu casa refleje tu posición, tal vez tu posición real, pero también podrías desear que reflejara la posición a la que aspiras. Esto puede ser muy caro y es posible que te lances en esa dirección. Afortunadamente, esta tendencia no es muy duradera, pues hacia finales de junio la casa será más una casa, un lugar de comodidad y sustento, y no tanto un recinto de exposición para impresionar a los demás.

Este año pierden significado las diferencias entre hogar y oficina; sólo hay esa diferencia en los nombres, pues el uno se fusiona con la otra. El hogar se hace más parecido a una oficina y la oficina más parecida a un hogar.

No se ven probabilidades de mudanza, pero sí de reformas o mejoras en la casa.

Un progenitor o figura parental se involucra mucho en tu profesión, de modo personal, físico, palpable. Esta persona tiene un año social fabuloso; se le ve muy emprendedor socialmente. Y parece que goza de popularidad también. Si tus padres continúan casados (una rareza hoy en día) su relación conyugal debería ser más armoniosa; el inmenso cariño de uno de los padres o figuras parentales hace funcionar las cosas. Un progenitor o figura parental prospera enormemente este año. Los padres y figuras parentales deberán conducir con más prudencia en la segunda parte del año.

Los hermanos o figuras fraternas (aquellas personas que tienen el papel de hermanos en tu vida) tienen un año difícil, un año serio; se les pide que se echen encima cargas extras, cosas de las que no pueden escapar. Parecen algo fríos, reservados, distantes; si entiendes los motivos astrológicos de esto puedes ser más tolerante. Puedes animarlos a esforzarse en ser más afectuosos y simpáticos con los demás. No se ven probabilidades de mudanzas. Para ellos este es un buen año para poner en forma el cuerpo y la imagen y bajar de peso si es necesario.

Los hijos o figuras filiales de tu vida se mudan, es posible que alguno se mudara el año pasado también. Se ven muchas mudanzas para ellos en los próximos años. Parecen desasosegados y nómadas.

La práctica de la meditación les servirá para controlar las emociones volubles y los cambios de humor.

El eclipse lunar del 25 de mayo pondrá a prueba la situación doméstica actual. Si hay defectos ocultos que necesitan ser corregidos, te enterarás de ellos entonces. Estos cambios se ven de corta duración.

Si quieres redecorar o embellecer la casa, o comprar objetos hermosos para adornarla, son buenos periodos del 1 al 9 de enero, del 7 de octubre al 5 de noviembre y del 22 de noviembre al 21 de diciembre.

Profesión y situación económica

Como hemos dicho, tuviste dos años a Saturno en tu casa del dinero, y este es un tránsito difícil para las finanzas. Te sentías ceñido, exprimido y tal vez te cayeron encima cargas financieras extras. Fue un periodo de consolidación financiera; necesitabas adelgazar, reducir el derroche y librarte de lo sobrante. Fue necesario hacer cambios en el manejo de los bienes, administrarlos mejor. Cuando hiciste los cambios, encontraste los recursos que necesitabas.

Gran parte del efecto de este tránsito dependía de ti. Si has sido responsable en tus asuntos financieros, este tránsito, si bien no agradable, te hizo más rico. Aprendiste nuevos principios de administración económica, resquicios legales, técnicas que antes no conocías. Te convertiste en «amo del dinero» (lo que fue siempre la intención) en lugar de ser esclavo de él.

Si has sido irresponsable en tus asuntos monetarios, bueno, esos dos años fueron bastante traumáticos. No llegaron rachas afortunadas, llegaron los plazos para pagar las deudas; los pecados financieros llevaron a cosas desagradables. Con un tránsito como este a veces las personas se iban a la quiebra. Pero esto finalmente también llevaba a una salud financiera duradera. Era educativo. Y una vez pagado el karma y corregidos los errores, estás en posición para construirte una vida financiera más sana y más estable.

Muchos somos una «mezcla» de responsabilidad e irresponsabilidad financiera; muchos tenemos facetas que se podrían corregir, y esto es lo que ha ocurrido en estos dos años.

Afortunadamente, este periodo ya pasó; ahora deberías ver mejoría en tu vida financiera. Yo no lo llamaría un periodo «en alza» pero será mucho menos difícil de lo que lo ha sido hasta ahora.

Como hemos dicho, en junio del año pasado Júpiter cruzó tu Medio cielo y entró en tu décima casa, la de la profesión. Se ha elevado tu profesión, tu posición en tu empresa o industria. Muchas veces esto se traduce en más dinero, pero no siempre; a veces la persona recibe honores y reconocimiento sin ningún aumento monetario tangible. Esto podría haber ocurrido el año pasado y este año también es probable que ocurra. (En resumen, la situación se ve bien.)

Este año todavía se presentan oportunidades profesionales muy buenas. Cuentas con un buen apoyo familiar en la profesión; no hay conflicto entre las obligaciones familiares y las profesionales. Las oportunidades profesionales llegan de la familia o de los contactos familiares. Es posible que este año entres en una empresa o negocio familiar.

Si buscas trabajo tienes buena suerte en la primera mitad del año; en la segunda mitad esto se ve más difícil. Habrá oportunidades de empleo, pero suponen más esfuerzo, es mucho más complicado.

Venus, tu planeta del dinero, viaja muy rápido. Como ya saben nuestros lectores, en un año transita por todo el horóscopo. Por lo tanto, hay muchas tendencias de corto plazo que dependen de dónde está Venus y de los aspectos que recibe. Estas tendencias es mejor tratarlas en las previsiones mes a mes.

Amor y vida social

Tu séptima casa, la del amor y el matrimonio (y las actividades sociales) ha estado fuerte muchos años. Este año las cosas son menos complicadas, menos difíciles y mucho más estables. Durante muchos años había amor pero era muy inestable, siempre había mucha inseguridad. El amor llegaba como un relámpago y desaparecía con la misma rapidez; una breve luz que iluminaba tu corazón por un tiempo y luego volvía la oscuridad. Y esto se repetía y repetía una y otra vez. Por fortuna, esto se estabiliza. A mí me parece que después de haber tenido tanta agitación en el amor, darías la bienvenida a un poco de seguridad, y tal vez incluso a un poco de «aburrimiento». Podría ser aburrido, pero es agradable saber que tu ser amado estará ahí por ti cuando llegues a casa, que cuando hagas planes a largo plazo el ser amado estará disponible.

Neptuno es tu planeta del amor, y el año pasado hizo una importante entrada en Piscis, su signo y su casa, la séptima tuya. Siempre has sido idealista en el amor; siempre has tenido criterios muy elevados. Pues ahora lo son más aún. Tu planeta del amor está en su signo y casa y por lo tanto está mucho más poderoso por ti. Esto es una buena noticia en el frente amoroso.

Estás en un periodo, este año y los próximos trece años más o menos, en que hay posibilidades de que llegue el amor «ideal». Y esto será muy educativo. Muchas personas piensan que la finalidad de la vida es la felicidad del cuerpo físico, el yo carnal. Así, cuando conocen a un «alma gemela» esperan felicidad para siempre. Pero dado que la vida tiene finalidades mucho más profundas que el bienestar carnal (este es sólo un efecto secundario), el encuentro con el amor ideal, el alma gemela, puede producir muchas sorpresas psíquicas. El alma gemela desvela zonas del inconsciente, zonas de oscuridad en el alma, que nos refrenaban. Puede ser una experiencia muy tormentosa, como señala Judith Hall en *The soul mate myth* (El mito del compañero del alma). Para tener el amor ideal tienes que ser tu yo ideal, y hacia ese fin está trabajando el Cosmos.

Cuando conozcas a esa persona especial, no lo sentirás en los lugares normales (el corazón o los genitales); sentirás la conexión desde un lugar «por encima de tu cabeza». Ah, también la sentirás en otros lugares, pero la energía principal estará «sobre la cabeza», es posible que como un pie encima de la cabeza. La conexión estará por encima de la naturaleza psíquica.

La compatibilidad espiritual en el amor siempre ha sido importante para ti, pero ahora lo es más aún. Si la relación es solamente carnal, sin ninguna dimensión espiritual, lo más probable es que no te interese.

En general, entran en el cuadro amistades de tipo espiritual. Te atraen adivinos o videntes, canalizadores espirituales, pastores religiosos, gurús y yoguis. También te gustan los poetas, los místicos, los artistas creativos, los músicos inspirados.

Si estás soltero o soltera en este periodo encuentras el amor en ambientes espirituales; no pierdas ni un segundo en bares y clubes. El amor está en el seminario de meditación, la charla o taller espiritual, la reunión de oración o en la función benéfica. Participa en las causas altruistas de las que eres partidario y el amor te encontrará.

El 27 de junio Júpiter entra en tu casa once, la de las amistades. Por lo tanto, este año (y el próximo) entrarán nuevas e importantes amistades en el cuadro. La vida social será mucho más activa.

Después del 27 de junio, Júpiter formará aspectos hermosos con tu planeta del amor, y esto durará unos meses; entonces es probable que llegue el romance, el romance serio; este tendrá posibilidades de matrimonio.

Progreso personal

El tránsito de Neptuno por tu séptima casa tiene unos pocos lados negativos que es necesario tener presente. Neptuno suele relacionarse con el «engaño» y el escándalo. Ahora bien, la verdad es que Neptuno nunca se propone engañar a nadie; Neptuno es quien es. Proyecta un tipo de energía muy elevada y refinada que la mente humana es incapaz de comprender; está muy por encima de la mente humana. Entonces, la mente humana suele engañarse con esta energía, más o menos como se interpreta mal un sueño o una profecía, pero el sueño o la profecía eran ciertos. Así pues, en tu vida amorosa y social las personas podrían no ser lo que parecen y tienes que hacer más trabajo, averiguar más acerca de ellas. No juzgues las cosas por su apariencia.

Neptuno es el planeta de la revelación; revela las cosas ocultas, secretas. Por eso, muchas veces se lo relaciona con el escándalo. Este año es muy posible que salgan a la luz revelaciones desagradables acerca de amigos o del ser amado. Sin embargo, como la luz, revela las cosas buenas. Es probable que estas revelaciones pongan a prueba el amor, y esto es bueno. Si sigues amando a la persona a pesar de estas cosas, es probable que el amor sea verdadero.

Las sociedades de negocios también necesitan más examen este año y los venideros. No juzgues las cosas por su apariencia superficial; profundiza más.

Si estás en un camino espiritual lo más probable es que atraigas a tu vida a personas espirituales. Si no, hay una tendencia a atraerse a personas que abusan del alcohol o las drogas.

Es bueno que este año tengas el amor ideal. El amor ideal humano es maravilloso y nos enseña muchas cosas, pero también verás sus limitaciones. El verdadero amor ideal es un estado espiritual. Es el amor que experimentamos cuando estamos en contacto con el Poder Superior: incondicional y no condicionado. Este poder, si confiamos en él, satisface a la perfección las necesidades en el amor, muchas veces a través de personas, pero no siempre. Este es el amor que te va a enseñar Neptuno en los próximos trece años más o menos. Todo lo que el amor necesita significa exactamente eso: Todo. ¿Es Todo suficiente para ti?

Saturno está ahora en tu tercera casa, la de la comunicación y los intereses intelectuales, y estará ahí los dos próximos años. La mentalidad, aunque buena, se profundiza; se reorganiza el proceso de pensamiento. Te vas a convertir en un pensador más disciplinado. Es posible que el aprendizaje sea lento, pero profundizarás más cualquier tema que estudies. Si eres estudiante tendrás que trabajar más en el colegio. El sistema no recompensa la profundidad del pensamiento, sino la memorización de hechos y conocimientos superficiales. Si tienes problemas en tus estudios, ve más lento, no te precipites. Lee frase por frase, párrafo por párrafo, y compréndelos. Procura hacer más agradable el aprendizaje también; ponte música buena y armoniosa mientras estudias. Trabaja más con libros audio y con películas o documentales sobre los temas que necesitas aprender. Aprenderás más con un documental sobre un tema que con un libro.

Previsiones mes a mes

Enero

Mejores días en general: 2, 3, 10, 11, 19, 20, 29, 30
Días menos favorables en general: 8, 9, 14, 15, 21, 22, 23
Mejores días para el amor: 6, 8, 9, 14, 15, 18, 19, 24, 29, 30
Mejores días para el dinero: 4, 5, 8, 9, 12, 18, 19, 22, 29, 20, 31
Mejores días para la profesión: 2, 3, 10, 11, 21, 22, 23, 31

Entras en un año muy poderoso en lo profesional, y hay mucho éxito, pero ahora, teniendo a la mayoría de los planetas bajo el horizonte de tu carta, es mejor que te prepares emocional y mentalmente para el éxito que deseas. Esta preparación emocional, que entraña entrar en el estado de conciencia, el ánimo y la sensación de lo que deseas, te servirá para que cuando llegue el éxito externo (que llegará) seas capaz de sobrellevarlo. Lo bueno es que no hay ningún conflicto entre la vida familiar y la profesión. Los familiares, en especial un progenitor o figura parental, apoyan activamente tus ambiciones externas; es posible incluso que estimulen tus ambiciones; se ven más ambiciosos que tú.

Comienzas el año con la mayoría de los planetas en el sector occidental o social de tu carta; la independencia personal no es la que debiera, así que te resulta más difícil tener las cosas a tu manera. El poder planetario avanza hacia los demás, no hacia ti. Deja que los demás impongan su voluntad mientras esto no sea destructivo. Lo bueno de tener muchos planetas en el sector occidental es que esto ensancha el horizonte y la perspectiva. La vida no va solamente de nosotros. Al Cosmos le interesa el bien del «total» y por lo tanto nos da una visión más «holística» de la vida. En este periodo es mejor que te adaptes a las situaciones todo lo posible. Si ciertas condiciones son desagradables, toma nota y cuando llegue tu periodo de independencia personal te será más fácil hacer los cambios. Es bueno tomarnos unas «vacaciones de nosotros mismos» y de nuestros intereses de vez en cuando. Este es uno de esos periodos.

Comienzas el año a la mitad de una cima anual de placer personal. Las celebraciones del año nuevo van a durar más tiempo que de costumbre; la fiesta no termina el día de Año Nuevo, continúa hasta el 19.

Si estás en edad de concebir, estás más fértil en este periodo.

Las finanzas van fundamentalmente bien este mes. Hay ciertos baches en el camino, ciertas dificultades, pero van bien. Tu planeta del dinero está en Sagitario hasta el 10; esto podría hacerte excesivamente especulador, demasiado optimista, irracionalmente, en los asuntos financieros. Es mejor evitar las especulaciones. De todos modos, ganas más y gastas más; excederse en los gastos es el principal peligro hasta el 10. Este día tu planeta del dinero entra en Capricornio, tu quinta casa; el juicio financiero se vuelve más sobrio; es posible que especules, pero serán especulaciones discretas, más calculadas. Lo bueno es que disfrutas de tu dinero después del 10; te diviertes, lo pasas bien con él. Ganas el dinero de modos placenteros. Tu creatividad podría tener valor comercial en este periodo.

La salud es buena todo el mes. Con tu sexta casa fuerte después del 19 estás en el cielo de Virgo, la atención centrada en el trabajo y la salud. Virgo se preocupa de su salud aunque no tenga nada mal; los regímenes de salud son buenos porque sí. Puedes fortalecer más tu salud dando más atención al corazón (hasta el 19); a la cabeza, la cara y el cuero cabelludo (todo el mes), y a los pulmones, instestino delgado, brazos, hombros y sistema respiratorio (después del 19). Es muy probable que estés más preocupado por la salud de un progenitor o figura parental que por la tuya.

Febrero

Mejores días en general: 7, 8, 15, 16, 17, 25, 26
Días menos favorables en general: 2, 3, 9, 10, 23, 24
Mejores días para el amor: 2, 9, 10, 11, 12, 18, 19, 20
Mejores días para el dinero: 1, 9, 10, 18, 19, 27, 28
Mejores días para la profesión: 1, 11, 12, 18, 19, 21, 22

Este mes los planetas llegan a su posición occidental máxima; el poder cósmico está alejado de ti (opuesto a tu Ascendente), en dirección a los demás. Disminuye el poder personal, y tal vez la autoestima y la confianza en ti mismo también, pero tu vida amorosa y social se hace mucho más fuerte. Ahora tienes la oportunidad de cultivar, perfeccionar, tus dotes sociales. Repasa lo que hablamos el mes pasado.

Este mes los planetas hacen un importante traslado; el poder pasa de la mitad inferior de tu carta a la superior. Esto ocurrirá el 18, aunque sin duda lo sentirás antes. Despunta el alba en tu año; llega el momento de levantarse y comenzar la actividad; es el periodo para dedicarte a las actividades diurnas, tus objetivos y aspiraciones externas. Es de esperar que en los seis meses pasados hayas encontrado tu punto de armonía emocional, que te hayas preparado emocionalmente para lo que deseas; ahora comienzas a actuar, de formas físicas, tangibles, para conseguir tus objetivos.

El 18 entras en una cima social anual. Tu séptima casa es fácilmente la más poderosa del horóscopo. El 50 y a veces el 60 por ciento de los planetas o están en ella o transitan por ella este mes. Eres más popular también. Mercurio, el señor de tu horóscopo, estará en esta casa a partir del 5. Estás consagrado a los demás, en especial al ser amado. Los antepones a todo (que es lo que debes hacer) y los demás reaccionan a esto. Si estás soltero o soltera hay probabilidades de romance todo el mes, aunque los días 6 y 7, del 19 al 21 y del 26 al 28 parecen ser especialmente buenos para el romance. Los problemas en el amor son de los buenos: demasiadas oportunidades, demasiado para elegir, demasiados eventos para asistir, y esto suele confundir. Las relaciones que se inician en este periodo tienen más probabilidades de durar. El Cosmos te presenta un bufé de personas para elegir, de todos los tipos y clases. Te atraen todas. La mejor será aquella cuya compatibilidad espiritual contigo sea tan fuerte como las demás compatibilidades.

La salud es más delicada después del 18, así que descansa y relájate más. Fortalece la salud de las maneras explicadas en las previsiones para el año.

Aunque la profesión no es un titular este mes, se ve muy bien. Hay éxito este mes. Tu ética laboral atrae la atención de tus superiores y la aprueban. Hay suerte en la profesión este año, pero este mes lo más importante es tu ética laboral. Después del 5 tus conexiones sociales tienen un papel importante en la profesión; es importante que asistas a las fiestas y reuniones convenientes. Podría ser aconsejable que ofrecieras fiestas a las personas convenientes también.

Marzo

Mejores días en general: 6, 7, 15, 16, 24, 25, 26
Días menos favorables en general: 4, 5, 10, 11, 17, 18, 19, 31
Mejores días para el amor: 1, 2, 3, 10, 11, 20, 21, 22, 29, 31
Mejores días para el dinero: 1, 2, 3, 8, 9, 10, 11, 17, 18, 21, 22, 27, 28, 31
Mejores días para la profesión: 2, 3, 10, 11, 17, 18, 19, 20, 21, 29, 30

Ahora que la mayoría de los planetas están en la mitad superior de tu carta, la profesión adquiere importancia. De todos modos, Mercurio inició movimiento retrógrado el 23 del mes pasado, y continuará así hasta el 17. Por lo tanto, hasta el 17 tu principal prioridad deberá ser conseguir claridad mental respecto a los asuntos y objetivos profesionales. Estando retrógrado tu planeta de la profesión, la situación profesional podría no ser lo que parece, así que la claridad es muy importante. Mercurio pasa el mes en tu séptima casa, el signo Piscis. Como el mes pasado, esto indica que consigues tus objetivos, adelantas en tu profesión, por medios sociales, asistiendo a las fiestas convenientes y tal vez ofreciéndolas también. El factor «simpatía, caer bien» es más importante en la profesión que tus habilidades. Con los planetas en su posición occidental máxima la mayor parte del mes, la «simpatía» es importante en general, pero especialmente en los asuntos profesionales. Pero no te engañes; tener amistades en puestos elevados (que parece ser el caso ahora) abre puertas, pero en último término lo que cuenta es tu actuación, tu rendimiento. El factor social es muy importante, pero no lo es todo.

La salud necesita atención hasta el 20; procura descansar y relajarte más y mantener elevada la energía. Fortalece la salud de las maneras explicadas en las previsiones para el año.

La salud y la energía mejoran después del 20.

Continúas en tu cima social anual. Como el mes pasado, el problema podría ser de exceso, demasiadas oportunidades románticas, no demasiado pocas.

La situación familiar se puso difícil el mes pasado. Un progenitor o figura parental parece estar muy agobiado; las emociones están muy alteradas con los familiares; no estás en sintonía con ellos. Al parecer no aprueban a tus amistades, a tu ser amado o tu actividad social en general. Tal vez piensan que deberías volver la atención a otras cosas. Las dificultades continúan, pero se van aligerando a medida que avanza el mes.

Los ingresos se ven muy buenos este mes. Está fuerte Venus, tu planeta del dinero, tanto en lo celestial como en lo terrenal; está en su signo de exaltación y en una casa poderosa, la séptima (hasta el 23). Tus conexiones sociales no sólo son útiles en tu profesión, sino también en las finanzas. Te relacionas con las personas con quienes haces negocios y a la inversa. Tus amistades tienden a ser personas ricas. El 20 se hace fuerte tu octava casa, y tu planeta del dinero entra en esta casa el 23. Esto indica la necesidad de centrar la atención en la prosperidad de otros, de hacerlos ricos, de anteponer sus intereses financieros a los tuyos. Aunque esto es una práctica contraintuitiva, te trae prosperidad, por la ley kármica.

Abril

Mejores días en general: 2, 3, 11, 12, 21, 22, 29, 30
Días menos favorables en general: 1, 6, 7, 8, 14, 15, 27, 28
Mejores días para el amor: 1, 6, 7, 8, 9, 10, 16, 21, 22, 25, 29, 30
Mejores días para el dinero: 1, 4, 5, 9, 10, 14, 15, 21, 22, 23, 24, 29, 30
Mejores días para la profesión: 7, 8, 14, 15, 19, 27, 28

El 20 del mes pasado se hizo poderosa tu octava casa, y continúa fuerte hasta el 19. La octava casa tiene muchos significados en distintos planos y cada uno es válido. En el plano puramente mundano, indica un mayor interés en la actividad sexual; la libido está más fuerte que de costumbre (sea cual sea tu edad o fase en la vida). Esta vida sexual activa indica que ocurren muchas cosas en el frente social. La relación sexual y el amor son cosas diferentes, pero satisfaces tus necesidades. El cónyuge, pareja o ser amado actual está en una cima financiera anual; hay prosperidad en este periodo; sus altibajos financieros serán extremos este año, pero ahora sus finanzas están en alza. Muchas veces el poder en la octava casa trae encuentros con la muerte, no una muerte real necesariamente, sino una relación más directa con este tema. Tal vez asistes a más funerales o servicios en memoria de difuntos; tal vez ocurre una experiencia de casi muerte, o al leer el diario te enteras de una muerte que te afecta en particular. Hay una necesidad de llegar a una mejor comprensión de la muerte, y el Cosmos tiene muchas maneras de organizar esto. Los regímenes de desintoxicación han sido importantes para la salud desde 2011, pero este mes lo son más aún; un régimen de desintoxicación hecho este mes será más potente que en otros periodos; los resultados serán mejores y más profundos.

La octava casa también va de transformación personal. Todos tenemos un yo ideal que deseamos manifestar. Para hacer esto el viejo yo tiene que desintoxicarse y finalmente morir. Para que el indigente se convierta en príncipe ha de morir su yo indigente (en el plano psíquico), para que pueda nacer el príncipe. Hay quienes llaman resurrección a este proceso, otros lo llaman metamorfosis, otros transformación. Sea cual sea el nombre que se le dé, el sentido es esencialmente el mismo. Todos estos tipos de proyectos van bien este mes. El viejo yo no muere fácilmente, opone una lucha tremenda. Por eso, cuando está fuerte la octava casa la vida tiende a ser tormentosa. La desintoxicación rara vez es agradable; el material de desecho que aflora es feo, espantoso. Sin embargo, el resultado final del proceso es maravilloso: un cuerpo limpio, una mente limpia, un nuevo yo. Las tensiones o presiones que sientas este mes son los dolores del parto de un nuevo yo.

Este mes se desintoxican muchas facetas de la vida: el cuerpo (a partir del 14), la vida financiera (hasta el 15, y el proceso ha estado en marcha desde el 22 del mes pasado), la profesión y el camino profesional, y la vida espiritual. Si estás en el camino espiritual descubrirás que una buena desintoxicación mental, emocional y física cambia la calidad de la práctica espiritual; la meditación irá mucho mejor.

Este es un mes fabuloso para bajar de peso si lo necesitas.

Las tendencias financieras son las mismas del mes pasado hasta el 15. El 15 Venus entra en Tauro, tu novena casa, y dado que estará en aspecto adverso con Saturno, deberás evitar las especulaciones; podrías tener algunos retrasos en tus finanzas, en la paga o en conseguir clientes, pero ten paciencia, todo se arreglará. Las dificultades son temporales, no tendencias para el año, y ni siquiera para el mes.

La salud es buena todo el mes, y en especial después del 19.

Mayo

Mejores días en general: 8, 9, 10, 18, 19, 27, 28
Días menos favorables en general: 4, 5, 11, 12, 25, 26, 31
Mejores días para el amor: 4, 5, 10, 11, 13, 21, 22, 23, 29, 30, 31
Mejores días para el dinero: 2, 3, 10, 11, 12, 21, 22, 29, 30
Mejores días para la profesión: 8, 9, 10, 11, 12, 21, 22, 29, 30

Este es un mes emocionante, azaroso y turbulento; ¡no te sueltes el cinturón de seguridad! Tenemos dos eclipses, garantía de que van a ocurrir cambios importantes, tanto para ti como para el mundo en general (y llegan pisándole los talones al eclipse lunar del 25 del mes pasado). Además, el poder planetario hace un importante traslado, pasando de tu sector occidental, donde ha estado en lo que va de año, al oriental. Hay, pues, cambios psíquicos en ti; entras en un periodo de independencia personal; el poder planetario comienza a avanzar en tu dirección. Mejorarán la autoestima y confianza en ti mismo. Los problemas en el amor este mes serán provechosos, te servirán para tomar conciencia de tu poder e independencia personales. Y como si todo esto fuera poco, el 20 entras en una cima profesional anual.

El eclipse solar del 10 ocurre en tu novena casa. Es mejor evitar los viajes al extranjero en este periodo. Si eres estudiante haces cambios drásticos en tus planes educativos; podría haber reorganización en la jerarquía de tu colegio, cambios en el programa de estudios o cambios administrativos importantes. Pasarán por una buena prueba tus creencias más profundas, tu filosofía de la vida; algunas irán al cubo de la basura, otras necesitarán una cierta modificación; es decir, cuando descubras qué es qué. El Sol es tu planeta de la espiritualidad, por lo tanto habrá cambios espirituales importantes (y esto viene detrás de la renovación de tus creencias más profundas); podría haber cambio de profesor o de asignatura, cambios en la actitud e ideales espirituales. Hay dramas en la vida de las personas mentoras de tu vida, y trastornos o cambios en una organización benéfica o espiritual a la que perteneces. Este eclipse toca de refilón a Marte, así que evita las actividades arriesgadas o una intervención quirúrgica menor.

A partir del 20 se pone a prueba el amor; esto lo causan los planetas en tránsito, pero a ellos se suma el eclipse lunar del 25. Una buena relación sobrevive a estas cosas, en realidad, sale más fuerte y mejor, pero una relación defectuosa de fondo tiende a disolverse. Incluso en una buena relación hay más tensión; durante el periodo del eclipse el ser amado está más temperamental; salen a la luz los trapos sucios y hay que ocuparse de ellos. En este sentido, hay cambio en la relación, pero de modo positivo. Se pone a prueba no sólo el amor, sino también las amistades. Este eclipse lunar es más fuerte en ti que el solar anterior, así que reduce tus actividades, descansa y relájate. Dado que la salud está más delicada después el 20, es aconsejable reducir las actividades desde esta fecha, pero en especial durante el periodo del eclipse.

Tienes mucho éxito este mes. Me parece que estás en lo alto, por encima de todas las personas de tu mundo; por lo tanto, eres un blanco natural, una antorcha para los críticos y apedreadores. Con estas experiencias se aprenden valiosas lecciones.

Junio

Mejores días en general: 5, 6, 15, 16, 23, 24
Días menos favorables en general: 1, 7, 8, 21, 22, 27, 28
Mejores días para el amor: 1, 10, 19, 20, 27, 28
Mejores días para el dinero: 8, 9, 10, 17, 18, 19, 20, 26, 27, 28
Mejores días para la profesión: 1, 7, 8, 10, 11, 19, 20, 27, 28

Hasta el 21 continúas en una cima profesional anual (y tal vez de toda la vida). Hay mucho éxito; hay elevación, honores y reconocimiento de tus consecuciones. Se te eleva en tu empresa y tal vez en tu industria. Marte en tu décima casa indica que trabajas muchísimo en tu profesión, defendiéndote de competidores, tuyos y de tu empresa. «Reinar» puede ser estresante; siempre hay algo que atender, siempre hay alguna crisis. Pero mientras se hace hay desintoxicación; afloran las impurezas y se eliminan.

El 27 ya has conseguido objetivos profesionales (al menos por ahora). Júpiter sale de tu décima casa y entra en la once. Ahora vas a cosechar los frutos de tu éxito profesional. Haces nuevas e importantes amistades; la vida social se torna más activa. Comienzas a materializar tus ilusiones y deseos más acariciados. Muchas veces la profesión es el medio para un fin; tenemos ciertas esperanzas y deseos que pensamos que sólo mediante la profesión se pueden materializar; la profesión nunca fue el principal objetivo; este era la realización de esas esperanzas y deseos. Y esto comenzará a ocurrir, este mes y durante todo un año.

La salud y la vitalidad comienzan a mejorar después del 21. Sentirás el cambio, la diferencia. Si hubo algún problema de salud el mes pasado, ahora tienes buenas noticias al respecto.

Un progenitor o figura parental debe tomarse las cosas con calma en este periodo; tal vez ha pasado por una intervención quirúrgica o una experiencia de casi muerte. Esta persona parece muy enérgica, pero tal vez está más impaciente e irritable, precipitada; esto puede llevar a accidentes en el plano físico.

La vida amorosa comienza a mejorar espectacularmente después del 21, y más aún después del 27. Si el eclipse rompió la relación, entra en el cuadro otra persona (y mejor). Si la relación sobrevivió, hay más amor y romance en ella. Si estás en edad de concebir, estarás mucho más fértil después del 27.

No hay ninguna necesidad de prisas en el amor en este periodo. El 7 tu planeta del amor inicia movimiento retrógrado, que durará hasta el 13 de noviembre. Esto no va a impedir que ocurran todas las maravillosas experiencias amorosas, sólo va a enlentecer un poco las cosas, lo cual tal vez es bueno. El cónyuge, pareja o ser amado actual se ve desorientado, indeciso, así que deja que el amor se desarrolle a su aire; disfruta del presente y no proyectes hasta muy lejos en el futuro.

Julio

Mejores días en general: 2, 3, 12, 13, 21, 22, 29, 30
Días menos favorables en general: 4, 5, 6, 19, 20, 25, 26
Mejores días para el amor: 1, 7, 10, 11, 16, 17, 19, 20, 25, 26, 29, 30
Mejores días para el dinero: 1, 7, 8, 10, 11, 14, 15, 16, 17, 19, 20, 25, 29, 30
Mejores días para la profesión: 4, 5, 6, 7, 8, 17, 25, 26

Tu casa once continúa poderosa; continuará fuerte de aquí en adelante, pero lo está especialmente este mes. Estás, pues, en un periodo muy social, tanto en lo romántico como en las amistades, grupos y organizaciones. El poder de la casa once señala un interés en la ciencia y la tecnología; aumentarás tus conocimientos en estas materias. Te llegará un nuevo ordenador, artilugios y programas informáticos. Me parece que tienes más actividad *online* de la habitual.

Un progenitor o figura parental está en una cima financiera anual desde el 21 del mes pasado; hay prosperidad el resto del año también, pero este mes es especialmente fuerte. Esta persona debe tener más cuidado en el plano físico hasta el 18; repasa lo que comentamos sobre esto el mes pasado.

Virgo es una persona racional, mental. Hay mucha agua en el horóscopo este mes. El 60 y a veces el 70 por ciento de los planetas o están en signos de agua o transitan por ellos. En febrero y marzo experimentaste algo de esto también. Las personas, el mundo en general, están más «sensibles» en este periodo; la lógica y la racionalidad no cuentan para nada; lo que cuenta es el estado anímico del momento, el sentimiento; eso es lo que importa. Si siento que la Tierra es plana, pues es plana para mí. Es algo difícil vérselas con esto, pero en periodos como este el mundo necesita más racionalidad Virgo; eres muy importante en este periodo. Por otro lado, este es un buen periodo para conectar más con tus sentimientos. Virgo, más que la mayoría, es capaz de vivir en la mente y por lo tanto perderse una importante dimensión de sí mismo. Este es muy buen periodo para hacer progreso psíquico.

El amor es muy feliz este mes. Si estás soltero o soltera tienes opción entre relaciones serias comprometidas o simples aventuras amorosas; se te ofrecen ambas cosas. La fertilidad continúa muy fuerte (si estás en edad de concebir). Las oportunidades románticas se presentan en el mundo *online*, en salas de chateo, en servicios *online* de contactos, y a través de amistades que hacen de casamenteros; también hay oportunidades románticas cuando estás en grupo, participas en actividades en grupo y en organizaciones profesionales o sociales.

Las finanzas van bien este mes; hay prosperidad. Hasta el 23 tu planeta del dinero está en tu casa doce; por lo tanto son importantes las dimensiones espirituales de la riqueza; es importante la intuición, la orientación interior. El 23 Venus entra en tu signo; esto trae beneficios financieros inesperados y oportunidades. Las oportunidades financieras te buscarán, no es mucho lo que tienes que hacer. Con la mayoría de los planetas en el independiente sector oriental y tu planeta del dinero en tu signo, la prosperidad depende de ti, está en tus manos. Tú sabes mejor lo que es necesario hacer. Configura tu vida financiera (y las demás circunstancias de la vida) según tus especificaciones. Con Venus en tu signo tiendes a gastar en ti, o en tu cuerpo e imagen; y de verdad este es un buen periodo para esto. Ahora te conviene comprar ropa y accesorios, es bueno tu sentido estético.

Si necesitas pedir un préstamo o negociar una hipoteca, del 19 al 24 es buen periodo.

Agosto

Mejores días en general: 8, 9, 17, 18, 25, 26, 27
Días menos favorables en general: 1, 2, 15, 16, 21, 22, 28, 29
Mejores días para el amor: 3, 8, 9, 13, 19, 21, 22, 25, 26
Mejores días para el dinero: 3, 8, 9, 10, 11, 12, 13, 14, 19, 21, 22, 25, 26, 30, 31
Mejores días para la profesión: 1, 2, 3, 4, 15, 16, 24, 25, 28, 29

El 1 y el 2 Marte está en cuadratura con Urano, aspecto muy, muy dinámico. Tómate las cosas con calma, evita las discusiones y los lugares o personas peligrosos. Estos no son días para correr riesgos. Este aspecto podría causar algún tipo de drama en la salud, pero la salud es fundamentalmente buena, así que es probable que no sea nada grave. Controla el mal genio en el trabajo y con los compañeros del trabajo. Si eres empleador, es posible que haya un drama en la vida de los empleados.

Tu casa doce se hizo muy poderosa el 22 del mes pasado, y sigue poderosa hasta el 22 de este mes. Este es un mes espiritual, un periodo para conectar con el Poder Superior que llevas en tu interior, un periodo para conseguir objetivos espirituales. En el plano mundano es bueno para ser más activo en causas benéficas o altruistas. El Cosmos te impulsa a «limpiar el pizarrón» del año pasado para comenzar tu nuevo año con el pizarrón limpio (que astrológicamente comienza el día de tu cumpleaños). Cualquier práctica que te sirva para hacer esto es buena. Presta atención a tu vida onírica este mes, pues tenderá a ser profética y reveladora. Estés o no en un camino espiritual tendrás experiencias de tipo sobrenatural en este periodo. Si estás en el camino las reconocerás por lo que son; si no, las considerarás «coincidencias»; esa es la única diferencia.

El 22 entras en una de tus cimas anuales de placer personal. Virgo es una persona muy trabajadora, así que los periodos de placer personal, de mimos, te son más beneficiosos que para la mayoría.

El 22 los planetas entran en su posición oriental máxima. Estás, pues, en un periodo de máxima independencia y poder. Aprovéchalo canalizando esta energía extra para crear las condiciones que deseas. Puedes y debes tener las cosas a tu manera. Tu felicidad y satisfacción dependen de ti. No hay que echarle la culpa a nadie; tienes abundante respaldo planetario para esto.

El amor se vuelve más delicado después del 22. Tú y el ser amado estáis distanciados. El distanciamiento podría ser físico o psíquico; el efecto es más o menos el mismo. Veis las cosas de formas opuestas; tenéis perspectivas y opiniones opuestas. Ninguno de los dos tiene la razón ni está equivocado. A veces tiene la razón uno, a veces el otro; depende de cada caso. A veces tendrás que ceder a los deseos de tu pareja, a veces tu pareja tendrá que ceder a los tuyos. Si lográis zanjar estas diferencias, trascenderlas, la relación será más fuerte que antes. En astrología, son los opuestos los que forman la pareja natural del matrimonio. El verdadero poder viene de la unión de los opuestos. Los antiguos entendían que los opuestos son simplemente dos caras de la misma moneda. En la superficie parecen estar en conflicto, pero en realidad se complementan. Parte del problema es que el ser amado tiene la atención centrada en sus intereses y tú la tienes en los tuyos, y estos son divergentes. Transigencia, transigencia, transigencia.

Septiembre

Mejores días en general: 4, 5, 6, 13, 14, 22, 23
Días menos favorables en general: 11, 12, 18, 19, 24, 25, 26
Mejores días para el amor: 1, 8, 9, 17, 18, 19, 27, 28
Mejores días para el dinero: 1, 7, 8, 9, 10, 17, 18, 19, 27, 28
Mejores días para la profesión: 5, 6, 15, 16, 24, 25, 26

La tendencia en el amor es la misma del mes pasado, así que repasa lo que hablamos al respecto. Tu reto es elevarte por encima de vuestras diferencias y ver la validez de los puntos de vista del ser amado. Esta persona debe hacer lo mismo. Después del 22 las cosas son más fáciles en el amor. Las dificultades no son permanentes.

Sigues en una de tus cimas anuales de placer personal, en el periodo para gozar de todos los deleites sensuales, el periodo para conseguir el cuerpo y la imagen que deseas tener.

Tu planeta de la espiritualidad, el Sol, que está en tu primera casa desde el 22 del mes pasado, da enorme belleza y atractivo a tu imagen. Muchos actores, actrices y modelos tenían esta posición cuando nacieron. Da una belleza «no terrenal», de tipo celestial. Esto lo he visto incluso en personas ancianas; el cuerpo estaba envejecido, pero la persona estaba envuelta en un aura hermosa y al mirar el efecto total, la persona se veía hermosa.

Esta posición también sensibiliza el cuerpo, por lo tanto, aunque estás gozando de los placeres carnales, es mejor que evites consumir alcohol o drogas. Tu cuerpo puede reaccionar exageradamente a estas cosas en este periodo.

El 22 entras en una cima financiera anual. Las finanzas fueron buenas el mes pasado también, pero ahora van mejor aún. Pero hay mucho trabajo, muchos retos. Este es un mes activo, ajetreado, frenético. Tienes que atender a muchos intereses conflictivos, cada uno tira de ti en diferente sentido; es como tener un grupo de adolescentes revoltosos en la casa y cada uno desea hacer algo distinto. Tu tarea es obligarlos a colaborar entre sí, obligarlos a tirar en una dirección. Es fácil de decir, pero no de hacer. A pesar de esto, a fin de mes deberías ser más rico que al comienzo. El 27 y el 28 se ven buenos días de paga. Hay suerte en las especulaciones esos días también.

Afortunadamente la salud es buena y tienes la energía para hacer frente a todas estas dificultades. Pero no te hará ningún daño fortalecer la salud de las maneras explicadas en las previsiones para el año.

Del 15 al 17 Mercurio está en un aspecto dinámico con Urano y Plutón. Tómate las cosas con calma en ese periodo. Conduce con más prudencia, evita las situaciones o a las personas peligrosas. Controla el genio y haz todo lo posible por evitar los conflictos. Esto vale para los padres o figuras parentales también.

Del 7 al 11 es necesario proteger de un posible daño a un hijo, hija o figura filial, darle protección extra.

Octubre

Mejores días en general: 2, 3, 11, 12, 19, 20, 29, 30
Días menos favorables en general: 8, 9, 15, 16, 22, 23
Mejores días para el amor: 6, 7, 8, 15, 16, 17, 18, 24, 27, 28
Mejores días para el dinero: 4, 5, 6, 7, 8, 15, 16, 17, 18, 24, 25, 27, 28, 31
Mejores días para la profesión: 6, 7, 15, 16, 22, 23, 24, 25

Hasta el 23 continúas en una cima financiera anual. El Sol, tu planeta de la espiritualidad, está en tu casa del dinero hasta el 23, así que presta atención a tu intuición. Este es un periodo para aplicar las leyes espirituales de la riqueza, para acceder a las fuentes sobrenaturales del aprovisionamiento, no a las naturales. La medida en que logres esto será la medida de tu verdadera libertad económica. Si tienes la sensación de carencia, tienes un «ataque de carencia», aumenta tus donaciones; da dinero a una institución de caridad o a alguna causa altruista. Observa cómo se te abren, como por arte de magia, las puertas financieras. En el plano espiritual las puertas se abren al instante, pero es posible que no lo veas inmediatamente. No temas, ocurrirá.

Después del 15 ten más paciencia con el ser amado; evita los conflictos innecesarios. Esta persona parece más temperamental en ese periodo. Es posible que esté perturbada por dificultades financieras o conflictos con amistades. Esta persona debe conducir con más prudencia del 15 al 22; también es necesario que evite situaciones o a personas peligrosas. Hay armonía entre tu pareja y tú, los problemas vienen de otras cosas.

El 18 hay un eclipse lunar que ocurre en tu octava casa; tómate las cosas con calma en ese periodo. Este eclipse podría traer un encuentro con la muerte (generalmente estos encuentros son en el plano psíquico), intervención quirúrgica o una experiencia de casi muerte. No hay ninguna necesidad de correr riesgos extras en ese periodo; si una actividad es difícil, estresante o peligrosa, reprográmala para otra ocasión. Como ocurre con todos los eclipses lunares, este pone a prueba las amistades; el problema no siempre es la relación propiamente dicha (aunque a veces lo es), sino que se debe a dramas que ocurren en la vida de los amigos. También se ponen a prueba los ordenadores, los programas informáticos y los equipos de alta tecnología; estas cosas están más temperamentales en este periodo; podría ser necesario reemplazarlos. También las amistades deberán evitar las actividades peligrosas en este periodo. Dado que este eclipse hace impacto en Júpiter, hay dramas en la familia también. Ten más paciencia con los familiares en este periodo.

El 23 se hace poderosa tu tercera casa; esto lo sentirás antes, ya que Mercurio está en esta casa todo el mes. Este es un mes para dedicarte a tus intereses intelectuales, para hacer cursos en los temas que te interesan, para adquirir conocimientos o para transmitir conocimientos a otros. La buena comunicación no sólo es agradable en sí misma, sino que también se ve importante en las finanzas, sobre todo hasta el 7. Después son importantes la familia y las conexiones familiares. Gastas más en la familia, pero también ganas más. Si eres inversor profesional podría convenirte explorar oportunidades en los sectores inmobiliario, restauración, alimentación y hoteles.

Noviembre

Mejores días en general: 7, 8, 16, 17, 25, 26, 27
Días menos favorables en general: 5, 6, 11, 12, 18, 19
Mejores días para el amor: 3, 7, 11, 12, 16, 17, 20, 26, 27, 30
Mejores días para el dinero: 1, 3, 4, 7, 11, 12, 16, 17, 21, 22, 26, 27, 28, 29, 30
Mejores días para la profesión: 3, 4, 11, 12, 18, 19, 20, 21, 22, 30

Marte entró en tu signo el 15 del mes pasado y estará ahí todo este mes. Esto tiene sus puntos buenos y algunos menos buenos. En el lado positivo, es fabuloso para bajar de peso (si lo necesitas) y para regímenes de desintoxicación; Marte es el señor de tu octava casa; da energía, valor y ánimo de lucha; estás dispuesto a superar todos los desafíos y contrincantes; haces las cosas rápido; tienes más magnetismo y carisma; el atractivo sexual es más fuerte, el sexo opuesto lo capta (y a veces esto puede ser un problema); sobresales en deportes y en programas de ejercicio; sea cual sea tu nivel de destreza, mejora en este periodo. En el lado negativo, el valor y el ánimo de lucha pueden volverte belicoso, en busca de pelea; y si miras, sin duda la encuentras; puede aumentar la tendencia a la ira, la precipitación, la impaciencia, y esto puede ser causa de lesiones en el plano físico. Cuando Marte está cerca del Ascendente, podrías parecer brusco, furioso y belicoso, aunque no tengas la intención; en cierto modo, eso emana de ti. Así pues, te será necesario hacer un esfuerzo consciente para suavizarte cuando te aproximes a los demás. Vas a ser más activo físicamente, pero más consciente de tus actos. Evita las situaciones y a las personas violentas.

El 3 hay un eclipse solar que ocurre en tu tercera casa. Este eclipse es moderado en ti, por así decirlo; has pasado por unos mucho más fuertes. Como todos los eclipses solares, este trae cambios espirituales, cambios en la práctica, cambio de profesor y de enseñanza. Por lo general, esto ocurre a consecuencia de una revelación o iluminación interior, una nueva percepción de las cosas. Podría haber algún escándalo o trastorno en una organización espiritual o benéfica con la que te relacionas. Un drama en la vida de tu gurú o profesor podría ser la causa del cambio. Este eclipse pone a prueba el equipo de comunicación, y podría ser necesario reemplazarlo o modernizarlo. Hay dramas en la vida de hermanos o figuras fraternas, y tal vez trastornos en el barrio. Si eres estudiante (no universitario todavía) cambias de colegio o tu plan educativo; es probable que haya dramas en el colegio (acontecimientos impresionantes). Este eclipse hace impacto en Saturno, tu planeta de los hijos; los hijos o figuras filiales deberán reducir sus actividades durante el periodo del eclipse. Haz todo lo posible para protegerlos de algún daño y de situaciones peligrosas; no hay ninguna necesidad de que corran riesgos indebidos en este periodo.

Hasta el 22 sigue poderosa tu tercera casa, la de la comunicación y los intereses intelectuales; repasa lo que dijimos el mes pasado.

La profesión parece estar en suspenso este mes. Mercurio, tu planeta de la profesión, está retrógrado hasta el 10; la mayoría de los planetas continúan en la mitad inferior de tu carta; tu cuarta casa, la del hogar y la familia, estuvo poderosa el mes pasado y este está aún más poderosa, hasta el 22. Por lo tanto, un descanso en la profesión está en los astros; esta es la pausa que renueva. La atención deberá estar en el hogar, la familia y el bienestar emocional. Cuando esto está bien, la profesión externa irá bien naturalmente a su debido tiempo.

La salud es delicada después del 22; procura descansar y relajarte más y cuida de mantener elevada la energía; fortalece la salud de las maneras explicadas en las previsiones para el año.

Diciembre

Mejores días en general: 4, 5, 13, 14, 23, 24
Días menos favorables en general: 2, 3, 8, 9, 15, 16, 17, 30, 31
Mejores días para el amor: 1, 4, 5, 8, 9, 13, 14, 18, 23, 24, 28
Mejores días para el dinero: 1, 4, 5, 8, 9, 13, 14, 18, 19, 23, 24, 25, 26, 28, 29
Mejores días para la profesión: 1, 10, 11, 15, 16, 17, 21, 22

El 22 del mes pasado el poder planetario comenzó a trasladarse del sector oriental de tu carta al occidental o social. Este mes, cuando Mercurio entre en Sagitario, aumenta el poder en el sector occidental. Ha terminado (por ahora) tu periodo de independencia. Es de esperar que hayas aprovechado los seis meses pasados para crear las condiciones deseables; ha llegado el periodo para vivir con ellos. Ahora es más difícil hacer cambios (aunque no imposible); es mejor que te adaptes todo lo posible a las cosas. Toma nota de lo que te fastidia y cuando llegue tu siguiente periodo de independencia, podrás hacer los cambios y ajustes. Ahora el poder planetario se aleja de ti y avanza hacia los demás. Es el periodo para perfeccionar y afinar tus dotes sociales; no son muy importantes tu capacidad ni méritos personales; lo que importa es tu capacidad para llevarte bien con los demás, de conseguir su colaboración y apoyo.

Tu cuarta casa continúa poderosa hasta el 24; la atención está en el hogar y la familia; son importantes tu bienestar emocional y la estabilidad doméstica; estos necesitan una apariencia de orden si has de conseguir tus objetivos profesionales más adelante. Este es un periodo para progreso psíquico. Si haces psicoterapia debería irte bien; con tu planeta de la espiritualidad en tu cuarta casa, una psicología orientada a valores materiales o terrenos no bastará; hay que aplicar la dimensión espiritual. Podría convenir una regresión a una vida anterior. Muchos enigmas familiares tienen su origen en vidas anteriores. Generalmente tenemos una larga historia kármica con nuestros familiares, y nos encarnamos junto con ellos para ajustar cosas. Ver esta perspectiva será muy útil. El horóscopo también dice que tu comprensión espiritual contribuirá a solucionar problemas familiares en este periodo.

Aunque este es un mes festivo, entras en tu periodo de fiestas ya avanzado el mes, el 21. El trabajo puede dejarse en segundo plano; recréate con actividades de ocio y creatividad. Si estás en edad de concebir entras en otro periodo de mayor fertilidad este mes.

El amor va mucho mejor que en meses anteriores. Tu planeta del amor está en movimiento directo y recibe aspectos benévolos. Hay más claridad en el amor también. Si tienes pareja, la relación es mucho más feliz. Si estás soltero o soltera, sales más y atraes experiencias románticas felices. Del 5 al 8 hay ciertas dificultades con el ser amado, pero son temporales, acaban pronto.

Tu planeta del dinero está bien situado, en Capricornio, así que el juicio financiero es bueno; obtienes valor por tu dinero; lo administras bien. Las compras para las vacaciones navideñas será mejor que las hagas antes del 21, no las dejes para el último momento; el 21 inicia movimiento retrógrado tu planeta del dinero.

Del 29 al 31 conduce con más prudencia y evita las situaciones y a las personas peligrosas. En realidad, si es posible, lo mejor sería que estos días los pasaras tranquilo en casa, pues Mercurio, tu planeta regente, forma aspectos dinámicos con Urano y Plutón.

Libra

♎

La Balanza
Nacidos entre el 23 de septiembre y el 22 de octubre

Rasgos generales

LIBRA DE UN VISTAZO
Elemento: Aire

Planeta regente: Venus
  Planeta de la profesión: la Luna
  Planeta de la salud: Neptuno
  Planeta del amor: Marte
  Planeta del dinero: Plutón
  Planeta del hogar y la vida familiar: Saturno
  Planeta de la suerte: Mercurio

Colores: Azul, verde jade
  Colores que favorecen el amor, el romance y la armonía social: Carmín, rojo, escarlata
  Colores que favorecen la capacidad de ganar dinero: Borgoña, rojo violáceo, violeta

Piedras: Cornalina, crisolita, coral, esmeralda, jade, ópalo, cuarzo, mármol blanco

Metal: Cobre

Aromas: Almendra, rosa, vainilla, violeta

Modo: Cardinal (= actividad)

Cualidades más necesarias para el equilibrio: Sentido del yo, confianza en uno mismo, independencia

Virtudes más fuertes: Buena disposición social, encanto, tacto, diplomacia

Necesidades más profundas: Amor, romance, armonía social

Lo que hay que evitar: Hacer cosas incorrectas para ser aceptado socialmente

Signos globalmente más compatibles: Géminis, Acuario

Signos globalmente más incompatibles: Aries, Cáncer, Capricornio

Signo que ofrece más apoyo laboral: Cáncer

Signo que ofrece más apoyo emocional: Capricornio

Signo que ofrece más apoyo económico: Escorpio

Mejor signo para el matrimonio y/o las asociaciones: Aries

Signo que más apoya en proyectos creativos: Acuario

Mejor signo para pasárselo bien: Acuario

Signos que más apoyan espiritualmente: Géminis, Virgo

Mejor día de la semana: Viernes

La personalidad Libra

En el signo de Libra, la mente universal (el alma) expresa el don de la relación, es decir, el poder para armonizar diversos elementos de modo unificado y orgánico. Libra es el poder del alma para expresar la belleza en todas sus formas. Y ¿dónde está la belleza si no es dentro de las relaciones? La belleza no existe aislada; surge de la comparación, de la correcta relación de partes diferentes. Sin una relación justa y armoniosa no hay belleza, ya se trate de arte, modales, ideas o asuntos sociales o políticos.

Los seres humanos tenemos dos facultades que nos elevan por encima del reino animal. La primera es la facultad racional, como se expresa en los signos de Géminis y Acuario. La segunda es la facultad estética, representada por Libra. Sin sentido estético seríamos poco más que bárbaros inteligentes. Libra es el instinto o impulso civilizador del alma.

La belleza es la esencia de lo que son los nativos de Libra. Están aquí para embellecer el mundo. Podríamos hablar de la buena disposición social de este signo, de su sentido del equilibrio y del juego limpio, de su capacidad de ver y amar el punto de vista de los demás, pero eso sería desviarnos de su bien principal: su deseo de belleza.

Nadie existe aisladamente, no importa lo solo o sola que parezca estar. El Universo es una vasta colaboración de seres. Los nativos de Libra, más que la mayoría, lo comprenden y comprenden las leyes espirituales que hacen soportables y placenteras las relaciones.

Un nativo de Libra es un civilizador, armonizador y artista inconsciente, y en algunos casos consciente. Este es el deseo más profundo de los Libra y su mayor don. Por instinto les gusta unir a las personas, y están especialmente cualificados para hacerlo. Tienen el don de ver lo que puede unir a la gente, las cosas que hacen que las personas se atraigan en lugar de separarse.

Situación económica

En materia económica, muchas personas consideran a los nativos de Libra frívolos e ilógicos, porque parecen estar más interesados en ganar dinero para otros que para ellos mismos. Pero esta actitud tiene una lógica. Los Libra saben que todas las cosas y personas están relacionadas, y que es imposible ayudar a alguien a prosperar sin prosperar también uno mismo. Dado que colaborar para aumentar los ingresos y mejorar la posición de sus socios o su pareja va a fortalecer su relación, Libra decide hacerlo. ¿Qué puede ser más agradable que estrechar una relación? Rara vez nos encontraremos con un Libra que se enriquezca a expensas de otra persona.

Escorpio es el signo que ocupa la segunda casa solar de Libra, la del dinero, lo cual da a este signo una perspicacia no habitual en asuntos económicos y el poder de centrarse en ellos de un modo aparentemente indiferente. De hecho, muchos otros signos acuden a Libra para pedirle consejo y orientación en esta materia.

Dadas sus dotes sociales, los nativos de Libra suelen gastar grandes sumas de dinero invitando a los demás y organizando acontecimientos sociales. También les gusta pedir ayuda a otros cuando la necesitan. Harán lo imposible por ayudar a un amigo en desgracia, aunque tengan que pedir un préstamo para ello. Sin embargo, también tienen mucho cuidado en pagar todas sus deudas y procuran que jamás haya necesidad de recordárselo.

Profesión e imagen pública

En público a los Libra les gusta parecer paternales. Sus amigos y conocidos son su familia, y ejercen el poder político de manera paternal. También les gustan los jefes que son así.

Cáncer está en la cúspide de su casa diez, la de la profesión, por lo tanto, la Luna es su planeta de la profesión. La Luna es con mucho el planeta más rápido y variable del horóscopo; es el único entre todos los planetas que recorre entero el zodiaco, los 12 signos, cada mes. Nos da una clave importante de la manera como los Libra enfocan su profesión y también de algunas de las cosas que necesitan hacer para sacar el máximo rendimiento de su potencial profesional. La Luna es el planeta de los estados de ánimo y los sentimientos, y los Libra necesitan una profesión en la cual tengan libertad para expresar sus emociones. Por eso muchos se dedican a las artes creativas. Su ambición crece y mengua como la Luna. Tienden a ejercer el poder según su estado de ánimo.

La Luna «rige» las masas, y por eso el mayor objetivo de los Libra es obtener una especie de aplauso masivo y popularidad. Los que alcanzan la fama cultivan el amor del público como otras personas cultivan el cariño de un amante o amigo. En su profesión y sus ambiciones, los Libra suelen ser muy flexibles, y muchas veces volubles. Por otro lado, son capaces de conseguir sus objetivos de muchas y diversas maneras. No se quedan estancados en una sola actitud ni en una sola manera de hacer las cosas.

Amor y relaciones

Los nativos de Libra expresan su verdadero genio en el amor. No podríamos encontrar una pareja más romántica, seductora y justa que una persona Libra. Si hay algo que con seguridad puede destruir una relación, impedir el flujo de la energía amorosa, es la injusticia o el desequilibrio entre amante y amado. Si uno de los dos miembros de la pareja da o recibe demasiado, seguro que en uno u otro momento surgirá el resentimiento. Los Libra tienen mucho cuidado con esto. Si acaso, podrían pecar por el lado de dar más, jamás por el de dar menos.

Si estás enamorado o enamorada de una persona Libra, procura mantener vivo el romance. Preocúpate de las pequeñas atenciones y los detalles: cenas iluminadas con velas, viajes a lugares exóticos, flores y obsequios. Regálale cosas hermosas, aunque no necesariamente tienen que ser caras; envíale tarjetas; llámala por teléfono con regularidad aunque no tengas nada especial que decirle. Los detalles son muy importantes. Vuestra relación es una obra de arte: hazla hermosa y tu amor Libra lo apreciará. Si además muestras tu creatividad, lo apreciará aún más, porque así es como tu Libra se va a comportar contigo.

A los nativos de Libra les gusta que su pareja sea dinámica e incluso voluntariosa. Saben que esas son cualidades de las que a veces ellos carecen y por eso les gusta que su pareja las tenga. Sin embargo, en sus relaciones sí que pueden ser muy dinámicos, aunque siempre de manera sutil y encantadora. La «encantadora ofensiva» y apertura de Gorbachov a fines de la década de 1980, que revolucionó a la entonces Unión Soviética, es típica de un Libra.

Los nativos de este signo están resueltos a hechizar al objeto de su deseo, y esta determinación puede ser muy agradable si uno está en el puesto del receptor.

Hogar y vida familiar

Dado que los Libra son muy sociales, no les gustan particularmente las tareas domésticas cotidianas. Les encanta que su casa esté bien organizada, limpia y ordenada, que no falte nada de lo necesario, pero los quehaceres domésticos les resultan una carga, una de las cosas desagradables de la vida, que han de hacerse cuanto más rápido mejor. Si tienen dinero suficiente, y a veces aunque no lo tengan, prefieren pagar a alguien para que les haga las tareas domésticas. Pero sí les gusta ocuparse del jardín y tener flores y plantas en casa.

Su casa será moderna y estará amueblada con excelente gusto. Habrá en ella muchas pinturas y esculturas. Dado que les gusta estar con amigos y familiares, disfrutan recibiéndolos en su hogar y son muy buenos anfitriones.

Capricornio está en la cúspide de su cuarta casa solar, la del hogar y la familia. Sus asuntos domésticos los rige pues Saturno, el planeta de la ley, el orden, los límites y la disciplina. Si los Libra desean tener una vida hogareña feliz, deberán desarrollar algunas de las cualidades de Saturno: orden, organización y disciplina. Al ser tan creativos y necesitar tan intensamente la armonía, pueden tender a ser demasiado indisciplinados en su casa y demasiado permisivos con sus hijos. Un exceso de permisividad no es bueno: los niños necesitan libertad, pero también límites.

Horóscopo para el año 2013*

Principales tendencias

Es muy probable que el mineral en bruto no disfrute mucho del proceso de fundición; el calor es insoportable. Pero el producto final es bueno; metal puro. Toda persona con aspiraciones elevadas pasa por unos años tipo crisol. Cuanto más elevada es la aspiración más intensa es la temperatura del crisol. 2011 y 2012 fueron años así. Tal vez llegaste a creer que te empujaban hasta el límite, pero no era así. El Poder Superior y sus agentes, las fuerzas planetarias, son inteligentes. Toda prueba dura se mide esmeradamente. Se aplica justo el calor necesario para hacer el trabajo y ni una pizca más. Estas experiencias terribles no fueron castigos, como podrías haber pensado. Ni mala suerte. Fueron, en realidad, las respuestas a las oraciones. Deseabas ciertas cosas elevadas, y para tenerlas de la manera adecuada, eran necesarias las pruebas. Había que fundir, eliminar, ciertas impurezas psíquicas. Sólo la experiencia del crisol puede producir esto. Ahora ya ves esto, pero en los momentos en que ocurría no era tan aparente.

Afortunadamente, ya has salido de lo peor. 2011 fue el periodo más difícil; 2012 un poco menos. En 2013 todavía hay dificultades, pero nada parecido a lo que ya has pasado.

En marzo de 2011 Urano entró en tu séptima casa, la del amor. Se pusieron severamente a prueba las relaciones. Muchas no sobrevivieron. Urano continúa ahí este año y luego otros cinco más o menos. El amor es muy inestable. Cambia drásticamente toda la esfera social. Hablaremos más de esto.

Neptuno, el más espiritual de los planetas, entró en tu sexta casa, la de la salud, en 2012 (en 2011 coqueteó brevemente con esta casa, pero en 2012 entró para quedarse muchos años). Este es un tránsito positivo; debes centrar más la atención en la salud en este periodo. Pero también indica que vas a explorar los abundantes y prolíficos

---

* Las previsiones de este libro se basan en el Horóscopo Solar y todos los signos que derivan de él; tu Signo Solar se convierte en el Ascendente, y las casas se numeran a partir de él. Tu horóscopo personal, el trazado concretamente para ti (según la fecha, hora y lugar exactos de tu nacimiento) podrían modificar lo que decimos aquí. Joseph Polansky

recursos espirituales de la salud y la energía. Se te va a enseñar a aprovecharlos para resolver muchos problemas. Volveremos sobre este tema.

Comienzas el año con Júpiter en tu novena casa, lo que indica muchos viajes al extranjero. Este es también un buen tránsito si eres universitario o estudiante de posgrado; indica éxito. Más avanzado el año, el 27 de junio, Júpiter cruza tu Medio cielo y entra en tu décima casa, la de la profesión. Por lo tanto, la profesión va a prosperar este año, lógicamente según la fase en que estés en tu vida. Hablaremos más de esto.

Las facetas de más interés para ti este año son: las finanzas; el hogar y la familia; la salud y el trabajo; el amor y el romance; la religión, la metafísica, la formación superior y los viajes al extranjero (hasta el 27 de junio); la profesión (a partir del 27 de junio).

Los caminos para tu mayor realización este año son: las finanzas; la religión, la metafísica, la formación superior y los viajes al extranjero (hasta el 27 de junio); la profesión (después del 27 de junio).

Salud

(Ten en cuenta que esta es una perspectiva astrológica de la salud, no una médica. Antaño no había ninguna diferencia, ambas eran idénticas, pero en esta época podrían diferir muchísimo. Para una perspectiva médica, por favor, consulta a tu médico o a otro profesional de la salud.)

La salud está mucho mejor que en los dos últimos años, pero sigue siendo necesario que le prestes atención; comienzas el año con dos poderosos planetas lentos en alineación desfavorable. El 27 de junio Júpiter entra también en alineación difícil. Así pues, la salud sigue delicada. Afortunadamente, tu sexta casa, la de la salud, estará fuerte; como hemos dicho, Neptuno está en ella todo el año; por lo tanto estás atento, alerta, al caso. Le prestas atención, que es exactamente lo que debes hacer.

Los aspectos difíciles para la salud no significan enfermedad necesariamente. Sólo significan que es necesario prestarle más atención a la salud. No debes darla por descontada en este periodo. Si prestas atención y observas tu grado de energía, pasarás el periodo con pocos problemas o molestias.

Es mucho lo que puedes hacer para mejorar la salud y prevenir problemas. Da más atención a las zonas vulnerables este año. Estas son:

El corazón. Evita la preocupación y la ansiedad. Relájate, suéltate. Si puedes hacer algo positivo en una situación, hazlo, actúa. Pero si no, no te agotes de preocupación. Disfruta de tu vida; cuando llegue el momento de actuar, sabrás qué hacer.

Los pies. La reflexología podal y el masaje en los pies siempre son terapias potentes para ti. Neptuno, el planeta que rige los pies, es tu planeta de la salud. Los trece o catorce próximos años estas terapias serán más potentes aún. Neptuno está en tu sexta casa, la de la salud. Los zapatos deben ser cómodos; cálzate bien; procura mantener abrigados los pies en invierno. Los baños de pies y el hidromasaje también son buenos, y existen muchos artilugios para hacer esto. Podría convenirte también hacer visitas periódicas al podólogo.

Los riñones y las caderas. Estas zonas son siempre importantes para ti también; el signo Libra los rige. Deberás darte masajes periódicos en las caderas.

Con lo importantes que son estos órganos, lo más importante es mantener elevada la energía. Evita hacer de la noche día; aprende a moderar tu ritmo (ya eres muy bueno en esto); descansa cuando estés cansado; trabaja con ritmo y alterna las actividades. Diferentes actividades ocupan diferentes facultades y diferentes músculos; cuando las alternas das descanso a algunas facultades. Delega las tareas todo lo que puedas. Planifica el día de forma que hagas más con menos esfuerzo.

Como hemos dicho, la novedad más importante para la salud es la presencia de Neptuno en tu sexta casa. Esta indica las dimensiones espirituales de la curación. Este es un tema muy extenso; deberías leer todo lo posible sobre esto. La curación espiritual difiere un poco de la curación «mente-cuerpo». En realidad va de acceder a un poder que trasciende la mente; de hecho, es el poder que «da poder» a la mente, que la capacita para pensar y funcionar. Hay reglas en esto. No es solamente «pensamiento positivo» y afirmaciones positivas. Se accede mediante oración y meditación. Una vez que le cojas el tranquillo, se revolucionará tu vida.

Hogar y vida familiar

Tu cuarta casa, la del hogar y la familia, ha estado poderosa varios años, es un interés importante, un foco de atención; no es algo de lo que te puedas desentender. Plutón está en esta casa desde 2008 y continuará ahí muchos años más.

En años pasados hemos hablado de esto, pero vale la pena repetirlo, pues es una tendencia a largo plazo.

Toda la situación familiar está pasando por una desintoxicación cósmica. Esto ocurre en los niveles más profundos. Se están eliminando viejos hábitos o formas de comportamiento; se marchan las relaciones no sanas, la codependencia, la esclavitud, el material de desecho dentro de la familia. Estas cosas rara vez son agradables mientras ocurren. Pregúntale a cualquiera que le hayan hecho un lavado de colon o una colonoscopia, lo que se siente mientras se elimina el contenido del colon. Lo que sale suele ser muy impresionante. ¡Todo eso estaba dentro de mí, no me lo puedo creer! Sí, hay mucho material reprimido en la situación familiar, y para que haya curación, para que se manifieste una pauta familiar positiva, debe marcharse todo eso, pero primero hay que verlo y reconocerlo.

Dada la condición humana, el estado de humanidad caída, las disfunciones familiares parecen ser más o menos la norma. Es excepcional tener una familia verdaderamente funcional, aquellos que la tienen deberían dar las gracias a sus estrellas de la suerte. Sin embargo, todo el mundo se la merece. Y, por lo tanto, en ciertos periodos, entra el Cosmos en el juego y comienza a limpiar y a sanear la situación.

Son muchas las posibilidades en cuanto a cómo ocurre esta desintoxicación; los detalles concretos varían de una persona a otra. A veces hay una muerte en la familia y esto cambia toda la situación. A veces se rompe la unidad familiar y luego se reagrupa otra vez de una manera mejor, a un nivel mejor. A veces un familiar tiene una experiencia de casi muerte y esto cambia las cosas. Es posible que a lo largo del tránsito de Plutón (que dura unos quince años) ocurran todas estas cosas.

Una persona no sabe que necesita curación hasta que se enfrenta a la patología; una patología no reconocida o identificada es difícil de tratar. Por lo tanto, Plutón primero la hace consciente y luego la elimina.

La situación familiar resucitará, pero antes de la resurrección viene la muerte.

Lo que decimos acerca de la situación familiar también vale para la vida emocional personal. Esta experimenta una desintoxicación importante. Es mejor colaborar con el proceso en lugar de resistirse a él. Haciendo aflorar el material emocional reprimido, Plutón te demostrará por qué estás en las condiciones que estás. Muchas veces la persona piensa: «No me merezco esto, no he hecho nada malo, ¿por qué me ocurre a mí?». Pero cuando vemos el material reprimido, la respuesta es obvia. En el subconsciente hemos creado el sufrimiento y la experiencia negativa. Es maravilloso, aunque no siempre agradable, que esas causas ocultas, esas creaciones emocionales, salgan a la superficie y se eliminen.

Este año vas a gastar más en la casa, invirtiendo en ella, tal vez renovándola, pero también puedes ganar dinero con ella.

Profesión y situación económica

Las finanzas son una faceta importante de la vida los dos próximos años. Como hemos dicho, Saturno entró en tu casa del dinero en octubre del año pasado. Esto indica un periodo de consolidación financiera. No es un periodo para aumentar los ingresos tanto como lo es para administrar lo que tienes. La buena administración hará más por tu economía que sólo aumentar los ingresos. Las personas experimentadas en negocios saben que la expansión desenfrenada no es sana. Parece bien, pero en la práctica real lleva a todo tipo de abusos e impurezas. Como ocurre en todas las facetas de la vida, una vida financiera sana es algo vivo, que respira. Hay periodos en que estamos en la «inspiración»: aumentando las ganancias o ampliando el mercado; y hay periodos en que estamos en la «espiración»: consolidando, eliminando las impurezas de la vida financiera, reorganizando, cambiando las cosas de manera más sana. Podría demostrar que los periodos de consolidación son tan importantes como los de expansión. No es tan atractivo tal vez, no tan agradable, pero es igual de importante. Si esto se hace bien, la siguiente expansión (que vendrá) será más sana y más grande que la anterior.

Este es un periodo para adquirir el control y dominio de la vida financiera. Estamos hechos para ser amos del dinero, no sus esclavos. Sin embargo, pocas personas lo son. Saturno te ayudará en esto.

Es posible que te sientas ceñido en las finanzas; como hemos dicho, es probable que tengas encima cargas y responsabilidades extras. Bienes que posees podrían disminuir su valor (o simplemente no aumentar de valor). Sin embargo, si reorganizas, eliminas gastos (no en lo necesario), haces cambios aquí o allá, descubrirás que tienes todos los recursos que necesitas.

Saturno está poniendo orden en tu vida financiera, un orden correcto. Su intención es educar, no castigar. A veces las personas no aprenden si no hay drama, y si este es tu caso, vendrán dramas.

La intención de Saturno es darte riqueza duradera. Por lo tanto, te enseñará importantes principios financieros. Te enseñará a conseguir riqueza a la larga, a obtenerla con sistema y método, paso a paso. Agradable y fácil.

Aunque tienes suerte en las especulaciones la primera mitad del año, este no es un aspecto para ganar en la lotería. Este tipo de ganancias son de corta duración; a Saturno le interesa lo duradero, a la larga.

Este es un periodo para comenzar a ahorrar y hacer planes de inversión, sistemática, ordenada y periódicamente. Un cierto porcentaje de los ingresos debería ir a ahorro o inversión. Si hay excesos en tu vida financiera, muchas cuentas bancarias o bursátiles, este es el periodo para librarte de esos excesos. Reduce. Tal vez pagas facturas de televisión por cable, teléfono móvil y teléfono fijo. Existen planes que consolidan todo esto en uno solo y por menos.

En este periodo es importante aprender a hacer un buen presupuesto, que deje margen para las cosas necesarias, incluso cosas para diversión. Hacer presupuesto te da cierto control sobre los gastos.

Si colaboras con Saturno en esto este año habrá prosperidad. La familia y las conexiones familiares se ven importantes en las finanzas. La familia, y en especial una figura parental, te apoya. Gastas más en la familia, pero también puedes ganar de esto.

Hay buena suerte para comprar o vender una casa. Los sectores inmobiliario, alimentación, hostelería, industrias que abastecen al hogar son interesantes para invertir este año.

Urano estará en cuadratura bastante exacta con tu planeta del dinero unos meses, así que ocurren cambios financieros importantes, drásticos. Al final serán buenos.

La profesión avanza lenta la primera mitad del año; te estás preparando. El 27 de junio Júpiter cruza tu Medio cielo y entra en tu décima casa, la de la profesión; esta es una señal clásica de éxito profesional. Generalmente indica ascenso y aumento de sueldo. Con frecuencia indica honores y reconocimiento. Siempre trae oportunidades profesionales felices y lucrativas. Sin embargo, esto podría no traducirse en un aumento de ingresos inmediatamente; parece que esto va a llevar tiempo. Tendrás el honor y el prestigio, pero el dinero llegará más adelante en el camino.

Amor y vida social

Como hemos dicho, desde que Urano entró en tu séptima casa en 2011, la vida amorosa y social ha sido inestable. Las relaciones han sido y son puestas severamente a prueba. Muchas no han sobrevivido. Es posible que hayas encontrado el amor en 2011, cuando transitó Júpiter por esta casa, pero la relación no se ve estable ni duradera.

El círculo social pasa por un cambio radical, revolucionario, este año y los próximos, es una tendencia a largo plazo.

Es probable que sobrevivan las buenas relaciones, aquellas en las que el amor es verdadero y son fundamentalmente sólidas; siempre sobreviven. De todos modos, no será fácil y tú y tu pareja seréis estirados hasta el límite.

Si estás soltero o soltera y sin compromiso, la vida amorosa ha sido muy emocionante. Con Urano lo inesperado es la norma. El amor puede llegar en cualquier lugar y en cualquier momento, sin aviso. Podrías estar sacando la bolsa de la basura y ahí te encuentras con el señor o la señorita Ideal (será mejor que mantengas siempre una buena apariencia, nunca sabes cuándo va a llegar el amor).

Aunque sales y lo pasas bien, no es aconsejable el matrimonio en este periodo. Tienes los aspectos de aventuras amorosas en serie, pero no para una relación comprometida duradera. Si se ve a Urano en la séptima casa en una carta hecha con la fecha de nacimiento, la tendencia es a muchos matrimonios o ninguno, y los motivos para ambas cosas son los mismos: la persona necesita cambios, variedad; necesita experimentar en el amor. Muchas veces una pareja no basta para esto; por lo tanto, la persona tiene aventuras amorosas o matrimonios en serie.

Si hablamos con una persona Libra (o una que tiene muy fuerte la casa siete) nos dirá: «Las relaciones son lo más importante en la vida. Solo se puede aprender acerca de uno mismo en las relaciones. Es el camino del propio conocimiento». Hay cierta verdad en eso, aprendemos acerca de nosotros mismos en las relaciones, pero no es el único camino del propio conocimiento; habla con un Piscis o un Escorpio y te dará una perspectiva distinta de las cosas. Esta experimentación en el amor es un viaje al propio conocimiento en este periodo. Tiras todos los libros de reglas sobre el amor y aprendes lo que funciona para ti personalmente. De esta manera se adquiere mucho conocimiento, pero también puedes esperar unas cuantas explosiones.

Tus gustos en el amor salen de lo convencional en este periodo. Si eres mayor podrían atraerte personas muy jóvenes, y a la inversa. Deseas algo «diferente». Lo normal y corriente te sabe a seco, rancio, aburrido. Con este aspecto muchas veces la persona tiene romances con personas de diferentes religiones, nacionalidades o razas.

Te atraen también personas no convencionales, de tipo genio, inventor, matemático, periodista, as de la informática, astrónomo o astrólogo, personas fuera de serie, por así decirlo.

La persona que desee conquistar el corazón de un Libra en este periodo, debe hacer algo no convencional.

Progreso personal

Júpiter en tu novena casa hasta el 27 de junio, como hemos dicho, es un aspecto fabuloso si eres estudiante; hay éxito y buena suerte en los estudios. Hay suerte si solicitas la entrada en una universidad o colegio de posgrado. También es un buen aspecto en el caso de que desees ampliar tu formación. Este tránsito indica aumento de los conocimientos, ampliación de los horizontes mentales. Llegan oportunidades de formación felices y deberías aprovecharlas.

Cuando Júpiter entre en tu décima casa el 27 de junio, la profesión desplegará sus alas casi sola. Claro que haces las cosas normales, aflojar el ritmo no es una opción, pero, suponiendo que harás tu trabajo, habrá éxito. Tus superiores reconocerán tus capacidades.

Es en la faceta financiera donde está el verdadero esfuerzo y lucha. Vas a tener que trabajar más, hacer la milla extra, para conseguir tus objetivos financieros. Solo con el trabajo físico no lo conseguirás; debes hacer trabajo mental y espiritual en esto.

Este es un buen año para hacer un plan financiero maestro. Escríbelo; haz la lista de tus objetivos. ¿Cuánto deseas ganar los próximos años? Sea cual sea tu edad, tener a Saturno en la casa del dinero es bueno para pensar en el futuro financiero. ¿Cuánto deseas? ¿Qué plan puedes hacer para conseguirlo? ¿Cuánto necesitas ahorrar o invertir al mes para conseguir tus objetivos? Después piensa en cómo lo harás en el plano físico. Si hacer algo te parece imposible (a veces lo parece temporalmente), mira tu lista e imagínate que ya lo has conseguido. Esto es una forma de meditación. La visualización pone en marcha la ley espiritual. Al practicar la visualización durante un tiempo (y no niegues que estás visualizando) se manifestarán las formas y los medios. Te vendrán ideas, corazonadas, intuiciones. Aunque es difícil predecir cuándo ocurrirá la manifestación, ocurrirá a su debido tiempo. Son necesarias paciencia, perseverancia y disciplina.

Si te atormentan las deudas, visualízalas pagadas. No intentes evadirlas, sobre todo si son legítimas, y teniendo a Saturno en tu casa del dinero, simplemente imagínatelas pagadas. Finalmente lo estarán; muchas veces esto ocurre de una manera milagrosa.

Previsiones mes a mes

Enero

Mejores días en general: 4, 5, 12, 13, 21, 22, 23, 31
Días menos favorables en general: 10, 11, 17, 18, 24, 25
Mejores días para el amor: 4, 5, 8, 9, 12, 13, 17, 18, 19, 22, 23, 29, 30, 31
Mejores días para el dinero: 2, 3, 4, 6, 7, 10, 11, 12, 19, 20, 22, 29, 30, 31
Mejores días para la profesión: 2, 3, 10, 11, 21, 24, 25, 31

Comienzas el año con el 70-80 por ciento de los planetas bajo el horizonte de tu carta. Tu cuarta casa, la del hogar y la familia, está atiborrada de planetas, mientras que tu décima casa, la de la profesión, está vacía (sólo la Luna transita por ella los días 24 y 25). El mensaje es muy claro. Puedes dejar estar los asuntos profesionales, atenderlos el mínimo indispensable. Centra la atención en el hogar, la familia y la vida emocional. Este es un periodo para establecer la infraestructura interior para el éxito futuro. La profesión va a ser potente dentro de seis meses. Ahora es el periodo para prepararte emocionalmente para este éxito. Si no estás preparado emocionalmente, el éxito será pasajero.

Con la cuarta casa fuerte tienes más energía «psíquica». Físicamente este no es tu mejor periodo, así que necesitas descansar y relajarte más hasta el 19. Pero psíquica y emocionalmente estás fuerte en este periodo; los estados de ánimo son más intensos de lo habitual; mantenerlos positivos y constructos es muy importante. Puedes usar esta energía psíquica aumentada en tu beneficio. Con ánimo apacible, imagínate en tu punto de éxito más elevado; entra en el sentimiento o sensación de esto (te será más fácil en este periodo). Vive en esa sensación el mayor tiempo posible. Esto te creará el éxito futuro tangible más adelante. Podrías no verlo inmediatamente en el plano físico, pero finalmente lo verás si perseveras.

Este mes tu ciclo solar personal está en fase creciente. También es así en el plano universal, ya que desde el 21 del mes pasado el Sol está en su fase anual creciente. Por lo tanto, personalmente estás en un periodo excelente para iniciar nuevos proyectos o lanzar nuevos productos al mundo. Además, el movimiento planetario es directo, lo que propicia la capacidad. Del 11 al 27 (cuando la Luna también está en fase creciente) es el mejor periodo este mes.

El 21 del mes pasado los planetas se trasladaron del sector oriental de tu carta al occidental. En realidad este es tu mejor sector; es el de los demás, de las relaciones, tu punto fuerte. Libra, más que cualquier otro signo, entiende la importancia del factor «simpatía» en la vida. Por lo tanto, tienes la oportunidad de ejercitar aún más tu genio social, de desarrollarlo más.

Fortalece la salud de las maneras explicadas en las previsiones para el año.

Este no es tu mejor año financiero. Como hemos dicho, hay mucha reorganización. Pero este mes estás en uno de tus mejores periodos en las finanzas. Tu planeta del dinero recibe mucha estimulación positiva. Deberían aumentar los ingresos. Cuentas con el apoyo de la familia y las conexiones familiares. Hay oportunidades de ganar dinero desde casa. Del 15 al 18 hay un bonito día de paga.

Si estás en edad de concebir, eres más fértil, este mes y el próximo.

Febrero

Mejores días en general: 1, 9, 10, 18, 19, 27, 28
Días menos favorables en general: 7, 8, 13, 14, 20, 21, 22
Mejores días para el amor: 1, 9, 10, 11, 12, 13, 14, 18, 19, 20, 21, 22
Mejores días para el dinero: 2, 3, 7, 8, 9, 15, 16, 18, 25, 26, 27
Mejores días para la profesión: 1, 9, 10, 20, 21, 22

Este mes los aspectos para iniciar nuevos proyectos o empresas o para lanzar nuevos productos son mejores aún que el mes pasado. Los ciclos solares, tanto el personal como el universal, están en fase creciente. El movimiento planetario es aún más directo que el mes pasado: todos los planetas están en movimiento directo. Así pues, si tienes pensadas estas cosas, este es el periodo. Del 10 al 18 es el mejor periodo este mes.

El 19 del mes pasado se hizo poderosa tu quinta casa, la de la creatividad y los hijos. Es un periodo para explorar el lado éxtasis de la vida, un periodo para recrearte y reunir fuerzas para más adelante. La fertilidad está en su punto máximo de este año.

Este no es un año para especulaciones; algunos años son así. Pero este mes, hasta el 18, es uno de los mejores periodos del año para eso; tienes más suerte. Te relacionas más con niños en este periodo, tus hijos y otros; te llevas bien con ellos; se te acercan más. Si estás en el ramo de las artes creativas, tienes más creatividad en ese periodo; los jugos, el flujo, son más fuertes que de costumbre.

El amor no fue serio el mes pasado y no se ve serio este mes tampoco. Pero al parecer eso no te importa, te veo activo en este frente. El 2 tu planeta del amor entra en tu sexta casa. Esto indica oportunidades de romance de oficina, no necesariamente con superiores sino con compañeros de trabajo. También hay oportunidades románticas con profesionales de la salud en general o con personas relacionadas con tu salud. Del 3 al 5 es un periodo especialmente bueno para esto.

Si estás soltero o soltera en ese periodo podrías conocer a una persona que consideras tu «ideal»; pero claro, hay que mirar más a fondo, esta persona podría ser también tu mayor ilusión. El amor es espiritual este mes, idealista, muy tierno. Hay un enorme deseo de hacer algo por el ser amado, de ofrecerle servicios prácticos; esta persona lo va a valorar, sin duda. Los ambientes espirituales también son escenarios para el romance o encuentros románticos.

El 18 se hace poderosa tu sexta casa, la de la salud, así que centras la atención en ella. Esto es maravilloso. La salud está mucho mejor que en 2011 o 2012, pero sigue necesitada de atención. La curación espiritual ha adquirido mucha importancia desde que Neptuno entró en tu sexta casa el año pasado, y este mes es más importante aún. Mercurio, tu planeta de la espiritualidad, entra en tu sexta casa el 5 y continúa en ella el resto del mes; en este periodo aplica las técnicas espirituales que has aprendido, obtendrás resultados mucho más fuertes.

Las finanzas irán mejor, más fáciles, después del 18. Si buscas trabajo, en este periodo hay oportunidades maravillosas. Si eres empleador, atraes a empleados de buena calidad también.

Marzo

Mejores días en general: 1, 8, 9, 17, 18, 19, 27, 28
Días menos favorables en general: 6, 7, 12, 13, 14, 20, 21
Mejores días para el amor: 2, 3, 10, 11, 12, 13, 14, 21, 22, 31
Mejores días para el dinero: 1, 2, 3, 6, 7, 8, 9, 15, 16, 17, 18, 24, 25, 27, 28, 29, 30
Mejores días para la profesión: 2, 3, 10, 11, 20, 21, 22, 31

Saturno, tu planeta de la familia, inició movimiento retrógrado el 18 del mes pasado y estará retrógrado varios meses. Este es el periodo para hacer revisión de tu situación doméstica y familiar con miras a hacer mejoras. Las decisiones importantes en estos asuntos deberás dejarlas para después; espera a tener claridad mental, que te llegará. Las cosas no son lo que parecen. Tómate tu tiempo.

En cierto modo es bueno que esté retrógrado tu planeta de la familia, porque el 20 los planetas se trasladan de la mitad inferior de tu carta a la superior. El traslado será más completo el próximo mes, pero lo sentirás desde el comienzo. Llega el periodo para dejar estar los asuntos familiares y centrar la atención en la profesión y los objetivos externos. Amanece en tu año; es la hora de levantarse y actuar, es el periodo para hacer realidad esos sueños con el trabajo personal, de la manera mundana.

Todavía tienes excelentes aspectos para iniciar nuevos proyectos. Pasado este mes los aspectos son menos favorables. Así pues, si aun no has iniciado tu nuevo proyecto, este es el mes; del 11 al 27 es el mejor periodo.

El 20 entras en una cima amorosa y social anual; estás en los Campos Elíseos de Libra, el lugar de la dicha suprema. Este es un mes muy activo en lo social. Me parece que le vas detrás a alguien; tal vez aún no le has dado alcance a esta persona, pero creo que se lo darás. El único problema es la continuada inestabilidad de la vida amorosa. Aun en el caso de que hagas la conquista, ¿cuánto va a durar la relación? Parece que no te importa; lo que disfrutas es la oleada de adrenalina que te produce la conquista.

Si estás en edad de concebir, el 20 entras en otro periodo de mayor fertilidad; será la máxima del año.

La salud necesita más atención después del 20; el 50 y a veces el 60 por ciento de los planetas están en alineación difícil. Procura descansar y relajarte más y mantener elevada la energía. Pasa más tiempo en algún balneario de salud, hazte masajes y los demás tratamientos que ofrecen. Y, lógicamente, fortalece la salud de las maneras explicadas en las previsiones para el año. El 20 y el 21 especialmente intenta relajarte más.

Las finanzas se tornan difíciles después del 20. Tienes que trabajar más para conseguir tus objetivos. La meditación sobre la Prodigalidad de Dios sería potente y aligeraría gran parte de la dificultad.

Del 18 al 21 Marte está en conjunción con Urano; tú y tu cónyuge, pareja o ser amado actual debéis evitar las actividades arriesgadas, los enfados o enfrentamientos, y procurar conducir con más prudencia.

Abril

Mejores días en general: 4, 5, 14, 15, 23, 24
Días menos favorables en general: 2, 3, 9, 10, 16, 17, 29, 30
Mejores días para el amor: 1, 9, 10, 21, 22, 29, 30
Mejores días para el dinero: 2, 3, 4, 5, 11, 12, 14, 15, 21, 22, 23, 24, 25, 26, 29, 30
Mejores días para la profesión: 1, 9, 10, 16, 17, 21, 29, 30

Las finanzas continúan difíciles, pero ¿a quién le importa? Mientras el amor vaya bien, Libra es feliz. Y de esto va la vida; mientras estés inmerso en el «sentimiento» del amor, todo lo demás se resolverá. Hasta el 19 continúas en tu cima amorosa y social anual. Si estás soltero o soltera, hay romance; del 14 al 20 es un periodo bastante fuerte; incluso los niños en la edad apropiada están interesados en el romance. El amor ha sido fascinante desde hace unos años, pero este mes lo es más aún. El romance puede presentarse en cualquier parte y en cualquier momento, en los lugares o situaciones más inesperados. El único problema en el amor es la estabilidad de estas cosas; relámpagos de luz iluminan el cielo oscuro, pero se desvanecen rápidamente. Sin embargo, tienes muchos relámpagos en este periodo, y al parecer te conformas con esperar el siguiente cuando se desvanece uno. De verdad te desvives por los demás (en especial por el ser amado) y esto se valora, si no externamente, sí en el interior.

Si estás en edad de concebir sigues fértil hasta el 19.

Las finanzas mejoran después del 19. En realidad, este periodo, a partir del 19, es uno de tus periodos más prósperos de este año (tu cima financiera será en octubre-noviembre, pero este periodo es casi igual de bueno). Haces cambios financieros muy drásticos y esto produce sentimientos de inseguridad. Un eclipse lunar el 25 en tu casa del dinero refuerza lo que hemos dicho; sí, hay baches en las finanzas, pero el resultado final es prosperidad. Este eclipse también anuncia cambios profesionales.

La salud necesita más atención hasta el 19; como el mes pasado, muchos planetas rápidos están en alineación desfavorable contigo. Tu energía general no está a la altura habitual y por lo tanto hay más vulnerabilidad a los problemas. Repasa lo que dijimos el mes pasado.

Después del 19 mejoran espectacularmente la salud y la vitalidad; si has tenido algún problema de salud, deberías tener buenas noticias al respecto.

Tu planeta de la familia continúa retrógrado, y la mayoría de los planetas siguen sobre el horizonte de tu carta. Por lo tanto, continúa centrando la atención en tu profesión y objetivos externos. La Luna nueva del 10 trae oportunidades profesionales a través de amistades y de la pareja o ser amado actual; te irá bien avanzar en tu profesión por medios sociales ese día. Un conflicto con un familiar entre el 20 y el 23 es de corta duración; no hagas juicios para el futuro basándote en esto.

A partir del 19 está poderosa tu octava casa; este es un periodo sexualmente activo (sea cual sea tu edad o fase en la vida, la libido está más fuerte). El cónyuge, pareja o ser amado actual entra en una cima financiera anual y será más generoso contigo. Es más fácil conseguir un préstamo si lo necesitas.

Mayo

Mejores días en general: 2, 3, 11, 12, 21, 22, 29, 30
Días menos favorables en general: 6, 7, 13, 14, 15, 27, 28
Mejores días para el amor: 6, 7, 8, 9, 10, 11, 18, 19, 21, 22, 27, 28, 29, 30
Mejores días para el dinero: 2, 3, 8, 9, 11, 12, 18, 19, 21, 22, 23, 24, 27, 28, 29, 30
Mejores días para la profesión: 8, 9, 10, 13, 14, 15, 19, 20, 29

Este mes dos eclipses van a derribar muchos obstáculos y obstrucciones en tu camino profesional. Normalmente los acontecimientos no son agradables mientras ocurren, pero el resultado final es bueno. Algunas obstrucciones (internas o externas) necesitan remedios fuertes y estos los proporcionan los eclipses. Este mes se prepara el escenario para el éxito profesional y los tramoyistas están ocupados trasladando cosas de aquí allá, rompiendo otras, cambiando el decorado. El siguiente acto de la obra comenzará el próximo mes.

El eclipse solar del 10 ocurre en tu octava casa, así que en ese periodo reduce tus actividades y evita los riesgos innecesarios o el estrés. Este tipo de eclipse trae encuentros con la muerte, que por lo general ocurren en el plano psíquico; a veces podría traer una experiencia de casi muerte o una intervención quirúrgica. Es necesario entender la muerte con más profundidad, superar el miedo a ella; cuando ocurre esto, vivimos mejor y más plenamente. Este eclipse produce acontecimientos dramáticos en la vida de amistades, de aquellos que cambian la vida; estas personas también deberán tomarse las cosas con calma y reducir sus actividades. Pasan por pruebas las relaciones amorosas o matrimonios de hijos o figuras filiales. Los ordenadores y equipos de alta tecnología se vuelven más temperamentales también; podría ser necesario reemplazarlos; te conviene invertir en un programa antivirus o antipirateo mejor.

El eclipse lunar del 25 es fundamentalmente benigno contigo, pero no te hará ningún daño tomarte las cosas con calma y reducir tus actividades. Este eclipse hace un fuerte impacto en Neptuno, tu planeta de la salud y el trabajo. Así pues, hay cambios laborales, cambios profesionales, trastornos o reorganización en tu empresa o industria, dramas en la vida de jefes, mayores o figuras parentales. Conserva la tranquilidad mientras ocurren estas cosas, tu profesión va a ser fabulosa; esto es sólo la preparación del escenario. Este eclipse ocurre en tu tercera casa, así que conduce con más prudencia, con más precaución durante este periodo. Se ponen a prueba los coches y el equipo de comunicación; si hay algún defecto ahora es el momento de descubrirlo para que puedas corregirlo. Hay cambios importantes en el programa de salud y la dieta también.

Las finanzas continúan bien (relativamente) en este periodo. Sigue habiendo muchos cambios, muchos retos y mucha reorganización; sigue la sensación de inseguridad. Desde el punto de vista metafísico, este es tu principal reto: desarrollar más fe, cultivar la sensación de seguridad. La meditación te servirá muchísimo en esto.

La salud es aceptable este mes, pero ten presente que dos poderosos planetas lentos continúan en alineación difícil. Afortunadamente los planetas rápidos te dejan en paz a comienzos del mes y después del 20 forman aspectos buenos.

Del 27 al 29 Venus viaja con Júpiter, aspecto muy feliz para ti. Podrías comprar un coche o equipo de comunicación nuevo y de buena calidad. Hay un viaje en este breve periodo, al extranjero o nacional y también se ve feliz; también trae un bonito día de paga y suerte en las especulaciones.

Junio

Mejores días en general: 7, 8, 17, 18, 25, 26
Días menos favorables en general: 2, 3, 10, 11, 23, 24, 30, 31
Mejores días para el amor: 2, 3, 7, 8, 10, 17, 18, 19, 20, 25, 26, 27, 28, 30, 31
Mejores días para el dinero: 5, 6, 8, 9, 15, 16, 17, 18, 19, 20, 23, 24, 26, 27
Mejores días para la profesión: 7, 8, 10, 11, 17, 18, 27

El 20 del mes pasado se hizo poderosa tu novena casa y continúa poderosa hasta el 21. La novena casa está considerada la más afortunada de todas las casas por los astrólogos hindúes; en Occidente la consideramos afortunada, pero no necesariamente la más afortunada. El poder en la novena casa trae viajes y oportunidades de viaje, y también felices oportunidades de formación superior. Este es muy buen aspecto si eres universitario o solicitas admisión en una universidad; hay buenas noticias en este frente. También es afortunada para los asuntos legales o jurídicos. Cuando está poderosa la novena casa se activa nuestra mente «superior»; estamos más en contacto con ella consciente o subconscientemente. Por lo tanto, este es un periodo para progreso o descubrimientos religiosos y filosóficos; habrá muchos «ajás o tates» este mes; se ensanchan los horizontes mentales y cuando esto ocurre se expande toda la vida, todos los asuntos de la vida.

Cuando está poderosa la novena casa deseamos encontrarle más «sentido» a la vida; a las personas les interesa más una buena conversación teológica que una salida nocturna a divertirse. Muchas veces la visita de un gurú o un pastor religioso es más interesante que la de una estrella del rock. Con un tránsito poderoso por la novena casa descubrimos los grandes placeres de la mente.

Estas cosas las has experimentado todo el tiempo en lo que va de año, pero este mes (y el mes pasado) las experimentas más aún.

El 21 ocurren muchas cosas importantes. En primer lugar, entras en una cima profesional anual; los planetas están en su posición más elevada en tu horóscopo. Hay mucho progreso profesional, muchas oportunidades felices. Llegan nuevos trabajos u ofertas de trabajo. El 27 Júpiter cruza tu Medio cielo y entra en tu décima casa, la de la profesión; esto aumenta el éxito; trae aumento de sueldo, ascenso, honores y reconocimiento; inicia un ciclo de éxito y elevación profesional de un año.

Temporalmente, parece que todo este éxito no favorece las finanzas, tal vez incluso pone más dificultades. A veces la elevación profesional requiere desembolso de dinero, para ropa, para un nuevo equipo, para entrar de socio o miembro de alguna organización apropiada. La casa podría necesitar modernización también. Haz todas las inversiones necesarias, aunque podría ser difícil; si haces unos pocos cambios descubrirás que tienes los recursos que necesitas. Podría haber mudanza, ahora o en los próximos meses.

La salud necesita más atención después del 21. Haz todo lo posible para mantener elevada la energía y fortalece la salud de las maneras explicadas en las previsiones para el año.

Julio

Mejores días en general: 4, 5, 6, 14, 15, 23, 24
Días menos favorables en general: 1, 7, 8, 21, 22, 27, 28
Mejores días para el amor: 1, 5, 6, 10, 11, 16, 17, 19, 20, 25, 26, 27, 28, 29, 30
Mejores días para el dinero: 2, 3, 7, 8, 12, 13, 16, 17, 21, 22, 25, 29, 30
Mejores días para la profesión: 7, 8, 17, 18, 27

Como el mes pasado, el principal titular es la profesión. Tu décima casa es la más fuerte de tu horóscopo todo el mes. Lánzate osadamente en pos de tus objetivos; aspira a la luna, la dama suerte está contigo; coges las buenas rachas. Si eres estudiante te va bien este mes, consigues tus objetivos.

El 21 del mes pasado se hizo muy fuerte el elemento agua. Esto lo experimentaste en febrero y marzo también. Si bien esto produce una agradable sensación de «época de buenos sentimientos», tenemos un gran trígono en signos de agua, que también vuelve a todo el mundo más sensible y fácil de herir, así que ten cuidado con esto. Otro problema, y este es algo más difícil de llevar, es que la lógica y la racionalidad brillan por su ausencia; sólo importa el sentimiento del momento; todo el mundo opta por sus sentimientos. Esto no es fácil de llevar para un signo de aire como tú. Pero no te dejes arrastrar por todo esto; este es el periodo en que más se necesita la racionalidad.

Un progenitor o figura parental prospera en este periodo; durante unos meses le faltaba orientación, pero eso cambia ahora que tu planeta de la familia retoma el movimiento directo el 8. Esta persona tiene revelaciones de tipo espiritual y esto le es útil. Me parece que tienes un conflicto con esta figura parental, pero este es de corta duración, después del 23 se acaba.

El cónyuge, pareja o ser amado actual también prospera en este periodo, en especial después del 18. El mes pasado llevabas la voz cantante en el amor, pero ahora tal vez la lleva tu pareja, que parece estar al mando. El amor es más delicado este mes; después del 18 hay más inestabilidad que de costumbre. Lo bueno es que haces una gran prioridad del amor, casi igual que de tu profesión, y esto puede ser útil para mantener la unión. Tu pareja se ve activa en tu profesión, te ayuda y apoya. Si estás soltero o soltera y sin compromiso, hasta el 18 encuentras oportunidades amorosas en ambientes religiosos o educativos; tal vez en otro país o con personas extranjeras también. Después del 18 encuentras romance cuando estás trabajando en tus objetivos profesionales normales o con personas relacionadas con tu profesión. Hay oportunidades románticas con jefes y superiores. En general hay mucha relación social con personas importantes de elevada posición. La profesión (fiestas o reuniones de la empresa o industria) parece ser el centro de la vida social; te esfuerzas en integrar tu vida social con tu profesión.

Tu planeta del amor viaja con Júpiter a partir del 18, aunque la conjunción es más exacta del 19 al 24. Este es un periodo romántico especialmente feliz. Si estás soltero o soltera conoces a una persona especial. Si estás en una relación hay más romance en ella. El cónyuge, pareja o ser amado actual prospera en ese periodo, tiene un bonito día de paga.

Este mes todavía podría haber mudanza o renovaciones en la casa; podrían ser necesarias debido a tu nueva posición profesional.

Como el mes pasado, la salud es delicada hasta el 22. El problema es que estás muy ocupado, te resulta difícil moderar el ritmo, aunque lo necesitas; de todos modos, descubrirás que si te obligas a continuar cuando estás cansado, no haces más; en realidad, podrías aumentar tu carga debido a errores mentales. Descansa cuando estés cansado y después vuelve al trabajo.

Agosto

Mejores días en general: 1, 2, 10, 11, 12, 19, 20, 28, 29
Días menos favorables en general: 3, 4, 17, 18, 23, 24, 30, 31
Mejores días para el amor: 3, 4, 8, 9, 13, 14, 19, 22, 23, 24, 25, 26
Mejores días para el dinero: 3, 8, 13, 14, 17, 21, 22, 25, 26, 30, 31
Mejores días para la profesión: 3, 4, 6, 7, 15, 16, 25, 30, 31

El elemento agua continúa fuerte, como los dos meses pasados. Los sentimientos son maravillosos, pero de todos modos es necesaria la racionalidad. Tú y los otros signos de aire sois los que aportáis esto en este periodo.

A pesar de tu éxito, las finanzas siguen difíciles. Pero a partir del 22 son más fáciles; no voy a decir fabulosas, pero sí mejores. De todos modos sigue conviniéndote centrar la atención en la profesión y propulsar tu posición profesional. El incremento financiero a causa de esto ocurrirá en el camino, no inmediatamente. Tu planeta del dinero está retrógrado desde abril y continuará retrógrado todo este mes. Lo más importante en finanzas es la claridad mental; en esto necesitas trabajar; haz tu trabajo e infórmate. Finalmente llegará la claridad y entonces habrá menos riesgos en hacer las gestiones importantes. Mientras tanto te conviene administrar mejor lo que tienes.

El 21 de junio el poder planetario hizo un importante traslado; pasó del sector occidental o social de tu carta al oriental. Te sientes cómodo cuando los planetas están en el sector occidental: la vida social, conquistar la buena voluntad de los demás es tu punto fuerte; esto lo llevas mejor que la mayoría. Pero ahora tienes una lección más difícil; el poder planetario avanza hacia ti. Tu felicidad, tu éxito, depende de ti. Lo importante es tu mérito personal, tus capacidades, no las personas que conoces. Es el periodo para aprovechar tu independencia y actuar según lo que tú consideras bien o correcto; es el periodo para crear tus condiciones según tus especificaciones.

Estás en un periodo espiritual desde el 23 del mes pasado, cuando Venus entró en tu casa doce. Este mes la espiritualidad se hace más fuerte aun, pues entran el Sol y Mercurio en esta casa. Este es un periodo para conseguir objetivos espirituales, para dar más atención a la práctica espiritual, para participar más en causas benéficas y altruistas, para eliminar los bloqueos al flujo del Poder Superior. Normalmente Libra es una persona de grupo, pero ahora sientes la necesidad de más soledad. No, no te pasa nada malo, esto es natural cuando está fuerte la casa doce; las actividades espirituales siempre son experiencias solitarias. Ah, uno puede estar en un grupo o asistiendo a un servicio de oración o un seminario de meditación, pero la experiencia interior siempre es algo personal. Nadie tiene la misma experiencia que tú.

El crecimiento que se produce en este periodo es interior, pero de todos modos es muy potente.

Has estado muy en el mundo los meses pasados, muy concentrado en tu vida externa, y esto ha sido bueno. Ahora es el periodo para recogerte, sentir tu aura y recibir orientación e inspiración de lo alto.

La salud está mucho mejor este mes, pero sigue necesitando atención. Repasa lo que dijimos el mes pasado. Fortalece la salud de las maneras explicadas en las previsiones para el año.

Septiembre

Mejores días en general: 7, 8, 15, 16, 24, 25, 26
Días menos favorables en general: 1, 13, 14, 20, 21, 27, 28
Mejores días para el amor: 2, 3, 8, 11, 12, 17, 18, 20, 21, 27, 28, 29, 30
Mejores días para el dinero: 1, 4, 5, 9, 10, 13, 14, 18, 19, 22, 23, 27, 28
Mejores días para la profesión: 1, 4, 5, 13, 14, 24, 27, 28

El 16 del mes pasado, cuando Venus entró en tu signo, se formó una gran cuadratura en el cielo, aspecto excepcional. Esta gran cuadratura es más fuerte este mes pues entran más planetas rápidos en el cuadro. Este es un mes frenético, hiperactivo. Las cosas se complican. Tienes que equilibrar muchos intereses conflictivos. La más mínima turbulencia puede hacer caer el edificio que estás construyendo; estás involucrado en un proyecto grande, grande. Afortunadamente, la salud está mucho mejor ahora que en los meses pasados. Por lo tanto, tienes la energía para llevar toda esta actividad. De todos modos, no te hagas la ilusión de que si te obligas cuando estás cansado harás más; lo contrario es más probable; sólo tendrás que rehacer el trabajo. Cuando estés cansado, descansa, tómate un respiro. Cuando te sientas descansado, vuelve al trabajo que estás haciendo.

Este mes los planetas están en su posición oriental máxima. Esto significa que tu independencia personal está en su punto máximo del año (el próximo mes será fuerte también). Así pues, aprovecha esto; si hay condiciones que no te gustan, que te resultan desagradables, coge el toro por los cuernos y haz los cambios.

El 22, cuando el Sol cruza tu ascendente, entras en una cima anual de placer personal. Por lo tanto, mímate un poco. Libra no necesita una conferencia mía sobre mimarse, sabe muy bien cómo hacerlo. Este es un periodo para dar al cuerpo y la imagen la apariencia que deseas, para comprar la ropa y los accesorios que necesitas, para ir a hacerte esos masajes y manicura, para verte como el éxito que eres.

El amor se ve complicado este mes. Después del 11 estás en diferente onda con tu pareja; no hay acuerdo. Pero Libra sabe resolver estos conflictos; no existe nadie que sepa hacer esto mejor que tú. Las oportunidades amorosas se presentan a través de amistades, en grupos y actividades en grupo. También es bueno para el amor el mundo *online*, sitios de chateo y servicios de contactos. Aun si ya estás en una relación, mucho de ella ocurre *online*.

Las finanzas siguen difíciles; pero después del 11 estás más atento y eso es útil; les prestas más atención y eso tiende al éxito.

El 22 el poder planetario se traslada de la mitad superior de tu carta a la inferior. Ya has conseguido los objetivos profesionales importantes; sin duda hay más por conseguir, pero ahora te conviene centrar la atención en tu hogar, familia y bienestar emocional. Comienza el periodo para crear la infraestructura psíquica para el éxito profesional futuro. La profesión continúa excelente este mes; hay oportunidades de trabajo también. Ahora puedes ser más selectivo: necesitas una profesión que te permita tener armonía emocional y no ponga dificultades a la vida familiar.

El 27 y el 28 Venus forma aspectos fabulosos a Júpiter; esto trae un bonito día de paga y suerte en las especulaciones.

Octubre

Mejores días en general: 4, 5, 13, 14, 22, 23, 31
Días menos favorables en general: 11, 12, 17, 18, 24, 25
Mejores días para el amor: 1, 7, 8, 9, 17, 18, 19, 27, 28, 30
Mejores días para el dinero: 2, 3, 6, 7, 11, 12, 15, 16, 19, 20, 24, 25, 29, 30
Mejores días para la profesión: 4, 5, 13, 14, 23, 24, 25

Urano ha estado todo el año en cuadratura con Plutón, tu planeta del dinero, pero ahora el aspecto es muy exacto. Por lo tanto, hay cambios en las finanzas, más aún que en los meses pasados. Afortunadamente, ahora Plutón está en movimiento directo (lo retomó el 20 del mes pasado), por lo que hay más claridad financiera y los cambios tendrían que ser buenos. Tal vez por un tiempo no serán agradables, los haces obligado por las circunstancias, pero a la larga serán buenos. No es aconsejable especular ni este ni el próximo mes. Parece que la dificultad y los cambios están causados por gastos relacionados con los hijos (o figuras filiales).

El 18 hay un eclipse lunar que es fuerte en ti, así que reduce las actividades en ese periodo, unos cuantos días antes y otros tantos después. Evita las actividades arriesgadas o temerarias. Como todos los eclipses lunares, este trae cambios, dramas en la profesión, trastornos en tu empresa o industria, reorganización en el cuadro directivo. Afecta a los padres o figuras parentales, por lo que también deben tomarse las cosas con calma y reducir las actividades. Este eclipse hace impacto en Júpiter, el señor de tu tercera casa. Así pues, podría haber fallos en la comunicación en este periodo. Se ponen a prueba los coches y el equipo de comunicación; hay dramas en el barrio, con vecinos y hermanos. Estando Júpiter propulsando tu profesión, es probable que este eclipse favorezca tu profesión más adelante. Dado que ocurre en tu séptima casa, la del amor, es puesta a prueba tu relación actual también; ten más paciencia con el ser amado en este periodo, ya que está más temperamental. También pasan por pruebas las sociedades de negocios o las empresas conjuntas.

Si buscas trabajo, desde el 27 de junio tienes aspectos magníficos; no hay dificultad en encontrar trabajo. En el caso de que aún no lo hayas encontrado, haz más reflexión y análisis antes de aceptar cualquier puesto; estando retrógrado tu planeta del trabajo desde hace unos meses, las cosas no son lo que parecen o como las presentan. Esto vale si eres empleador también; averigua e infórmate más que de costumbre antes de contratar a alguien.

El amor se parece un poco a una montaña rusa este mes. Para empezar, estás en un periodo de independencia personal y deseas las cosas a tu manera; esto tiende a dificultar la relación. Hasta el 7 hay conflicto en el amor. Del 7 al 15 las cosas se calman un poco; pero el conflicto se reanuda después del 15. El eclipse lunar también arroja complicaciones. Tu genio social sabrá llevar estas cosas, pero te costará más esfuerzo.

Hasta el 23 continúas en la cima anual de placer personal. Después entras en una cima financiera anual. Ocurren cambios financieros como hemos dicho, pero estás más atento a tus finanzas y cuentas con la ayuda de amistades y familiares, por lo que los ingresos serán mayores de lo habitual.

Los hijos o figuras filiales que están relacionados amorosamente, deben tener más paciencia del 2 al 4; el amor es muy tormentoso esos días.

Noviembre

Mejores días en general: 1, 9, 10, 18, 19, 28, 29
Días menos favorables en general: 7, 8, 13, 14, 20, 21, 22
Mejores días para el amor: 7, 8, 13, 14, 16, 17, 26, 27
Mejores días para el dinero: 3, 4, 7, 8, 11, 12, 16, 17, 21, 22, 25, 26, 30
Mejores días para la profesión: 3, 4, 11, 12, 20, 21, 22, 23

Con los cambios que hay en las finanzas y tu mayor atención a ellas, aprendes valiosas lecciones financieras. Urano desmiente muchas falsas suposiciones y expectativas. También te enseña muchas estratagemas ocultas, todas legales, lógicamente, a las que puedes recurrir. Es la presión, la dificultad, la que te obliga a pasar a un plano financiero nuevo y superior. Más adelante, no todavía, agradecerás muchísimo estos retos. Teniendo tan poderosa la casa del dinero creo que triunfarás pese a todas las dificultades.

El 3 hay un eclipse solar en tu casa del dinero, que refuerza lo que hemos dicho. Los cambios financieros son francamente drásticos; contarás con la ayuda de familiares y amistades. La ley también está de tu parte. Como todos los eclipses solares, este pone a prueba las amistades, y las malas quedarán en la cuneta. Hay dramas en la vida de los amigos. Se ponen a prueba ordenadores y aparatos de alta tecnología; a veces con estos aspectos comienzan a funcionar de forma irregular; o tal vez compras algo nuevo y mejor y resulta que en realidad no es mejor, sino que te hace retroceder. Ten paciencia con estas cosas y haz lo mejor posible. Este eclipse hace impacto en Saturno, tu planeta de la familia, así que hay dramas con un familiar o con una figura parental. Si hay defectos ocultos en la casa, los decubres entonces. Este eclipse es fundamentalmente benigno contigo; me parece que es más fuerte en amistades y familiares que en ti.

El poder planetario continúa principalmente bajo el horizonte de tu carta, así que continúa centrando más la atención en el hogar, la familia y tu bienestar emocional y psíquico. Sin estabilidad emocional, el éxito profesional será pasajero.

El 5 comienza a mejorar la vida amorosa. El ser amado y tú habéis llegado a cierto equilibrio. Tu planeta del amor entró en tu casa doce el 15 del mes pasado, y estará en ella todo este mes. El amor es, pues, muy idealista en este periodo. Los valores y expectativas son muy elevados, no muchos seres humanos pueden vivir a su altura. Ten cuidado con las críticas y el perfeccionismo. Si estás soltero o soltera y sin compromiso, las oportunidades amorosas se presentan en ambientes espirituales: en la reunión de oración, el seminario de meditación, el retiro de yoga, el evento benéfico, cosas de esta naturaleza.

La salud es buena. El ritmo de la vida es algo más lento que el mes pasado, menos frenético. La mayoría de los planetas son amables contigo. Continúa fortaleciendo la salud de las maneras explicadas en las previsiones para el año.

Las finanzas están difíciles, como dijimos, pero entre el 14 y el 16 tienes un bonito día de paga. Las personas adineradas de tu vida son amables contigo. Evita la especulación este mes. Las amistades te apoyan todo el mes, pero en especial del 12 al 14; entonces tienen un bonito día de paga.

Diciembre

Mejores días en general: 6, 7, 15, 16, 17, 25, 26
Días menos favorables en general: 4, 5, 10, 11, 12, 18, 19
Mejores días para el amor: 4, 5, 10, 11, 12, 13, 14, 15, 16, 23, 24, 25, 26
Mejores días para el dinero: 1, 4, 5, 8, 9, 13, 14, 18, 19, 23, 24, 28, 29
Mejores días para la profesión: 2, 3, 11, 12, 18, 19, 22, 23

Este es otro mes hiperactivo, ajetreado. El 8, cuando Marte entra en tu signo, vuelve a formarse la gran cuadratura en el cielo. Nuevamente hay necesidad de manifestar algo grande en el mundo, un proyecto grande y complicado. Tienes que reconciliar muchos intereses conflictivos. Un paso en falso y puede desmoronarse todo el edificio. La actividad física es una cosa, pero el estrés mental es más problemático. La salud necesita más atención, en especial después del 21. Está bien estar ocupado, es muy probable que no puedas impedirlo, pero procura programarte descansos frecuentes, trabajar con ritmo. Fortalece la salud de las maneras explicadas en las previsiones para el año.

La entrada de Marte en tu signo es maravillosa para la vida amorosa. El cónyuge, pareja o ser amado actual hace lo imposible por complacerte, se ve muy consagrado a ti; hace todo lo que puede. Pero parece que no te sientes complacido; al parecer tienes un conflicto o desacuerdo con el ser amado, a pesar de todo lo que hace; te sientes incómodo con eso. Si estás soltero o soltera descubres que el amor te persigue, pero al parecer no te sientes complacido ni fascinado por eso. No es mucho lo que necesitas hacer en la faceta del amor, no hace falta ninguna estratagema; el amor te encontrará. El reto será limar las diferencias con el ser amado, disfrutar del amor que llega. A fin de mes (del 23 al 31) el amor es especialmente tormentoso. Ten más paciencia; procura no empeorar más las cosas.

El 21 el poder planetario se traslada desde el sector oriental o independiente de tu carta al occidental o social. Este es tu sector favorito. La independencia personal no es de gran interés para Libra, aunque necesitas desarrollarla más. Prefieres conseguir lo que deseas por consenso y con la colaboración de los demás.

Las finanzas mejoran este mes, sobre todo después del 21. Pero aún no se han acabado las dificultades. La lección es desarrollar fe y confianza financiera. Hay mucha inseguridad en este periodo.

El 21 Venus inicia uno de sus movimientos retrógrados que hace cada dos años. Llega el periodo para hacer revisión de tus objetivos y deseos personales. Algunos objetivos deberás desecharlos, otros deberás modificarlos, y otros mejorarlos. Evita tomar decisiones personales importantes hasta que te llegue la claridad; evita sobre todo tomar decisiones importantes en el amor.

Tu cuarta casa, la del hogar y la familia, es fácilmente la más poderosa de tu horóscopo este mes. Por lo tanto, centra la atención en la familia y en tu bienestar emocional. La profesión, que continúa yendo a las mil maravillas, puede pasar a un segundo plano por ahora.

El ser amado y tus amistades deberán conducir con más prudencia del 23 al 31; deben evitar las actividades arriesgadas también; este no es un periodo para proezas temerarias ni para poner a prueba los límites del cuerpo.

Escorpio

♏

El Escorpión
Nacidos entre el 23 de octubre y el 22 de noviembre

Rasgos generales

ESCORPIO DE UN VISTAZO
Elemento: Agua

Planeta regente: Plutón
  Planeta corregente: Marte
  Planeta de la profesión: el Sol
  Planeta de la salud: Marte
  Planeta del amor: Venus
  Planeta del dinero: Júpiter
  Planeta del hogar y la vida familiar: Urano

Color: Rojo violáceo
  Color que favorece el amor, el romance y la armonía social: Verde
  Color que favorece la capacidad de ganar dinero: Azul

Piedras: Sanguinaria, malaquita, topacio

Metales: Hierro, radio, acero

Aromas: Flor del cerezo, coco, sándalo, sandía

Modo: Fijo (= estabilidad)

Cualidad más necesaria para el equilibrio: Visión más amplia de las cosas

Virtudes más fuertes: Lealtad, concentración, determinación, valor, profundidad

Necesidades más profundas: Penetración y transformación

Lo que hay que evitar: Celos, deseo de venganza, fanatismo

Signos globalmente más compatibles: Cáncer, Piscis

Signos globalmente más incompatibles: Tauro, Leo, Acuario

Signo que ofrece más apoyo laboral: Leo

Signo que ofrece más apoyo emocional: Acuario

Signo que ofrece más apoyo económico: Sagitario

Mejor signo para el matrimonio y/o las asociaciones: Tauro

Signo que más apoya en proyectos creativos: Piscis

Mejor signo para pasárselo bien: Piscis

Signos que más apoyan espiritualmente: Cáncer, Libra

Mejor día de la semana: Martes

La personalidad Escorpio

Un símbolo del signo de Escorpio es el ave fénix. Si meditamos sobre la leyenda del fénix podemos comenzar a comprender el carácter de Escorpio, sus poderes, capacidades, intereses y anhelos más profundos.

El fénix de la mitología era un ave capaz de recrearse y reproducirse a sí misma. Lo hacía de la manera más curiosa: buscaba un fuego, generalmente en un templo religioso, se introducía en él y se consumía en las llamas, y después renacía como un nuevo pájaro. Si eso no es la transformación más profunda y definitiva, ¿qué es entonces?

Transformación, eso es lo que los Escorpio son en todo, en su mente, su cuerpo, sus asuntos y sus relaciones (son también transformadores de la sociedad). Cambiar algo de forma natural, no artificial, supone una transformación interior. Este tipo de cambio es radical, en cuanto no es un simple cambio cosmético. Algunas personas creen que transformar sólo significa cambiar la apariencia, pero no es ese el tipo de cambio que interesa a los Escorpio. Ellos buscan el cambio profundo, fundamental. Dado que el verdadero cambio siempre procede del interior, les interesa mucho el aspecto interior, íntimo y filosófico de la vida, y suelen estar acostumbrados a él.

Los Escorpio suelen ser personas profundas e intelectuales. Si quieres ganar su interés habrás de presentarles algo más que una imagen superficial. Tú y tus intereses, proyectos o negocios habréis de tener verdadera sustancia para estimular a un Escorpio. Si no hay verdadera sustancia, lo descubrirá y ahí terminará la historia.

Si observamos la vida, los procesos de crecimiento y decadencia, vemos funcionar todo el tiempo los poderes transformadores de Escorpio. La oruga se convierte en mariposa, el bebé se convierte en niño y después en adulto. Para los Escorpio esta transformación clara y perpetua no es algo que se haya de temer. La consideran una parte normal de la vida. Esa aceptación de la transformación les da la clave para entender el verdadero sentido de la vida.

Su comprensión de la vida (incluidas las flaquezas) hace de los nativos de Escorpio poderosos guerreros, en todos los sentidos de la palabra. A esto añadamos su profundidad y penetración, su paciencia y aguante, y tendremos una poderosa personalidad. Los Escorpio tienen buena memoria y a veces pueden ser muy vengativos; son capaces de esperar años para conseguir su venganza. Sin embargo, como amigos, no los hay más leales y fieles. Poca gente está dispuesta a hacer los sacrificios que hará una persona Escorpio por un verdadero amigo.

Los resultados de una transformación son bastante evidentes, aunque el proceso es invisible y secreto. Por eso a los Escorpio se los considera personas de naturaleza reservada. Una semilla no se va a desarrollar bien si a cada momento se la saca de la tierra y se la expone a la luz del día. Debe permanecer enterrada, invisible, hasta que comience a crecer. Del mismo modo, los Escorpio temen revelar demasiado de sí mismos o de sus esperanzas a otras personas. En cambio, se van a sentir más que felices de mostrar el producto acabado, pero sólo cuando esté acabado. Por otro lado, les encanta conocer los secretos de los demás, tanto como les disgusta que alguien conozca los suyos.

Situación económica

El amor, el nacimiento, la vida y la muerte son las transformaciones más potentes de la Naturaleza, y a los Escorpio les interesan. En nuestra sociedad el dinero es también un poder transformador y por ese motivo los Escorpio se interesan por él. Para ellos el dinero es poder, produce cambios y gobierna. Es el poder del dinero lo que los fascina. Pero si no tienen cuidado, pueden ser demasiado materialistas y dejarse impresionar excesivamente por el poder del dinero, hasta el punto de llegar a creer que el dinero gobierna el mundo.

Incluso el término plutocracia viene de Plutón, que es el regente de Escorpio. De una u otra manera los nativos de este signo consiguen la posición económica por la que luchan. Cuando la alcanzan, son cautelosos para manejar su dinero. Parte de esta cautela es en realidad una especie de honradez, porque normalmente los Escorpio trabajan con el dinero de otras personas, en calidad de contables, abogados, agentes de Bolsa, asesores bursátiles o directivos de empresa, y cuando se maneja el dinero de otras personas hay que ser más prudente que al manejar el propio.

Para lograr sus objetivos económicos, los nativos de Escorpio han de aprender importantes lecciones. Es necesario que desarrollen cualidades que no tienen naturalmente, como la amplitud de visión, el optimismo, la fe, la confianza y, sobre todo, la generosidad. Necesitan ver la riqueza que hay en la Naturaleza y en la vida, además de las formas más obvias del dinero y el poder. Cuando desarrollan esta generosidad, su potencial financiero alcanza la cima, porque Júpiter, señor de la opulencia y de la buena suerte, es el planeta del dinero en su carta solar.

Profesión e imagen pública

La mayor aspiración de los nativos de Escorpio es ser considerados fuente de luz y vida por la sociedad. Desean ser dirigentes, estrellas. Pero siguen un camino diferente al de los nativos de Leo, las otras estrellas del zodiaco. Un Escorpio llega a su objetivo discretamente, sin alardes, sin ostentación; un Leo lo hace abierta y públicamente. Los Escorpio buscan el encanto y la diversión de los ricos y famosos de modo discreto, secreto, encubierto.

Por naturaleza, los Escorpio son introvertidos y tienden a evitar la luz de las candilejas. Pero si quieren conseguir sus más elevados objetivos profesionales, es necesario que se abran un poco y se expresen más. Deben dejar de esconder su luz bajo un perol y permitirle que ilumine. Por encima de todo, han de abandonar cualquier deseo de venganza y mezquindad. Todos sus dones y capacidades de percibir en profundidad las cosas se les concedieron por un importante motivo: servir a la vida y aumentar la alegría de vivir de los demás.

Amor y relaciones

Escorpio es otro signo del zodiaco al que le gustan las relaciones comprometidas, claramente definidas y estructuradas. Se lo piensan mucho antes de casarse, pero cuando se comprometen en una relación tienden a ser fieles, y ¡Dios ampare a la pareja sorprendida o incluso sospechosa de infidelidad! Los celos de los Escorpio son legendarios. Incluso pueden llegar al extremo de detectar la idea o intención de infidelidad, y esto puede provocar una tormenta tan grande como si de hecho su pareja hubiera sido infiel.

Los Escorpio tienden a casarse con personas más ricas que ellos. Suelen tener suficiente intensidad para los dos, de modo que buscan a personas agradables, muy trabajadoras, simpáticas, estables y transigentes. Desean a alguien en quien apoyarse, una persona leal que los respalde en sus batallas de la vida. Ya se trate de su pareja o de un amigo, para un Escorpio será un verdadero compañero o socio, no un adversario. Más que nada, lo que busca es un aliado, no un contrincante.

Si estás enamorado o enamorada de una persona Escorpio, vas a necesitar mucha paciencia. Lleva mucho tiempo conocer a los Escorpio, porque no se revelan fácilmente. Pero si perseveras y tus intenciones son sinceras, poco a poco se te permitirá la entrada en las cámaras interiores de su mente y su corazón.

Hogar y vida familiar

Urano rige la cuarta casa solar de Escorpio, la del hogar y los asuntos domésticos. Urano es el planeta de la ciencia, la tecnología, los cambios y la democracia. Esto nos dice mucho acerca del comportamiento de los Escorpio en su hogar y de lo que necesitan para llevar una vida familiar feliz y armoniosa.

Los nativos de Escorpio pueden a veces introducir pasión, intensidad y voluntariedad en su casa y su vida familiar, que no siempre son el lugar adecuado para estas cualidades. Estas virtudes son buenas para el guerrero y el transformador, pero no para la persona que cría y educa. Debido a esto (y también a su necesidad de cambio y transformación), los Escorpio pueden ser propensos a súbitos cambios de residencia. Si no se refrena, el a veces inflexible Escorpio puede producir alboroto y repentinos cataclismos en la familia.

Los Escorpio necesitan desarrollar algunas de las cualidades de Acuario para llevar mejor sus asuntos domésticos. Es necesario que fomenten un espíritu de equipo en casa, que traten las actividades familiares como verdaderas relaciones en grupo, porque todos han de tener voz y voto en lo que se hace y no se hace, y a veces los Escorpio son muy tiranos. Cuando se vuelven dictatoriales, son mucho peores que Leo o Capricornio (los otros dos signos de poder del zodiaco), porque

Escorpio aplica la dictadura con más celo, pasión, intensidad y concentración que estos otros dos signos. Lógicamente, eso puede ser insoportable para sus familiares, sobre todo si son personas sensibles.

Para que un Escorpio consiga todos los beneficios del apoyo emocional que puede ofrecerle su familia, ha de liberarse de su conservadurismo y ser algo más experimental, explorar nuevas técnicas de crianza y educación de los hijos, ser más democrático con los miembros de la familia y tratar de arreglar más cosas por consenso que por edictos autocráticos.

Horóscopo para el año 2013*

Principales tendencias

2012 fue un año fuerte en el amor y lo social. Es posible que te casaras, conocieras a una persona especial o iniciaras un romance serio. Los objetivos amorosos y sociales se han conseguido más o menos y ahora tu atención pasa a otras cosas. Hablaremos más de esto.

Desde que Plutón, el señor de tu horóscopo, entró en tu tercera casa en 2008, han sido importantes la comunicación y los intereses intelectuales. Estás dedicado al aprendizaje y la enseñanza, ampliando tus conocimientos y participándoselos a otros. Ahora, con el señor de tu tercera casa en tu signo, estos intereses son más intensos y se ven muy exitosos este año. Este es un periodo fabuloso si eres escritor, periodista o profesor. Si eres estudiante, pero no universitario, tienes buena suerte en los estudios. Tienes la mente aguda y el aprendizaje va bien.

En 2012 Neptuno hizo un importante traslado entrando en tu quinta casa, donde continuará unos catorce años. La creatividad personal será excepcionalmente buena; tienes que estar alerta porque la inspiración te llegará continuamente. Además, si estás en edad de concebir, serás más fértil, sobre todo después del 27 de junio.

---

* Las previsiones de este libro se basan en el Horóscopo Solar y todos los signos que derivan de él; tu Signo Solar se convierte en el Ascendente, y las casas se numeran a partir de él. Tu horóscopo personal, el trazado concretamente para ti (según la fecha, hora y lugar exactos de tu nacimiento) podrían modificar lo que decimos aquí. Joseph Polansky

ESCORPIO

Saturno entró en tu signo en octubre del año pasado y estará ahí los dos próximos años. Esto indica que asumes más responsabilidad, aceptas más cargas. Es necesario que te tomes más en serio la vida. La salud sigue siendo buena, pero más delicada que el año pasado. Volveremos sobre este tema.

El 27 de junio Júpiter entra en tu novena casa y forma aspectos hermosos con tu Sol. Este es otro aspecto maravilloso si eres estudiante, y en este caso también lo es si eres universitario o estudiante de posgrado. Indica éxito en los estudios y en conseguir admisión en los colegios convenientes. Después del 27 de junio hay un viaje al extranjero; llegan oportunidades.

Las facetas de mayor interés para ti este año son: el cuerpo, la imagen y los placeres personales; la comunicación y las actividades intelectuales; los hijos, la creatividad y las actividades de ocio; la sexualidad, la transformación y la reinvención personales, los estudios ocultos, la reencarnación y la vida después de la muerte (hasta el 27 de junio); la religión, la metafísica, la formación superior, viajes al extranjero (a partir del 27 de junio); la salud y el trabajo.

Los caminos para tu mayor realización este año son: el cuerpo, la imagen y el placer personal; la sexualidad, la transformación y la reinvención personales, los estudios ocultos, la reencarnación y la vida después de la muerte (hasta el 27 de junio); la religión, la metafísica, la formación superior, los viajes al extranjero (a partir del 27 de junio).

Salud

(Ten en cuenta que esta es una perspectiva astrológica de la salud, no una médica. Antaño no había ninguna diferencia, ambas eran idénticas, pero en esta época podrían diferir muchísimo. Para una perspectiva médica, por favor, consulta a tu médico o a otro profesional de la salud.)

Tu sexta casa, la de la salud, ha sido importante desde 2011, y esta tendencia continúa este año (y muchos años más). Así pues, prestas atención a tu salud. La salud es fundamentalmente buena en este periodo, pero la presencia de Saturno en tu signo la hace más delicada que el año pasado, por lo tanto es bueno que estés atento.

En el plano personal estás mucho más conservador que de costumbre, pero no tratándose de asuntos de salud; en esto te veo muy experimentador, tal vez algo rebelde con la medicina ortodoxa. Te atraen las terapias nuevas y experimentales, y, en realidad, te beneficias enormemente de ellas. Terapias que no han sido inventadas mientras escribo esto podrían ser importantes para ti. En general, esto indica una preferencia por terapias o medicina alternativas; a veces indica preferencia por la medicina ortodoxa, aunque por las tecnologías nuevas, de vanguardia, dentro de este sistema.

Como sin duda hemos dicho en años anteriores, y vale repetirlo, tu tarea en este periodo es conocer cómo funcionas tú. Cada persona está configurada de diferente manera, de manera única. No hay ninguna regla universal que dé resultados a todo el mundo. Llegamos a conocernos a nosotros mismos probando y cometiendo errores, experimentando, y aunque hay fallos o fracasos, al final acabamos con conocimientos válidos, ciertos.

Es mucho lo que puedes hacer para fortalecer tu salud ya buena. Da más atención a los órganos vulnerables este año. Estos son:

El corazón. Evita la preocupación y la ansiedad. Una vez que hayas actuado de modo constructivo en un problema, olvídalo y disfruta de la vida. Desarrolla más fe y confianza.

El colon, la vejiga y los órganos sexuales. Estos son siempre importantes para ti; el sexo seguro y la moderación sexual son siempre importantes para ti. Los lavados de colon periódicos también son buenos; es necesario mantener limpio el colon.

La cabeza, la cara y el cuero cabelludo. Estos también son siempre importantes para ti; Marte, el regente de estas zonas, es tu planeta de la salud. Te beneficias de masajes periódicos en la cabeza y la cara. El masaje no sólo fortalece la cabeza y el cerebro, sino también todo el organismo, pues el cuero cabelludo contiene puntos reflejos de todo el cuerpo.

Las glándulas suprarrenales. Evita la rabia y el miedo, emociones que hacen trabajar excesivamente a las suprarrenales.

Los tobillos y las pantorrillas. Estas zonas se hicieron importantes cuando Urano entró en tu sexta casa en 2011; deberías darles masajes periódicos. Da más apoyo y protección a los tobillos cuando hagas ejercicio.

Ocurre que Urano es también tu planeta de la familia. Su tránsito por tu casa de la salud indica que necesitas armonía familiar y doméstica. Si surgiera algún problema de salud (no lo permita Dios) será necesario restablecer la armonía con la mayor rapidez posible.

También indica la necesidad de «armonía emocional»; el estado anímico debe ser constructivo y tranquilo. Evita la depresión como a la peste.

Hay muchas tendencias de corto plazo en la salud, según dónde esté Marte y los aspectos que reciba; estas es mejor tratarlas en las previsiones mes a mes.

Saturno en tu signo, aunque es un desafío, tiene sus puntos buenos. Es fabuloso para los regímenes de salud disciplinados, para bajar de peso, si lo necesitas, y para poner en buena forma el cuerpo y la imagen.

Urano estará en cuadratura con el señor de tu horóscopo unos meses. En realidad está en cuadratura todo el año, pero esta será muy exacta en octubre y noviembre. Este es un aspecto muy dinámico. Evita las actividades temerarias del tipo proezas; conduce con precaución; si debes experimentar con tu cuerpo, hazlo de manera controlada, consciente, sin riesgo.

Hogar y vida familiar

Ya no está poderosa tu cuarta casa, la del hogar y la familia, aunque sí lo estuvo durante muchos años. Es muy probable que tu intensa concentración en estos asuntos produjera los resultados deseados (más o menos) y ahora no tienes ninguna necesidad de hacer cambios importantes. Se tiende a dejar las cosas como están.

Este año se ven muy tensas las relaciones con los familiares, en especial con un progenitor o figura parental, sobre todo en octubre y noviembre. Esto podría producir una ruptura; aun en el caso de que la relación sobreviva, hará falta mucho trabajo, esfuerzos intensos, para que continúe. Esto parece un choque de egos; alguien tendrá que tragarse el orgullo para mantener la armonía.

Urano es tu planeta de la familia; está en su sexta casa, la de la salud y el trabajo, y continuará ahí unos años. Esto indica una gran dedicación a hacer de la casa un lugar más sano. ¿Hay campos geopáticos en la casa? ¿Sustancias peligrosas en la pintura o en el material de construcción? ¿Ácaros u otros insectos nocivos en la cama o las sábanas? Ahora es el periodo para corregir estas cosas.

También parece que instalas todo tipo de aparatos para la salud en la casa; esta se va a convertir en un balneario de salud tanto como en tu hogar. Te apetecen estas cosas en este periodo.

Un progenitor o figura parental podría haberse mudado o renovado la casa el año pasado. Este año no es aconsejable una mudanza.

Parece que los hijos o figuras filiales de tu vida se mudan, y las mudanzas se ven felices. Se beneficiarían de seguir un camino espiritual en este periodo. Si no, podrían tender a abusar de las drogas o el alcohol (para muchas personas esto es el sustituto de una verdadera espiritualidad). Están influidos por energías espirituales muy intensas, este año y los venideros. Se ven «soñadores» y «de otro mundo»; no hay nada malo en eso en sí mismo, pero al tratar con el mundo normal y corriente deben obligarse a estar conscientes en la realidad y el momento, no andar volando en el espacio.

Los hermanos o figuras fraternas de tu vida se mudan y renuevan la casa, tal vez muchas veces. Son como nómadas en este periodo. Podrían vivir en diversos lugares durante periodos largos y será «como si» se mudaran muchas veces. Hay romance para ellos este año, y posiblemente matrimonio para los que están solteros. Te llevas muy bien con tus hermanos, hay muchísimo cariño y apoyo mutuos.

Los nietos, si los tienes, tienen un año muy bueno; se ven prósperos. Los que están en edad de concebir son muy fértiles en este periodo.

Me parece que en tu barrio o vecindario hay cambios drásticos.

Si tienes pensado hacer reparaciones importantes u obras de construcción en la casa, del 1 de enero al 1 de febrero es un buen periodo. Si quieres embellecer la casa, dar una nueva mano de pintura, redecorar o comprar objetos bellos para la casa, del 19 de enero al 28 de febrero es un buen periodo.

Profesión y situación económica

Tu casa del dinero no está fuerte este año, Escorpio. A veces esto es bueno; indica que estás más o menos satisfecho con la situación como está y no tienes necesidad de trabajar especialmente en las finanzas. Pero a veces indica debilidad financiera: podría ser que no le des la importancia que se merece y podrían sufrir los ingresos. Lo más probable es que las dos posibilidades sean ciertas para ti, en diferentes momentos.

El 25 de mayo hay un eclipse lunar en tu casa del dinero, que producirá cambios que eran necesarios desde hace tiempo; te obligará a darle más atención a tus finanzas; te presentará situaciones que no puedes desatender.

Tu planeta del dinero pasa la primera mitad del año (hasta el 27 de junio) en tu octava casa, tu favorita. Esto lo considero positivo para los ingresos. Indica que si bien tu atención no está centrada en las finanzas, la de tu cónyuge o pareja lo está; esta persona prospera y es probable que sea generosa contigo.

El planeta del dinero en la octava casa no favorece mucho el poder adquisitivo; tu planeta del dinero está «exiliado», está en una diáspora. Está muy lejos de su propia casa. Pero sí favorece los ingresos procedentes de reclamaciones de seguros, derechos de patentes o de autor, herencias, apoyo del cónyuge o pareja, o de préstamos. Indica buen acceso al dinero ajeno; sea cual sea el crédito que justifique tu situación económica, no te afecta; tienes acceso al crédito. Esto también va en favor de atraerte inversores para tus proyectos.

El planeta del dinero en la octava casa va de hacer dinero para otros, con dinero ajeno. Va de hacer ricas a otras personas, ayudarlas a conseguir sus objetivos financieros, anteponer el interés de ellos al tuyo. Esto podría parecer un «sacrificio» e ir contra la intuición, pero cuando tienes éxito en esto se manifiesta tu prosperidad natural y fácilmente, por la ley kármica. Esta es la posición de un alto ejecutivo de empresa, del banquero inversor, del planificador financiero o administrador de fondos protegidos. Usan los bienes de otras personas para enriquecer a otros. Prosperan en la medida que tienen éxito.

El 27 de junio Júpiter entra en tu novena casa, y este es un tránsito fundamentalmente bueno para las finanzas. La novena casa se considera muy afortunada, con suerte. Pero Júpiter recibe aspectos desfavorables y esto complica las cosas. Sí, aumentan los ingresos, pero hay más trabajo y dificultades. A partir de julio me parece que haces cambios financieros muy drásticos, repentinos. Los ingresos serán más irregulares, a veces ultra altos y a veces ultra bajos. Es posible que la causa de estos cambios sea una figura parental o una circunstancia familiar. No estás muy de acuerdo con esta figura parental, ni en lo personal ni respecto a las finanzas.

Tienes mucha suerte en las especulaciones en ese periodo (a partir de julio) y podría ser aconsejable invertir sumas inocuas en la lotería u otras apuestas (no apuestes el dinero para la compra semanal o el que reservas para pagar el alquiler, sino solamente el dinero que te sobre y sólo guiándote por la intuición).

Se ven oportunidades financieras felices en empresas extranjeras, de inversiones en el extranjero y con extranjeros en general. Las personas de tu lugar de culto te apoyan y ofrecen oportunidades.

Cuando Júpiter forma aspectos hermosos a Neptuno después del 27 de junio, la intuición financiera es muy aguda.

Este no es un año especialmente fuerte en lo profesional; es más un año de preparación. Haz tu trabajo preparándote. El éxito profesional llega el próximo año.

Amor y vida social

Como hemos dicho, acabas de salir de un año muy fuerte en el amor y en lo social. Júpiter transitó por tu séptima casa en 2011 y 2012. Nadie puede soportar tanta intensidad durante mucho tiempo, así que procede un poco de enfriamiento en la actividad social. Muchas veces este enfriamiento no es lo que parece. Es posible que hayas iniciado una relación romántica seria, relación de pareja, y esto tiende a reducir el enfoque social. O podrías haberte casado con este tránsito. En todo caso, te hayas casado o no, este año es un periodo sexualmente activo; el poder está en tu octava casa.

Lo más probable es que estés satisfecho con las cosas como están y no tienes necesidad de hacer cambios importantes en tu vida amorosa. No habrá novedades en la situación. Si estás soltero o soltera lo más probable es que continúes así; lo mismo vale si estás casado o casada. Esto es bueno si ya estás en una relación romántica.

Tu planeta del amor, Venus, avanza rápido, por lo tanto hay muchas tendencias a corto plazo en la vida amorosa, y estas es mejor tratarlas en las previsiones mes a mes. Mucho depende de dónde está Venus en un momento dado y de los aspectos que recibe.

Uno de los desafíos en el amor ahora es el tránsito de Saturno por tu signo. Saturno tiende a hacer a la persona «retraída», reservada. Los demás tienen la impresión de que no deseas intimar mucho; a veces te muestras «frío», distante, con los demás. Esto no lo haces conscientemente y de ninguna manera eres ese tipo de persona. Pero sin darte cuenta podrías proyectar esto debido a la influencia de Saturno. Tendrás que trabajar conscientemente en proyectar simpatía y afecto hacia los demás. Esta proyección de afecto es algo que trabajas tú, como un músculo. Se refuerza con la práctica. A veces la influencia de Saturno hace excesivamente seria a la persona. Y es comprensible. Podrías estar pensando en la vejez o sentirte agobiado por cargas y responsabilidades extras. O tal vez haces las cosas por el sentido del deber y no por la alegría de hacer lo que haces. Por lo tanto, los demás podrían desanimarse ante tanta seriedad. Cuando estés con el ser amado o en una fiesta, olvida todo eso y diviértete, pásalo bien. No lleves tus cargas al dormitorio ni a la fiesta.

Aunque este año no hay cambios o novedades en el amor, el eclipse solar del 10 de mayo va a poner a prueba la relación actual; esto en sí mismo no basta para causar una ruptura, pero sí indica «sacar a airear los trapos sucios»; habrá una buena liberación emocional para ti y el ser amado.

Si estás con miras a un segundo matrimonio, después del 27 de junio tienes hermosas oportunidades románticas; conoces a personas con potencial para el matrimonio. Si estás pensando en un tercer matrimonio, no se ven novedades este año. En cuanto a un cuarto matrimonio, es probable que no te cases este año; incluso una relación actual se ve agobiada y será puesta a prueba.

Los padres o figuras parentales tienen un año sin cambios en el amor. Lo mismo vale para los hijos (o figuras filiales) en edad casadera. Los nietos en edad apropiada (si los tienes) pasan por pruebas en el matrimonio o en relaciones románticas.

Progreso personal

Neptuno, el más espiritual de los planetas, entró en tu quinta casa el año pasado y continuará ahí otros trece años más o menos. Es un tránsito largo. Este tránsito tiene efectos profundos en los hijos o figuras filiales de tu vida. Van a experimentar intensas influencias espirituales; es posible que tengan experiencias paranormales o sobrenaturales. Las llamamos paranormales, pero en realidad con este tipo de tránsito son normales; cuando llueve es normal mojarse. Es posible que tengan sueños proféticos, y estos pueden ser perturbadores, como pesadillas; necesitan saber cómo llevar esto. No están locos; ven otras dimensiones (muy reales, por cierto) que los demás no ven. En lugar de descartar estas cosas o reñir al niño, ayúdalo a arreglárselas con esto; sé buen oyente; no juzgues. Si no los puedes ayudar personalmente a entender estas cosas llévalos a un psicólogo, preferentemente de orientación espiritual, que entienda este tipo de fenómenos. Un buen vidente, de orientación espiritual, hará más que un psicoterapeuta tradicional.

Los hijos están propensos a ser más soñadores y «de otro mundo» en este periodo. Podría parecer que viven en un «mundo de ensueño», en un mundo de fantasía. Esto es normal, pero enséñales a que cuando estén en el mundo, en la vida cotidiana, deben estar conscientes y alertas. Hazles ejercicios espirituales en estar conscientes.

También estarán más sensibles que de costumbre; el tono de la voz y el lenguaje corporal los afectará más de lo que les dices en realidad. Ten más cuidado con esto.

Neptuno en la quinta casa indica un tipo de creatividad inspirada, una creatividad elevada, sutil, cósmica. Si trabajas en el campo del arte producirás tus mejores obras. El único problema es si el mundo es capaz de aceptarlas; esta creatividad no es de esta tierra. Pero ten presente que las personas «aceptadas» rara vez cambian el mundo.

Saturno en tu signo indica un importante campo para progresar en los dos próximos años. El ego pasa por la «terapia de realidad», un control de realidad. El ego se va a regular, reajustar en los dos próximos años. Si la autoestima ha estado exageradamente elevada, no realista, será «humillada»; si ha estado exageradamente baja, se elevará. Saturno es justo en todo.

Podría convenirte ponerte en un segundo plano en este periodo. Sí, tenemos que dejar que «brille nuestra luz», como dicen las Escrituras, pero no «hacerla brillar» con rimbombancia y arrogancia. El Sol es muy brillante, pero silencioso. Deja brillar tu luz, faltaría más, pero callada y discretamente.

Previsiones mes a mes

Enero

Mejores días en general: 6, 7, 14, 15, 24, 25
Días menos favorables en general: 12, 13, 19, 20, 26, 27, 28
Mejores días para el amor: 8, 9, 18, 19, 20, 29, 30
Mejores días para el dinero: 4, 8, 9, 12, 22, 31
Mejores días para la profesión: 2, 3, 10, 11, 21, 26, 27, 28, 31

Este es un año muy, muy enfocado a la comunicación; un año para aprender, estudiar y enseñar; un año para aumentar la base de conocimientos. Y este mes es aún más poderoso para esas actividades; hasta el 19 tu tercera casa, la de la comunicación y los intereses intelectuales, es fácilmente la más fuerte del horóscopo. La mente está aguda y despejada; absorbe y comunica fácilmente la información. Un mes fabuloso si eres estudiante.

Si estos aspectos los tuvieran otros signos, digamos Géminis, Libra o Acuario, sus facturas de teléfono se dispararían por las nubes. Pero Escorpio no es muy conversador por naturaleza, así que las facturas serán razonables. De todos modos, vas a hablar mucho más que de costumbre. El principal peligro para la salud este mes es una mente hiperactiva; una mente que se niega a callarse; sigue dale que dale como una máquina. Esto puede consumir energía que el cuerpo necesita para otras funciones vitales. Así pues, debes ponerle freno a esto; apaga la mente cuando no la estés usando; la meditación es una inmensa ayuda para esto.

La salud es fundamentalmente buena hasta el 19; después necesitas descansar y relajarte más; la vitalidad no está a la altura habitual. Fortalece la salud de las maneras explicadas en las previsiones para el año y también da más atención al estómago, y, si eres mujer, a los pechos. La dieta es importantísima este mes; el estómago está más sensible. Te veo muy atento a la salud de los familiares, tal vez más que a la tuya. La armonía familiar es muy importante; problemas en la familia podrían afectar tu salud; si ocurriera esto (no lo permita Dios), restablece la armonía lo antes posible. Las terapias alternativas, experimentales, son potentes para ti este mes.

Comienzas el año con la mayoría de los planetas bajo el horizonte de tu carta, en la mitad inferior. Puedes restar importancia a la profesión. Da la atención al hogar, la familia y tu bienestar emocional. Trabaja en la profesión con métodos interiores: visualización, decir la palabra y entrar en la sensación de haber conseguido tus objetivos; siéntelos como una realidad presente. Esto es soñar despierto, pero son un soñar despierto controlado, consciente, intencionado, dirigido. Tu verdadera profesión en este periodo es tu familia y tu vida emocional, sobre todo después del 19. Hasta el 19 entraña formación, escritura, ventas, publicidad y comunicación; este mes también se ve probable que trabajes en tus objetivos profesionales desde casa. Ahora con toda la tecnología moderna, en casa se puede ser tan eficaz como en la oficina.

Estás en un fuerte periodo para iniciar nuevos proyectos o lanzar nuevos productos. Los ciclos solares, el tuyo y el del universo, están en fase creciente. El movimiento planetario es directo este mes, y la Luna estará en fase creciente del 10 al 27; este es el periodo óptimo para iniciar esos nuevos proyectos.

Febrero

Mejores días en general: 2, 3, 11, 12, 20, 21, 22
Días menos favorables en general: 9, 10, 15, 16, 17, 23, 24
Mejores días para el amor: 9, 10, 15, 16, 17, 18, 19
Mejores días para el dinero: 5, 9, 18, 27
Mejores días para la profesión: 1, 9, 10, 20, 23, 24

El 19 del mes pasado el poder planetario se trasladó de tu sector oriental o independiente al occidental o social. Este mes, cuando Venus pasa al sector occidental, es más pronunciado el cambio. Llega el periodo para cultivar las dotes sociales, conseguir tus fines mediante colaboración y consenso y no por actuación independiente. Ahora tienes que vivir con las condiciones que has creado en los seis meses anteriores; es mucho más difícil hacer cambios; será mejor que te adaptes a las situaciones todo lo que te sea posible.

Este es otro mes muy bueno, tal vez mejor que el pasado, para lanzar nuevos productos o iniciar nuevas empresas: todos los planetas están en movimiento directo hasta el 18. Del 10 al 18 es el mejor periodo para esto (la Luna está en fase creciente).

El amor fue agridulce el mes pasado. Por un lado hubo una oportunidad feliz entre el 15 y el 18, pero también gran inestabilidad. Hubo muchos cambios de humor en el amor. Este mes el amor es más estable. Haces más vida social en casa; una cena tranquila en casa es más romántica que una salida nocturna de diversión. Escorpio es una persona muy sexual, pero este mes también ansías intimidad emocional, expresar mutuamente las emociones. La relación sexual emocional, en el plano de los sentimientos, es tal vez más importante que la relación sexual física. Cuando el planeta del amor está en la cuarta casa, la persona podría encontrarse con un viejo amor del pasado, y a veces, si no con la persona, con alguien que se la recuerda; la finalidad es resolver viejos problemas, asuntos inconclusos.

La salud sigue necesitada de atención, en especial hasta el 18. Tu planeta de la salud entra en Piscis el 2, así que puedes fortalecer la salud con terapias espirituales: meditación, oración, imposición de las manos, reiki y manipulación de las energías sutiles; obtienes muy buenos resultados de estas todo el mes, pero en especial del 3 al 5. Son muy potentes también las hidroterapias: nadar, bañarse en una bañera o en alguna fuente de agua natural. Después del 18 la salud es maravillosa; tienes toda la energía que necesitas para lo que sea que te propongas.

Aunque no estás en tu cima financiera del año, las finanzas han ido bien desde el 19 del mes pasado; han aumentado los ingresos. Esta prosperidad continúa hasta el 18. Después del 18 se vuelven más difíciles, entrañan más trabajo. Los objetivos se consiguen superando obstáculos. Las tendencias financieras son muy similares a las que hemos explicado en las previsiones para el año.

El hogar y la familia siguen siendo el centro de atención hasta el 18. Si estás en edad de concebir, el 19 del mes pasado entraste en un ciclo de fertilidad que continuará unos cuantos meses más.

Marzo

Mejores días en general: 2, 3, 10, 11, 20, 21, 29, 30
Días menos favorables en general: 8, 9, 15, 16, 22, 23
Mejores días para el amor: 2, 3, 10, 11, 15, 16, 21, 22, 31
Mejores días para el dinero: 1, 4, 5, 8, 9, 17, 18, 27, 28, 31
Mejores días para la profesión: 2, 3, 10, 11, 22, 23, 31

El 18 del mes pasado entraste en una de tus cimas anuales de placer personal, un periodo para gozar de la vida en todos los planos, un periodo para el ocio y la recreación, unas vacaciones cósmicas. Esto dura hasta el 20. Después ya acabas con las fiestas y te vuelves más serio, preparado para ponerte al trabajo. Cuando está fuerte la quinta casa las personas son más especuladoras, las atraen los casinos, las salas de juego, la lotería. Pero esta vez no son aconsejables las especulaciones. Después del 20 serán más favorables.

Si todavía tienes nuevos productos por lanzar o empresas por iniciar, del 11 al 27 es un excelente periodo para hacerlo; contarás con el respaldo de mucho poder cósmico.

Hasta el 22 el amor es feliz, romántico, de caricias íntimas; tu planeta del amor está celestialmente poderoso, en Piscis, su signo de exaltación. Así pues, si estás en una relación, experimentarás con tu pareja matices del amor que pocos mortales experimentan en su vida; te diviertes más con el ser amado, disfrutáis de la relación, hacéis cosas placenteras. Si estás soltero o soltera y sin compromiso, las oportunidades amorosas se presentan en los lugares habituales: balnearios, fiestas, clubes y lugares de diversión. Es muy probable que atraigas a personas que no les interesa una relación seria, y al parecer esto te va bien.

Hasta el 20 continúa la necesidad de trabajar más arduo para conseguir los objetivos financieros. Tal vez gastas excesivamente en actividades de ocio; los hijos o figuras filiales podrían resultar más caros que de costumbre. Pero después del 20 las cosas son mucho más fáciles. Si buscas trabajo tuviste buenos aspectos a comienzos del mes pasado, y vuelves a tenerlos buenos después del 20; tal vez el trabajo no es tan agradable como quisieras; tal vez lo consideras indigno de ti, no de acuerdo con tu «imagen». Pero lo haces y parece que tienes éxito. La autoestima y la confianza en ti mismo podrían estar mejores, pero en cierto modo es bueno que el ego esté más débil; la mayoría de los planetas están en tu sector occidental, y es probable que tu manera no sea la mejor en este periodo. Adáptate a los demás mientras esto no sea destructivo.

Del 18 al 21 Marte y Urano viajan juntos. Haz todo lo posible por tener seguridad en la casa; mantén los objetos peligrosos fuera del alcance de los niños; comprueba que el detector de humo funciona bien. Los familiares (en especial un progenitor o figura parental), deberán evitar los arranques de genio, los enfrentamientos y las actividades arriesgadas.

Del 26 al 29 Venus viaja con Urano; esto pondrá a prueba la relación actual. Si la relación es poco seria, está en peligro; si la relación es seria sobrevivirá, pero el ser amado estará más temperamental. Si estás sin compromiso, tendrás un encuentro amoroso inesperado.

Del 27 al 30 hay cambios o reorganización en la profesión.

Abril

Mejores días en general: 6, 7, 8, 16, 17, 25, 26
Días menos favorables en general: 4, 5, 11, 12, 19, 20
Mejores días para el amor: 1, 9, 10, 11, 12, 21, 22, 29, 30
Mejores días para el dinero: 1, 4, 5, 14, 15, 23, 24, 27, 28
Mejores días para la profesión: 1, 9, 10, 19, 20, 21, 29, 30

El 25 hay un eclipse lunar en tu signo, así que en ese periodo tómate las cosas con calma y reduce tus actividades. Este eclipse es fuerte en ti. Procura proteger a tus hijos y figuras filiales de cualquier daño. A lo largo de los próximos seis meses vas a redefinir tu imagen y personalidad, tu apariencia y porte, lo que es fundamentalmente bueno. Esto deberíamos hacerlo periódicamente, pero a veces nos hace falta que un eclipse u otra conmoción nos obligue a ponernos a la tarea.

Este mes están más débiles la autoestima y la confianza en ti mismo, más que el mes pasado. El señor de tu carta, Plutón, inicia movimiento retrógrado el 12; Saturno está en tu signo; la mayoría de los planetas están en tu sector occidental, entrando en su posición occidental máxima. Sí, te conviene mantenerte en un segundo plano; demasiada seguridad u osadía para imponerte no es aconsejable, y tampoco te resulta fácil. El poder planetario avanza alejándose de ti, en dirección a los demás. Así pues, deja que se impongan los demás mientras eso no sea destructivo. De vez en cuando va muy bien tomarse unas vacaciones del yo, del ego y sus deseos, de la perspectiva personal de la vida. Este es el mes en que se ensanchan tus perspectivas. El Cosmos te quiere muchísimo, de eso no cabe duda, pero formas parte de un todo más grande, y es este interés en el bienestar del total lo que disminuye temporalmente tu importancia personal. La lluvia cae donde se la necesita y no cuándo y dónde la deseamos. Adáptate lo mejor posible a las situaciones. Si son desagradables, toma nota de lo que es necesario cambiar y cuando llegue tu periodo de independencia, que llegará, harás los cambios con más facilidad.

El 19 entras en una cima amorosa y social anual. El amor se ve muy feliz, sea cual sea tu estado civil. Si estás soltero o soltera y sin compromiso sales más y conoces parejas románticas. No hay probabilidades de boda este mes, pero conocerás a personas con las que considerarías la posibilidad de casarte. Si estás casado o casada (y es posible que te hayas casado en algún momento de los dos años pasados) tienes más romance y armonía en el matrimonio. En general, cuando está fuerte la séptima casa la persona asiste a más bodas. Repican campanas de boda, pero podría no ser por la tuya. Del 23 al 26 Venus forma aspectos muy hermosos a Plutón; esto podría indicar un importante encuentro o experiencia románticos. Pero parece algo complicado; está Saturno en el cuadro. Hay indecisión, dudas, en esta relación. Podrías también sentirte impedido a manifestar o demostrar amor y simpatía; pareces inhibido (o tal vez tu pareja). En ese periodo es muy importante que te esfuerces en demostrar simpatía y afecto a los demás; no te saldrá naturalmente.

La vida social se ve variada e interesante. Alternas con personas de posición elevada y poderosas, personas que podrían ser celebridades en tu mundo. Estas conexiones te serán útiles en la profesión. Entre estas personas hay deportistas, personas del «bello mundo», y también médicos y profesionales de la salud. Te atraen las personas de este tipo y hay oportunidades románticas y sociales con todas ellas.

Las finanzas van bien este mes. Van mejor antes del 19 que después, pero de todos modos, bien. No hay desastres.

La salud es más delicada después del 19; afortunadamente tu sexta casa está fuerte todo el mes y estás atento a tu salud, haces caso de ella. Lo más importante, como siempre, es mantener elevada la energía. Evita malgastar, derrochar la energía. Fortalece la salud de las maneras explicadas en las previsiones para el año. Hasta el 15 da más atención a los riñones y caderas. A partir del 15 presta más atención a los pulmones, intestino delgado, brazos y hombros. El cuello y la garganta son importantes todo el mes.

Mayo

Mejores días en general: 4, 5, 13, 14, 15, 23, 24, 31
Días menos favorables en general: 2, 3, 8, 9, 10, 16, 17, 29, 30
Mejores días para el amor: 8, 9, 10, 11, 21, 22, 29, 30
Mejores días para el dinero: 2, 3, 11, 12, 21, 22, 25, 26, 29, 30
Mejores días para la profesión: 8, 9, 10, 16, 17, 19, 20, 29

La salud continúa delicada este mes y te irá bien reducir las actividades. Dos eclipses refuerzan esta necesidad. Fortalece la salud de las maneras explicadas en las previsiones para el año, y este mes da más atención al cuello, la garganta y las vértebras cervicales; te convendría la terapia sacro-craneal, y masajes en el cuello. Los problemas en el amor podrían afectar a la salud también; si surgiera algún problema, Dios no lo permita, restablece la armonía en el amor lo más pronto posible. Después del 20 mejora la salud, pero mientras tanto tómate las cosas con calma.

El eclipse solar del 10 es muy fuerte en ti, así que evita las actividades arriesgadas. Haz lo que debes hacer (nadie debe ser despedido del trabajo o pasar por un divorcio por causa de un eclipse), pero las actividades optativas puedes y debes reprogramarlas para otro día. Este eclipse ocurre en tu séptima casa, la del amor y el matrimonio. Por lo tanto, se pone a prueba la relación. Ten más paciencia con el ser amado en este periodo y procura no empeorar más las cosas. Como hemos dicho, es muy importante mantener la armonía en el amor. Siempre es posible que no haya nada mal en la relación en sí, sino que haya problemas en la vida de la pareja; eso genera la tensión. También pasan por pruebas las sociedades de negocios. Hay cambios en la profesión también; trastornos en tu empresa o industria, cambios o reorganización en la jerarquía o normas. Con este tipo de eclipse podría haber una especie de casi muerte profesional, algo que parece un desastre, pero que bien llevado mejora el currículum. Los padres y figuras parentales deben reducir sus actividades también; podría haber dramas en su vida en este periodo. Este eclipse hace impacto en Marte, así que hay cambios en el trabajo, cambios en las condiciones laborales y tal vez despido de compañeros de trabajo. A veces estos aspectos producen un susto en la salud. Habrá cambios drásticos en el programa de salud a lo largo de los seis próximos meses más o menos.

El eclipse lunar del 25 es más benigno contigo. También afecta a la profesión, reforzando lo que vimos antes. Este eclipse ocurre en tu casa del dinero, de modo que hay importantes cambios en las finanzas; ocurre un trastorno, una sorpresa, que te obliga a cambiar de estrategia y forma de pensar; hacía tiempo que era necesario hacer estos cambios; ahora el eclipse te obliga. Si eres estudiante haces cambios importantes en tus planes educativos; tal vez cambias de colegio, de asignatura principal o de profesor; a veces estas cosas están causadas por cambios administrativos. Dado que la Luna rige tu novena casa, la de la religión, filosofía y metafísica, hay cambios importantes en esto también; se pone a prueba tu filosofía de la vida, tus creencias; hay una crisis de fe; ciertas creencias se desechan o modifican a la luz de nuevos conocimientos. Este eclipse afecta a los hijos y figuras filiales; es necesario protegerlos de cualquier daño en este periodo; deben evitar las actividades arriesgadas, pasar más tiempo tranquilos en casa o cerca de ella; es posible que estén temperamentales, así que ten paciencia con ellos.

Junio

Mejores días en general: 1, 10, 11, 19, 20, 27, 28
Días menos favorables en general: 5, 6, 12, 13, 25, 26
Mejores días para el amor: 5, 6, 10, 19, 20, 27, 28
Mejores días para el dinero: 8, 9, 17, 18, 21, 22, 26, 27
Mejores días para la profesión: 7, 8, 12, 13, 17, 18, 27

El 20 del mes pasado se hizo muy poderosa tu octava casa, que estará poderosa hasta el 21. Escorpio es «personalidad octava casa» natural, así que esto es cómodo para ti; te sientes en casa. Muchas personas encuentran «repugnantes» o «bajos» los asuntos de la octava casa, pero tú no. La muerte es algo de lo que siempre deseas saber más; te has encontrado en presencia de ella muchas veces en tu vida. Aunque es posible que no reconozcas esto ante la buena sociedad, te gusta tratar este tema.

El poder en la octava casa indica un periodo más activo sexualmente, no necesariamente romántico. La lujuria se intensifica en este periodo.

Este mes es bueno para todas las actividades Escorpio: desintoxicación de la mente y el cuerpo, trabajo en la transformación y reinvención personales. Si estás en el camino espiritual tendrás percepciones profundas sobre la naturaleza de la «resurrección», y es muy posible que resucites diversos aspectos de tu vida.

Los sabios dicen que no existe la muerte en ninguna parte del Universo; que es una ilusión humana. Cuando vemos una muerte, hay una resurrección inmediata, la continuación natural de la muerte. Muere un año viejo e inmediatamente comienza un año nuevo; muere un día viejo y comienza un día nuevo, justo en el instante de la llamada muerte. La muerte de una relación significa, por definición, el nacimiento de una nueva. Cuando está fuerte la octava casa profundizamos en la comprensión de estas cosas.

El cónyuge, pareja o ser amado actual ha tenido un periodo financiero fabuloso en lo que va de año, y desde el 20 del mes pasado está en una cima financiera anual; esta persona es más generosa contigo.

En general, las finanzas van muy bien; aunque aún no estás en la cima financiera (esta será en noviembre y diciembre), este es uno de tus mejores periodos financieros. Entre el 19 y el 22 hay un bonito día de paga; tal vez hay aumento de sueldo o ascenso. Este aspecto toca la profesión; este periodo trae éxito y oportunidades profesionales también.

El 27 tu planeta del dinero entra en Cáncer, tu novena casa; este es un tránsito muy hermoso. La novena casa se considera muy afortunada, así que hay aumento en los ingresos y buena suerte el resto del año. Tal vez no disfrutas de la prosperidad tanto como te gustaría; tal vez no te gusta la forma como ocurre, pero de todos modos ocurre (parece que hacer dinero te distrae de tus estudios o de la dedicación a tus intereses intelectuales; tendrás que equilibrar estas cosas este año que comienza, darle a cada cosa lo debido).

El 20 del mes pasado los planetas comenzaron a trasladarse de la mitad inferior de tu carta a la superior; este mes el traslado se hace más pronunciado. Puedes, sin riesgo, pasar a un segundo plano los asuntos domésticos y familiares y centrar la atención en la profesión.

La salud es buena todo el mes, y en especial después del 21. Puedes mejorarla más aún dando más atención a los pulmones, al intestino delgado, a los brazos y a los hombros; los masajes en los brazos y los hombros serán especialmente potentes en este periodo. La desintoxicación siempre es buena, pero más este mes.

Julio

Mejores días en general: 7, 8, 17, 25, 26
Días menos favorables en general: 2, 3, 9, 10, 11, 23, 24, 29, 30

Mejores días para el amor: 1, 2, 3, 10, 11, 19, 20, 29, 30
Mejores días para el dinero: 7, 8, 16, 17, 19, 20, 25
Mejores días para la profesión: 7, 8, 9, 10, 11, 17, 18, 27

El 27 del mes pasado Júpiter entró en aspectos muy hermosos con Neptuno y Saturno. Estos aspectos continúan en vigor todo el mes (y más o menos igual el resto del año). El aspecto con Neptuno indica suerte en la especulación; buenas rachas de suerte financiera. Podría ser aconsejable, en especial este mes, invertir sumas inocuas en estas cosas. Los hijos y figuras filiales de tu vida prosperan. Tu creatividad es muy comercializable en este periodo. Si eres escritor o profesor, ganas más que de costumbre en estas cosas. Te llega un coche y un equipo de comunicación nuevos.

Los hermanos y figuras fraternas tienen bonitos días de paga este mes y gozarán de incremento financiero el resto del año.

Si buscas trabajo tienes buenas oportunidades del 19 al 24.

Las finanzas son felices, pero hay ciertos retos. Las responsabilidades familiares mellan la economía; tal vez hay un desacuerdo financiero con familiares.

La situación familiar se ve tensa; tal vez los padres o figuras parentales no se llevan bien. Pero esto es temporal; el 22 ya habrá acabado.

El 22 el Sol cruza tu Medio cielo y entra en tu décima casa, la de la profesión. Esto es una cima profesional anual, periodo para un enormes progreso y éxito. El próximo año tu éxito será mayor aún, pero ya es bueno ahora. Desatiende a la familia por un tiempo, haz lo que es necesario hacer, pero da la principal atención a la profesión.

Tu planeta del amor pasa la mayor parte del mes en tu décima casa, y esto nos da muchos mensajes. La profesión es importante, pero también lo es tu vida amorosa: tu matrimonio o relación actual; esto habla de éxito en el amor; está muy arriba en tu lista de prioridades. Indica la necesidad de integrar la profesión y la vida social; la una se funde con la otra. Haces más vida social con personas de tu empresa o industria. Progresas en la profesión por tus méritos, pero también por tus conexiones sociales. Te atraen personas poderosas y de prestigio; personas de posición superior a la tuya. A veces este aspecto indica oportunidades románticas con jefes o superiores, o con personas relacionadas con tu profesión. Principalmente indica que en tu camino profesional te espera el amor. Indica también que el cónyuge, pareja o ser amado actual está muy ambicioso en este periodo y tiene mucho éxito; esta persona apoya tus objetivos profesionales.

La salud es buena hasta el 22; después es más delicada. Así pues, como siempre, descansa y relájate más, modera tu ritmo, haz todo lo posible para mantener elevada la energía. No dejes que la ambición te empuje más allá de tus límites físicos. Hasta el 18 fortalece la salud de las maneras explicadas el mes pasado. Después del 18 da más atención al estómago y si eres mujer debes dar más atención a los pechos también; la dieta es muy importante en este periodo. Y, más importante aún, necesitas equilibrio emocional, paz y armonía en el cuerpo sensible.

Agosto

Mejores días en general: 3, 4, 13, 14, 21, 22, 30, 31
Días menos favorables en general: 6, 7, 19, 20, 25, 26, 27
Mejores días para el amor: 8, 9, 19, 25, 26, 27
Mejores días para el dinero: 3, 13, 14, 15, 16, 21, 22, 30, 31
Mejores días para la profesión: 6, 7, 15, 16, 25

El 22 del mes pasado el poder planetario comenzó a trasladarse de tu sector occidental al oriental; este mes el traslado es más pronunciado, ya que Marte y Mercurio también pasan al sector oriental. Estás, pues, en un periodo de independencia personal, y esta se irá haciendo más y más fuerte en los próximos meses. Ahora será mucho más fácil hacer los cambios que deseas hacer, para configurar las condiciones y circunstancias de modo que sean más agradables. Estando Plutón todavía retrógrado, la dificultad no está en el poder sino en la claridad mental, en tener claro lo que deseas crear. La luz siempre precede a la creación. En las Escrituras, antes de comenzar la creación la orden fue: «Hágase la luz»; este fue el acto creativo primordial. Y así es como debe ser para ti. Consigue luz, consigue claridad. Entonces procede a crear a partir de eso.

Continúas en tu cima profesional anual. Hay éxito, adelanto y oportunidades. El 28 Marte cruza tu Medio cielo, y esto indica que consigues tu éxito con trabajo arduo; tu ética laboral atrae la atención de los superiores. Mercurio cruza tu Medio cielo el 8, lo que significa que las amistades tienen éxito y apoyan tus objetivos profesionales. Tus conocimientos de alta tecnología son muy importantes.

Las finanzas continúan fabulosas. Tu planeta del dinero forma parte de un excepcional gran trígono en signos de agua. Hay suerte en las especulaciones. Los hijos prosperan. Si eres agente de ventas haces ventas importantes en este periodo; estás en una buena racha.

Como el mes pasado, sigue la necesidad de llegar a acuerdos con familiares acerca de las finanzas.

La salud sigue necesitada de atención hasta el 22. Fortalécela prestando más atención al estómago, que parece estar más sensible en este periodo. Si eres mujer debes prestar más atención a los pechos; en los pies hay puntos de presión que dan energía a los pechos, y el masaje corporal también los fortalece. Presta más atención a la dieta también. Como el mes pasado, es importante la tranquilidad emocional. Una perturbación de corta duración tal vez no importará mucho, pero si se alarga, puede afectar a la salud. Haz todo lo posible por mantener tu estado de ánimo positivo y constructivo.

El amor se ve feliz hasta el 16; hay armonía con el ser amado; hay reuniones sociales felices. El único problema, y debes prestar especial atención a esto, es que seas demasiado perfeccionista, demasiado crítico y analítico. Esta actitud tiende a matar cualquier sentimiento romántico. Si estás soltero o soltera y sin compromiso, hasta el 15 las oportunidades amorosas se presentan a través de amistades, en grupos y actividades de grupo. Alguna persona amiga desea ser algo más; algunas amistades hacen de Cupido. Las actividades *online*, salas de chateo, servicios de contacto, también son un lugar para el romance. El 16 Venus entra en Libra, donde está en posición mucho mejor para el amor que en Virgo, pero entra en aspecto adverso con Plutón, tu planeta regente, por lo tanto hay conflicto, desacuerdo, con el ser amado. Aunque con este aspecto podría resultarte más fácil expresar el amor, los desacuerdos nublan el cuadro. Hará falta más esfuerzo, por parte de los dos, para zanjar las diferencias. Pero es posible.

Septiembre

Mejores días en general: 1, 9, 10, 18, 19, 27, 28
Días menos favorables en general: 2, 3, 15, 16, 22, 23, 29, 30
Mejores días para el amor: 8, 17, 18, 22, 23, 27, 28
Mejores días para el dinero: 1, 9, 10, 11, 12, 18, 19, 27, 28
Mejores días para la profesión: 2, 3, 4, 5, 13, 14, 24, 29, 30

La gran cuadratura que comenzó el mes pasado cobra más fuerza este mes. Es un mes activo y complicado. Hay un progreso enorme, pero también muchos retos. Todo ha de hacerse «exactamente así», el menor error puede derrumbar el magnífico edificio en que estás trabajando. Equilibrio, equilibrio, equilibrio. Muchas facetas de tu vida tiran de ti en diferentes sentidos. A cada una debes darle lo debido, pero no excederte en ninguna.

Tu vida es fundamentalmente buena en este periodo; pero los acontecimientos son muy turbulentos en el mundo este mes y podrían afectarte indirectamente.

Desde el 21 de julio estás en un periodo de independencia personal, pero el movimiento retrógrado de Plutón ha dificultado las cosas. Tener el poder para crear es una cosa, pero otra es tener claro qué crear. Desde entonces tu principal tarea ha sido adquirir esta claridad. Ahora llega la claridad, pues el 20 Plutón retoma el movimiento directo. Puedes pasar con confianza a crearte las condiciones que deseas; te respalda mucho poder cósmico. Puedes tener las cosas a tu manera en este periodo. Hacia fin de mes mejoran mucho la autoestima y la confianza en ti mismo. Sabes quién eres y qué debes tener, y actúas según eso.

Las finanzas son fundamentalmente buenas este mes, pero a partir del 22 se vuelven más complicadas, más difíciles. Desde julio ha habido desacuerdo con familiares acerca de las finanzas; este mes podría haber discusiones con jefes, figuras de autoridad y amistades, pero esto es de corta duración. El mes que viene ya habrá acabado.

Marte pasa el mes en tu décima casa, la de la profesión. Esto indica que trabajas mucho, repeliendo competidores de tu industria y tal vez competidores personales también. Consigues el éxito a la manera difícil; simplemente trabajas más, produces más, que la competencia.

Del 7 al 11 Marte forma cuadratura con Saturno, así que conduce con más prudencia esos días; procura evitar las discusiones. Si estás en desacuerdo con alguien, haz unas cuantas respiraciones profundas y expresa tu opinión de modo tranquilo y racional.

Hasta el 11 el amor es difícil, un reto. Después cambia espectacularmente; Venus entra en tu signo y comienza a formar aspectos hermosos con Júpiter y Neptuno. Hay amor en el ambiente y no puedes escapar de él; te encontrará. Alguien te va detrás con avidez. Los días 27 y 28 Venus forma trígono con Júpiter; si estás soltero o soltera y sin compromiso, conoces a una persona especial; si estás casado o casada tienes más romance en el matrimonio. Hay oportunidades para formar una sociedad de negocios o empresa conjunta. Luego un bonito día de paga, tanto para ti como para tu pareja actual.

Octubre

Mejores días en general: 6, 7, 15, 16, 24, 25
Días menos favorables en general: 1, 13, 14, 19, 20, 27, 28
Mejores días para el amor: 7, 8, 17, 18, 19, 20, 27, 28
Mejores días para el dinero: 6, 7, 8, 9, 15, 16, 24, 25
Mejores días para la profesión: 1, 4, 5, 13, 14, 23, 24, 27, 28

El mes pasado el poder planetario comenzó a trasladarse de la mitad superior de tu carta a la inferior. Técnicamente el traslado comenzó el 29 del mes pasado y el 23 de este mes será más pronunciado, pues el Sol pasa a la mitad inferior. Es el crepúsculo en tu año; termina el día. Es el periodo para prepararte para las actividades de la noche, para desviar la atención de la profesión y pasarla al hogar, la familia y tu bienestar emocional. El 15 acaba la frenética actividad en la profesión, pues Marte sale de tu décima casa y pasa a la once. Entonces la décima casa quedará prácticamente vacía; sólo la Luna transitará por ella los días 27 y 28. Así pues, no hay riesgo en poner la profesión en segundo plano.

El 23 los planetas estarán en su posición oriental máxima del año. La independencia y el poder personales están en su punto máximo. Tu misión ahora es crear condiciones que sean cómodas y agradables para ti; el Cosmos desea tu felicidad; toma la iniciativa y crea tu nirvana personal. Cuentas con mucho respaldo.

El 18 hay un eclipse lunar en tu sexta casa. Esto indica cambios laborales, cambios en el lugar y en las condiciones de trabajo. Si eres empleador, habrá cambios en tu personal. Este eclipse también anuncia cambios importantes en tu programa de salud y en tu dieta a lo largo de los seis próximos meses. Dado que la Luna es la regente de tu novena casa, todos los eclipses lunares (y normalmente tenemos dos al año) afectan a los estudiantes de nivel universitario o posgrado. Si lo eres, hay cambios en tus planes educativos. Hay trastornos en tu lugar de culto y en la vida de las personas que asisten a él. Evita los viajes al extranjero en este periodo (unos cuantos días antes y otros tantos después del eclipse). La situación familiar ha estado tensa todo el año y es muy probable que este eclipse exacerbe las cosas. Haz todo lo posible por no empeorarlas. Este eclipse toca de refilón a Júpiter, tu planeta del dinero, por lo que hay cambios financieros importantes; estos resultarán bien a la larga, pero podrían ser desagradables por un tiempo. En todo caso, hasta el 23 las finanzas son difíciles, y el eclipse sólo lleva las cosas a un punto crítico;

despeja el aire. Después del 23 las finanzas mejoran espectacularmente.

Sean cuales sean las dificultades financieras de corta duración, sabe que este es un año de inmensa prosperidad; de hecho, estas dificultades sólo son baches en el camino. En realidad, si las llevas correctamente, aumentarán tu prosperidad.

La salud es buena este mes; están bien la autoestima y la confianza en ti mismo. Continúas en tu periodo de máxima independencia. Estás en posición para tener las cosas a tu manera. Usa el poder juiciosamente. Puedes fortalecer aún más la salud dando más atención al corazón hasta el 15 y después al intestino delgado.

Noviembre

Mejores días en general: 3, 4, 11, 12, 20, 21, 22, 30
Días menos favorables en general: 9, 10, 16, 17, 23, 24
Mejores días para el amor: 7, 16, 17, 26, 27
Mejores días para el dinero: 3, 4, 5, 6, 11, 12, 21, 22, 30
Mejores días para la profesión: 3, 4, 11, 12, 23, 24

El principal titular de este mes es el eclipse solar del 3, que ocurre en tu signo. Todos los nativos de Escorpio lo sentiréis, pero si naciste entre el 1 y el 5 de este mes lo sentirás más fuerte. Es necesario que te tomes las cosas con calma y reduzcas tus actividades. Haz lo que sea necesario hacer, pero reprograma las actividades optativas, en especial si son difíciles o estresantes; pasa más tiempo tranquilo en casa; lee un libro, ve una buena película, medita y ora. Este eclipse indica que vas a redefinir tu personalidad e imagen; esto es bueno. Vas a cambiar tu forma de considerarte (el concepto de ti mismo) y la forma como deseas que te consideren los demás. En los próximos meses vas a presentar tu nuevo «yo» al mundo; por lo general esto significa importantes cambios en el guardarropa, en el corte de pelo o peinado, etcétera. Si no has tenido cuidado en lo referente a la dieta, este eclipse podría producir una desintoxicación del cuerpo; obliga a salir materia de desecho que lleva ahí un tiempo. Muchas veces esto se diagnostica como enfermedad (los síntomas son los mismos), pero no lo es, sólo es desintoxicación. Como ocurre con todos los eclipses solares, hay cambios en la profesión. Es posible incluso que cambies de profesión, que tomes un nuevo camino. Podría haber reorganización en la jerarquía de tu empresa o industria, con lo que cambiarían las reglas del juego y tendrías que revisar tus tácticas y estrategia.

Los padres y figuras parentales deben reducir sus actividades en el periodo del eclipse, y evitar las actividades arriesgadas.

El 23 del mes pasado entraste en una de tus cimas anuales de placer personal, que continúa hasta el 22 de este mes. Este es un periodo para gozar de todos los deleites carnales, para poner en forma el cuerpo y la imagen, como los deseas. Sigue siendo un buen periodo para crearte las condiciones que deseas en tu vida. Tienes el máximo poder persoanal.

El tránsito del Sol por tu signo indica que las oportunidades profesionales te buscan. Y ahora puedes ser más selectivo en esto; debes evitar los caminos u oportunidades profesionales que estorben tu paz y armonía emocional, o corregirlos.

Las finanzas van súper todo el mes. Hasta el 22 Júpiter recibe aspectos fabulosos del Sol, Mercurio, Saturno y Neptuno. Tienes mucho poder financiero fuego en este periodo. Esto indicaría aumento de sueldo, el favor financiero de jefes, mayores y superiores, e incluso de organismos gubernamentales. Si tienes algún asunto pendiente con un organismo gubernamental, procura concertar la entrevista antes del 22; hay buena suerte entonces; tienes más probabilidades de conseguir el mejor resultado. El 22, cuando el Sol entra en tu casa del dinero, comienzas una cima financiera anual, un periodo próspero en un año próspero.

Sólo hay una complicación en las finanzas: Júpiter inicia movimiento retrógrado el 7. Esto no va a impedir la prosperidad, tienes muchísimas cosas a favor, pero enlentecerá un poco las cosas, introducirá complicaciones. Evita los atajos en los asuntos financieros; cuida de todos los detalles a la perfección. Ahora es importante adquirir claridad mental respecto a las finanzas; es posible que tu situación económica no sea la que te imaginas; nuevos datos te darán nuevas opiniones.

La salud es buena todo el mes, aunque el eclipse podría hacerte sentir alicaído. Puedes fortalecer la salud dando más atención al intestino delgado. La reflexología podría irte bien para esto.

Diciembre

Mejores días en general: 1, 8, 9, 18, 19, 28, 29
Días menos favorables en general: 6, 7, 13, 14, 20, 21, 22
Mejores días para el amor: 4, 5, 13, 14, 23, 24
Mejores días para el dinero: 1, 2, 3, 8, 9, 18, 19, 28, 29, 30, 31
Mejores días para la profesión: 2, 3, 11, 12, 20, 21, 22, 23

Este es otro mes activo, frenético. Hay turbulencia en el mundo en general, sobre todo después del 8. Tu vida va bien, pero estas cosas podrían afectarte indirectamente.

La salud es buena, pero este mes vemos más cambios importantes en tu programa de salud. El eclipse lunar del 18 de octubre indicaba esto, y ahora tu planeta de la salud en oposición con Urano y en cuadratura con Plutón también lo indica. También podría haber cambios laborales, o cambio de trabajo o cambios en el lugar y las condiciones de trabajo. El trabajo se ve inestable e inseguro en este periodo. Si eres empleador también experimentas inestabilidad en el personal.

Las tendencias financieras son las mismas que explicamos el mes pasado. Continúas muy inmerso en un ciclo de prosperidad; continúas en una cima financiera anual; Júpiter, tu planeta del dinero, sigue retrógrado. Así pues, repasa lo que hablamos el mes pasado. Después del 21 las finanzas se vuelven más difíciles. Pero me parece que estas dificultades y complicaciones vienen de la prosperidad, no de carencia. La prosperidad puede ser tan difícil como la carencia, pero de los dos problemas el primero es el mejor. Hasta el 21 las finanzas son el principal centro de atención. La Luna nueva del 3 ocurre en tu casa del dinero, y esto debería esclarecer la situación financiera; claridad es lo que más necesitas en este periodo; la verdadera claridad no llegará hasta que Júpiter retome el movimiento directo dentro de unos meses. Tus finanzas están en revisión; este es el periodo para ver en qué puedes mejorar tu producto o servicio o tu modo de administrar el dinero. Cuando Júpiter reanude el movimiento directo estarás en buena posición para poner por obra tus planes.

El 21, cuando el Sol entra en tu tercera casa, tu atención pasa a la comunicación y los intereses intelectuales. Esto ha sido importante todo el año, pero ahora lo será más. Si eres estudiante (en especial aun no universitario) esto indica éxito en tus estudios; tendrías que sacar mejores notas que de costumbre; la mente está más aguda y despejada y retiene mejor la información. Este es buen periodo también si eres escritor, periodista, profesor o agente de ventas. Están mejores tus dotes.

El amor ha ido bien en los meses pasados. Si estás soltero o soltera, en septiembre y octubre el amor te perseguía; el mes pasado, a partir del 5, las oportunidades amorosas se presentaban cuando estabas trabajando en tus objetivos financieros; la riqueza material era el atractivo. Este mes te atrae la compatibilidad mental; el amor va de buena comunicación, de comunicarse los pensamientos e ideas. Necesitas amar la mente de la persona tanto como su cuerpo. Este mes el amor se encuentra en el barrio, cerca de casa, no hace falta viajar a lo largo y ancho para encontrarlo. Venus en Capricornio aconseja más cautela en el amor; no hay ninguna necesidad de precipitarse a entrar en una relación demasiado pronto. El 21 Venus inicia movimiento retrógrado (que sólo lo hace cada dos años) y esto refuerza esta necesidad. Sal en citas, pásalo bien, pero evita hacer compromisos importantes.

Sagitario

El Arquero
Nacidos entre el 23 de noviembre y el 20 de diciembre

Rasgos generales

SAGITARIO DE UN VISTAZO
Elemento: Fuego

Planeta regente: Júpiter
   Planeta de la profesión: Mercurio
   Planeta del amor: Mercurio
   Planeta de la riqueza y la buena suerte: Júpiter

Colores: Azul, azul oscuro
   Colores que favorecen el amor, el romance y la armonía social: Amarillo, amarillo anaranjado
   Colores que favorecen la capacidad de ganar dinero: Negro, azul índigo

Piedras: Rubí, turquesa

Metal: Estaño

Aromas: Clavel, jazmín, mirra

Modo: Mutable (= flexibilidad)

Cualidades más necesarias para el equilibrio: Atención a los detalles, administración y organización

Virtudes más fuertes: Generosidad, sinceridad, amplitud de criterio, una enorme clarividencia

Necesidad más profunda: Expansión mental

Lo que hay que evitar: Exceso de optimismo, exageración, ser demasiado generoso con el dinero ajeno

Signos globalmente más compatibles: Aries, Leo

Signos globalmente más incompatibles: Géminis, Virgo, Piscis

Signo que ofrece más apoyo laboral: Virgo

Signo que ofrece más apoyo emocional: Piscis

Signo que ofrece más apoyo económico: Capricornio

Mejor signo para el matrimonio y/o las asociaciones: Géminis

Signo que más apoya en proyectos creativos: Aries

Mejor signo para pasárselo bien: Aries

Signos que más apoyan espiritualmente: Leo, Escorpio

Mejor día de la semana: Jueves

La personalidad Sagitario

Si miramos el símbolo del Arquero, conseguiremos una buena e intuitiva comprensión de las personas nacidas bajo este signo astrológico. El desarrollo de la arquería fue el primer refinamiento que hizo la Humanidad del poder de cazar y hacer la guerra. La habilidad de disparar una flecha más allá del alcance normal de una lanza amplió los horizontes, la riqueza, la voluntad personal y el poder de la Humanidad.

Actualmente, en lugar de usar el arco y las flechas proyectamos nuestro poder con combustibles y poderosos motores, pero el motivo esencial de usar estos nuevos poderes sigue siendo el mismo. Estos poderes representan la capacidad que tenemos de ampliar nuestra esfera de influencia personal, y eso es lo que hace Sagitario en todo. Los nativos de este signo siempre andan en busca de expandir sus horizontes, cubrir más territorio y aumentar su alcance y su campo de acción. Esto se aplica a todos los aspectos de su vida: económico, social e intelectual.

Los Sagitario destacan por el desarrollo de su mente, del intelecto superior, que comprende conceptos filosóficos, metafísicos y espirituales. Esta mente representa la parte superior de la naturaleza psíquica y está motivada no por consideraciones egoístas, sino por la luz y la gracia de un poder superior. Así pues, a los Sagitario les gusta la formación superior. Tal vez se aburran con los estudios formales, pero les encanta estudiar solos y a su manera. El gusto por los viajes al extranjero y el interés por lugares lejanos son también características dignas de mención.

Si pensamos en todos estos atributos de Sagitario, veremos que nacen de su deseo interior de desarrollarse y crecer. Viajar más es conocer más, conocer más es ser más, cultivar la mente superior es crecer y llegar más lejos. Todos estos rasgos tienden a ampliar sus horizontes intelectuales y, de forma indirecta, los económicos y materiales.

La generosidad de los Sagitario es legendaria. Hay muchas razones que la explican. Una es que al parecer tienen una conciencia innata de la riqueza. Se sienten ricos, afortunados, piensan que pueden lograr cualquier objetivo económico, y entonces creen que pueden permitirse ser generosos. Los Sagitario no llevan la carga de la carencia y la limitación, que impide a muchas personas ser generosas. Otro motivo de su generosidad es su idealismo religioso y filosófico, nacido de la mente superior, que es generosa por naturaleza, ya que las circunstancias materiales no la afectan. Otro motivo más es que el acto de dar parece ser enriquecedor, y esa recompensa es suficiente para ellos.

Situación económica

Generalmente los Sagitario atraen la riqueza. O la atraen o la generan. Tienen ideas, energía y talento para hacer realidad su visión del Paraíso en la Tierra. Sin embargo, la riqueza sola no es suficiente. Desean el lujo; una vida simplemente cómoda les parece algo pequeño e insignificante.

Para convertir en realidad su verdadero potencial de ganar dinero, deben desarrollar mejores técnicas administrativas y de organización. Deben aprender a fijar límites, a llegar a sus metas mediante una serie de objetivos factibles. Es muy raro que una persona pase de los andrajos a la riqueza de la noche a la mañana. Pero a los Sagitario les resultan difíciles los procesos largos e interminables. A semejanza de los nativos de Leo, quieren alcanzar la riqueza y el éxito de manera rápida e impresionante. Deben tener presente, no obstante, que este exceso de optimismo puede conducir a proyectos económicos no realistas y a decepcionantes pérdidas. Evidentemente, ningún signo del zodiaco es capaz de reponerse tan pronto como Sagitario, pero esta actitud sólo va a causar una innecesaria angustia. Los Sagitario tienden a continuar con sus sueños, jamás los van a abandonar, pero deben trabajar también en su dirección de maneras prácticas y eficientes.

Profesión e imagen pública

Los Sagitario son grandes pensadores. Lo quieren todo: dinero, fama, prestigio, aplauso público y un sitio en la historia. Con frecuencia suelen ir tras estos objetivos. Algunos los consiguen, otros no; en gran parte esto depende del horóscopo de cada persona. Pero si Sagitario desea alcanzar una buena posición pública y profesional, debe comprender que estas cosas no se conceden para enaltecer al ego, sino a modo de recompensa por la cantidad de servicios prestados a toda la Humanidad. Cuando descubren maneras de ser más útiles, los Sagitario pueden elevarse a la cima.

Su ego es gigantesco, y tal vez con razón. Tienen mucho de qué enorgullecerse. No obstante, si desean el aplauso público, tendrán que aprender a moderarlo un poco, a ser más humildes y modestos, sin caer en la trampa de la negación y degradación de sí mismos. También deben aprender a dominar los detalles de la vida, que a veces se les escapan.

En el aspecto laboral, son muy trabajadores y les gusta complacer a sus jefes y compañeros. Son cumplidores y dignos de confianza, y disfrutan con las tareas y situaciones difíciles. Son compañeros de trabajo amistosos y serviciales. Normalmente aportan ideas nuevas e inteligentes o métodos que mejoran el ambiente laboral para todos. Siempre buscan puestos y profesiones que representen un reto y desarrollen su intelecto, aunque tengan que trabajar arduamente para triunfar. También trabajan bien bajo la supervisión de otras personas, aunque por naturaleza prefieren ser ellos los supervisores y aumentar su esfera de influencia. Los Sagitario destacan en profesiones que les permitan comunicarse con muchas personas diferentes y viajar a lugares desconocidos y emocionantes.

Amor y relaciones

A los nativos de Sagitario les gusta tener libertad y de buena gana se la dan a su pareja. Les gustan las relaciones flexibles, informales y siempre cambiantes. Tienden a ser inconstantes en el amor y a cambiar con bastante frecuencia de opinión respecto a su pareja. Se sienten amenazados por una relación claramente definida y bien estructurada, ya que esta tiende a coartar su libertad. Suelen casarse más de una vez en su vida.

Cuando están enamorados son apasionados, generosos, francos, bondadosos y muy activos. Demuestran francamente su afecto. Sin embargo, al igual que los Aries, tienden a ser egocéntricos en su manera de relacionarse con su pareja. Deberían cultivar la capacidad de ver el punto de vista de la otra persona y no sólo el propio. Es necesario que desarrollen cierta objetividad y una tranquila claridad intelectual en sus relaciones, para que puedan mantener una mejor comunicación con su pareja y en el amor en general. Una actitud tranquila y racional les ayudará a percibir la realidad con mayor claridad y a evitarse desilusiones.

Hogar y vida familiar

Los Sagitario tienden a dar mucha libertad a su familia. Les gusta tener una casa grande y muchos hijos. Sagitario es uno de los signos más fértiles del zodiaco. Cuando se trata de sus hijos, peca por el lado de darles demasiada libertad. A veces estos se forman la idea de que no existe ningún límite. Sin embargo, dar libertad en casa es algo básicamente positivo, siempre que se mantenga una cierta medida de equilibrio, porque la libertad permite a todos los miembros de la familia desarrollarse debidamente.

Horóscopo para el año 2013*

Principales tendencias

Después de ocho años más o menos de intenso estrés, de dificultades, trastornos, terremotos psíquicos e inseguridad, 2011 y 2012 fueron como una merienda en el parque; fue como si hubieras cumplido con tus deberes para con la vida; la fraternidad de la vida ha acabado con sus novatadas, y ahora eres un miembro aceptado; ya no necesitas contender con las anteriores dificultades.

* Las previsiones de este libro se basan en el Horóscopo Solar y todos los signos que derivan de él; tu Signo Solar se convierte en el Ascendente, y las casas se numeran a partir de él. Tu horóscopo personal, el trazado concretamente para ti (según la fecha, hora y lugar exactos de tu nacimiento) podrían modificar lo que decimos aquí. Joseph Polansky

Otros signos (Cáncer, Libra y Capricornio) han experimentado los fenómenos opuestos; ahora están afrontando lo que tú ya has afrontado. Antes avanzaban sin esfuerzo mientras tú luchabas. Ahora ocurre lo contrario. Puesto que has pasado por muchas, muchas pruebas, ahora estás en posición para ayudar a otros a pasarlas.

Eso no ha sido castigo del Cosmos; en realidad te estaba preparando para el verdadero amor (que llega este año), y para el papel que vas a desempeñar en la vida. Seguro que para el atleta olímpico no son placenteras las muchas horas de entrenamiento, agotador y muchas veces doloroso. Sólo cuando llega el momento de competir reconoce su valor.

Tal vez te sentiste empujado hasta el borde, pero no por encima del borde.

El amor es el principal titular este año; lo ha sido desde que Júpiter, tu planeta regente, entró en tu séptima casa en junio del año pasado. Este tránsito no sólo trae romance, y posiblemente matrimonio, sino también la ampliación de toda la esfera social. Hablaremos más de esto.

La salud está muchísimo mejor desde 2011. Gozas de tu energía, vigor y vitalidad normales. Teniendo más energía se te abren más posibilidades. Cosas que hasta ahora eran imposibles ya son eminentemente factibles. Esto habla de éxito este año.

Plutón, el purificador cósmico, lleva unos años en tu casa del dinero y este continúa ahí. Así pues, es necesario purificar la vida financiera, eliminar el derroche y lo superfluo y, más importante aún, la actitud negativa en las finanzas. Volveremos sobre este tema.

Este año tienes muchos intereses, el cielo de Sagitario; esto es bueno, ya que te aburres con mucha facilidad. Necesitas tener «muchos proyectos» en marcha, de forma que cuando te aburres con uno pasas a otro. Sin embargo, como siempre, el peligro es dispersar la energía en demasiadas direcciones. El éxito requiere concentración, enfoque.

Las facetas de mayor interés para ti este año son: el hogar y la familia; los hijos, la creatividad y las actividades de ocio; el amor y el romance (hasta el 27 de junio); la sexualidad, la transformación y la reinvención personales, los estudios ocultos, la muerte y el renacimiento, la vida después de la muerte (a partir del 27 de junio); la espiritualidad.

Los caminos para tu mayor realización este año son: el amor y el romance (hasta el 27 de junio); la sexualidad, la transformación y la reinvención personales, los estudios ocultos, la muerte y el renacimiento, la vida después de la muerte (después del 27 de junio); la espiritualidad.

Salud

(Ten en cuenta que esta es una perspectiva astrológica de la salud, no una médica. Antaño no había ninguna diferencia, ambas eran idénticas, pero en esta época podrían diferir muchísimo. Para una perspectiva médica, por favor, consulta a tu médico o a otro profesional de la salud.)

La salud, como hemos dicho, está mucho mejor en relación a años anteriores. El año comienza con dos planetas lentos en alineación desfavorable contigo, pero estos dos planetas, Neptuno y Júpiter, son pesos ligeros comparados con los tres que te ponían dificultades en años anteriores: Saturno, Plutón y Urano. Así pues, esto es una gran mejoría. Además, el 27 de junio Júpiter sale de su aspecto difícil. Por lo tanto, la salud debería ir mejorando más aún a medida que avanza el año.

También es positivo que esté vacía tu sexta casa, la de la salud; no hay necesidad de que estés muy atento a la salud, pues es fundamentalmente buena.

Por buena que sea la salud siempre se puede mejorar. Da más atención a las zonas que son vulnerables este año. Estas son:

El corazón. La preocupación y la ansiedad no hacen absolutamente nada para resolver una situación. Lo que hacen es distraerte de tomar las medidas positivas que deberías tomar. Y no sólo eso, te agotan la preciosa energía que necesitas para otras cosas, y son las principales causas espirituales de los problemas cardiacos. Evítalas como a la peste.

El hígado y los muslos. Estos son siempre importantes para ti; deberías dar masajes periódicos a los muslos.

El cuello, la garganta, los riñones y las caderas. Da masajes periódicos al cuello y las caderas. La tensión suele acumularse en el cuello, que es un centro de energía vital, y es necesario aflojarla. La terapia sacro-craneal y la quiropráctica también son excelentes este año.

Venus es tu planeta de la salud. Genéricamente rige el amor y las actividades sociales. Por lo tanto, los problemas en el amor (discordias en el matrimonio y con amistades) pueden causar problemas de salud. Así pues, si surgiera algún problema (no lo permita Dios), restablece la armonía en esas relaciones lo más rápido posible.

Venus tiene una doble función en tu horóscopo solar. Es tu planeta de la salud y también la regente de tu casa once, lo que refuerza lo dicho respecto a la salud y la armonía o los problemas en las relaciones con las amistades.

Como saben nuestros lectores, Venus es un planeta de movimiento rápido; en un año transita por todos los signos y casas del horóscopo. Por lo tanto, hay muchas tendencias de corto plazo en la salud que es mejor tratar en las previsiones mes a mes.

Hogar y vida familiar

Durante muchos años, desde 2003 a 2011, Urano transitó por tu cuarta casa. Este fue un periodo turbulento en el hogar y la familia; hubo mudanzas, cambios de residencia, muchos trastornos y rupturas familiares. En la vida de los padres, figuras parentales y familiares ocurrieron acontecimientos dramáticos, de aquellos que cambian la vida. En marzo de 2011 Urano salió de tu cuarta casa; en 2012 entró Neptuno. Las cosas están mucho más tranquilas, hay más serenidad. Tu atención continúa centrada en esta faceta, pero hay mucho menos drama, es un periodo más fácil.

Neptuno, como saben nuestros lectores, es el más espiritual de los planetas. Perfecciona, espiritualiza, idealiza, cualquier faceta de la vida que toca. Introduce en ella la perspectiva espiritual. Así pues, y esta es una tendencia a largo plazo, se produce una revolución espiritual en la familia y en los padres o figuras parentales. Todos están bajo la influencia de una energía espiritual muy intensa en este periodo.

El efecto de Neptuno es de naturaleza interior (esto ocurre con todos los planetas, pero con Neptuno aún más). Hay grandes cambios interiores en los familiares. Tal vez esto no se aprecie exteriormente aún, pero en el plano interior ocurre. A su debido tiempo, cuando llegue el momento, lo verás. Deberían volverse más amables, más compasivos, y más idealistas en su visión de la vida.

La casa se convierte en un centro espiritual además de hogar. Estos son los aspectos de una persona que organiza seminarios de meditación, charlas espirituales, clases de yoga o reuniones de oración en su casa. Recibes en casa a personajes espirituales: yoguis, gurús, pastores religiosos o sacerdotes. Tal vez se alojan en tu casa durante un tiempo. Es posible que instales en casa un altar o dediques una habitación especial para meditación, oración y actividades espirituales.

El 27 de junio Júpiter entra en el signo Cáncer y en un aspecto hermoso con Neptuno. Este aspecto estará en vigor el resto del año, pero es más fuerte en julio. Esto indica muchas cosas. Podría haber mudanza o presentarse una oportunidad de mudanza. Como saben nuestros lectores, no siempre indica una mudanza real; a veces indica la compra de una segunda casa o una renovación de la actual. Todo se ve feliz; hay mucha armonía entre tú y la familia; si hubiera alguna ruptura (y esto parece casi seguro) habrá reconciliación, si no reconciliación total, al menos una disminución del antagonismo.

Si estás en edad de concebir, eres mucho más fértil en ese periodo; un embarazo no sería una sorpresa. Otros familiares en edad de concebir también se ven más fértiles. Se amplía el círculo familiar, o bien por nacimientos, boda o la entrada en tu vida de personas que son como familiares para ti.

Teniendo a Neptuno en tu cuarta casa ocurren muchas cosas entre bastidores en la vida de tus familiares. No tomes las cosas por lo que parecen; antes de tomar decisiones importantes, analiza y reflexiona más detenidamente; esto vale también para el caso de comprar una casa o artículos caros para la casa.

Si tienes planes para hacer reparaciones importantes en la casa, del 1 de febrero al 12 de marzo es un buen periodo, como también el mes de julio. Si deseas redecorar o comprar objetos de arte para la casa, del 28 de febrero al 22 de marzo y del 3 al 28 de junio son buenos periodos.

Profesión y situación económica

Desde que Plutón entró en tu segunda casa en 2008 el dinero ha sido un importante centro de atención. Durante los dos últimos años tu planeta de las finanzas, Saturno, fue receptor de aspectos muy desfavorables. Sin duda has ganado dinero y es muy probable que prosperaras, pero el camino ha sido difícil; muchas dificultades; muchos cambios drásticos. Has ido cuesta arriba todo el camino. Esto es difícil de llevar para Sagitario; te gusta todo rápido. Afortunadamente, las finanzas mejoran mucho este año. Saturno entró en Escorpio en octubre del año pasado, por lo que ahora está en tu casa doce, la de la espiritualidad; este año recibe aspectos principalmente armoniosos. Así pues, la prosperidad será mayor que en años anteriores, también llega con mucha más facilidad. Ya no están muchos de los impedimentos que has enfrentado.

El 27 de junio Júpiter entra en Cáncer y en alineación armoniosa con Saturno. Este será un periodo muy próspero; la primera mitad del año va bien, pero la segunda parte es muchísimo mejor. Acabarás el año más rico de como lo empezaste y en mejores circunstancias financieras.

Lo más interesante este año (y en especial los dos próximos años) es la conexión espiritual con los ingresos. Plutón es tu planeta de la espiritualidad, y está en tu casa del dinero desde 2008 (y continuará ahí muchos años más); Saturno, tu planeta de las finanzas, está en tu casa doce, la de la espiritualidad. Estos dos planetas están en «recepción mutua»; cada uno es huésped en el signo y la casa del otro. Es como si dos dignatarios estuvieran de visita en la casa del otro al mismo tiempo. Hay una inmensa colaboración entre estos dos planetas. Cada uno demuestra «hospitalidad» al otro. Por lo tanto, estás en un periodo para profundizar en las dimensiones espirituales de la riqueza. Deberías leer todo lo que puedas sobre este tema. Hay muchísimos libros sobre esto, pero podría convenirte comenzar con las obras de Emmet Fox y Ernest Holmes. Napoleon Hill también tiene libros interesantes sobre esto. El reciente bestseller, *El secreto*, también toca este tema.

Tu reto en este periodo es acceder a las fuentes sobrenaturales del aprovisionamiento, no tanto a las naturales; este es un periodo para el dinero «milagroso», que no el natural. El dinero natural, el que se gana «con el sudor de la frente» es algo maravilloso y debemos agradecerlo; pero el dinero «milagroso» es mucho más feliz y también mucho más interesante.

Para esto hay leyes y prácticas concretas, que escapan al alcance de este libro, pero que es necesario estudiar y aplicar. Este año va de confiar, de contar con la Divina Providencia, la Divina Provisión, la cual, si se invoca, jamás falla.

La intuición financiera estuvo deficiente los años anteriores, pero ahora está mucho mejor, mucho más aguda, mucho más fiable. La intuición hace en un instante lo que no pueden hacer años de arduo trabajo.

En un plano más mundano o prosaico, tienes simpatías por el sector inmobiliario comercial, bonos y mercado de bonos, y grandes empresas tradicionales (en especial las acciones o bonos de estas empresas). Tienes los aspectos de una persona que recibe una herencia en los próximos años (y el año pasado también). Afortunadamente, nadie tiene que morir, sino que alguien te nombra en su testamento, o recibes fondos en fideicomiso o una buena suma en pago por un seguro, o te nombran ejecutor de un testamento. Son muchas las posibilidades de cómo puede ocurrir esto.

También sientes simpatía por propiedades o empresas con problemas; ves valor donde otros sólo ven muerte y deterioro. Puedes beneficiarte del cambio de rumbo o giro radical.

Si tienes buenas ideas, este es un año fabuloso (sobre todo después del 27 de junio) para atraer inversores o fondos ajenos para tus proyectos.

La relación Plutón-Escorpio con la riqueza indica la necesidad de reducir el derroche y lo superfluo. Prosperas eliminando derroches y lo innecesario; te conviene librarte de viejas posesiones que ya no necesitas. Estas sólo atascan los mecanismos; haz espacio para la nueva riqueza que desea entrar.

Amor y vida social

Ya hemos dicho que desde junio del año pasado estás en un periodo muy poderoso en el amor y en lo social. Si estás soltero o soltera, esto es una señal de romance, aunque no romance de cualquier clase, sino serio. Este no va de juegos y diversión, aunque sin duda lo disfrutarás, sino de algo con verdaderas posibilidades de matrimonio.

Como hemos dicho, Júpiter en la séptima casa no siempre significa «matrimonio»; muchas veces indica relaciones que son como matrimonio o conocer a personas que son «material» para matrimonio.

Desde junio pasado estás activo en el amor, tienes iniciativa, haces el galanteo. Creas tu vida social con esfuerzo personal. No te quedas sentado esperando que suene el teléfono o llegue el siguiente mensaje. Vas en pos de lo que deseas y tiendes a conseguirlo.

En general, este año eres más popular; estás «orientado a los demás»; antepones los intereses de los demás a los tuyos. Estás por el ser amado y por tus amistades. Y las personas reaccionan en conformidad.

El único problema es que te sientes «exiliado» de ti mismo. Es posible que te digas «¿Y yo? Y mis necesidades, ¿qué?» Pero no tienes que preocuparte mucho por eso; tus necesidades se satisfarán, por la ley kármica.

Es muy conveniente tomarse de vez en cuando unas vacaciones del yo y sus deseos e intereses. Muchos problemas de la vida vienen justamente por un exceso de atención al yo, por un demasiado «yo». Olvidarse del yo por un tiempo es una experiencia liberadora.

El 27 de junio Júpiter sale de tu casa del amor y el matrimonio y entra en tu octava casa. Es posible que esto signifique que has conseguido tus objetivos amorosos y has pasado la atención a otra cosa. La segunda mitad del año es un periodo más activo sexualmente. Sea cual sea tu edad o fase en la vida, la libido estará más fuerte de lo habitual.

Siendo Mercurio tu planeta del amor, hay muchas tendencias a corto plazo en el amor; en un año Mercurio transita por todo el horóscopo. Estas tendencias es mejor tratarlas en las previsiones mes a mes.

Mercurio hace movimiento retrógrado tres veces al año, y esto tiende a complicar los asuntos amorosos. No es prudente tomar decisiones importantes en el amor en esos periodos, ni en uno ni en otro sentido. Estos son periodos para revisar la relación actual o la vida amorosa en general y ver qué mejoras se pueden hacer. Es bueno comprender esto, ya que explica los comportamientos a veces extraños del ser amado o los contratiempos en los asuntos sociales. Este año estos periodos son: del 23 de febrero al 17 de marzo; del 26 de junio al 20 de julio, y del 21 de octubre al 10 de noviembre.

Progreso personal

Ya hemos hablado de la espiritualización de la familia. Es una tendencia a largo plazo. Pero hay algo más. Todos tenemos dos familias; tenemos nuestra familia biológica y nuestra familia espiritual. Generalmente son distintas. La familia biológica tiende a ser de naturaleza kármica; se nos junta con las personas de nuestra familia para ajustar y equilibrar karmas del pasado, fuerzas negativas del pasado. Esto puede ser muy doloroso mientras ocurre. Los budistas dicen que los peores enemigos de encarnaciones anteriores se unen en la misma familia; es la manera más rápida de equilibrar viejos karmas. Y ¿quien no ha sentido esto a veces con diversos familiares? Este es el motivo de que una gran mayoría de familias se consideren «disfuncionales». No creas que estás solo en esta situación; es la condición humana. Mientras estamos en un cuerpo humano no somos perfectos aún y nos enfrentamos al karma. Los seres perfeccionados no tienen ninguna necesidad de nacer en un cuerpo terrenal.

Por dolorosa que sea a veces la vida familiar, podemos encontrar consuelo en que tenemos una familia espiritual. Esta es una familia perfecta. Estas personas nos aman y apoyan incondicionalmente. Se comportan como se comportaría una familia perfecta. Por lo general estas personas no están emparentadas con nosotros por lazos sanguíneos. A veces están encarnadas, a veces no; a veces unas cuantas están encarnadas y unas cuantas no. Pero están siempre con nosotros, amándonos, apoyándonos, sustentándonos. Teniendo ahora a Neptuno en tu cuarta casa, y para largo, vas a comenzar a conocer a estas personas; es posible que haya un encuentro físico; conoces a una persona que siente y se comporta como se comportaría un padre, una madre, un hermano o una hermana. También podría no ser un encuentro físico, sino que te llega una comprensión, un reconocimiento, de que tienes una familia espiritual en un plano interior, y que está siempre contigo. Muchas veces hay un contacto telepático en la meditación y la oración.

A veces la persona encuentra a su familia espiritual en un ashram, un convento, monasterio o un grupo espiritual. Muchos de estos grupos están organizados para funcionar como una familia. Y es posible que te sientas cómodo en esos ambientes.

En este periodo vas a buscar la familia «ideal». Muy probablemente, a lo largo de los próximos doce años más o menos, la encontrarás.

Previsiones mes a mes

Enero

Mejores días en general: 8, 9, 17, 18, 26, 27, 28
Días menos favorables en general: 2, 3, 14, 15, 21, 22, 23, 29, 30
Mejores días para el amor: 2, 3, 8, 9, 10, 11, 18, 19, 21, 22, 23, 29, 30, 31
Mejores días para el dinero: 4, 6, 7, 10, 11, 12, 14, 15, 22, 24, 25, 31
Mejores días para la profesión: 2, 3, 10, 11, 21, 29, 30, 31

Comienzas el año con la mayoría de los planetas en el sector oriental de tu carta, el del yo y la independencia personal. El poder planetario avanza hacia ti, en tu dirección, y por lo tanto tienes más poder a tu disposición. Esto va a cambiar pronto, dentro de uno o dos meses, así que si en tu vida hay condiciones que te desagradan haces los cambios, te impones. Siempre somos respetuosos con los demás, pero en este periodo no hay ninguna necesidad de que sacrifiques tus intereses por los demás. Sin duda haces esto, estás en esta posición desde hace seis meses, pero este mes comienza a pensar más en ti. El único problema es que Júpiter, el señor de tu horóscopo, continúa retrógrado hasta el 30. ¿De qué sirve el poder creativo si no sabemos qué crear? Por lo tanto, lo que necesitas ahora es claridad mental. Cuando Júpiter retome el movimiento directo el 30, la tendrás.

El mes pasado el poder planetario se trasladó de la mitad superior de tu carta a la inferior; estás en el anochecer de tu año, un poco después del crepúsculo. Ha terminado el día. Has conseguido tus objetivos externos hasta cierto punto. Ahora comienzan las actividades de la noche. Es el periodo para dejar de lado el mundo externo por un tiempo y centrar la atención en el hogar, la familia y tu bienestar emocional; es el periodo para centrar la atención en las condiciones interiores que hacen posible el éxito externo.

Tu ciclo solar personal comenzó su fase creciente el día de tu cumpleaños. El ciclo solar universal comenzó su fase creciente el 21 del mes pasado. Estos dos importantes ciclos están en fase creciente al mismo tiempo, por lo tanto este es un periodo fabuloso para iniciar esos nuevos proyectos que tienes pensados o lanzar esos nuevos productos al mundo. El 90 por ciento de los planetas están en movimiento directo este mes y esto hace aún más favorable el periodo. Y el periodo del 11 al 27, cuando la Luna está en su fase creciente, es más favorable aún. Los nuevos proyectos siempre son complicados y requieren mucha energía, ¿por qué no nadar con la marea cósmica en lugar de en contra?

Comienzas el año en una cima financiera anual. El 40 y a veces el 50 por ciento de los planetas o están en tu casa del dinero o transitan por ella. Hay prosperidad; cuentas con el favor financiero del cónyuge, pareja o ser amado actual, de jefes, padres o figuras parentales y las personas religiosas o espirituales de tu vida. La prosperidad aumentará más adelante, después del 27 de junio, pero ahora estás en uno de tus periodos elevados. Después del 19 las finanzas se complican un poco, se vuelven más difíciles; pero esto sólo significa que tienes que trabajar más para conseguir tus objetivos financieros.

La vida amorosa ha sido excelente los últimos seis meses y es buena este mes también. Se ve mejor el periodo después del 19. Los objetivos amorosos y sociales se consiguen fácilmente, sin complicaciones. Podría haber boda este mes o el próximo; hay romance. Si estás casado o casada esto indica armonía en el matrimonio y más romance con la pareja. Si estás soltero o soltera, hasta el 19 encuentras oportunidades amorosas cuando estás dedicado a tus objetivos financieros normales o con personas relacionadas con tus finanzas. La riqueza y los regalos materiales son excitantes. Después del 19, cuando tu planeta del amor entra en tu tercera casa, el amor está cerca de casa, en el barrio. La riqueza deja de ser el principal atractivo; te atraen más la capacidad mental y la buena comunicación. Necesitas enamorarte de la mente, del proceso de pensamiento, de la persona tanto como de su cuerpo.

La salud es buena todo el mes.

Febrero

Mejores días en general: 5, 13, 14, 23, 24
Días menos favorables en general: 11, 12, 18, 19, 25, 26
Mejores días para el amor: 1, 9, 10, 11, 12, 18, 19, 21, 22
Mejores días para el dinero: 2, 3, 7, 8, 9, 11, 12, 18, 20, 21, 27
Mejores días para la profesión: 1, 11, 12, 21, 22, 25, 26

Hasta el 18 continúas en el periodo de independencia personal. Ahora Júpiter está en movimiento directo; haz esos cambios que deseas hacer antes del 18. Después los planetas se trasladan a tu sector occidental y será más difícil. Nuevamente vas a estar más a merced de los demás, de sus decisiones y actos. Llevas varios meses cultivando tus dotes sociales y llega el periodo (después del 18) de entrar en esto más a fondo. Hay algo que decir a favor sobre «no estar al mando»; a muchas personas esto les produce estrés y ansiedad; pero no es necesario. Deja que un poder superior esté al mando y fíate de su forma de funcionar. En realidad, estar al mando en este periodo podría ser perjudicial para ti a la larga.

Las finanzas continúan difíciles hasta el 18, pero esto es temporal; el 18, vuelve la prosperidad, con creces. Los ingresos y las oportunidades serán mejores que en tu última cima financiera. Del 15 al 17 Marte forma aspectos hermosos a tu planeta del dinero; esto trae suerte en las especulaciones. Tal vez podría convenirte invertir sumas inocuas en estas cosas, una lotería u otro tipo de juego de azar (no te juegues el dinero de la compra semanal o del alquiler, eso sí). Este aspecto indica que se gana el dinero de modos felices, cuando lo estás pasando bien. Si tienes objetos creativos, ya sea de música, escritura, pintura, cerámica, etcétera, son más comercializables en ese periodo. Los hijos apoyan tus objetivos financieros. El 28 el Sol forma trígono con tu planeta del dinero, y esto trae más de lo mismo.

A partir del 18 los planetas están en el punto más bajo de tu carta, en el nadir. Estás en la mágica hora de la medianoche de tu año. Es el periodo en que recargas tus pilas interiores y te preparas emocionalmente para el éxito futuro. Las actividades interiores van mejor, con más poder, que las actividades exteriores. Por lo tanto, si tienes objetivos profesionales o financieros, configura ahora las condiciones interiores para ellos. Visualiza, di la palabra, fantasea, entra en la sensación de lo que deseas. Parece un simple soñar despierto, pero puesto que es consciente y dirigido por la voluntad, es mucho más que eso, es magia.

A partir del 5 tu planeta de la profesión estará en tu cuarta casa, y esto refuerza lo que hemos dicho. Desde el punto de vista espiritual, tu verdadera profesión en este periodo es tu vida familiar y emocional. En un plano más mundano, esto indica que haces parte de tu trabajo en casa, trabajas en la profesión desde casa. La familia es tu profesión, pero también ayuda a la profesión de maneras sutiles. Tal vez no lo ves todavía, pero ocurre.

La salud necesita más atención a partir del 18 (podrías sentir la disminución de la energía antes de esta fecha). Hasta el 2 fortalece la salud dando más atención a la columna, las rodillas, la dentadura, la piel y los huesos; los masajes en la espalda serán potentes. Del 2 al 26 da más atención a los tobillos y las pantorrillas; les iría bien masajes periódicos. Del 26 en adelante da más atención a los pies; la reflexología podal será especialmente potente.

Marzo

Mejores días en general: 4, 5, 12, 13, 14, 22, 23, 31
Días menos favorables en general: 10, 11, 17, 18, 19, 24, 25, 26
Mejores días para el amor: 2, 3, 10, 11, 17, 18, 19, 20, 21, 22, 29, 30, 31
Mejores días para el dinero: 1, 2, 3, 6, 7, 8, 9, 10, 11, 17, 18, 20, 21, 27, 28, 29, 30
Mejores días para la profesión: 2, 3, 10, 11, 20, 21, 24, 25, 26, 29, 30

Hasta el 20 sigue poderosa tu cuarta casa, la del hogar y la familia, así que repasa lo que hablamos el mes pasado.

El 18 del mes pasado se hizo muy fuerte el elemento agua, y continúa fuerte la mayor parte de este mes, hasta el 20. Siendo signo de fuego no te sientes particularmente cómodo con toda esta energía agua: emotividad, nostalgia, exaltación de todos los pequeños matices de sentimiento. Pero si lo sabes lo llevarás mejor. Tiendes a ser sincero y receptivo; dices la verdad sean cuales sean las consecuencias; pero ahora esta actitud podría tener consecuencias explosivas que no necesitas. Di la verdad, faltaría más, pero suavízala con sensibilidad, dila de forma menos hiriente. Las personas están hipersensibles en este periodo; a veces en los comentarios más simples ven cosas que no se han dicho ni se ha tenido la intención de decir.

Sigues en un periodo muy potente para lanzar nuevos productos o iniciar nuevos proyectos. El mes pasado también fue bueno. La mayoría de los planetas están en movimiento directo (entre el 80 y el 90 por ciento), y los dos ciclos solares, el personal y el universal están en fase creciente. Además, este mes el Sol entra en Aries, la mejor energía de arranque del zodiaco. Si puedes lanzar estas cosas entre el 18 y el 27, cuando la Luna está en fase creciente, lo harás en el periodo más favorable.

Las finanzas siguen excelentes este mes, mejor antes del 20; después del 20 son aceptables.

Neptuno ha estado en buen aspecto con tu planeta del dinero en todo lo que va de año, y el año pasado también. Esto indica buen apoyo familiar; indica la prosperidad de la familia en su conjunto y la de un progenitor o figura parental de tu vida. Si te interesan las inversiones o eres inversor profesional, se ven interesantes los sectores inmobiliario (residencial), restaurantes, hoteles, industria alimentaria. El 18 del mes pasado tu planeta del dinero inició movimiento retrógrado y estará retrógrado unos cuantos meses más. Por lo tanto, tus finanzas están en revisión. Sigue habiendo prosperidad, llegan ingresos, pero hay contratiempos y complicaciones. En los próximos meses tu tarea es conseguir claridad mental acerca de estas cosas. Tu cuadro financiero y las condiciones económicas en general, no son lo que parecen; este es un periodo para estudiar las cosas; las decisiones financieras importantes (compras o inversiones de envergadura) necesitan más análisis. Es mejor que las retrases hasta que tengas claridad mental acerca de las cosas; esta claridad llegará si tienes paciencia.

La salud necesita más atención hasta el 20; como el mes pasado, el masaje en los pies es potente hasta el 22. Después del 22, van bien el ejercicio físico vigoroso y masajes en el cuero cabelludo y la cara.

Abril

Mejores días en general: 1, 9, 10, 19, 20, 27, 28
Días menos favorables en general: 6, 7, 8, 14, 15, 21, 22
Mejores días para el amor: 1, 7, 8, 9, 10, 14, 15, 19, 21, 22, 27, 28, 29, 30

Mejores días para el dinero: 2, 3, 4, 5, 6, 7, 14, 15, 16, 17, 23, 24, 25, 26, 29, 30
Mejores días para la profesión: 7, 8, 19, 21, 22, 27, 28

El poder planetario continúa principalmente en el sector occidental o social de tu carta. El señor de tu horóscopo, Júpiter, está en tu séptima casa, la del amor, desde comienzos del año. Estás en un periodo muy fuerte en lo amoroso y social. Esta faceta es importante para ti, le das tu atención, eres activo en ella y por lo tanto hay probabilidades de éxito. En los dos últimos meses la vida amorosa estaba complicada por asuntos emocionales y psíquicos, tal vez intervenían problemas familiares también. No había armonía entre tú y el ser amado; era más difícil expresar los sentimientos. Además, tu planteta del amor estuvo retrógrado desde el 23 de febrero hasta el 17 del mes pasado, y esto complicaba aún más las cosas. El 14 tu planeta del amor sale de su aspecto desfavorable con Júpiter, y ahora está en movimiento directo. La vida amorosa avanza, progresa, y es mucho más feliz. A partir del 14 tu planeta del amor estará en tu quinta casa. Así pues, vas a disfrutar de tu vida social, programar actividades placenteras con el ser amado y con amistades. Si estás casado o casada podría convenirte hacer una segunda luna de miel. El romance en general es como una luna de miel. Si estás soltero o soltera y sin compromiso, después del 14 encuentras oportunidades amorosas en los lugares habituales: fiestas, balnearios, clubes, lugares de diversión; el gimnasio o el evento deportivo es también escenario válido para el romance. Si estás en edad de concebir has estado más fértil desde el 5 de febrero, y continúas estándolo este mes.

El 20 del mes pasado entraste en una cima anual de placer personal, un periodo placentero del año; este continúa hasta el 19. Es un periodo para explorar tu creatividad, relacionarte más con tus hijos o figuras filiales de tu vida y para explorar la alegría de la vida. Ve en pos de la alegría, de la dicha, y atraerás a tu vida todo lo necesario. Incluso las oportunidades profesionales llegarán cuando te estás divirtiendo. Si ya estás en una profesión, me parece que te diviertes en ella; tal vez llevas a clientes o a superiores a divertirse. Si aún estás buscando tu senda profesional debes ir en pos de la dicha, una guía infalible en este periodo.

La salud está mucho mejor este mes; es fuerte la vitalidad; tienes toda la energía que necesitas para conseguir cualquier objetivo que te fijes. Puedes fortalecerla prestando más atención a la cabeza y a la cara, hasta el 15, y después al cuello y la garganta. Los masajes en la cabeza, cara, cuello y garganta son especialmente potentes este mes.

Las finanzas son más delicadas después del 19; evita las especulaciones entonces. Tu planeta del dinero continúa retrógrado, así que ten presente lo que dijimos. Las dificultades temporales no necesitan cambios drásticos todavía. Tómate las cosas día a día y no proyectes por adelantado nada en el futuro. Como hemos dicho, la vida financiera no es lo que parece ser. Lo más probable es que si haces cambios drásticos ahora, impulsado por la desesperación, y teniendo retrógrado a tu planeta del dinero, empeores las cosas.

Si buscas trabajo tienes buenos aspectos a partir del 19.

El 25 hay un eclipse lunar en tu casa doce, la de la espiritualidad; por lo tanto, ocurren cambios espirituales importantes. Evita las actividades arriesgadas en ese periodo, unos cuantos días antes y otros tantos después del eclipse.

Mayo

Mejores días en general: 6, 7, 16, 17, 25, 26
Días menos favorables en general: 4, 5, 11, 12, 18, 19, 31
Mejores días para el amor: 8, 9, 10, 11, 12, 21, 22, 29, 30
Mejores días para el dinero: 2, 3, 4, 11, 12, 13, 14, 21, 22, 23, 27, 28, 29, 30, 31
Mejores días para la profesión: 8, 9, 10, 18, 19, 21, 22, 29, 30

Hay lecciones que aprendemos de la autosuficiencia e independencia personales y lecciones que aprendemos de la abnegación, de sacrificarnos, de anteponer a los demás. En muchas filosofías y enseñanzas religiosas se exalta lo uno o lo otro como ideal. En el horóscopo no; ambas posturas son igualmente válidas, sólo que en ciertos periodos tendemos más a la una y en otros a la otra. En este periodo aprendes las lecciones de la abnegación. Sería lógico suponer que esta actitud nos priva del agrado o comodidad o de la realización de nuestras aspiraciones personales. No es así como te vas a enterar ahora. Tu bien te llegará por la ley kármica. El poder planetario está en su posición occidental máxima en tu carta (y el mes que viene también). Tu sector occidental está fuerte cuantitativa y cualitativamente; ahí están los planetas importantes (en especial del 4 al 18). En periodos como este descubres que ni siquiera necesitas pensar en ti; no necesitas ocuparte de tus intereses personales; todos estos se han tomado en cuenta. Tu trabajo son los demás.

El amor es uno de los principales titulares del mes. El 20 entras en una cima amorosa y social anual. Si estás soltero o soltera conoces a una persona especial; hay probabilidades de boda o de compromiso. Todos los planetas están alineados en favor del amor.

Los otros titulares son los dos eclipses que ocurren este mes. El eclipse solar del 10 es relativamente benigno contigo, en cuanto a eclipses se refiere; has pasado por muchos más fuertes los últimos años. Ocurre en tu sexta casa, lo que indica cambios laborales, cambios e inestabilidad en el lugar de trabajo; podría indicar que cambias de empresa o que pierdes un trabajo y encuentras otro; cambia la situación laboral, y a veces por medios drásticos. Por lo general un eclipse como este produce cambios importantes en el programa de salud, o sustos en la salud. Estos cambios ocurren a lo largo de los seis meses siguientes. El Sol rige tu novena casa, la de la religión, la filosofía y la metafísica. Si eres estudiante (universitario o de posgrado) te afecta; hay cambios drásticos en tus planes educativos o trastornos o reorganización en el colegio al que asistes. Se ponen a prueba las creencias, la filosofía personal; muchas creencias quedan en la cuneta; muchas se corrigen o profundizan.

El eclipse lunar del 25 es más fuerte en ti, así que reduce tus actividades en ese periodo. De todos modos necesitas reducir tus actividades a partir del 20, pero sobre todo en el periodo del eclipse. Este eclipse ocurre en tu signo y trae una redefinición de tu cuerpo e imagen, de tu personalidad y concepto de ti mismo. En los próximos meses presentarás una nueva imagen al mundo. La Luna rige tu octava casa, por lo tanto podría haber un encuentro con la muerte (normalmente esto ocurre en el plano psíquico); esto ocurrirá, así que no hay ninguna necesidad de que tientes al destino entregándote a actividades arriesgadas. Este eclipse afecta a la familia, en especial a un progenitor o figura parental; ocurren acontecimientos de aquellos que cambian la vida. Es probable que los familiares estén más temperamentales en este periodo, así que ten más paciencia.

Junio

Mejores días en general: 2, 3, 12, 13, 21, 22, 30, 31
Días menos favorables en general: 1, 7, 8, 15, 16, 27, 28
Mejores días para el amor: 1, 7, 8, 10, 11, 19, 20, 27, 28
Mejores días para el dinero: 1, 8, 9, 10, 17, 18, 19, 23, 24, 26, 27
Mejores días para la profesión: 1, 10, 11, 15, 16, 19, 20, 27, 28

La salud está más delicada desde el 20 del mes pasado y continúa así hasta el 21 de este mes. Como siempre, haz todo lo posible por mantener elevada la energía; delega tareas siempre que sea posible; descansa cuando estés cansado. No creas que obligándote vas a hacer más; lo más probable es que aumentes tu carga de trabajo debido a errores mentales. Hasta el 3 fortalece la salud dando más atención a los pulmones y sistema respiratorio; después del 3 da más atención al estómago, y si eres mujer a los pechos también; en este periodo es importante la dieta y la tranquilidad emocional. La salud mejora después del 21.

El amor sigue siendo el principal titular hasta el 21; podría haber muchas bodas o compromisos en este periodo. Y se trata de amor serio, comprometido. Si estás casado o casada o en una relación, tienes más romance en la relación y asistes a más fiestas y reuniones. Después del 21 el cuadro social se enfría un poco; lo más probable es que hayas conseguido tus objetivos amorosos y sociales. El Sol sale de tu séptima casa el 21 y Júpiter, el señor de tu horóscopo, sale de esta casa el 27, después de haber pasado un año en ella. Esto es un cambio importante.

Plutón, el planeta de la transformación personal, estuvo en tu signo muchos años, hasta 2008. Así pues, pasaste muchos años interesado en la transformación y reinvención personal. Después vino una interrupción de cuatro años y ahora vuelves a implicarte en esto. Vas a dar a luz a tu «nuevo yo», a tu yo ideal. Esto puede ser difícil a veces. Hay que estar dispuesto a dejar «morir» lo viejo, las viejas formas de ser y de pensar, las viejas pautas emocionales. Muchas veces esto produce una crisis. Pero vas a disfrutar de todo esto. Durante el parto la madre soporta de buena gana los dolores porque su mente está en el bebé que va a nacer; aunque es doloroso el nacimiento de un hijo, se considera un acontecimiento feliz. Eso te ocurrirá a ti también.

Las finanzas van bien hasta el 21, no hay ningún desastre, pero nada especial tampoco. Después los ingresos se disparan. Pero ten presente que tu planeta del dinero continúa retrógrado; podría haber retrasos y malos entendidos, pero esto no impide la prosperidad. Continúa siendo necesario trabajar por la claridad mental; las oportunidades financieras, y habrá muchas, necesitan mucha más reflexión y análisis. Tu cónyuge, pareja o ser amado actual entra en una cima financiera anual el 21; en realidad todo el año es un periodo de prosperidad; esta persona será más generosa contigo. Estás en un buen periodo para pagar deudas; también es muy bueno si necesitas conseguir un préstamo, una hipoteca u otro tipo de préstamo para un negocio. Se ven probabilidades de herencia, si no este mes, durante el año. También podría haber mudanza. Se ensancha el círculo familiar ya sea por nacimiento, boda o porque conoces a personas que son como familiares para ti. Si estás en edad de concebir, eres extraordinariamente fértil después del 21.

Julio

Mejores días en general: 1, 9, 10, 11, 19, 20, 27, 28
Días menos favorables en general: 4, 5, 6, 12, 13, 25, 26
Mejores días para el amor: 1, 4, 5, 6, 7, 8, 10, 11, 17, 19, 20, 25, 26, 29, 30
Mejores días para el dinero: 7, 8, 16, 17, 21, 22, 25
Mejores días para la profesión: 7, 8, 12, 13, 17, 25, 26

El 20 de mayo el poder planetario hizo un importante traslado, pasando de la mitad inferior de tu carta a la superior, al sector de las actividades externas. El hogar y la familia siguen siendo importantes, pero puedes comenzar a pasar la atención a la profesión y los objetivos externos. Es de día en tu año, el periodo para ocuparse de los asuntos del día.

Este es fundamentalmente un mes feliz y próspero. Las finanzas continúan excelentes, tanto para ti como para tu cónyuge, pareja o ser amado actual. Tu planeta del dinero, que ha estado retrógrado muchos meses, retoma el movimiento directo el 8. Hay, pues, claridad en los asuntos financieros e irán mejor las gestiones, compras o inversiones importantes. También prospera ahora la familia en su conjunto, y en especial un progenitor o figura parental. Coges las buenas rachas de suerte en los asuntos financieros. Cosas que ya posees aumentan su valor; resulta que algo que creías sin valor, o basura, es valioso. Las especulaciones son favorables, pero después del 8. El periodo del 19 al 24 parece particularmente favorable.

La salud también está mucho mejor; después del 22 mejora más aún. Si ha habido algún problema de salud, tendrás buenas noticias después del 22. Hasta el 23 puedes fortalecer más la salud prestando atención al corazón; evita la preocupación y la ansiedad; da pasos positivos para mejorar tu situación y deja de preocuparte. Después del 23 da más atención al intestino delgado; te irá bien una buena dieta.

El amor no es muy importante este mes. Es un mes activo sexualmente, así que no estás ocioso en este frente, pero, como el mes pasado, parece que se han conseguido los objetivos, no hay ninguna necesidad de cambios ni actos drásticos. Tu planeta del amor está retrógrado hasta el 20, así que al cónyuge, pareja o ser amado actual le falta orientación en este periodo. Además, del 17 al 26 tu planeta del amor está en cuadratura con Urano; esto pondrá a prueba el amor en la relación; el ser amado estará más temperamental, así que ten más paciencia; no hace ninguna falta empeorar las cosas. Tu pareja debe conducir con más prudencia y evitar las situaciones arriesgadas. No es aconsejable viajar al extranjero en ese periodo. También parece que este tránsito trae cambios, trastornos, en la profesión; ocurren acontecimientos dramáticos. En último término, estos resultarán beneficiosos para ti.

Venus cruza tu Medio cielo el 23. Este es un aspecto esencialmente feliz; te trae oportunidades profesionales. Las amistades prosperan y te ayudan en la profesión; tus superiores toman nota de tu buena ética laboral.

El 21 del mes pasado nuevamente se hizo extraordinariamente fuerte el elemento agua; esto lo experimentaste en febrero y marzo también; las personas están hipersensibles en este periodo; es probable que la franqueza se considere «insensibilidad», así que ten más cuidado.

Agosto

Mejores días en general: 6, 7, 15, 16, 23, 24
Días menos favorables en general: 1, 2, 8, 9, 21, 22, 28, 29
Mejores días para el amor: 1, 2, 3, 4, 8, 9, 15, 16, 19, 24, 25, 26, 28, 29
Mejores días para el dinero: 3, 13, 14, 17, 18, 21, 22, 30, 31
Mejores días para la profesión: 3, 4, 8, 9, 15, 16, 24, 25

El 22 del mes pasado se hizo poderosa tu novena casa, y estará poderosa hasta el 22 de este mes. Este es el cielo de Sagitario. Sin duda vas a viajar en este periodo; las puertas están abiertas de par en par. Sagitario tiene un interés natural en la teología, la religión y la metafísica. Es posible que este no se haya desarrollado, que prefieras el estilo de vida «jet set», pero el interés innato está. Así pues, este es un mes para profundizar en la metafísica y la filosofía; hay adelanto filosófico importante si lo buscas. En este periodo es mucho más fácil que en otros adquirir esos conocimientos. También llegan oportunidades felices de formación superior, y deberías aprovecharlas. Si tienes pendiente algún asunto legal o jurídico, este es un buen mes para ocuparse de esto. Si eres estudiante (universitario o de posgrado) tienes éxito en los estudios; si solicitas admisión en una universidad tienes buenas noticias también.

El 22, cuando el Sol cruza tu Medio cielo y entra en tu décima casa, entras en una cima profesional anual. Mercurio, tu planeta de la profesión (y también planeta del amor) entra en tu décima casa el 24. Venus está en esta casa desde el 23 del mes pasado y estará en ella hasta el 16. Así pues, tu casa de la profesión está atiborrada de planetas benéficos. Cuentas con mucha ayuda en la profesión y en la consecución de tus objetivos profesionales. Tienes el apoyo de amistades, de tu ser amado actual y de las personas religiosas de tu vida. Es un mes de éxito en el mundo externo. Mientras tanto, hasta el 22, prepárate; haz cursos en temas que te sirvan para adelantar en la profesión, asiste a los seminarios y talleres. Está dispuesto a enseñar u orientar a las personas que están por debajo de ti y a ser discípulo de aquellas que están por encima. Los superiores de tu vida toman nota de esto. El planeta del amor en el Medio cielo indica muchas cosas. En primer lugar, que el amor está muy arriba en tu lista de prioridades, que tu matrimonio o relación está a la misma altura de tus objetivos profesionales. Esto es bueno para la vida amorosa; tu atención lleva al éxito. También indica que adelantas en la profesión por medios sociales, asistiendo a las fiestas convenientes u ofreciéndolas, haciendo amistad con personas que te pueden ayudar. Tu simpatía, tu capacidad para llevarte bien con los demás y conseguir su colaboración (y has tenido muchísima práctica en esto en lo que va de año) es un factor importante en tu éxito. Tus capacidades personales importan, lógicamente, pero no tanto como tus dotes sociales. Muchas veces los superiores miran a dos personas de capacidades más o menos iguales y eligen a la que les cae mejor. Caer bien tiene un papel decisivo en este periodo.

La salud es más delicada después del 22, así que procura descansar y relajarte más. Estás muy ocupado, de acuerdo, la profesión es exigente, pero intenta programar ratos de descanso; no hagas de la noche día ni le exijas a tu cuerpo que sobrepase sus límites naturales.

El 1 y el 2 evita las especulaciones y conduce con más prudencia (y esto vale especialmente si eres muy joven). También conduce con más prudencia del 18 al 25, y en este periodo evita las actividades arriesgadas o temerarias.

Septiembre

Mejores días en general: 2, 3, 11, 12, 20, 21, 29, 30
Días menos favorables en general: 4, 5, 6, 18, 19, 24, 25, 26
Mejores días para el amor: 5, 6, 8, 15, 16, 17, 18, 24, 25, 26, 27, 28
Mejores días para el dinero: 1, 9, 10, 13, 14, 18, 19, 27, 28
Mejores días para la profesión: 4, 5, 6, 15, 16, 25, 26

Este es un mes de ritmo rápido, frenético, muy dinámico; tal como te gustan las cosas. La acción y el cambio hacen interesante la vida. Pero ten cuidado de no excederte en toda esta actividad, sobre todo hasta el 22. La salud sigue delicada; el peligro ahora es que le exijas a tu cuerpo sobrepasar sus límites naturales. Los riñones y las caderas son siempre importantes en tu salud, pero lo son especialmente hasta el 11. Después da más atención al colon, la vejiga y los órganos sexuales; el sexo seguro y la moderación son importantes para la salud entonces. Uno o dos lavados de colon, y otro tipo de desintoxicación también serán beneficiosos después del 11; también obtendrás resultados más potentes de la curación espiritual: oración, meditación, imposición de manos, reiki y manipulación de las energías sutiles. Después del 22 la salud mejora de forma muy natural; pero procura descansar más.

El 22 del mes pasado el poder planetario se trasladó de tu sector occidental al oriental. Entraste en un periodo de independencia personal que se irá haciendo más fuerte día a día y mes a mes. Al estar Júpiter todavía en tu sector occidental (y lo está desde 2010) sigues estando preocupado por los demás, desviviéndote por ellos, anteponiéndolos a ti. Pero ahora puedes pasar cierta atención a tus intereses y deseos. Esto no es egoísmo, sino más bien una actitud de autosuficiencia. El Cosmos espera que desarrolles más esta cualidad en este periodo. Detrás de esto hay una lógica cósmica; si deseas ayudar a otros, debes hacerte más eficaz, más equilibrado, más feliz personalmente; cuanto más eficaz eres como persona, mejor es el servicio que puedes prestar. Las personas débiles, dependientes, no pueden hacer mucho por los demás; las fuertes sí pueden. Más independencia significa más poder para crearte las condiciones y circunstancias como las deseas; hay menos necesidad de responder ante otros acerca de esto; puedes hacerlo solo si es necesario.

Hasta el 22 continúas muy instalado en tu cima profesional anual. Repasa lo que hablamos el mes pasado. La Luna nueva del 5 ocurre en tu décima casa, y este es un día profesional especialmente poderoso, trae éxito y oportunidades. Esta Luna nueva también esclarecerá asuntos profesionales a medida que avance el mes. Te llegará información, buena información, que te servirá en tu toma de decisiones.

Las finanzas van súper este mes. Aunque generalmente tienes suerte con el dinero, no son aconsejables las especulaciones este mes; evítalas sobre todo del 7 al 11. Gastos en los hijos o figuras filiales podrían también ser causa de problemas de corta duración. Pero nada de esto cambia la prosperidad general del año.

El amor es delicado hasta el 29. Es probable que las críticas, el perfeccionismo y la rigurosidad compliquen la vida amorosa y es necesario evitarlos. Ten presente que la perfección no se nos da en una bandeja de plata; es un camino que hacemos y se va consiguiendo en un proceso gradual. Del 15 al 17 Mercurio forma aspectos dinámicos con Urano y Plutón; esto va a poner a prueba la relación amorosa. Ten más paciencia con el ser amado (que tal vez estará más temperamental esos días) y procura no empeorar las cosas. Tanto el ser amado como los padres o figuras parentales deberán evitar las actividades arriesgadas y conducir con más prudencia esos días.

Octubre

Mejores días en general: 1, 8, 9, 17, 18, 27, 28
Días menos favorables en general: 2, 3, 15, 16, 22, 23, 29, 30
Mejores días para el amor: 6, 7, 8, 15, 16, 17, 18, 22, 23, 24, 25, 27, 28
Mejores días para el dinero: 6, 7, 11, 12, 15, 16, 24, 25
Mejores días para la profesión: 2, 3, 6, 7, 15, 16, 24, 25, 29, 30

El principal titular este mes es el eclipse lunar del 18; es fuerte en ti y hace impacto en Júpiter, el señor de tu horóscopo; tómate las cosas con calma en ese periodo. Este eclipse ocurre en tu quinta casa y afecta a tus hijos o figuras filiales de tu vida. Haz todo lo posible por protegerlos de cualquier daño; deben evitar las actividades arriesgadas y pasar más tiempo tranquilos en casa. Será mejor que evites las especulaciones en ese periodo. Dado que afecta a Júpiter, nuevamente vas a redefinir tu personalidad; las cosas que dejaste sin hacer después del eclipse del 25 de mayo, las harás ahora. Todos los eclipses lunares traen encuentros con la muerte, no necesariamente una muerte real, sino encuentros en el plano psíquico; a veces esto ocurre por una experiencia de casi muerte o una intervención quirúrgica.

SAGITARIO

El 22 del mes pasado se hizo poderosa tu casa once, y continúa poderosa hasta el 23. Este es un mes social, no necesariamente romántico (aunque el romance se ve más feliz que el mes pasado), sino más de amistad y actividades en grupo. La casa once rige las amistades platónicas, de la mente. La séptima casa rige las amistades del corazón, las emocionales. Por lo tanto, este es un buen mes para reconectar con tus amistades y participar en actividades en grupo. Entran nuevas amistades en el cuadro también. Se expande tu círculo de amistades en este periodo (esto puede ocurrir en el plano físico o en el mundo *online*). Es un buen mes para poner al día tu tecnología, modernizar tu ordenador y programas informáticos y tus aparatos tecnológicos. También es bueno para hacer cursos o leer libros de ciencia y alta tecnología. La astrología y la astronomía se hacen más interesantes.

El 23 entras en un periodo más espiritual; tu casa doce, la de la espiritualidad, será la más fuerte del horóscopo a partir de entonces. Ahora bien, todo el año ha habido cambios espirituales, cambios drásticos, pero ahora vienen más. Pasan por pruebas tu práctica, tu camino y tu compromiso espirituales. A veces tenemos conceptos que no son ciertos, y estos se eliminan. Al parecer te enfrentas a una rígida oposición por parte de la comunidad científica de tu mundo, y también de hermanos y vecinos; no son en absoluto receptivos a tus ideales ni a tu práctica. Un verdadero camino, una enseñanza cierta, resiste fácilmente estos retos, y justamente los ataques refuerzan la práctica. Pero si el camino o la enseñanza es menos cierto (o parcialmente cierto) será necesario modificarlo.

Después del 23 entras en una mayor prosperidad. Las finanzas van súper, como también es súper la intuición financiera. Hay bonitos días de paga.

El amor también es más feliz este mes. Del 17 al 26 Mercurio acampa (se detiene para cambiar de dirección) en un aspecto hermoso con Júpiter. Si estás soltero o soltera y sin compromiso, conoces a una importante pareja romántica. Si ya estás en una relación, hay más armonía y romance en ella. Mercurio, tu planeta del amor, inicia movimiento retrógrado el 21, así que después de esta fecha evita tomar decisiones importantes en el amor. No hay ninguna necesidad de precipitarse en el amor (ni en los asuntos profesionales); deja que las cosas se desarrollen a su aire. Tu tarea deberá ser conseguir claridad.

Noviembre

Mejores días en general: 5, 6, 13, 14, 23, 24
Días menos favorables en general: 11, 12, 18, 19, 25, 26, 27
Mejores días para el amor: 7, 16, 17, 18, 19, 26, 27
Mejores días para el dinero: 3, 4, 7, 8, 11, 12, 20, 21, 22, 30
Mejores días para la profesión: 3, 4, 11, 12, 20, 21, 22, 25, 26, 27, 30

El 3 hay un eclipse solar que ocurre en tu casa doce, la de la espiritualidad; Urano está en cuadratura exacta con Plutón, tu planeta de la espiritualidad (también lo estuvo el mes pasado). Así pues, el eclipse va a reforzar los cambios espirituales que han ocurrido en tu vida espiritual todo el año y en especial el mes pasado. Tu mentor espiritual (gurú, pastor religioso o sacerdote) experimenta acontecimientos dramáticos, de aquellos que cambian la vida. Me parece que esto ocurre en lo personal; pero también hay trastornos o reorganización en una organización espiritual o benéfica con la que te relacionas (estos trastornos o disturbios llevan también todo el año, pero ahora llegan al punto crítico). Me parece que también afecta a tus finanzas; es posible que hayas sido demasiado pesimista acerca de las finanzas o la economía; tu situación actual es mucho mejor de lo que parece; es muy probable que tengas que revisar tu estrategia y planificación. Si eres estudiante haces importantes cambios en tus estudios ahora y en los seis próximos meses. Hay acontecimientos dramáticos en la vida de personas de tu lugar de culto. Los asuntos legales o jurídicos dan un giro drástico, en uno u otro sentido; llegan al punto álgido.

Tu casa doce, la de la espiritualidad, estuvo fuerte el mes pasado y continúa fuerte este mes, hasta el 22. Este es, pues, un buen periodo para conseguir tus objetivos espirituales e idealistas; es un periodo para hacer progreso espiritual, si lo buscas. Estás mucho más cerca del mundo espiritual invisible en este periodo; accedes más fácilmente a este mundo. En general, cuando está fuerte la casa doce la vida onírica es más activa y reveladora; esto te ocurre ahora, pero no debes fiarte de estos sueños en torno al periodo del eclipse; el eclipse agita y enturbia el mundo de los sueños (el plano astral).

Entre el 12 y el 14 llega una feliz oportunidad de viaje o educativa. Si viajas, programa más tiempo para ir y volver de tu destino.

Del 14 al 16 es muy potente la curación espiritual. La situación laboral se ve inestable esos días. Ten más paciencia con los compañeros de trabajo o empleados.

Tu planeta del amor retoma el movimiento directo el 10, así que se esclarece la situación amorosa; de todos modos continúa muy feliz. El trígono de Mercurio con Júpiter del 27 al 29 trae felices encuentros románticos (si estás soltero o soltera) y felices oportunidades profesionales.

Del 25 al 27 Mercurio viaja con Saturno; esto tiene sus puntos buenos y sus puntos difíciles. Debes esforzarte más en demostrar afecto y simpatía a los demás; tu disposición risueña normal podría no dársete como debería. Pero este es un buen periodo financiero; hay oportunidades para formar una sociedad de negocios o empresa conjunta; cuentas con el apoyo financiero del ser amado; jefes, padres y figuras de autoridad apoyan tus objetivos económicos.

Diciembre

Mejores días en general: 2, 3, 10, 11, 12, 20, 21, 22, 30, 31
Días menos favorables en general: 8, 9, 15, 16, 17, 23, 24
Mejores días para el amor: 1, 4, 5, 10, 11, 13, 14, 15, 16, 17, 21, 22, 23, 24
Mejores días para el dinero: 1, 4, 5, 8, 9, 18, 19, 28, 29
Mejores días para la profesión: 1, 10, 11, 21, 22, 23, 24

El 22 del mes pasado, cuando el Sol cruzó tu ascendente y entró en tu primera casa, comenzaste una cima anual de placer personal, un periodo para mimarte, para cuidar del número uno, para poner el cuerpo y la imagen como los deseas. También estás en tu periodo de mayor independencia personal, la máxima de este año (en años futuros tendrás periodos más fuertes de independencia personal); este es el periodo para tener las cosas a tu manera y para crearte la condiciones como las deseas. Aunque podría no parecerlo, en realidad sólo tienes que responder ante ti. Te has adaptado al mundo todo el año; ahora que el mundo se adapte a ti para variar.

El mes pasado ocurrió otro cambio importante; el poder planetario se trasladó de la mitad superior de tu carta a la inferior. Es el anochecer de tu año, justo después del crepúsculo. Terminó el día, las actividades diurnas están más o menos acabadas y estás preparado para las actividades interiores, ocultas, de la noche. Ha llegado el periodo para comenzar a centrar la atención en tu bienestar emocional y poner en orden la base hogareña; es el periodo para crear las condiciones interiores para el futuro éxito profesional, el periodo para encontrar tu punto de armonía emocional y funcionar desde él.

Marte pasó el mes pasado en tu décima casa, la de la profesión, y continúa en ella hasta el 8. Esto indica trabajo arduo en la profesión, pero también diversión. Los hijos o figuras filiales progresan en sus profesiones también.

La salud es buena este mes, mejor que el mes pasado. Puedes fortalecerla más dando atención a la columna, las rodillas, la dentadura, los huesos, la piel y la alineación esquelética general; los masajes en la espalda y las rodillas serán potentes; da más apoyo y protección a las rodillas. No permitas que las preocupaciones financieras afecten a tu salud.

La realidad es que continúas en un periodo muy próspero, tú personalmente y también los familiares. El 21 entras en una cima financiera anual, que continuará el próximo mes. El dinero entra a raudales; el juicio financiero es bueno. Ten presente que, desde el punto de vista espiritual, no hay límites a la riqueza; la provisión Divina es ilimitada. La única limitación está en nosotros, seres humanos, con nuestra capacidad personal para recibir. Si logras abrirte para recibir más, tendrás más.

El amor es feliz del 5 al 24; el ser amado se desvive por complacerte; tienes el amor según tus condiciones; no es mucho lo que necesitas hacer para atraerte amor, te encuentra; simplemente ocúpate de tus rutinas normales. El 24 Mercurio entra en tu casa del dinero; el ser amado es muy generoso contigo y te apoya.

Hacia el fin del año hay unos aspectos muy dinámicos; si lees los diarios verás lo que queremos decir. Del 23 al 31 procura proteger de cualquier daño a tus hijos, al ser amado y a los padres o figuras parentales; deben conducir con más prudencia y evitar las actividades arriesgadas.

Capricornio

♑

La Cabra
Nacidos entre el 21 de diciembre y el 19 de enero

Rasgos generales

CAPRICORNIO DE UN VISTAZO
Elemento: Tierra

Planeta regente: Saturno
  Planeta de la profesión: Venus
  Planeta del amor: la Luna
  Planeta del dinero: Urano
  Planeta de la salud y el trabajo: Mercurio
  Planeta del hogar y la vida familiar: Marte
  Planeta espiritual: Júpiter

Colores: Negro, índigo
  Colores que favorecen el amor, el romance y la armonía social: Castaño rojizo, plateado
  Color que favorece la capacidad de ganar dinero: Azul marino

Piedra: Ónice negro

Metal: Plomo

Aromas: Magnolia, pino, guisante de olor, aceite de gualteria

Modo: Cardinal (= actividad)

Cualidades más necesarias para el equilibrio: Simpatía, espontaneidad, sentido del humor y diversión

Virtudes más fuertes: Sentido del deber, organización, perseverancia, paciencia, capacidad de expectativas a largo plazo

Necesidad más profunda: Dirigir, responsabilizarse, administrar

Lo que hay que evitar: Pesimismo, depresión, materialismo y conservadurismo excesivos

Signos globalmente más compatibles: Tauro, Virgo

Signos globalmente más incompatibles: Aries, Cáncer, Libra

Signo que ofrece más apoyo laboral: Libra

Signo que ofrece más apoyo emocional: Aries

Signo que ofrece más apoyo económico: Acuario

Mejor signo para el matrimonio y/o asociaciones: Cáncer

Signo que más apoya en proyectos creativos: Tauro

Mejor signo para pasárselo bien: Tauro

Signos que más apoyan espiritualmente: Virgo, Sagitario

Mejor día de la semana: Sábado

La personalidad Capricornio

Debido a las cualidades de los nativos de Capricornio, siempre habrá personas a su favor y en su contra. Mucha gente los admira, y otros los detestan. ¿Por qué? Al parecer esto se debe a sus ansias de poder. Un Capricornio bien desarrollado tiene sus ojos puestos en las cimas del poder, el prestigio y la autoridad. En este signo la ambición no es un defecto fatal, sino su mayor virtud.

A los Capricornio no les asusta el resentimiento que a veces puede despertar su autoridad. En su mente fría, calculadora y organizada, todos los peligros son factores que ellos ya tienen en cuenta en la ecuación: la impopularidad, la animosidad, los malentendidos e incluso la vil calumnia; y siempre tienen un plan para afrontar estas cosas de la manera más eficaz. Situaciones que aterrarían a cualquier mente corriente, para Capricornio son meros problemas que hay que afrontar y solventar, baches en el camino hacia un poder, una eficacia y un prestigio siempre crecientes.

Algunas personas piensan que los Capricornio son pesimistas, pero esto es algo engañoso. Es verdad que les gusta tener en cuenta el lado negativo de las cosas; también es cierto que les gusta imaginar lo peor, los peores resultados posibles en todo lo que emprenden. A otras personas les pueden parecer deprimentes estos análisis, pero Capricornio sólo lo hace para poder formular una manera de salir de la situación, un camino de escape o un «paracaídas».

Los Capricornio discutirán el éxito, demostrarán que las cosas no se están haciendo tan bien como se piensa; esto lo hacen con ellos mismos y con los demás. No es su intención desanimar, sino más bien eliminar cualquier impedimento para un éxito mayor. Un jefe o director Capricornio piensa que por muy bueno que sea el rendimiento siempre se puede mejorar. Esto explica por qué es tan difícil tratar con los directores de este signo y por qué a veces son incluso irritantes. No obstante, sus actos suelen ser efectivos con bastante frecuencia: logran que sus subordinados mejoren y hagan mejor su trabajo.

Capricornio es un gerente y administrador nato. Leo es mejor para ser rey o reina, pero Capricornio es mejor para ser primer ministro, la persona que administra la monarquía, el gobierno o la empresa, la persona que realmente ejerce el poder.

A los Capricornio les interesan las virtudes que duran, las cosas que superan las pruebas del tiempo y circunstancias adversas. Las modas y novedades pasajeras significan muy poco para ellos; sólo las ven como cosas que se pueden utilizar para conseguir beneficios o poder. Aplican esta actitud a los negocios, al amor, a su manera de pensar e incluso a su filosofía y su religión.

Situación económica

Los nativos de Capricornio suelen conseguir riqueza y generalmente se la ganan. Están dispuestos a trabajar arduamente y durante mucho tiempo para alcanzar lo que desean. Son muy dados a renunciar a ganancias a corto plazo en favor de un beneficio a largo plazo. En materia económica entran en posesión de sus bienes tarde en la vida.

Sin embargo, si desean conseguir sus objetivos económicos, deben despojarse de parte de su conservadurismo. Este es tal vez el rasgo menos deseable de los Capricornio. Son capaces de oponerse a cualquier cosa simplemente porque es algo nuevo y no ha sido puesto a prueba. Temen la experimentación. Es necesario que estén dispuestos a correr unos cuantos riesgos. Debería entusiasmarlos más lanzar productos nuevos al mercado o explorar técnicas de dirección diferentes. De otro modo el progreso los dejará atrás. Si es necesario, deben estar dispuestos a cambiar con los tiempos, a descartar métodos anticuados que ya no funcionan en las condiciones modernas.

Con mucha frecuencia, la experimentación va a significar que tengan que romper con la autoridad existente. Podrían incluso pensar en cambiar de trabajo o comenzar proyectos propios. Si lo hacen deberán disponerse a aceptar todos los riesgos y a continuar adelante. Solamente entonces estarán en camino de obtener sus mayores ganancias económicas.

Profesión e imagen pública

La ambición y la búsqueda del poder son evidentes en Capricornio. Es tal vez el signo más ambicioso del zodiaco, y generalmente el más triunfador en sentido mundano. Sin embargo, necesita aprender ciertas lecciones para hacer realidad sus más elevadas aspiraciones.

La inteligencia, el trabajo arduo, la fría eficiencia y la organización los llevarán hasta un cierto punto, pero no hasta la misma cima. Los nativos de Capricornio han de cultivar la buena disposición social, desarrollar un estilo social junto con el encanto y la capacidad de llevarse bien con la gente. Además de la eficiencia, necesitan poner belleza en su vida y cultivar los contactos sociales adecuados. Deben aprender a ejercer el poder y a ser queridos por ello, lo cual es un arte muy delicado. También necesitan aprender a unir a las personas para llevar a cabo ciertos objetivos. En resumen, les hacen falta las dotes sociales de Libra para llegar a la cima.

Una vez aprendidas estas cosas, los nativos de Capricornio tendrán éxito en su profesión. Son ambiciosos y muy trabajadores; no tienen miedo de dedicar al trabajo todo el tiempo y los esfuerzos necesarios. Se toman su tiempo para hacer su trabajo, con el fin de hacerlo bien, y les gusta subir por los escalafones de la empresa, de un modo lento pero seguro. Al estar impulsados por el éxito, los Capricornio suelen caer bien a sus jefes, que los respetan y se fían de ellos.

Amor y relaciones

Tal como ocurre con Escorpio y Piscis, es difícil llegar a conocer a un Capricornio. Son personas profundas, introvertidas y reservadas. No les gusta revelar sus pensamientos más íntimos. Si estás enamorado o enamorada de una persona Capricornio, ten paciencia y tómate tu tiempo. Poco a poco llegarás a comprenderla.

Los Capricornio tienen una naturaleza profundamente romántica, pero no la demuestran a primera vista. Son fríos, flemáticos y no particularmente emotivos. Suelen expresar su amor de una manera práctica.

Hombre o mujer, a Capricornio le lleva tiempo enamorarse. No es del tipo de personas que se enamoran a primera vista. En una relación con una persona Capricornio, los tipos de Fuego, como Leo o Aries, se van a sentir absolutamente desconcertados; les va a parecer fría, insensible, poco afectuosa y nada espontánea. Evidentemente eso no es cierto; lo único que pasa es que a los Capricornio les gusta tomarse las cosas con tiempo, estar seguros del terreno que pisan antes de hacer demostraciones de amor o de comprometerse.

Incluso en los asuntos amorosos los Capricornio son pausados. Necesitan más tiempo que los otros signos para tomar decisiones, pero después son igualmente apasionados. Les gusta que una relación esté bien estructurada, regulada y definida, y que sea comprometida, previsible e incluso rutinaria. Prefieren tener una pareja que los cuide, ya que ellos a su vez la van a cuidar. Esa es su filosofía básica. Que una relación como esta les convenga es otro asunto. Su vida ya es bastante rutinaria, por lo que tal vez les iría mejor una relación un poco más estimulante, variable y fluctuante.

Hogar y vida familiar

La casa de una persona Capricornio, como la de una Virgo, va a estar muy limpia, ordenada y bien organizada. Los nativos de este signo tienden a dirigir a su familia tal como dirigen sus negocios. Suelen estar tan entregados a su profesión que les queda poco tiempo para la familia y el hogar. Deberían interesarse y participar más en la vida familiar y doméstica. Sin embargo, sí se toman muy en serio a sus hijos y son padres y madres muy orgullosos, en especial si sus hijos llegan a convertirse en miembros destacados de la sociedad.

Horóscopo para el año 2013*

Principales tendencias

Acabas de salir de dos años muy difíciles, Capricornio. Tres poderosos planetas lentos estaban alineados en tu contra y hubo periodos en que el 60 e incluso el 70 por ciento de los planetas estaban en alineación desfavorable. Se puso a prueba tu valor; se te empujó hasta el límite. No todo el mundo salió bien parado, pero si estás leyendo esto quiere decir que tú sí. Date una palmadita en la espalda; esto ha sido una buena consecución.

Gran parte de la dificultad venía de la inestabilidad en la familia. Hubo muchos acontecimientos dramáticos en la vida de familiares, de aquellos que cambian la vida. Tal vez se rompió la unidad familiar, o estuvo a punto de romperse, e incluso ahora está sostenida con «papel de seda y chicle», con lazos muy tenues y delicados. Hablaremos más de esto.

También gran parte de la dificultad venía, curiosamente, de tu éxito. Una posibilidad es que Capricornio estuviera en el pináculo de sus consecuciones; en la cima, al mando. Por encima de todas las personas de tu mundo. Eras un blanco muy visible; la persona que está en la cima siempre es un blanco natural; por lo tanto tenías que enfrentarte a muchas críticas de subordinados y competidores. Estar en la cima no es siempre lo que nos han hecho creer. No estar en la cima tiene sus dificultades, pero tal vez estar en la cima tiene retos más grandes. Cada decisión tuya se examinaba y criticaba.

Otra posibilidad es que no estuvieras en la cima pero aspiraras a estarlo, y esto creaba tensiones. Tenían que recordarte, a veces de forma cortante, tu verdadera posición.

Es posible que la salud haya sufrido estos dos años pasados. Afortunadamente, esta faceta mejora mucho. Si has tenido problemas de salud, deberías tener buenas noticias al respecto. Volveremos sobre este tema.

---

* Las previsiones de este libro se basan en el Horóscopo Solar y todos los signos que derivan de él; tu Signo Solar se convierte en el Ascendente, y las casas se numeran a partir de él. Tu horóscopo personal, el trazado concretamente para ti (según la fecha, hora y lugar exactos de tu nacimiento) podrían modificar lo que decimos aquí. Joseph Polansky

CAPRICORNIO

Plutón está en tu signo desde 2008. Estás en el proceso de reinventarte, de dar a luz al «yo» que deseas ser; esta tendencia continúa este año y muchos otros años más.

Tus intereses más importantes este año son: el cuerpo, la imagen y el placer personal; la comunicación y las actividades intelectuales; el hogar y la familia; la salud y el trabajo (hasta el 27 de junio); el amor y el romance (a partir del 27 de junio); las amistades, los grupos, las actividades en grupo, las organizaciones.

Los caminos para tu mayor realización este año son: la salud y el trabajo (hasta el 27 de junio); el amor y el romance (después del 27 de junio); las amistades, los grupos, las actividades en grupo, las organizaciones.

Salud

(Ten en cuenta que esta es una perspectiva astrológica de la salud, no una médica. Antaño no había ninguna diferencia, ambas eran idénticas, pero en esta época podrían diferir muchísimo. Para una perspectiva médica, por favor, consulta a tu médico o a otro profesional de la salud.)

Como hemos dicho, la salud mejora mucho en este periodo. En 2011 y 2012 estuviste sometido a dificultades para la salud insólitas, muy excepcionales. 2011 fue peor que 2012, pero 2012 fue difícil de todos modos. Este año la salud sigue delicada, pero nada comparado con los dos años pasados. Por suerte, este año está fuerte tu sexta casa, sobre todo hasta el 27 de junio, por lo que le prestas atención, y eso es exactamente lo que se necesita. Cuando los aspectos para la salud son difíciles, tenemos que hacerla una prioridad. Si no hacemos caso de las cosas, si damos por descontada la salud, es probable que surjan problemas.

Comienzas el año con dos planetas lentos en alineación desfavorable. El 27 de junio, Júpiter entra en alineación difícil también. Júpiter en oposición a tu Sol no es tan grave como lo que ha ocurrido en los dos años anteriores, pero de todos modos hay que tomarlo en cuenta.

Son muchas las cosas que se pueden hacer para mejorar y estimular la salud y la energía. Lo primero y más importante es tomar más conciencia de tu energía. No la desperdicies frívolamente; inviértela, como un empresario, en cosas que son importantes para ti, y deja estar lo que no es importante. Descansa y relájate más; si estás cansado, echa una siesta; delega tareas siempre que sea posible; planifica tu día para hacer más con menos esfuerzo. La actividad mental y emocional gasta energía; hace falta energía para pensar, sentir y hablar. Ten controladas estas cosas. Las personas poderosas son silenciosas y plácidas; no malgastan su poder en discursos ni emociones inútiles: por eso son poderosas.

Presta más atención a los siguientes órganos:

El corazón. Evita la preocupación y la ansiedad, las dos emociones que son las causas principales de los problemas cardiacos.

La columna, las rodillas, la dentadura, los huesos, la piel y la alineación esquelética general. Masajes periódicos en la espalda y las rodillas serán potentes en el plano energético. Son buenas las terapias como el yoga, Pilates (sobre todo las posturas que trabajan la columna), la Técnica Alexander o el método Feldenkreis. Te convendrían visitas periódicas a un fisioterapeuta o un osteópata. Es necesario mantener bien alineadas las vértebras. Da más apoyo y protección a las rodillas. Cuando estés al sol usa un buen filtro solar.

Los pulmones, el intestino delgado, los brazos, los hombros y el sistema respiratorio. Estos son siempre importantes para ti. Deberías dar masajes periódicos a los brazos y los hombros. La pureza del aire es importante para ti; van bien los ejercicios de respiración.

El hígado y los muslos. Estos son importantes hasta el 27 de junio. Te convienen masajes periódicos en los muslos; estos no sólo fortalecen el hígado (en el plano energético), sino también la parte inferior de la espalda.

Mercurio es tu planeta de la salud. Como saben nuestros lectores, es un planeta de movimiento rápido, sólo la Luna avanza más rápido que él. En un año transita por todos los signos y casas del horóscopo. Por lo tanto, hay muchas tendencias a corto plazo en la salud, que dependen de dónde está Mercurio y del tipo de aspectos que recibe. Estas es mejor tratarlas en las previsiones mes a mes.

Júpiter, tu planeta de la espiritualidad, ha estado en tu sexta casa, la de la salud, desde junio del año pasado, y continuará ahí hasta el 27 de junio de este año. Así pues, estás en un periodo en que profundizas en las dimensiones espirituales de la salud y la curación. Te beneficias muchísimo de terapias de tipo espiritual: meditación, imposición de manos, oración, visualización, reiki, manipulación de las energías sutiles. Volveremos sobre este tema.

Hogar y vida familiar

Esta es una faceta turbulenta e importante de la vida, este año y los venideros. Como hemos dicho, la unidad familiar, la situación familiar, es muy inestable, mudable. Hay mucha agitación y rebelión. En los próximos años cambiará drásticamente la situación familiar.

Urano, el planeta del cambio repentino y revolucionario, está en tu cuarta casa desde marzo de 2011, por lo tanto hay un proceso de liberación en la familia. La familia es muy importante, es un mecanismo de supervivencia sin el cual no podemos pasar. Sin embargo, es una espada de doble filo; en ciertas ocasiones puede ser una forma de esclavitud o atadura. El feto necesita el útero; mientras es feto, está cómodo, seguro y a salvo en el útero; pero cuando llega a cierta fase de desarrollo, el útero se convierte en una prisión y debe salir de ahí. Esto es sano. Seguirá teniendo una relación con el útero (la madre), pero de otro tipo. La semilla está muy cómoda bajo tierra, pero cuando llega a cierta fase de desarrollo debe salir fuera; cuando sale y florece, sigue teniendo la raíz bajo tierra, pero la relación es diferente. Esto es lo que va a ocurrir en la familia. Al final seguirás teniendo tu relación familiar, pero esta será muy diferente; será más libre, menos estrecha. Todos somos capaces de florecer cuando debemos y seguir conectados de todos modos. A veces son necesarios ciertos acontecimientos para lograr esto, y Urano sabe proporcionarlos.

En general, en este periodo hay necesidad de más libertad en la unidad familiar. Todos deben darse mutuamente la mayor libertad posible mientras esta no sea destructiva.

Tal vez estás trabajando en crear un espíritu de equipo en la familia, y esto es bueno. Esto es difícil para Capricornio, pues tiendes a ser autoritario, pero es un buen reto. Los familiares deben entender las reglas, pero, más importante aún, el motivo de dichas reglas. Tómate el tiempo para explicar estas cosas. Si entienden la lógica que respalda las reglas, es más probable que las acaten; si tomas la ruta autoritaria es casi seguro que te enfrentarás a la rebelión.

Urano es el planeta de la experimentación y la innovación. Así pues, vas a ser experimentador con la familia y con la vida doméstica en general. Las reglas normales de los libros ya no valen, vas a aprender lo que da resultados actuando y equivocándote.

Este aspecto también indica que vas a modernizar la casa, instalarás red de banda ancha y todo tipo de aparatos de alta tecnología. Incluso tu gusto en mobiliario es moderno y de alta tecnología.

Urano es tu planeta del dinero. Esto indica que gastas más en la casa y la familia, inviertes, pero también puedes ganar dinero de esto. Se ve probable un negocio o trabajo en casa. Y aun en el caso de que tengas una tienda en que debes estar presente, tendrás más ingresos procedentes de la casa u hogar. Es posible que instales la oficina en casa.

Urano en la cuarta casa indica muchas mudanzas. Es posible que ya haya habido una mudanza en los años pasados, pero hay probabilidades de más. Indica una constante modernización del hogar, un proceso de perfeccionamiento de nunca acabar. Cada vez que piensas que tienes las cosas «perfectas», te viene una nueva idea. O te mudas o renuevas la casa.

Profesión y situación económica

Las finanzas y la profesión son siempre importantes para ti, Capricornio, pero este año lo son menos. No están poderosas ni la décima casa, la de la profesión, ni la segunda, la del dinero.

Esto lo interpreto como algo positivo, bueno. Vienes saliendo de un año de mucha atención a estas cosas. Es muy probable que hayas conseguido tus principales objetivos profesionales y financieros y no tienes ninguna necesidad de hacer cambios importantes. No necesitas darles mucha atención. Otras cosas son más importantes.

El Cosmos no te impulsa ni en un sentido ni en otro, con lo que se tiende a dejar las cosas como están.

Urano, tu planeta de las finanzas, está en Aries desde marzo de 2011, y continuará ahí muchos años más, por lo que esta es una tendencia a largo plazo. Urano en Aries sugiere empresas nuevas, empresas recién iniciadas. Es posible que esto ya haya ocurrido, pero todavía puede ocurrir, pues llegan oportunidades. Sientes la necesidad de independencia financiera, de controlar personalmente tu destino financiero, y parece que trabajas hacia ese fin. Por lo general esto no es muy bueno para las sociedades de negocios; prefieres actuar solo para tener más control. Pero hay probabilidades de formar sociedades de negocios este año, así que debes tener en cuenta esto en tu toma de decisiones.

Hay otra tendencia interesante. La persona nativa de Capricornio es estable, metódica; es prudente y conservadora por naturaleza. Le gusta conseguir la riqueza paso a paso, metódicamente, a lo largo del tiempo. En general, para ti la riqueza es un «proceso», no una «cosa» u «objeto». Pero ahora, teniendo a Urano en el dinámico Aries, pareces tener más prisa. Estás más especulador, más propenso a correr riesgos. Y tal vez esa es la actitud que necesitas en este periodo. Tus actitudes básicas son buenas, pero algo aburridas; necesitas añadirle algo de dinamismo, algo de estímulo a tu vida financiera. A veces en la vida se necesita osadía. Muchas veces las actitudes conservadoras tienen su origen en el miedo. Esto no es siempre así, pero es delgada, tenue, la línea divisoria entre la cautela sana y el miedo. Este es un periodo en que vas a aprender acerca de ti mismo, es un periodo para dominar el miedo financiero, para desarrollar fe y valor, para entrar con pasos agigantados en lo desconocido.

Como hemos dicho, tu carta favorece un tipo de trabajo o negocio llevado en casa. También indica un negocio familiar, tuyo o de otro. En este periodo están favorecidos la inmobiliaria residencial, los restaurantes, tiendas de alimentación, hoteles y moteles, empresas de aprovisionamiento del hogar y propietarios de casas.

Urano es el planeta de la tecnología. Por lo tanto, vas a gastar más en tecnología, pero también ganar de esto. Electrodomésticos y aparatos para el hogar entran bien en el simbolismo del horóscopo en este periodo.

Siempre necesitas estar al día de la tecnología de vanguardia; tu pericia y habilidades tecnológicas son siempre importantes. Este año no es diferente.

Un conflicto continuado con amistades crea dificultades en la economía; esto lleva un tiempo, pero este año es más intenso. Si has inventado algo, ocúpate de que esté bien cubierto legalmente.

La intuición financiera es algo maravilloso, siempre importante, pero después del 27 de junio necesita más verificación. Tómate más tiempo para ver si has entendido bien la intención de la orientación intuitiva.

Amor y vida social

Tu séptima casa, la del amor y el matrimonio, estará fuerte la segunda parte del año, después del 27 de junio. Mientras tanto, el amor sigue más o menos como está. Si estás soltero o soltera, este debería ser un periodo de preparación y progreso personal: es bueno tener claro lo que se desea en el amor, el tipo de persona con que deseas estar, etcétera. También es bueno hacerte más amable (que inspira amor). A todos nos conviene trabajar más en esto, y ahora es un buen periodo para que te pongas a ello.

Cuando Júpiter entre en tu séptima casa el 27 de junio, se expandirá tu vida amorosa y social, y de modo muy positivo. Muchas veces este aspecto trae matrimonio, pero, como ya saben nuestros lectores, no siempre es un verdadero matrimonio. A veces trae oportunidades de matrimonio; a veces trae una relación que es «como» matrimonio;

a veces trae encuentros con personas que considerarías «material para matrimonio», o relaciones que tienen posibilidades de convertirse en matrimonio. Muchas veces trae sociedades de negocios o empresas conjuntas. Pero siempre expande la vida social y amplía el círculo social. Entran nuevas e importantes amistades en el cuadro. Hay más citas y salidas, más fiestas y reuniones sociales. Con este aspecto la persona asiste a más bodas también.

Júpiter es tu planeta de la espiritualidad, por lo tanto su entrada en tu casa del amor nos da otros mensajes también. Tu círculo social se perfecciona y espiritualiza. Te atraes amistades de tipo espiritual, personas refinadas, místicos, yoguis, adivinos, canalizadores espirituales, pastores religiosos, gurús, este tipo de personas. También te atraen poetas, músicos, bailarines, personas dedicadas a las «bellas artes». Es decir, vas a atraerte relaciones de tipo espiritual. La dimensión espiritual adquiere mucha importancia en la vida romántica también. No te basta la simple atracción física; tú y el ser amado debéis estar en el mismo camino espiritual, tener valores e ideales espirituales más o menos compatibles. Si es así, la relación tiene más posibilidades de durar.

Este año encuentras el amor tanto en los lugares u ocasiones habituales como en los no habituales. Los habituales son las fiestas, las reuniones sociales y la presentación por amigos; pero el amor te espera también en ambientes de tipo espiritual: el retiro espiritual, la reunión de oración, la sala de yoga, el seminario de meditación, la charla espiritual de un gurú de visita. También te espera en actividades o funciones benéficas y cuando participas en causas que consideras valiosas.

El amor es idealista en este periodo. Sientes la necesidad de que tu relación esté «aprobada en las alturas», no que sea simple cuestión de química.

Es posible que encuentres el amor «ideal» este año o el próximo. En este periodo se manifiestan los ideales elevados en el amor. Solamente ten presente que hay que estar preparado para ese amor, si no, las impurezas de la psique lo estropearán, causarán muchas complicaciones.

Si estás estás casado o casada, el cónyuge o pareja se volverá más espiritual, pues experimentará vibraciones espirituales muy intensas. Así pues, la relación se espiritualizará.

Si estás en el segundo matrimonio o con miras a casarte por segunda vez, este año no se ven novedades. La tendencia es a continuar como estás. Pero sí habrá mucha expansión en la vida social.

Si estás en el tercer matrimonio, este es un año de pruebas. Si estás con miras a un tercer matrimonio, estás osado, tomas la iniciativa, pero tal vez no es aconsejable boda este año.

Hay muchas tendencias a corto plazo en el amor que trataremos en las previsiones mes a mes. Tu planeta del amor, la Luna, es un planeta muy rápido, que cada mes transita por todos los signos y casas del horóscopo.

Progreso personal

Júpiter, tu planeta de la espiritualidad, pasa la primera mitad del año en tu sexta casa, la de la salud, por lo tanto este es un año para profundizar en la curación espiritual. Te beneficias de terapias espirituales también, como hemos dicho. Te conviene leer todo lo que puedas sobre el tema. Se han escrito muchos libros sobre esto, pero si eres principiante deberías comenzar con las obras de Emmet Fox y Ernest Holmes; después puedes pasar a otros autores.

La medicina mente-cuerpo goza de mucha aceptación hoy en día, aunque yo recuerdo un tiempo en que no. Pero la curación espiritual difiere un poco de la medicina mente-cuerpo. Esta última va de pensar cosas positivas y formar imágenes positivas; esto es maravilloso y muy potente, pero la curación espiritual entraña algo más profundo, va de acceder a la fuerza curativa que está por encima de la mente, una fuerza sobrenatural, por así decirlo. El pensamiento positivo no hace la curación; este poder o fuerza sí la hace. En realidad, pensar demasiado puede estorbar el proceso.

Accedemos a este formidable y estupendo poder (y es posible que lo experimentes este año) mediante la oración y la meditación. A veces, si la persona no puede acceder directamente, se la conduce a otras (sanadores espirituales) que sí pueden. Esto también podría ocurrirte.

En la curación espiritual reconocemos que existe un sanador, y sólo Uno, lo Divino que tenemos en el interior, y recurrimos a eso, no al botiquín ni al profesional de la salud. Invitamos a entrar a este poder, mediante invocación o un sincero deseo del corazón, y lo dejamos que actúe sin estorbos. Y actúa. Muchas veces este poder actúa a través de profesionales de la salud, terapeutas, pastillas o hierbas, pero no necesariamente. Muchas veces actúa en el cuerpo sin ninguna intervención humana. Hay que estar receptivo a la intuición del momento.

El 27 de junio, como hemos dicho, tu planeta de la espiritualidad entra en tu séptima casa, la del amor. Ya hemos hablado de los significados mundanos de esto. Pero este tránsito tiene significados espirituales. El amor es siempre una puerta hacia lo Divino, pero este año lo es más aún. Cuando te encuentras en estado de amor se abren las puertas. Cuando estás en una relación romántica te sientes cerca de lo Divino. Pero el problema del amor romántico es que tiende a ser «condicional», y las disputas, irritaciones y enfados entre los miembros de la pareja pueden cerrar la puerta si no se tiene cuidado. Este es un año para practicar el amor incondicional. La intuición, la orientación interior, es muy importante en los asuntos de salud este año, pero también lo es en los asuntos amorosos y sociales. El atajo hacia el romance sigue la orientación intuitiva.

Si un problema amoroso se te hace demasiado abrumador, pon toda la carga de la vida amorosa en lo Divino, y hazlo sinceramente. Observa cómo comienzan a enderezarse las cosas. La sinceridad en esto es muy importante. Si entregas la carga enseñando los dientes, no de corazón, no ocurrirá gran cosa.

Previsiones mes a mes

Enero

Mejores días en general: 2, 3, 10, 11, 19, 20, 29, 30
Días menos favorables en general: 4, 5, 17, 18, 24, 25, 31
Mejores días para el amor: 2, 3, 8, 9, 10, 11, 18, 19, 21, 24, 25, 29, 30, 31
Mejores días para el dinero: 4, 8, 12, 13, 17, 22, 26, 27, 31
Mejores días para la profesión: 4, 5, 8, 9, 18, 19, 29, 30, 31

Comienzas el año con la independencia personal en su punto máximo del año. No sólo está fuerte el sector oriental de tu carta, sino que, además, hasta el 19 está poderosa tu primera casa. Cuando está fuerte el sector oriental, el Cosmos nos impulsa a cultivar la autosuficiencia, a configurar nuestro destino de acuerdo a nuestras especificaciones. Puesto que actuamos con nuestros yoes humanos, mortales, siempre habrá errores, pero no importa; estos errores son experiencias de aprendizaje, y los descubrirás cuando los planetas pasen a tu sector occidental y te veas obligado a vivir con tus creaciones. Más adelante, cuando los planetas vuelvan a trasladarse al sector oriental, crearás otras condiciones nuevas y mejores. Este es el ritmo cósmico de crecimiento y desarrollo. En este periodo puedes y debes tener las cosas a tu manera; tú sabes mejor que nadie lo que te hace feliz y debes seguir la senda de la dicha, mientras no le hagas daño a los demás. También estás en una de tus cimas anuales de placer personal, hasta el 19. Este es el periodo para gozar de todos los deleites sensuales del cuerpo y para poner en forma tu cuerpo y tu imagen.

El 21 del mes pasado los planetas se trasladaron de la mitad superior de tu carta a la inferior. El sol se está poniendo en tu año; este mes es sólo el crepúsculo; se terminan las actividades diurnas y te preparas para las actividades nocturnas (igual de importantes, por cierto, que las actividades del día). Ha llegado el periodo para centrar la atención en tu base hogareña, en tu familia, la situación doméstica y tu bienestar emocional. Igual que una noche de sueño, este retiro temporal te permite reunir las fuerzas para tu futuro éxito profesional.

Este mes, después del 10, te persiguen felices oportunidades profesionales; pero ahora puedes ser más selectivo; estas oportunidades no deben estorbar tu armonía emocional ni tu situación familiar.

La salud es excelente este mes y parece que estás atento a ella. La buena salud es como un embellecedor hasta el 19: mejora la apariencia. Los masajes en la espalda y las rodillas, siempre buenos para ti, son más potentes aún hasta el 19; también son más potentes los regímenes de desintoxicación, que lo han sido para ti durante algunos años. Después del 19 fortalece la salud con masajes en los tobillos y las pantorrillas; da más apoyo y protección a los tobillos. No permitas que los altibajos financieros afecten a tu salud. Emplea constructivamente tu poder económico para beneficiar y sanar tú y a los demás, no para castigar, dominar ni controlar. Después del 19 podría ser aconsejable invertir en artilugios para la salud.

Si buscas trabajo tienes aspectos hermosos todo el mes, pero en especial hasta el 19; no es mucho lo que necesitas hacer, las oportunidades de trabajo te buscan.

El 19 entras en una cima financiera anual; es el periodo para incrementar la cuenta bancaria y la de inversiones.

Febrero

Mejores días en general: 7, 8, 15, 16, 17, 25, 26
Días menos favorables en general: 1, 13, 14, 20, 21, 22, 27, 28

Mejores días para el amor: 1, 9, 10, 18, 19, 20, 21, 22
Mejores días para el dinero: 4, 5, 9, 10, 13, 18, 23, 27
Mejores días para la profesión: 1, 9, 10, 18, 19, 27, 28

Desde el 19 del mes pasado estás en un ciclo solar personal en fase creciente; el ciclo solar universal también está en fase creciente (lo estará hasta el 21 de junio). Estás, pues, en un periodo fabuloso para iniciar nuevos proyectos, de negocios u otro tipo de empresa. La mayoría de los planetas están en movimiento directo y esto aumenta el aspecto favorable. Si tienes pensado comenzar algo nuevo, el periodo del 10 al 18 es el mejor. El 18 inicia movimiento retrógrado Saturno, tu planeta regente, y esto hace necesaria más cautela.

Continúas en tu cima financiera anual y la prosperidad es fuerte. Este periodo es muy bueno para pagar deudas; pero si necesitas conseguir un préstamo los aspectos también son buenos para esto. Además, hay suerte en las especulaciones. Cuentas con el favor de jefes, mayores, padres o figuras parentales, incluso del gobierno. La Luna nueva del 10 trae todo tipo de información y esclarecimiento financieros, lo que te permitirá hacer gestiones sagaces.

La situación amorosa va más o menos sin novedades ni cambios. El mes pasado fue mejor para el amor; Venus pasó el mes (a partir del 10) en tu signo, lo que siempre es bueno para el amor. El 2 sale de tu signo y entra en Acuario. En general, estás más magnético socialmente del 10 al 25, cuando la Luna está en fase creciente; estás más en ánimo para el amor en ese periodo. Si estás soltero o soltera y sin compromiso, en este periodo estás en preparación para el amor; el amor serio comenzará a ocurrir a finales de junio. Mientras tanto, disfruta de lo que sea que ocurra.

La salud es buena este mes; la energía no es tan elevada como el mes pasado, pero buena de todos modos. Puedes fortalecer la salud dando más atención a los tobillos y pantorrillas hasta el 5, y después a los pies; el masaje en los pies es extraordinariamete eficaz entonces. Tu planeta de la salud inicia movimiento retrógrado el 23, así que a partir de esta fecha evita hacer cambios importantes en la dieta o en tu programa de salud; estas cosas necesitan más estudio; se hacen afirmaciones que no son lo que parecen. Adquiere más claridad acerca de esto. Las ofertas u oportunidades de trabajo también necesitan más estudio y análisis después del 23; antes de aceptar un puesto resuelve todas las dudas.

La situación familiar ha sido inestable desde hace unos años; del 3 al 5 hay orientación espiritual sobre estos asuntos; tal vez un sueño te explique la verdadera situación interior. Del 15 al 17 tienes buenas oportunidades para crear armonía familiar.

Del 6 al 7 hay suerte en las especulaciones; el dinero se gana de modos felices; también se presenta una buena oportunidad profesional. Los padres, hijos, figuras parentales o filiales tienen un bonito día de paga.

Marzo

Mejores días en general: 6, 7, 15, 16, 24, 25, 26
Días menos favorables en general: 1, 12, 13, 14, 20, 21, 27, 28
Mejores días para el amor: 2, 3, 10, 11, 20, 21, 22, 31
Mejores días para el dinero: 1, 4, 8, 9, 12, 13, 17, 18, 22, 27, 28, 31
Mejores días para la profesión: 1, 2, 3, 10, 11, 21, 22, 27, 28, 31

Aun cuando sigue retrógrado Saturno, el señor de tu horóscopo, continúas en un excelente periodo para iniciar nuevos proyectos o empresas. Sin duda hay que estudiar más de estas cosas, pero si ya lo has hecho, puedes lanzarte. El periodo del 17 al 27 sería el mejor, pues la Luna está en fase creciente y Mercurio está en movimiento directo. El movimiento de los planetas es directo y deberías hacer rápido progreso hacia tus objetivos.

El 18 del mes pasado se hizo muy poderoso el elemento agua, y esto continúa hasta el 20 de este mes. Las personas tienden a estar hipersensibles con este aspecto; pueden sentirse provocadas por cosas insignificantes. Debes estar atento a esto y tener mucho cuidado con sus sentimientos; con un poco de previsión puedes evitar muchos estallidos innecesarios. Además, la lógica, la racionalidad, los asuntos prácticos, significan muy poco en este periodo; las personas reaccionan según sus sentimientos del momento, aun cuando cueste caro. Entre los agentes de ventas se dice que hay que «vender el chisporroteo, no el bistec», es decir, vende el sueño, no la realidad, y esto es lo que ocurre en este periodo.

El 18 del mes pasado se hizo fuerte tu tercera casa, la de la comunicación y los intereses intelectuales, y sigue poderosa hasta el 20. Este es buen periodo si eres estudiante; te va mejor en los estudios; la mente está más aguda y despejada. También es bueno si eres escritor, periodista, agente de ventas o profesor; las facultades comunicativas están más fuertes. Es un buen periodo para ponerte al día con esos e-mails, cartas y textos que debes. Es bueno para hacer cursos en temas que te interesan. Este mes descubres la dicha de aprender, la alegría de las satisfacciones mentales.

La salud es buena hasta el 20, después está más delicada. Tómate las cosas con calma; atiende las cosas importantes y deja estar las triviales; si haces esto comprobarás que tienes toda la energía que necesitas para hacer lo que es importante en tu vida. Hasta el 22 fortalece la salud de las maneras explicadas en las previsiones para el año, y también da más atención a los pies; los masajes periódicos en los pies serán potentes; también responden bien a las terapias de tipo espiritual: oración, meditación, imposición de manos, invocación, reiki y manipulación de las energías sutiles. Después del 22 prefieres las terapias de tipo «manual», y también responden mejor a ellas; te conviene el ejercicio físico, es necesario tonificar los músculos; los masajes en la cabeza y la cara también son muy buenos.

Las finanzas van bien hasta el 20; no hay nada especial ni ningún desastre tampoco. Después del 20 mejoran, pero también son más volátiles, ya que tu planeta del dinero recibe mucha estimulación. Del 18 al 21 Marte está en conjunción con tu planeta del dinero; evita correr riesgos y el impulso a comprar o gastar; podría haber gastos inesperados en la casa o en la familia; comprueba que la casa esté segura en ese periodo; el detector de humo debe estar en buen funcionamiento; mantén los objetos peligrosos fuera del alcance de los niños. Del 26 al 29 mejora la suerte en las especulaciones; también cuentas con el favor financiero de superiores en este periodo: jefes, padres, figuras parentales y el gobierno. Si necesitas conseguir un préstamo o pagar deudas, son buenos los días 1 y 2 y del 27 al 30.

En el amor no se ven novedades ni cambios. Tu magnetismo social será mucho más fuerte del 11 al 27.

Abril

Mejores días en general: 2, 3, 11, 12, 21, 22, 29, 30
Días menos favorables en general: 9, 10, 16, 17, 23, 24
Mejores días para el amor: 1, 9, 10, 16, 17, 21, 22, 29, 30
Mejores días para el dinero: 1, 4, 5, 9, 10, 14, 15, 19, 20, 23, 24, 27, 28
Mejores días para la profesión: 1, 9, 10, 21, 22, 23, 24, 29, 30

CAPRICORNIO

El 20 del mes pasado se hizo muy fuerte tu cuarta casa, la del hogar y la familia, y sigue fuerte hasta el 19. En cambio tu décima casa, la de la profesión, está prácticamente vacía, sólo transita por ella la Luna los días 23 y 24. El 80 y a veces el 90 por ciento de los planetas están en la mitad inferior de tu carta. El mensaje es muy claro. Deja en segundo plano la profesión por un tiempo y centra la atención en el hogar y la familia. Estás en la medianoche de tu año. El cuerpo (que es el instrumento para las actividades externas) está quieto, pero las actividades interiores son muy intensas. El subconsciente está trabajando al máximo, de modos potentes, disponiendo el escenario para el futuro éxito profesional. Así pues, las prioridades en este periodo son tu bienestar emocional y la estabilidad de tu base hogareña. Este es un mes en que se hace un importante progreso psíquico; esto tiene un motivo; se revisa el pasado, y esto ocurre de manera muy natural, y se resuelven viejos asuntos. Miramos el pasado desde nuestra perspectiva actual y así podemos revisar y corregir muchas de nuestras viejas opiniones; aquel acontecimiento que consideraste un fracaso y tal vez te causó mucho sufrimiento, al mirarlo en retrospectiva comprendes que en realidad fue beneficioso, fue un peldaño para el éxito.

Es fabuloso revisar el pasado y resolver viejos asuntos. Pero no es tan fabuloso «vivir en el pasado», y este es el peligro de una cuarta casa poderosa. Ten siempre en cuenta que estás simplemente revisando el pasado en el momento «presente», más o menos como verías una película.

Las finanzas siguen bien este mes, pero irregulares; pueden dispararse al cielo o bajar muy, muy bajo. Los cambios en tu vida financiera son extremos.

Hay dramas en la vida de amistades, experiencias de esas que cambian la vida. Esto pone a prueba la amistad, aun cuando quieres muchísimo a estas personas. Los desacuerdos financieros parecen ser un problema en esto, pero los problemas familiares también son un factor. Estos dramas van a continuar todo el año, pero ahora se ven extremos. El eclipse lunar del 25 refuerza lo que decimos. Este eclipse también pondrá a prueba el amor y el matrimonio.

La cuadratura de Urano con Plutón indica que pasan por pruebas tu ordenador, los programas informáticos y los aparatos de alta tecnología; su funcionamiento es irregular; es posible que tengas que reemplazar alguno. Es bueno invertir en buenos programas antivirus, antipirateo y antirrobo por suplantación de identidad.

La salud ha estado más delicada desde el 20 del mes pasado, así que descansa y relájate más. Ten presente lo que hablamos el mes pasado. Puedes fortalecer la salud de las maneras explicadas en las previsiones para el año. Además, hasta el 15 da más atención a la cabeza y la cara, como el mes pasado. Después del 15 da más atención al cuello y la garganta; los masajes periódicos en el cuello serán potentes. Después del 20 mejoran la salud y la vitalidad.

El 20 del mes pasado el poder planetario se trasladó de tu sector oriental o independiente al occidental o social. Hasta el 20 del mes pasado cultivabas la autosuficiencia, ahora el Cosmos te insta a cultivar las dotes sociales. Ambas cosas son igualmente importantes. El objetivo del horóscopo es un desarrollo equilibrado, por lo tanto a veces se requiere independencia y otras veces son necesarias las dotes sociales.

Mayo

Mejores días en general: 8, 9, 10, 18, 19, 27, 28
Días menos favorables en general: 6, 7, 13, 14, 15, 21, 22
Mejores días para el amor: 8, 9, 10, 11, 13, 14, 15, 19, 20, 21, 22, 29, 30
Mejores días para el dinero: 2, 3, 6, 7, 11, 12, 16, 17, 21, 22, 25, 26, 29, 30
Mejores días para la profesión: 10, 11, 21, 22, 29, 30

El 19 del mes pasado entraste en otra de tus cimas anuales de placer personal, que continúa hasta el 20 de este mes. Es un periodo feliz. Capricornio suele ser adicto al trabajo, así que un periodo de ocio es muy importante; recarga las pilas. Este es un periodo para ir en pos de la dicha, para hacer las cosas que te gusta hacer. Si estás en edad de concebir, estás más fértil en este periodo.

La salud es buena este mes; hasta el 15 puedes fortalecerla más dando más atención al cuello y la garganta (los masajes en el cuello y la terapia sacro-craneal son potentes), y después a los pulmones, sistema respiratorio, brazos y hombros. El 5 y el 6 da más atención a la columna y las rodillas.

Este mes tenemos dos eclipses; este será un periodo turbulento para el mundo en general, pero para ti los eclipses se ven principalmente benignos (tu horóscopo personal, hecho según la fecha de tu nacimiento, podría modificar lo que decimos). Los eclipses tienden a agitar las energías psíquicas del planeta y por lo tanto siempre es bueno evitar las actividades arriesgadas. Muchas personas se sienten algo indispuestas en estos periodos, y aunque tú podrías estar muy bien, es posible que los demás no.

El eclipse solar del 10 ocurre en tu quinta casa, la de los hijos, así que habrá dramas en la vida de tus hijos o figuras filiales, del tipo de experiencias que cambian la vida. Haz todo lo posible por protegerlos de cualquier daño en este periodo. Un progenitor o figura parental hace cambios financieros importantes, tal vez debido a algún trastorno o sorpresa. Evita las especulaciones en este periodo. El cónyuge, pareja o ser amado actual también hace cambios drásticos en sus finanzas. Dado que el Sol es el señor de tu octava casa, los eclipses solares suelen traer encuentros con la muerte o experiencias de casi muerte; a veces se recomienda una intervención quirúrgica, y a veces (según sea la carta individual) hay una operación. Hace una visita el ángel de la muerte; es muy probable que no venga en busca de la persona, pero le hace saber que está ahí.

El eclipse lunar del 25 ocurre en tu casa doce, la de la espiritualidad, por lo tanto se producen cambios espirituales: cambio en tu práctica o cambio de enseñanza o profesor. Hay drama en la vida de tu gurú o figuras religiosas o mentoras de tu vida, y trastornos o reorganización en una organización espiritual o benéfica a la que perteneces. Como todos los eclipses lunares, este pone a prueba el amor, y también la relación en las sociedades de negocios. Estas pruebas pueden ocurrir de diversas maneras. Tal vez salen a la luz los trapos sucios en la relación, o afloran viejos resentimientos para que se puedan resolver; tal vez la relación pasa por pruebas debido a dramas que ocurren en la vida del ser amado o de los socios. Ten más paciencia con estas personas en este periodo; están más temperamentales. Este eclipse lunar hace impacto en Neptuno, lo que refuerza lo de los cambios espirituales, pero también pone a prueba los coches y el equipo de comunicación; conduce con más pruduencia durante el periodo del eclipse.

Junio

Mejores días en general: 5, 6, 15, 16, 23, 24
Días menos favorables en general: 2, 3, 10, 11, 17, 18, 30, 31
Mejores días para el amor: 7, 8, 10, 11, 17, 18, 19, 20, 27, 28
Mejores días para el dinero: 2, 3, 8, 9, 12, 13, 17, 18, 21, 22, 25, 26, 27, 30, 31
Mejores días para la profesión: 10, 17, 18, 19, 20, 27, 28

Desde el 20 del mes pasado está poderosa tu sexta casa, y lo estará hasta el 21 de este mes. Este es un excelente periodo en el caso de que busques trabajo (tienes aspectos buenos todo el año) o seas empleador y necesites personal. Los trabajadores son más productivos en este periodo, y se encuentran fácilmente. Estás más atento a la salud, comes bien y tienes un buen programa de salud.

Los hijos o figuras filiales prosperan en este periodo.

Rara vez son agradables las pruebas en el amor, que ocurrieron a fines del mes pasado. Pero a veces son necesarias para que pueda llegarte la relación ideal. Cuando el apego es excesivo, y por motivos no correctos, impide que te llegue el bien que te llegaría normalmente. Muchas relaciones se rompieron el mes pasado; las buenas sobrevivieron y mejoraron. Si tu relación se rompió, anímate, este mes entras en uno de los mejores periodos de tu vida para el amor; hay un señor o una señorita Ideal que va a entrar en el cuadro. Fácilmente podría llegar una relación parecida al matrimonio.

El 21 entras en una cima amorosa y social anual. Esta será mucho más fuerte de lo habitual (la que por lo general experimentas en este periodo del año); el 27 Júpiter entra en tu séptima casa.

Aparte del romance que ocurre, haces más vida social; sales más, asistes a más fiestas, bodas y reuniones. También entran amistades nuevas e importantes en el cuadro.

La estimulante vida social podría distraerte de las finanzas, así que no las pierdas de vista.

Me parece que te compras un coche y un equipo de comunicación nuevos. Esto podría ocurrir el próximo mes también. Hacia fin de mes los hermanos y figuras fraternas tienen bonitos días de paga.

La salud necesita más atención a partir del 21; procura descansar y relajarte más, muy en especial el 30 y el 31; el 70 por ciento de los planetas están en aspecto desfavorable contigo. Fortalece la salud dando más atención al estómago; si eres mujer también debes dar más atención a los pechos; el estómago está más sensible en este periodo, así que la dieta correcta es importante; es necesario mantener en armonía las emociones.

Este mes los planetas están en su posición occidental máxima (el próximo mes también). Evita la voluntariedad y no trates de imponerte; deja que los demás se salgan con la suya mientras esto no sea destructivo. Tómate unas vacaciones de ti y de tus intereses y centra la atención en los demás.

Julio

Mejores días en general: 2, 3, 12, 13, 21, 22, 29, 30
Días menos favorables en general: 1, 7, 8, 14, 15, 27, 28
Mejores días para el amor: 1, 7, 8, 10, 11, 17, 18, 19, 20,27, 29, 30
Mejores días para el dinero: 1, 7, 8, 12, 13, 16, 17, 21, 22, 23, 24, 25, 27, 28
Mejores días para la profesión: 1, 10, 11, 14, 15, 19, 20, 29, 30

Este mes siguen en vigor muchas de las tendencias del mes pasado. Hasta el 22 continúas en una potente cima amorosa y social. El amor irá bien también después, pero es más activo hasta entonces. En este periodo se consiguen los objetivos amorosos y sociales.

La salud sigue necesitada de más atención, sobre todo hasta el 22. Ten presente lo que hablamos el mes pasado. Tu planeta de la salud inició movimiento retrógrado el 26 del mes pasado y continúa retrógrado hasta el 20. Si quieres hacer cambios importantes en tu dieta, reflexiona e infórmate más detenidamente; lo mismo vale para cualquier cambio importante en el programa de salud. Puede que los cambios sean necesarios, pero infórmate más.

Júpiter, tu planeta de la espiritualidad, forma aspectos hermosos a Saturno este mes. Este es, por lo tanto, un periodo espiritual para ti. Haces amistad con personas de tipo espiritual y tal vez estas son los instrumentos que emplea el Cosmos. Estás receptivo a las influencias espirituales este mes y esto tiende a producir experiencias reveladoras, nueva comprensión. Si estás soltero o soltera tienes muchas opciones en el amor, pero la dimensión espiritual, la compatibilidad espiritual, es muy importante. Muchos problemas se mitigan si hay compatibilidad espiritual.

El 21 del mes pasado se hizo fuerte el elemento agua, y esta es la situación hasta el 22 de este mes. Pasaste por un periodo similar en febrero y marzo. La energía emocional está muy poderosa; cuando las emociones son positivas las cosas son felices, pero cuando se vuelven negativas, y esto puede ocurrir muy fácilmente, son muy dolorosas. Ten más en cuenta las sensibilidades de los demás en este periodo, están hipersensibles; la lógica y el sentido práctico, tus puntos fuertes, pueden considerarse crueldad o insensibilidad. Ten presente esto al tratar a los demás, haz tu comentario, da tu opinión, pero con más sensibilidad. Es en estos periodos cuando es más necesario tu buen juicio, pero ¿te harán caso?

Las finanzas continúan difíciles hasta el 22; tienes que trabajar más para conseguir tus objetivos. Además, el 17 inicia movimiento retrógrado tu planeta del dinero; por lo tanto, tu vida financiera estará en revisión buena parte del año, hasta el 17 de diciembre. Esto no impide la entrada de ingresos, pero enlentece un poco las cosas. El juicio financiero no está en su grado óptimo a partir del 17; ocúpate de tus responsabilidades financieras normales, pero evita hacer compras o inversiones importantes. Tu tarea es adquirir más claridad mental sobre tus finanzas, y esto llevará tiempo. El cuadro financiero no es lo que crees; muchas suposiciones no son correctas. Y lo descubrirás en los próximos meses.

El 22 entra en una cima financiera anual tu cónyuge, pareja o ser amado actual. Es muy probable que esta persona cubra cualquier déficit temporal.

Un progenitor o figura parental tiene un bonito día de paga entre el 19 y el 20 y parece generoso contigo. Estos días cuentas con el favor financiero de jefes, mayores y figuras de autoridad.

Agosto

Mejores días en general: 8, 9, 17, 18, 25, 26, 27
Días menos favorables en general: 3, 4, 10, 11, 12, 23, 24, 30, 31
Mejores días para el amor: 3, 4, 6, 7, 8, 9, 15, 16, 19, 25, 26, 30, 31
Mejores días para el dinero: 3, 6, 7, 13, 14, 15, 16, 19, 20, 21, 22, 23, 24, 30, 31
Mejores días para la profesión: 8, 9, 10, 11, 12, 19, 25, 26

Las finanzas mejoran, pero aún no son lo que deberían ser o serán. Todavía hay que arreglárselas con muchas dificultades. El 1 o el 2 hay un gasto repentino en la casa o en un familiar que es difícil de resolver. Este no es un buen periodo para la especulación ni para correr riesgos, aunque me parece que te inclinas a esto; esos días hay un desacuerdo financiero con una figura parental. Del 18 al 25 Júpiter forma cuadratura con tu planeta del dinero; sobrepasarse en los gastos es el principal peligro; las gestiones financieras necesitan más análisis el resto del año, pero en especial durante ese periodo. El cónyuge, pareja o ser amado actual continúa en una cima financiera anual, y es probable que sea generoso contigo. Continúa trabajando en conseguir claridad en tus finanzas; esto es lo más importante. Cuando esto ocurra la toma de decisiones será muy fácil.

El 1 y el 2 es necesario que haya más seguridad en la casa; mantén los objetos afilados o peligrosos fuera del alcance de los niños; comprueba que los aparatos de seguridad estén funcionando bien. Los padres o figuras parentales y los demás familiares deben conducir con más prudencia y evitar las actividades que entrañen riesgo. También es necesario controlar el genio; las personas están más propensas a reaccionar exageradamente esos días.

El 21 de junio el poder planetario se trasladó desde la mitad inferior de tu carta a la superior. Así pues, ahora estás en un periodo más ambicioso, orientado a lo externo. El hogar y la familia siguen siendo importantes, pero puedes pasar sin riesgo la atención a la profesión. Pareces preparado para participar en un proyecto importante, algo grande, algo delicado.

El amor continúa feliz, pero no tan activo como en los meses pasados. Si estás soltero o soltera y sin compromiso encuentras oportunidades amorosas en ambientes espirituales: la sala de yoga, el seminario de meditación, la reunión de oración, el evento benéfico. Tu magnetismo social es más fuerte del 6 al 21, cuando la Luna está en fase creciente; estás más en ánimo para el amor en ese periodo.

El elemento agua sigue muy fuerte este mes, así que ten presente lo que dijimos antes sobre esto. Lo que se percibe como insensibilidad podría causar todo tipo de discusiones, riñas y retrasos, complicaciones innecesarias. Ten cuidado con tu tono de voz y tu lenguaje corporal.

La salud necesita atención a partir del 16. Fortalécela de las maneras explicadas en las previsiones para el año. Además, hasta el 8 da más atención al estómago, pechos (si eres mujer) y la dieta; después del 8 presta más atención al corazón, y después del 24 al intestino delgado. Del 8 al 24 son potentes los regímenes de desintoxicación.

Continúas en un periodo muy espiritual. Presta atención a tus sueños; también a tus corazonadas. Eres guiado paso a paso.

Septiembre

Mejores días en general: 4, 5, 6, 13, 14, 22, 23
Días menos favorables en general: 1, 7, 8, 20, 21, 27, 28
Mejores días para el amor: 1, 4, 5, 8, 13, 14, 17, 18, 24, 27, 28
Mejores días para el dinero: 1, 2, 3, 9, 10, 11, 12, 15, 16, 18, 19, 20, 21, 27, 28, 29, 30
Mejores días para la profesión: 7, 8, 17, 18, 27, 28

La salud necesita más atención aún que el mes pasado, sobre todo después del 22. El problema parece ser exceso de trabajo, hiperactividad. No paras, pasas de una actividad a otra sin tomarte ni un momento de descanso. Todo es trabajo, trabajo, trabajo. Mucho de esto tiene que ver con la profesión; el 22 entras en una cima profesional anual, así que estás muy ocupado y asumes más responsabilidades. Muchas personas ocupadas creen que si se exigen van a hacer más, pero normalmente no es así; cuando se hace un trabajo estando cansado, con la energía baja, por lo general hay que rehacerlo; se cometen más errores mentales. Así que el consejo es sencillo, sencillo de decir, no tan sencillo de hacer: descansa cuando estés cansado. Cuando el depósito de gasolina está vacío, no sirve de nada echar pestes para obligar al coche a ponerse en marcha. Hasta el 9 fortalece la salud dando más atención al intestino delgado, y del 9 al 29 a los riñones y caderas; masajes en las caderas serán potentes entonces. Del 15 al 17 ten un cuidado especial; tómate las cosas con calma; pasa más tiempo en el balneario de salud, hazte masajes, ten prudencia al conducir; no son aconsejables los viajes al extranjero estos días; si tenías pensado un viaje reprográmalo para una ocasión mejor.

Hay buen éxito profesional todo el mes. Del 12 al 14 va bien una reunión o conversación con un jefe o superior, hay buena comunicación; el superior parece receptivo a tus ideas; esta persona tiene buenas ideas para ti también. Del 17 al 20 Venus viaja con Saturno; esto indica éxito y elevación profesionales; cuentas con el favor de los superiores; las oportunidades profesionales te persiguen. El 27-28 Venus forma trígono con Júpiter; esto también trae éxito y oportunidades.

La situación familiar ha sido inestable en lo que va de año; las emociones están exaltadas en la familia; esto ocurre especialmente del 7 al 11; ten más paciencia con los familiares.

Las finanzas siguen difíciles. Lograrás pasar el mes, de eso no hay duda, pero llegar a los objetivos financieros exige más trabajo y esfuerzo. En estos momentos la profesión (tu posición y vida profesional) es más importante que el dinero; tal vez no das a tus finanzas la atención que se merecen. Gastar en exceso sigue siendo un problema. Continúa trabajando para conseguir claridad mental.

Sigues en un periodo muy espiritual; tienes fácil acceso al mundo invisible; cuentas con todo tipo de ayuda y respaldo espiritual, y esto te será útil para terminar bien el mes.

Octubre

Mejores días en general: 2, 3, 11, 12, 19, 20, 29, 30
Días menos favorables en general: 4, 5, 17, 18, 24, 25, 31
Mejores días para el amor: 4, 5, 7, 8, 13, 14, 17, 18, 23, 24, 25, 27, 28
Mejores días para el dinero: 1, 6, 7, 8, 9, 13, 14, 15, 16, 17, 18, 24, 25, 27, 28
Mejores días para la profesión: 4, 5, 7, 8, 17, 18, 27, 28, 31

Continúas en una cima profesional anual, todavía trabajando en un proyecto delicado y complicado, y sigues en un periodo frenético. La salud sigue necesitada de atención, en especial hasta el 23. Adelantas en la profesión participando en grupos y organizaciones; las actividades *online* y de contactos también favorecen la profesión hasta el 9. Siguen puestas a prueba las amistades y hay dramas en la vida de personas amigas, pero me parece que te ayudan en los asuntos profesionales. Después del 9, cuando tu planeta de la profesión entra en tu casa doce, te conviene participar más en causas benéficas y no lucrativas; esto favorece tu imagen y te conecta con personas importantes. (Si estás en el camino espiritual, la práctica espiritual es tu verdadera profesión en este periodo).

Para ti, las cimas profesionales tienden también a causar crisis; la crisis no es lo que crees que es; detrás de ella hay un éxito fabuloso, un progreso. La crisis es el mensaje de que hay progreso. Ningún éxito ocurre jamás sin pasar antes por unas cuantas situaciones «de pesadilla». Estas son los miedos y preocupaciones que nos refrenan. Alégrate cuando afloren.

La salud es delicada hasta el 23. Fortalécela dando más atención al colon, la vejiga y los órganos sexuales; el sexo seguro y la moderación sexual son importantes en este periodo; irán bien un lavado de colon y otras formas de desintoxicación.

La situación familiar ha sido inestable todo el año. Ahora un eclipse lunar el 18 añade leña a las llamas. Este eclipse ocurre en tu cuarta casa, la del hogar y la familia. Por lo tanto, ten mucha paciencia con los familiares, y en especial con un progenitor o figura parental. Las emociones han estado exaltadas todo el año en la familia, y ahora lo están más. Procura no empeorar más las cosas. Haz todo lo posible por hacer más segura la casa; comprueba que el detector de humo y el sistema de alarma estén funcionando bien; si hay objetos peligrosos por ahí, líbrate de ellos. Con un eclipse como este muchas veces se revelan defectos ocultos en la casa para que se puedan hacer las reparaciones o correcciones pertinentes. Este eclipse es fuerte en ti, así que reduce tus actividades y tómate las cosas con calma; los familiares también. Todos los eclipses lunares ponen a prueba la vida amorosa y las sociedades de negocios, y este no es diferente. Ten más paciencia con el ser amado en este periodo pues está más temperamental. Las buenas relaciones sobreviven a estas cosas e incluso mejoran; las defectuosas están en peligro. Este eclipse afecta a los coches y al equipo de comunicación, conduce con más prudencia. Hay dramas en la vida de hermanos o figuras fraternas y de vecinos; podría haber fallos en la comunicación. Este eclipse hace impacto en Júpiter, tu planeta de la espiritualidad, así que habrá cambios espirituales: cambio de profesor o de enseñanza, cambios en la práctica; hay trastornos o reestructuración en una organización espiritual o benéfica a la que perteneces.

Las finanzas continúan difíciles, pero mejoran después del 23. Siguen en revisión tus finanzas; continúa trabajando en adquirir claridad mental en esto.

Noviembre

Mejores días en general: 7, 8, 16, 17, 25, 26, 27
Días menos favorables en general: 1, 13, 14, 20, 21, 22, 28, 29
Mejores días para el amor: 3, 4, 7, 11, 12, 16, 17, 20, 21, 22, 23, 26, 27
Mejores días para el dinero: 3, 4, 5, 6, 9, 10, 11, 12, 13, 14, 21, 22, 23, 24, 30
Mejores días para la profesión: 1, 7, 16, 17, 26, 27, 28, 29

Igual que en la familia, la situación con las amistades ha sido inestable todo el año. El eclipse solar del 3 añade más leña al fuego. Ocurre en tu casa once, la de las amistades, con lo que estas pasan por más pruebas; trae más acontecimientos dramáticos en la vida de los amigos. Un eclipse en la casa once tiende a volver temperamentales al ordenador y los aparatos de alta tecnología; comienzan a funcionar de modo extraño sin causa aparente (he descubierto que estos aparatos son muy sensibles a la energía cósmica y cuando esta energía está agitada no funcionan como deben). Cerciórate de que tus programas antivirus y antipirateo estén actualizados. Como ocurre con todos los eclipses solares, hay una visita del ángel de la muerte; te hace saber que está presente; te recuerda lo esencial: que la vida aquí en la Tierra es corta y frágil, que es hora de pensar en los asuntos verdaderamente serios de la vida. El cónyuge, pareja o ser amado actual pasa por una crisis financiera que lo obliga a hacer cambios importantes.

La salud está mucho mejor este mes, pero sigue necesitando atención. Fortalécela de las maneras explicadas el mes pasado; da más atención al colon, la vejiga y los órganos sexuales. Del 4 al 7 van especialmente bien los regímenes de desintoxicación, que han ido bien todo el año. Conduce con más prudencia estos días también y evita las actividades arriesgadas. Además, van mejor los programas para adelgazar, es un buen periodo para comenzar uno si lo necesitas. Hay encuentros sexuales en este periodo también. Tu planeta de la salud sigue retrógrado hasta el 10, así que hasta entonces evita hacer cambios importantes en la dieta y el programa de salud, y tomar decisiones médicas importantes. Este es un periodo para obtener más claridad en los asuntos de salud, para buscar una segunda y una tercera opiniones, para leer más sobre estas cosas. Muchas modas o suplementos nuevos no son lo que dicen que son en su presentación.

El 22 de septiembre el poder planetario comenzó a trasladarse de tu sector occidental al oriental, y este mes el traslado es más pronunciado. Estás en un periodo de independencia personal. Ya has ejercitado y desarrollado los músculos sociales y ahora es el periodo para ejercitar la autosuficiencia y la iniciativa personal. Con más independencia vienen más confianza en ti mismo y autoestima. Estás «impulsado» por el poder planetario: tienes más poder y puedes cambiar con más facilidad tus condiciones, crearlas como te gustan.

El amor se ve bien este mes. Venus entra en tu signo el 5, por lo tanto tu apariencia, porte y actitud son más glamurosos, bellos y airosos (sea cual sea tu edad o fase en la vida, tu imagen es más hermosa y elegante de lo habitual). El sexo opuesto lo nota. El magnetismo social será más fuerte del 3 al 17, cuando la Luna está en fase creciente.

Diciembre

Mejores días en general: 4, 5, 13, 14, 23, 24
Días menos favorables en general: 10, 11, 12, 18, 19, 25, 26
Mejores días para el amor: 2, 3, 4, 5, 11, 12, 13, 14, 18, 19, 22, 23, 24
Mejores días para el dinero: 1, 2, 3, 6, 7, 8, 9, 10, 11, 18, 19, 20, 21, 28, 29, 30, 31
Mejores días para la profesión: 4, 5, 13, 14, 23, 24, 25, 26

El poder planetario se acerca a su posición oriental máxima del año; tu sector oriental estará fuerte también el próximo mes. Ten presente, pues, lo que dijimos el mes pasado. No necesitas ceder siempre ante los demás; puedes y debes tener las cosas a tu manera siempre que esto no sea destructivo. Estás en el periodo para imponerte de modo positivo, para crear las condiciones de tu vida como las deseas. Ahora importa la iniciativa personal.

Desde que Júpiter entró en Cáncer a fines de junio has estado en un periodo muy espiritual. Además, el 22 del mes pasado se hizo poderosa tu casa doce, la de la espiritualidad, y continúa poderosa este mes hasta el 21. Esto es insólito para el práctico y terrenal Capricornio. Tienes todo tipo de experiencias sincrónicas, fenómenos espirituales, fenómenos sobrenaturales. La vida onírica es más activa y profética, y no son cosas que puedas sencillamente descartar; son clarísimas y reales en su plano. A veces el camino «no práctico», poco realista, es el más práctico. Derrotas la «ilusión» del mundo, ves cómo funcionan realmente el mundo y el Universo. Hay muchas revelaciones espirituales; el vasto mundo invisible te hace saber que está ahí y al mando. Esto lo ves especialmente en los asuntos de salud y curación. Respondes muy bien a las terapias espirituales; pero me parece que ves el poder de esto para los demás también. Los médicos podrían decir que una situación es desesperada, pero el poder espiritual actúa de todos modos y hace el trabajo.

La salud es buena este mes, relativamente; es mejor después del 21, cuando el Sol entra en tu signo. Te ves bien, tu imagen irradia atractivo sexual y glamur, y el sexo opuesto lo nota. El amor debería ir bien; sigues teniendo fuertes aspectos para el matrimonio, este año y hasta bien avanzado el próximo.

Tu planeta del dinero retoma el movimiento directo el 17, después de muchos meses retrógrado. Esto es bueno, tendría que comenzar a llegarte la claridad mental. El juicio financiero vuelve a ser bueno, fiable. De todos modos, las finanzas se ven difíciles este mes; te enfrentas a muchos, muchos retos. Al parecer las amistades y los familiares no apoyan tus objetivos financieros. Los gastos en la familia son mayores que de costumbre. Sencillamente tienes que trabajar más de lo habitual, esforzarte más, para conseguir tus objetivos. Tu comprensión espiritual te será de inmensa ayuda para enfrentar esto.

Marte, tu planeta de la familia, cruza tu Medio cielo el 8 y entra en tu décima casa. Esto indica que ahora la familia se convierte en la principal prioridad. Parece que la famila apoya tu profesión, pero no tus finanzas. Conviene esta atención a la familia; el 21 el poder planetario se traslada a la mitad inferior de tu carta, señalando la necesidad de centrar la atención en el hogar, la familia y tu bienestar emocional.

A fin de mes, del 23 al 31 hay ciertos aspectos dinámicos; estos afectan muy fuertemente a la familia; los familiares deben protegerse de cualquier daño todo lo posible; conducir con más prudencia y evitar las actividades que entrañen riesgo.

Acuario

♒

El Aguador
Nacidos entre el 20 de enero y el 18 de febrero

Rasgos generales

ACUARIO DE UN VISTAZO
Elemento: Aire

Planeta regente: Urano
   Planeta de la profesión: Plutón
   Planeta de la salud: la Luna
   Planeta del amor: el Sol
   Planeta del dinero: Neptuno
   Planeta del hogar y la vida familiar: Venus

Colores: Azul eléctrico, gris, azul marino
   Colores que favorecen el amor, el romance y la armonía social: Dorado, naranja
   Color que favorece la capacidad de ganar dinero: Verde mar

Piedras: Perla negra, obsidiana, ópalo, zafiro

Metal: Plomo

Aromas: Azalea, gardenia

Modo: Fijo (= estabilidad)

Cualidades más necesarias para el equilibrio: Calidez, sentimiento y emoción

Virtudes más fuertes: Gran poder intelectual, capacidad de comunicación y de formar y comprender conceptos abstractos, amor por lo nuevo y vanguardista

Necesidad más profunda: Conocer e introducir lo nuevo

Lo que hay que evitar: Frialdad, rebelión porque sí, ideas fijas

Signos globalmente más compatibles: Géminis, Libra

Signos globalmente más incompatibles: Tauro, Leo, Escorpio

Signo que ofrece más apoyo laboral: Escorpio

Signo que ofrece más apoyo emocional: Tauro

Signo que ofrece más apoyo económico: Piscis

Mejor signo para el matrimonio y/o las asociaciones: Leo

Signo que más apoya en proyectos creativos: Géminis

Mejor signo para pasárselo bien: Géminis

Signos que más apoyan espiritualmente: Libra, Capricornio

Mejor día de la semana: Sábado

La personalidad Acuario

En los nativos de Acuario las facultades intelectuales están tal vez más desarrolladas que en cualquier otro signo del zodiaco. Los Acuario son pensadores claros y científicos; tienen capacidad para la abstracción y para formular leyes, teorías y conceptos claros a partir de multitud de hechos observados. Géminis es bueno para reunir información, pero Acuario lleva esto un paso más adelante, destacando en la interpretación de la información reunida.

Las personas prácticas, hombres y mujeres de mundo, erróneamente consideran poco práctico el pensamiento abstracto. Es cierto que el dominio del pensamiento abstracto nos saca del mundo físico, pero los descubrimientos que se hacen en ese dominio normalmente acaban teniendo enormes consecuencias prácticas. Todos los verdaderos inventos y descubrimientos científicos proceden de este dominio abstracto.

Los Acuario, más abstractos que la mayoría, son idóneos para explorar estas dimensiones. Los que lo han hecho saben que allí hay poco sentimiento o emoción. De hecho, las emociones son un estorbo para funcionar en esas dimensiones; por eso los Acuario a veces parecen fríos e insensibles. No es que no tengan sentimientos ni profundas emociones, sino que un exceso de sentimiento les nublaría la capacidad de pensar e inventar. Los demás signos no pueden tolerar y ni siquiera comprender el concepto de «un exceso de sentimientos». Sin embargo, esta objetividad acuariana es ideal para la ciencia, la comunicación y la amistad.

Los nativos de Acuario son personas amistosas, pero no alardean de ello. Hacen lo que conviene a sus amigos aunque a veces lo hagan sin pasión ni emoción.

Sienten una profunda pasión por la claridad de pensamiento. En segundo lugar, pero relacionada con ella, está su pasión por romper con el sistema establecido y la autoridad tradicional. A los Acuario les encanta esto, porque para ellos la rebelión es como un juego o un desafío fabuloso. Muy a menudo se rebelan simplemente por el placer de hacerlo, independientemente de que la autoridad a la que desafían tenga razón o esté equivocada. Lo correcto y lo equivocado tienen muy poco que ver con sus actos de rebeldía, porque para un verdadero Acuario la autoridad y el poder han de desafiarse por principio.

Allí donde un Capricornio o un Tauro van a pecar por el lado de la tradición y el conservadurismo, un Acuario va a pecar por el lado de lo nuevo. Sin esta virtud es muy dudoso que pudiera hacerse algún progreso en el mundo. Los de mentalidad conservadora lo obstruirían. La originalidad y la invención suponen la capacidad de romper barreras; cada nuevo descubrimiento representa el derribo de un obstáculo o impedimento para el pensamiento. A los Acuario les interesa mucho romper barreras y derribar murallas, científica, social y políticamente. Otros signos del zodiaco, como Capricornio por ejemplo, también tienen talento científico, pero los nativos de Acuario destacan particularmente en las ciencias sociales y humanidades.

Situación económica

En materia económica, los nativos de Acuario tienden a ser idealistas y humanitarios, hasta el extremo del sacrificio. Normalmente son generosos contribuyentes de causas sociales y políticas. Su modo de contribuir difiere del de un Capricornio o un Tauro. Estos esperarán algún favor o algo a cambio; un Acuario contribuye desinteresadamente.

Los Acuario tienden a ser tan fríos y racionales con el dinero como lo son respecto a la mayoría de las cosas de la vida. El dinero es algo que necesitan y se disponen científicamente a adquirirlo. Nada de alborotos; lo hacen con los métodos más racionales y científicos disponibles.

Para ellos el dinero es particularmente agradable por lo que puede hacer, no por la posición que pueda implicar (como en el caso de otros signos). Los Acuario no son ni grandes gastadores ni tacaños; usan su dinero de manera práctica, por ejemplo para facilitar su propio progreso, el de sus familiares e incluso el de desconocidos.

No obstante, si desean realizar al máximo su potencial financiero, tendrán que explorar su naturaleza intuitiva. Si sólo siguen sus teorías económicas, o lo que creen teóricamente correcto, pueden sufrir algunas pérdidas y decepciones. Deberían más bien recurrir a su intuición, sin pensar demasiado. Para ellos, la intuición es el atajo hacia el éxito económico.

Profesión e imagen pública

A los Acuario les gusta que se los considere no sólo derribadores de barreras sino también los transformadores de la sociedad y del mundo. Anhelan ser contemplados bajo esa luz y tener ese papel. También admiran y respetan a las personas que están en esa posición e incluso esperan que sus superiores actúen de esa manera.

Prefieren trabajos que supongan un cierto idealismo, profesiones con base filosófica. Necesitan ser creativos en el trabajo, tener acceso a nuevas técnicas y métodos. Les gusta mantenerse ocupados y disfrutan emprendiendo inmediatamente una tarea, sin pérdida de tiempo. Suelen ser los trabajadores más rápidos y generalmente aportan sugerencias en beneficio de su empresa. También son muy colaboradores con sus compañeros de trabajo y asumen con gusto responsabilidades, prefiriendo esto a recibir órdenes de otros.

Si los nativos de Acuario desean alcanzar sus más elevados objetivos profesionales, han de desarrollar más sensibilidad emocional, sentimientos más profundos y pasión. Han de aprender a reducir el enfoque para fijarlo en lo esencial y a concentrarse más en su tarea. Necesitan «fuego en las venas», una pasión y un deseo arrolladores, para elevarse a la cima. Cuando sientan esta pasión, triunfarán fácilmente en lo que sea que emprendan.

Amor y relaciones

Los Acuario son buenos amigos, pero algo flojos cuando se trata de amor. Evidentemente se enamoran, pero la persona amada tiene la impresión de que es más la mejor amiga que la amante.

Como los Capricornio, los nativos de Acuario son fríos. No son propensos a hacer exhibiciones de pasión ni demostraciones externas de su afecto. De hecho, se sienten incómodos al recibir abrazos o demasiadas caricias de su pareja. Esto no significa que no la amen. La aman, pero lo demuestran de otras maneras. Curiosamente, en sus relaciones suelen atraer justamente lo que les produce incomodidad. Atraen a personas ardientes, apasionadas, románticas y que demuestran sus sentimientos. Tal vez instintivamente saben que esas personas tienen cualidades de las que ellos carecen, y las buscan. En todo caso, al parecer estas relaciones funcionan; la frialdad de Acuario calma a su apasionada pareja, mientras que el fuego de la pasión de esta calienta la sangre fría de Acuario.

Las cualidades que los Acuario necesitan desarrollar en su vida amorosa son la ternura, la generosidad, la pasión y la diversión. Les gustan las relaciones mentales. En eso son excelentes. Si falta el factor intelectual en la relación, se aburrirán o se sentirán insatisfechos muy pronto.

Hogar y vida familiar

En los asuntos familiares y domésticos los Acuario pueden tener la tendencia a ser demasiado inconformistas, inconstantes e inestables. Están tan dispuestos a derribar las barreras de las restricciones familiares como las de otros aspectos de la vida.

Incluso así, son personas muy sociables. Les gusta tener un hogar agradable donde poder recibir y atender a familiares y amigos. Su casa suele estar decorada con muebles modernos y llena de las últimas novedades en aparatos y artilugios, ambiente absolutamente necesario para ellos.

Si su vida de hogar es sana y satisfactoria, los Acuario necesitan inyectarle una dosis de estabilidad, incluso un cierto conservadurismo. Necesitan que por lo menos un sector de su vida sea sólido y estable; este sector suele ser el del hogar y la vida familiar.

Venus, el planeta del amor, rige la cuarta casa solar de Acuario, la del hogar y la familia, lo cual significa que cuando se trata de la familia y de criar a los hijos, no siempre son suficientes las teorías, el pensamiento frío ni el intelecto. Los Acuario necesitan introducir el amor en la ecuación para tener una fabulosa vida doméstica.

Horóscopo para el año 2013*

Principales tendencias

2012 fue un año principalmente bueno; no perfecto, no, pero más fácil que difícil. Los planetas lentos o bien te dejaban en paz o te formaban aspectos armoniosos. La salud y la energía fueron buenas y esto debería haberse traducido en la consecución de tus objetivos. A finales del año Saturno hizo un traslado importante, entrando en Escorpio y en una alineación desfavorable para ti. Si bien esto no es suficiente para causar enfermedad, indica la necesidad de prestar más atención a la energía; también la de tener más paciencia en la consecución de tus objetivos; Saturno podría enlentecerte un poco, pero no te impedirá avanzar. Volveremos sobre este tema.

Plutón está en tu casa doce desde 2008. Seguro que hemos hablado de esto en años anteriores. Las tendencias continúan este año. Se está produciendo una desintoxicación en tu vida espiritual, en tu actitud y práctica. Se está eliminando mucha «materia de desecho» de tu vida espiritual, para que el poder espiritual pueda fluir libremente, como es debido.

El año pasado Neptuno hizo una importante entrada en tu casa del dinero. En esencia, esto acentuó una tendencia que ha estado en vigor muchos años: vas a profundizar más en las dimensiones espirituales de la riqueza, a explorar las fuentes sobrenaturales del aprovisionamiento. Estás aprendiendo cómo trabaja el espíritu para producir riqueza material. Esta tendencia continúa este año y muchos años venideros. Hablaremos más de esto.

En 2011 Urano, tu planeta regente, hizo un tránsito importante, salió de Piscis y entró en Aries, tu tercera casa. Siempre eres fabuloso en la comunicación y red de contactos; estas habilidades mejoran más aún en este periodo. Tiendes a ser experimentador en la mayoría de las cosas, y ahora esto te va a ocurrir en la comunicación. Tu originalidad en esto, en la escritura, forma de hablar y actividades *online*, mejora muchísimo en este periodo.

---

* Las previsiones de este libro se basan en el Horóscopo Solar y todos los signos que derivan de él; tu Signo Solar se convierte en el Ascendente, y las casas se numeran a partir de él. Tu horóscopo personal, el trazado concretamente para ti (según la fecha, hora y lugar exactos de tu nacimiento) podrían modificar lo que decimos aquí. Joseph Polansky

ACUARIO

Desde junio del año pasado Júpiter está en tu quinta casa, la de la diversión, los hijos y la creatividad, y continuará ahí hasta el 27 de junio de este año. Así pues, este es un año de fiestas para ti. Vas a explorar las «alegrías de la vida», participando en actividades placenteras, de diversión. Si estás en edad de concebir, este periodo eres insólitamente fértil.

El 27 de junio Júpiter entra en tu sexta casa, la del trabajo. Este es un aspecto maravilloso en el caso de que busques trabajo o emplees a otros. Llegan oportunidades laborales de ensueño. Y si eres empleador, hay abundancia de buenos empleados.

Hacia finales del año pasado Saturno entró en tu décima casa, la de la profesión. La profesión es difícil en este periodo. El éxito viene del mérito, no por ningún otro motivo. Además, dos eclipses en tu casa décima indican cambios profesionales este año. Volveremos sobre este tema.

Las facetas de interés más importantes para ti este año son: las finanzas; la comunicación y las actividades intelectuales; la diversión, los hijos y la creatividad personal (hasta el 27 de junio); la salud y el trabajo (a partir del 27 de junio); la profesión; la espiritualidad.

Los caminos para tu mayor realización este año son: la profesión; la diversión, los hijos y la creatividad (hasta el 27 de junio); la salud y el trabajo (después del 27 de junio).

Salud

(Ten en cuenta que esta es una perspectiva astrológica de la salud, no una médica. Antaño no había ninguna diferencia, ambas eran idénticas, pero en esta época podrían diferir muchísimo. Para una perspectiva médica, por favor, consulta a tu médico o a otro profesional de la salud.)

Como hemos dicho, la salud debería ser buena este año. Sólo hay un planeta lento en alineación desfavorable contigo, Saturno. De todos modos, la energía no está a la altura del año pasado, y esta diferencia relativa podría ser causa de problemas (no, no tienes el síndrome de cansancio crónico, sólo es un tránsito normal de Saturno). Saturno por sí solo no basta para causar enfermedad, pero cuando se le unan planetas rápidos en aspecto difícil, podrías estar más vulnerable. Procura en especial descansar y relajarte más desde el 20 de abril al 20 de mayo, del 22 de julio al 22 de agosto y del 23 de octubre al 21 de noviembre. Estos son los periodos en que estarás más vulnerable este año.

No te veo con la atención centrada en asuntos de salud la primera mitad del año; pero cuando Júpiter entre en tu sexta casa el 27 de junio comenzarás a prestarle más atención. Esto es fundamentalmente bueno.

Como saben nuestros lectores, es mucho lo que se puede hacer para mejorar la salud y prevenir problemas. Da más atención a las siguientes zonas:

El estómago y, si eres mujer, los pechos. Estos órganos son siempre importantes para ti, ya que tu planeta de la salud es la Luna. La dieta siempre es importante para ti; el estómago tiende a ser sensible. Como hemos dicho en años anteriores, lo que comes es importante, pero «cómo» lo comes es tal vez igual de importante. Debes comer calmadamente y en estado de paz. Si es posible, mientras comes escucha música bella, armoniosa (música que te eleve). Manifiesta aprecio y gratitud por el alimento (con tus palabras); bendice la comida (con tus palabras). Eleva el acto de comer de un simple apetito animal a algo superior, a un acto de culto. Con esto te aseguras que recibes solamente las vibraciones más elevadas de la comida y que la digestión sea mejor.

Los tobillos y las pantorrillas. Estos también son siempre importantes para ti. Acuario rige estas zonas. Masajes periódicos en las pantorrillas serían maravillosos. Si no te duelen, da masaje a los tobillos también. Da más apoyo y protección a los tobillos cuando hagas ejercicio.

El corazón. Este sólo se convirtió en zona vulnerable en octubre del año pasado. Evita la preocupación y la ansiedad todo lo posible. Si puedes hacer algo o tomar medidas respecto a una situación, hazlo, por supuesto, pero después deja de lado la preocupación.

El hígado y los muslos. Estos sólo podrían dar problemas después del 27 de junio, cuando Júpiter, el planeta que rige estas zonas, entra en tu sexta casa. Deberías darte masajes periódicos en los muslos. Podría convenirte una desintoxicación del hígado este año (y hay muchas maneras naturales de hacer esto).

Júpiter en tu casa de la salud indica que te beneficias inmensamente de terapias de tipo metafísico: oración, decir la palabra, afirmaciones positivas. Indica la necesidad de pureza filosófica. Los errores en el cuerpo mental superior no sólo causan estragos en los asuntos mundanos, sino que si se sostienen mucho tiempo también se manifiestan en patologías. El horóscopo indica la causa principal de los problemas además del propio problema.

La mejor cura para el error filosófico o religioso es la Luz. Invoca a la luz con frecuencia. Visualízala entrando en la mente y el cuerpo.

Hogar y vida familiar

Tu cuarta casa, la del hogar y la familia, no está poderosa este año. Fue casa de poder desde mediados de 2011 hasta mediados de 2012. Es posible que te hayas mudado, renovado la casa o comprado una segunda o tercera casa. Ahora ya todo está en orden y no hay ninguna necesidad de hacer ningún cambio importante. Este es un año en que las cosas continúan como están.

El 10 de mayo hay un eclipse solar en tu cuarta casa, que va a agitar un poco las cosas por un tiempo, pero me parece que no produce ningún cambio importante. Este eclipse pondrá a prueba la casa actual y la situación doméstica. Si hay defectos ocultos en ella (roedores, alimañas, sustancias tóxicas, cables o tuberías en mal estado) entonces será cuando los descubras y podrás corregirlos. El eclipse tenderá a producir acontecimientos dramáticos, de aquellos que cambian la vida, en la vida de familiares. Pero cuando se asiente el polvo del eclipse nuevamente predominará lo de continuar con las cosas como están.

Un progenitor o figura parental se ve sombrío y pesimista este año. Esta persona parece fría, insensible. Se echa encima responsabilidades extras y tal vez experimenta algo que le cambia la vida. Ten más paciencia con ella.

Este año pareces estar muy unido a un hermano, hermana o figura fraterna; hay mucho cariño, mucha relación con esta persona, mucho más de lo habitual. Es probable que este hermano, hermana o figura fraterna se mude este año y la mudanza se ve feliz.

Me parece que ninguna de las figuras parentales se mudan este año.

En lo que a mudanzas se refiere, no se ven novedades para los hijos o figuras filiales de tu vida. Prosperan y tienen éxito, viven la buena vida, viajan, pero no hay probabilidades de mudanza.

Si tienes planes para hacer reparaciones importantes en la casa, del 20 de abril al 31 de mayo es un buen periodo. Si deseas hacer cambios de tipo estético, una nueva mano de pintura, cortinas nuevas y cosas de esa naturaleza, del 15 de abril al 9 de mayo es un buen periodo. Este úlltimo periodo es bueno también para comprar objetos de arte o embellecedores para la casa.

Dado que Venus es tu planeta de la familia, hay muchas tendencias de corto plazo en esta faceta, que trataremos en las previsiones mes a mes.

Profesión y situación económica

Como hemos dicho, Neptuno, que está en tu casa del dinero y por muchos años, aumenta y refuerza tu interés en las fuentes espirituales de la riqueza. Este interés ya lleva muchos años, ahora simplemente se intensifica. Neptuno rige la intuición, la orientación interior, las revelaciones de lo alto; por lo tanto estas cosas son ultra importantes en las finanzas en este periodo. Como saben nuestros lectores, lo hemos dicho numerosas veces, un milisegundo de intuición vale lo que muchos años de arduo trabajo. En realidad es el atajo hacia la riqueza. Estando ahora Neptuno en su signo y casa, posición que lo hace más fuerte, tu intuición financiera es fabulosa. Vas a ser guiado momento a momento hacia tus objetivos financieros.

Ahora puedes fiarte de tu intuición (Neptuno estará retrógrado unos meses, y en ese periodo la intuición necesitará más verfificación).

Estando fuerte tu planeta del dinero, tanto en lo celeste como en lo terrestre, tu poder adquisitivo es más fuerte de lo habitual. Es una buena señal de prosperidad. El 27 de junio Júpiter comienza a formar aspectos fabulosos a tu planeta del dinero, otra señal de prosperidad. Cuando esto ocurra cogerás las buenas rachas de suerte. Julio se ve especialmente afortunado, y es posible que inviertas alguna suma inocua en la lotería u otro tipo de especulaciones. (Por cierto, no gastes en esto el dinero de la compra semanal o del alquiler, sino sólo el dinero que puedes permitirte perder; el Cosmos podría desear hacerte prosperar de otras maneras).

Simplemente hacer mucho dinero no te basta en este periodo; tienes que ganarlo de maneras que le sean «útiles al planeta», que sean beneficiosas para todos. Este es tu reto ahora. Veo la misma tendencia en la profesión también. No te basta tener éxito de la manera mundana, tiene que ser de forma idealista y beneficiosa para todos.

Júpiter en tu quinta casa indica suerte en las especulaciones, y podría ser aconsejable que invirtieras sumas inocuas en esto, sobre todo cuando te venga la intuición.

En este periodo tienes los aspectos de una persona que sigue una profesión de tipo espiritual; te atrae algo parecido al sacerdocio, la beneficencia, el trabajo a jornada completa en una causa altruista o no lucrativa. Esto está en todo el horóscopo, dondequiera que miremos. Neptuno, el planeta de la espiritualidad, rige tus finanzas. Tu planeta de la espiritualidad, Saturno, está en tu Medio cielo, casa de la profesión; tu planeta de la profesión, Plutón, está en tu casa doce, la de la espiritualidad. Así pues, es muy posible que ahora tomes un camino profesional de tipo espiritual, altruista. Pero aún en el caso de que estés en una profesión mundana, de tipo convencional, participar en obras y causas benéficas te será útil de modo mundano también. En primer lugar, tienes la satisfacción de hacer el bien, de ayudar a otros y al mundo, y en segundo lugar, conocerás a personas y harás conexiones que favorecerán la profesión mundana, la elevarán, la mejorarán.

La profesión se ve difícil este año, mucho más que las finanzas. Saturno en la décima casa sugiere un jefe exigente, una persona severa, estricta, que te lleva al límite. Este es un año en que consigues éxito profesional de la manera difícil, por puro mérito.

Urano está todo el año en cuadratura con Plutón, tu planeta de la profesión. Este aspecto será más exacto en octubre y noviembre. Por lo tanto, ocurren cambios repentinos y drásticos en la profesión. Además de esto, hay dos eclipses en tu décima casa, la de la profesión, uno lunar el 25 de abril y uno solar el 3 de noviembre; estos también tienden a producir cambios profesionales. Sin duda hay mucha inseguridad mientras esto ocurre, pero el resultado final será bueno. Como hemos dicho, Júpiter en tu sexta casa a partir del 27 de junio indica oportunidades de trabajo muy felices.

Este año prospera uno de los padres o figuras parentales de tu vida, tiene un año financiero fabuloso.

Los hijos o figuras filiales de tu vida prosperan y, por lo demás, disfrutan de la vida.

Los hermanos tienen un año financiero sin novedades ni cambios.

Amor y vida social

Tal como el año pasado, tu séptima casa, la del amor y el matrimonio, no es casa de poder. Este año no se da mucha importancia al matrimonio, al amor ni a las relaciones comprometidas. Con esto se tiende a dejar las cosas como están. Estés casado o casada, soltero o soltera, tenderás a continuar como estás.

La séptima casa vacía (en su mayor parte) se podría interpretar como algo positivo. Estás fundamentalmente contento con tu vida amorosa y no tienes necesidad de hacer cambios importantes ni darle demasiada atención.

Aunque no hay matrimonio en los astros este año, sí hay aventuras amorosas, relaciones no serias, sólo otra forma de diversión. Este año hay muchas oportunidades para aventuras amorosas. Si estás soltero o soltera, es probable que prefieras esto.

El Sol es tu planeta del amor; como saben nuestros lectores, es un planeta de movimiento rápido; durante el año transita por todos los signos y casas del horóscopo. Por lo tanto, las oportunidades amorosas y sociales pueden presentarse de muchas maneras y con una gran variedad de personas. Tus necesidades en el amor tienden a cambiar mes a mes. Hay, pues, muchas tendencias a corto plazo que es mejor tratar en las previsiones mes a mes.

El Sol es eclipsado dos veces este año, una el 10 de mayo y la otra el 3 de noviembre. Estos eclipses tenderán a poner a prueba la relación actual. Si la relación es buena, sobrevivirá, pero saldrán a la luz los trapos sucios para que se laven. El cónyuge, pareja o ser amado actual estará más temperamental en estos periodos. Es de esperar que esto te sirva de aviso, así estarás preparado para sobrellevar la situación cuando llegue.

El matrimonio o relación actual de un progenitor o figura parental pasa por pruebas este año, pruebas severas. El amor está difícil este año.

Un hermano, hermana o figura fraterna de tu vida se ve muy orientado a la libertad; esta tendencia podría poner a prueba su relación actual; su cónyuge, pareja o ser amado debe darle mucha libertad, mucho espacio.

Un hijo, hija o figura filial en edad casadera tiene probabilidades de matrimonio o de entablar un romance serio este año. Esto también podría haber ocurrido el año pasado. Parece ser una relación muy feliz; su pareja se desvive por complacerlo. Esta persona no necesita hacer nada para atraer el amor; el amor lo/la encontrará. Es probable que no pueda escapar del amor; aunque aún sea muy joven para casarse, hay amor este año. La vida social se ve feliz para los hijos.

Para los nietos o nietas en edad apropiada (si los tienes) no se ven probabilidades de matrimonio este año, ni parece aconsejable. Los aspectos son para aventuras amorosas en serie, no para matrimonio. Si el nieto o la nieta ya está casado, su matrimonio pasa por severas pruebas. La causa principal parece ser asuntos financieros, aunque no es la única.

Progreso personal

La profesión parece ser la faceta de la vida que presenta má... este año. Sin embargo, al mismo tiempo, es la más satisfac... ¿Cómo puede ser esto? Sentimos una alegría y una satisfacción inmensas cuando triunfamos en algo difícil, cuando nos hemos esforzado al máximo y finalmente lo conseguimos. Pocas personas conocen este tipo de alegría. Estas alegrías las conocen, en su mayor parte, las personas que aceptan retos difíciles. Los conquistadores del Everest, el maestro de ajedrez, el atleta olímpico, los maestros de ciencias y disciplinas arcanas, estas personas conocen esta dicha. La oleada de adrenalina, la alegría, que viene en el momento de la conquista hace valer la pena todo el esfuerzo, la lucha y el dolor; estos se olvidan en el momento de la victoria. Estos son los tipos de alegría que te esperan en tu profesión, si te mantienes firme en el rumbo y no aflojas la disciplina. Los jefes serán exigentes, el trabajo será arduo; tendrás que vértelas con mucha actividad entre bastidores que, lo más seguro, será «secreta». Habrá mucho engaño sin tapujos también. Habrá cambios de reglas, cambios de tácticas y, muy probablemente, cambios en la jerarquía de tu empresa e industria. Pero si mantienes el rumbo, prevalecerás. Saturno te exige que triunfes a pesar de todos los obstáculos; te exige que triunfes por tus méritos y no por otro motivo. Si tienes el mérito, y será mejor que lo tengas, poco tienes que temer de los chanchullos entre bastidores. Saturno se encargará de que estés en el lugar que te corresponde en tu industria y profesión, sea en la empresa actual o en otra. Así pues, el objetivo este año es hacer méritos, aspirar a la excelencia, en tu profesión.

Ninguna gran consecución ocurre jamás de la noche a la mañana; teniendo a Saturno en tu Medio cielo, olvídate de esto este año. Avanza hacia el éxito paso a paso, metódicamente.

Es posible que ya estés en un camino espiritual. Este es un año para hacer de tu práctica espiritual la principal prioridad. En realidad, esta es tu misión este año y muchos por venir. La práctica espiritual nunca es verdaderamente personal, aunque lo parezca. Uno trabaja en sí mismo, pero el efecto se propaga al entorno y finalmente a todo el mundo. El meditador solitario que hace un progreso espiritual, tal vez en una casa desvencijada, tal vez en una cueva del Himalaya, hace más para cambiar el mundo que los presidentes o reyes. El meditador es la causa, el presidente o rey sólo ratifica el cambio que ya ha ocurrido. Por lo general, este no ocurre inmediatamente y son pocas las personas que ven la conexión. Pero finalmente ocurre. Muchas de las tendencias que ahora se aceptan y están muy integradas en la sociedad fueron impensables en otro tiempo, y se han integrado gracias a unas pocas almas fuertes que hicieron el progreso espiritual. Así pues, no descartes el trabajo espiritual.

Si no estás en un camino espiritual, deberías esforzarte en encontrar uno. Que ese esfuerzo sea tu principal prioridad.

Previsiones mes a mes

Enero

Mejores días en general: 4, 5, 12, 13, 21, 22, 23, 31
Días menos favorables en general: 6, 7, 19, 20, 26, 27, 28
Mejores días para el amor: 2, 3, 8, 9, 10, 11, 18, 19, 21, 26, 27, 28, 29, 30, 31
Mejores días para el dinero: 4, 6, 12, 14, 15, 22, 24, 31
Mejores días para la profesión: 2, 3, 6, 7, 10, 11, 19, 20, 29, 30

Comienzas el año con los planetas en su posición oriental máxima; esto continúa el mes que viene. Estás, pues, en un periodo de máxima independencia personal y poder creativo; puedes y debes hacer las cosas a tu manera, mientras esto no sea destructivo. Ejercitas y desarrollas tu iniciativa y autosuficiencia. Sabes quién eres, sabes qué crees y qué es lo correcto y bueno para ti, y sigues ese camino, sea o no sea popular. Dejas de lado toda reserva o secreto y afirmas osadamente quién eres. Este es el periodo para crear las condiciones de tu vida según tu gusto. En este periodo «creas karma»; más adelante, dentro de unos meses, tendrás que vivir con tus creaciones, pues no será tan fácil cambiar las cosas, y entonces «pagarás karma». Así pues, construye juiciosamente.

Es posible que tu cumpleaños sea este mes; en ese caso estás en un periodo excelente para iniciar nuevos proyectos y empresas. El ciclo solar universal está en fase creciente (desde el 21 del mes pasado), y el día de tu cumpleaños, tu ciclo solar personal también estará en creciente. El movimiento planetario es directo, y esto también es favorable. Si puedes programar tu nuevo lanzamiento entre tu cumpleaños y el 27 (cuando la Luna está en fase creciente) tienes el periodo más favorable del mes. Si cumples años después del 27, tienes un periodo igualmente favorable el próximo mes; tal vez será m... esperes hasta entonces.

La salud es buena este mes, y será mejor aún después del 19, ... do se hace poderoso tu signo. Puedes fortalecerla más de las maneras explicadas en las previsiones para el año.

Hasta el 19 estás en un periodo muy espiritual; es un buen periodo para conseguir tus objetivos espirituales y altruistas; es muy bueno para hacer un viaje espiritual, peregrinación, visitas a lugares santos, retiro espiritual en un lugar exótico. Estas oportunidades se te abren después del 10. Tu profesión necesita un progreso de tipo espiritual y ahora estas cosas están a tu disposición. Es un periodo para conectar más con el poder superior que tienes en tu interior y dejarlo actuar, dejar que actúe libremente en tu mente, cuerpo y asuntos. Esto comenzará a armonizar todos los asuntos de tu vida. Si estás soltero o soltera incluso el amor te espera en ambientes espirituales, sobre todo hasta el 19; es probable que si lo buscas en clubes y lugares de diversión pierdas el tiempo. En este periodo el amor está en la sala de yoga, la reunión de oración, el seminario de meditación o en el evento benéfico.

El 19 tu planeta del amor entra en tu signo, tu primera casa. Así pues, el amor te persigue y te encontrará; no necesitas hacer nada especial, simplemente ocuparte de los asuntos de tu vida diaria; estar presente.

Febrero

Mejores días en general: 1, 9, 10, 18, 19, 27, 28
Días menos favorables en general: 2, 3, 15, 16, 17, 23, 24
Mejores días para el amor: 1, 9, 10, 18, 19, 20, 23, 24
Mejores días para el dinero: 2, 9, 11, 12, 18, 20, 27
Mejores días para la profesión: 2, 3, 7, 8, 15, 16, 25, 26

El 19 del mes pasado entraste en una cima anual de placer personal, en una de ellas. Es un periodo feliz. Los placeres de los sentidos, del cuerpo, te persiguen y puedes complacerte. También es un buen periodo para poner en forma el cuerpo y la imagen, la forma que deseas; tienes más control sobre el cuerpo y esto te ayuda. El placer personal es fuerte hasta el 18. Te ves bien, con tu mejor apariencia; vistes bien, bellamente y elegante, y tienes más carisma, ese algo invisible que es la esencia que hay tras toda belleza.

Como hemos dicho, estás en un periodo potente para iniciar nuevos proyectos o empresas. Todos los planetas están en movimiento directo hasta el 18 (muy insólito). Por lo tanto, cuentas con un periodo excepcional para hacer tu lanzamiento. Del 10 al 18 es el mejor periodo; del 18 al 25 es una segunda opción.

El 19 del mes pasado el poder planetario comenzó a trasladarse de la mitad superior de tu carta a la inferior; el cambio es más fuerte aun depués del 2, cuando Venus pasa a la mitad inferior. Ha llegado, pues, el periodo para restar importancia a la profesión y centrar la atención en el hogar, la familia y tu bienestar emocional. Es el periodo para reunir fuerzas para tu próxima oleada profesional, que llegará dentro de seis meses más o menos. Estas pausas son muy saludables, son como una buena noche de sueño. El cuerpo está quieto, se han dejado atrás los objetivos del mundo externo. Se reúnen las fuerzas para ocuparse del día siguiente; la persona que se priva de sueño no funciona bien al día siguiente. Claro que atiendes a todo lo necesario en la profesión, no la abandonas del todo, pero tu atención está en el hogar y la vida emocional.

El 18 entras en una cima financiera anual, en una de ellas. Tu prosperidad será mayor en julio (y después), pero este mes es excelente también. Tu casa del dinero es fácilmente la más poderosa del horóscopo: entre el 50 y el 60 por ciento de los planetas están en ella o transitan por ella este mes. La intuición financiera es súper; tus instintos viscerales son buenos. Cuentas con mucha ayuda, mucho favor financiero, de amistades, del ser amado, de vecinos, de extranjeros y de empresas extranjeras. El dinero entra a raudales. Se han abierto las puertas del cielo y te llueve riqueza; de lo alto. Llega de muchas maneras y a través de muchas personas. Disfrútalo. Con estos aspectos comienzan a ocurrir cosas locas y maravillosas. Podrías enviar una factura por cierta cantidad de dinero y la persona enviarte el doble y decirte que te quedes con el cambio. Podrías pedirle una cierta cantidad al ser amado y este darte el doble.

Acuario es una persona racional, lógica. Pero después del 18 este punto fuerte que tienes parece no importar. El elemento agua se hace muy poderoso; las personas están sentimentales y actúan según el estado de ánimo del momento. La lógica no les va, pero si logras apelar a sus sentimientos, a su imaginación, conectas con ellas. Ten presente también que las personas están hipersensibles este mes; ten cuidado con tus palabras, lenguaje corporal y expresiones faciales; las personas reaccionan exageradamente a estas cosas en este periodo.

ACUARIO

Marzo

Mejores días en general: 1, 8, 9, 17, 18, 19, 27, 28
Días menos favorables en general: 2, 3, 15, 16, 22, 23, 29, 30
Mejores días para el amor: 2, 3, 10, 11, 21, 22, 23, 31
Mejores días para el dinero: 1, 2, 8, 9, 10, 11, 17, 18, 20, 27, 28, 29
Mejores días para la profesión: 2, 3, 6, 7, 15, 16, 24, 25, 29, 30

Continúas en un periodo excelente para iniciar nuevos proyectos o empresas o lanzar nuevos productos al mundo. Estás en un ciclo solar personal creciente que comenzó el día de tu cumpleaños. La Luna estará en fase creciente del 11 al 27, lo que lo hará más favorable aún. Hasta el 17 el 80 por ciento de los planetas están en movimiento directo; después del 17 lo estarán el 90 por ciento. El movimiento planetario es abrumadoramente directo; otro buen presagio para nuevos proyectos. Del 17 al 27 sería el mejor periodo este mes.

El elemento agua continúa muy fuerte hasta el 20, así que ten presente lo que dijimos el mes pasado; trata con mucho cuidado los sentimientos de las personas; cuando la hipersensibilidad está fuerte no se aprecia ni siquiera el buen humor simpático.

Las finanzas siguen siendo el principal titular hasta el 20. Es el periodo para incrementar tus cuentas bancarias, de inversiones y de ahorros y hacer tus planes financieros. Ten presente lo que hablamos sobre esto el mes pasado.

El amor continúa feliz. Si estás soltero o soltera, desde el 18 del mes pasado encuentras el amor cuando estás atendiendo a tus objetivos financieros normales o con personas relacionadas con tus finanzas. La riqueza, los regalos y el apoyo material, parecen ser el principal atractivo para el amor en este periodo. Así es como te sientes amado, así es como expresas el amor. La persona generosa, buena proveedora, buena para gastar, es la más atractiva. Sin embargo, sería un error hacer caso omiso de la compatibilidad espiritual en este periodo, pues es igualmente importante. Si lograras encontrar una persona que al mismo tiempo fuera rica y espiritual, persona empresaria o de negocios, pero que también tuviera algo de poeta, tendrías lo ideal. El 20 tu planeta del amor entra en tu tercera casa, y esto señala un cambio en la actitud hacia el amor. El dinero ya no es muy importante, deseas una persona con la que te puedas comunicar, a la que puedas hacer participar de tus pensamientos; es importante la intimidad mental; necesitas enamorarte de la mente del ser amado, de sus procesos mentales, tanto como de su cuerpo. Te atrae la persona que tiene riqueza de conocimientos y dotes de comunicación. Y me parece que encuentras a esa persona. Del 27 al 30 se ve un importante encuentro romántico. Aunque tu cima amorosa y social será más adelante, en julio y agosto, este periodo podría llamarse una minicima amorosa y social. La vida social es muy activa; si estás sin compromiso tienes más citas. Hay más fiestas y reuniones. El ánimo está para el amor en este periodo.

El amor está en el barrio, cerca de casa; no hace falta viajar mucho para encontrarlo. También se presentan oportunidades románticas en ambientes educativos, en el colegio, en la biblioteca, en la charla o el seminario.

Después del 20 estás en otro buen periodo para poner en forma el cuerpo y la imagen; aunque técnicamente no es una cima de placer personal, es una minicima. La salud se ve bien; tu apariencia resplandece. El único peligro para la salud es gozar demasiado de lo bueno; podrías exigirle al cuerpo que sobrepase sus límites; quemarte es el principal peligro para la salud después del 20.

Abril

Mejores días en general: 4, 5, 14, 15, 23, 24
Días menos favorables en general: 11, 12, 19, 20, 25, 26
Mejores días para el amor: 1, 9, 10, 19, 20, 21, 22, 29, 30
Mejores días para el dinero: 4, 5, 6, 7, 8, 14, 15, 16, 23, 24, 25
Mejores días para la profesión: 2, 3, 11, 12, 21, 22, 25, 26, 29, 30

Ha habido muchos cambios profesionales últimamente; los ha habido desde el comienzo del año y este mes se intensifican. Y los habrá más adelante también. No es mucho lo que se puede hacer ahora. Tu planeta de la profesión inicia movimiento retrógrado el 12; la mayoría de los planetas están bajo el horizonte de tu carta y están llegando a su máxima posición abajo. Mantén la atención centrada en el hogar, la familia y tu vida emocional. Pon en orden la base hogareña. Si algunos asuntos profesionales te desagradan, haz las correcciones en tu interior, en tus pensamientos y sentimientos, no con actos manifiestos. Lo importante ahora es conseguir más claridad mental sobre tu situación profesional, sobre la situación en que está tu empresa o industria. Las cosas no son como te las imaginas. Infórmate más.

El 25 hay un eclipse lunar que refuerza lo que acabamos de decir.

Hay mucho cambio en la profesión, posiblemente incluso cambios laborales.

También me parece que estás en conflicto con un progenitor o figura parental este mes; este podría señalar una ruptura con esta persona. De todos modos, con más trabajo y esfuerzo, con muchísimo trabajo, esto se puede armonizar. Pero sin esfuerzo no ocurrirá gran cosa.

Tú, tus padres y figuras parentales debéis conducir con más prudencia este mes y evitar los enfrentamientos y las situaciones peligrosas.

El amor es tempestuoso el 1 y el 2; ten más paciencia con el ser amado. Esta persona debe evitar las actividades arriesgadas estos días.

Tu tercera casa, la de la comunicación y los intereses intelectuales, se hizo poderosa el 20 del mes pasado y continúa poderosa este mes hasta el 19. Tus facultades mentales, normalmente agudas, se agudizan más en este periodo. Se te da bien el aprendizaje, asimilas la información con facilidad. Es un buen periodo, si eres estudiante. Es bueno para hacer cursos en temas que te interesan y para enseñar a otros también. El único peligro es gozar demasiado de lo bueno; la mente está tan potente que es fácil que se sobreestimule y no puedas desconectarla. Esto suele causar insomnio y otros tipos de problemas nerviosos. Usa la mente, pero desconéctala cuando no la vayas a usar. La meditación es utilísima para esto.

La salud necesita más atención a partir del 19. Esto no es un problema de larga duración; simplemente este no es uno de tus mejores periodos este año, así que descansa y relájate más; modera tu ritmo; pasa más tiempo en el balneario de salud. Que te hagan más masajes. Fortalece la salud de las maneras explicadas en las previsiones para el año.

Hasta el 19 las tendencias en el amor son las que explicamos el mes pasado. Después del 19 se vuelve más importante la intimidad emocional. Necesitas hablar de sentimientos, no sólo de conceptos intelectuales. La persona más atractiva es aquella con la que te sientes cómodo emocionalmente; necesitas sentirte «a salvo» expresando tus verdaderos sentimientos al ser amado, por muy estrafalarios que sean. El amor continúa estando cerca de casa. Los familiares disfrutan haciendo de Cupido. Hay más fiestas y reuniones en casa.

Mayo

Mejores días en general: 2, 3, 11, 12, 21, 22, 29, 30
Días menos favorables en general: 8, 9, 10, 16, 17, 23, 24
Mejores días para el amor: 8, 9, 10, 11, 16, 17, 19, 20, 21, 22, 29, 30
Mejores días para el dinero: 2, 3, 4, 5, 11, 12, 13, 21, 22, 23, 29, 30, 31
Mejores días para la profesión: 8, 9, 18, 19, 23, 24, 27, 28

Tu cuarta casa, que se hizo fuerte el 19 del mes pasado, continúa fuerte hasta el 20 de este mes. El 10 hay un eclipse solar en tu cuarta casa, que refuerza lo que decimos.

Cuando está fuerte la cuarta casa hacemos progreso retrocediendo. Cambiamos el futuro haciendo las paces con el pasado. Muchos problemas de la vida tienen su origen en viejos recuerdos, recuerdos dolorosos. Aunque hace mucho tiempo que los hayamos olvidado conscientemente, actúan en el plano subconsciente impidiéndonos el progreso. Muchas veces estos viejos recuerdos afectan a la salud también. Por lo tanto, es bueno explorar estas cosas y limpiarlas. Cuando esto ocurre, cambia el futuro. Este es un mes para este tipo de actividades. Es fácil acceder al pasado. Si estás haciendo psicoterapia, harás progreso este mes. Y si no estás en terapia «oficialmente», el terapeuta cósmico trabaja arduo este mes. Viejos recuerdos te vendrán espontáneamente a la memoria para que hagas limpieza. A veces nos encontramos con personas del pasado lejano y recordamos los «buenos tiempos»; a veces, y esto te ocurrirá a ti, nos encontramos con un amor del pasado y tenemos la oportunidad de resolver viejos asuntos. Es posible que no te encuentres con la persona exacta sino con alguien que «se le parece». El efecto es el mismo. Miras una situación del pasado, tal vez dolorosa, desde tu estado de conciencia actual, desde tu conocimiento y comprensión actuales, y esto te da toda una nueva perspectiva de la situación. Esto es sanador.

El eclipse solar del 10 es fuerte en ti, así que reduce tus actividades en ese periodo. En realidad debes reducir tus actividades casi todo el mes, hasta el 20, pero en especial durante el periodo del eclipse. Este eclipse pondrá a prueba el amor, la relación actual; ten más paciencia con el ser amado en ese periodo, pues es probable que esté más temperamental. Los familiares también estarán más temperamentales. Si hay defectos o deperfectos en la casa, este es el periodo en que los descubrirás y podrás hacer las reparaciones.

ACUARIO

El eclipse lunar del 25 es más benigno contigo, pero no te hará ningún daño pasar más tiempo tranquilo en casa en ese periodo. Este eclipse anuncia cambios en el trabajo, cambios en las condiciones laborales o en el lugar de trabajo. Si eres empleador, hay dramas con los empleados. Este eclipse hace fuerte impacto en Neptuno, tu planeta del dinero, así que vas a hacer cambios drásticos en tus finanzas; normalmente esto ocurre debido a un trastorno o acontecimiento inesperado; tu planificación financiera necesita revisión. A la larga también habrá cambios en tu programa de salud y dieta. Pasan por pruebas las amistades; a veces hay acontecimientos dramáticos en la vida de personas amigas, experiencias de aquellas que cambian la vida.

La salud necesita atención hasta el 20. Después notarás una gran mejoría.

Junio

Mejores días en general: 7, 8, 17, 18, 25, 26
Días menos favorables en general: 5, 6, 12, 13, 19, 20
Mejores días para el amor: 7, 8, 10, 12, 13, 17, 18, 19, 20, 27, 28
Mejores días para el dinero: 1, 8, 9, 10, 17, 18, 19, 26, 27, 28
Mejores días para la profesión: 5, 6, 15, 16, 19, 20, 23, 24

La salud está mucho mejor este mes; le das mucha atención y eso contribuye. En general optas por un estilo de vida sano y sigues un programa de salud.

Los cambios financieros que hiciste el mes pasado (y tal vez sigues haciendo) están dando buenos resultados. La crisis o problema financiero resulta ser una bendición disfrazada, un regalo de lo alto. Notarás la prosperidad al comienzo del mes, pero las cosas importantes ocurren más adelante, después del 27. Júpiter comienza a formar aspectos hermosos a tu planeta del dinero (otros planetas también le forman aspectos muy buenos). Es un periodo muy próspero. Cuentas con el favor financiero del cónyuge, pareja o ser amado actual y de los amigos y familiares. La intuición financiera es excelente también, aunque necesita más verificación que de costumbre. La única complicación ahora es el movimiento retrógrado de Neptuno, que se inicia el 7; esto podría ser causa de retrasos y contratiempos en la llegada de los ingresos; no impide la prosperidad, pero introduce complicaciones. Debes esforzarte en llevar tus asuntos financieros a la perfección, verificar que todos los detalles estén correctos. Guarda copias de todos los recibos y transacciones; podría convenirte anotar, o llevar un diario, de tus diversas conversaciones con las personas involucradas en tus finanzas. Los cambios importantes necesitan más reflexión y análisis. Lo que importa ahora es conseguir claridad mental acerca de las finanzas; las cosas no son lo que parecen (es muy probable que estén mucho mejor de lo que parecen).

Hasta el 21 estás en una cima anual de placer personal, en un periodo para la diversión. Si estás en edad de concebir estás mucho más fértil de lo habitual (y lo has estado desde el comienzo del año).

El amor también se ve feliz en este periodo, juguetón, no serio. Dedicas más tiempo a disfrutar de la compañía de amistades y del ser amado, programas actividades placenteras con ellos. Si estás soltero o soltera y sin compromiso, esto indica que te atraen las personas que pueden hacerte pasarlo bien. La riqueza material y la compatibilidad mental o emocional ya no son tan importantes como lo fueron en meses pasados. Te inclinas hacia la persona que te da «diversión». En este periodo encuentras el amor en los lugares habituales, clubes, balnearios, lugares de diversión nocturna. Los hijos o figuras filiales hacen de Cupido en este periodo. Tu planeta del amor viaja con Júpiter del 19 al 22 y esto trae importantes encuentros amorosos u oportunidades.

Después del 21 el amor es más serio, más emocional, más íntimo. Tú y tu pareja estáis más «temperamentales» en el amor; cuando hay buen humor el amor es maravilloso, cuando hay mal humor el amor es de pesadilla. El problema no está en la relación, sino en el estado anímico. Esfuérzate en mantenerlo positivo.

Aunque tu casa doce no está fuerte este mes, el periodo sigue siendo muy espiritual; Saturno, tu planeta de la espiritualidad, recibe mucha estimulación positiva; por lo tanto hay mucho adelanto espiritual, en especial más avanzado el mes; hay muchas experiencias de tipo sobrenatural también.

Julio

Mejores días en general: 4, 5, 6, 14, 15, 23, 24
Días menos favorables en general: 2, 3, 9, 10, 11, 17, 29, 30
Mejores días para el amor: 1, 7, 8, 9, 10, 11, 17, 18, 19, 20, 27, 29, 30
Mejores días para el dinero: 7, 8, 16, 17, 25, 26
Mejores días para la profesión: 2, 3, 12, 13, 17, 21, 22, 29, 30

Desde el 21 del mes pasado el elemento agua está extraordinariamente prominente; el 60 y a veces el 70 por ciento de los planetas o están en signos de agua o transitan por ellos. Esta es la situación hasta el 22 de este mes. En febrero y marzo experimentaste este tipo de energía; las personas están orientadas a los sentimientos y si deseas conectar con ellas tienes que entrar en ese plano; la razón, la lógica, los asuntos prácticos significan muy poco; lo que importa es el estado anímico, el sentimiento del momento. El mundo te necesita terriblemente en este periodo, necesita personas racionales. Ten presente lo que hablamos sobre esto en febrero y marzo; sé más sensible a los sentimientos de los demás; ten cuidado con el tono de voz, el lenguaje corporal y las expresiones faciales; las personas tenderán a reaccionar exageradamente a estas cosas; tu lógica es necesaria, pero preséntala de forma sensible, no hiriente.

El 21 del mes pasado se hizo poderosa tu sexta casa, y continuará poderosa el resto del año, pero en especial hasta el 22 de este mes. Este es buen periodo si buscas trabajo; se presentan oportunidades de trabajos soñados; estás en ánimo para el trabajo, deseas ser productivo y por lo tanto hay éxito. Te llegan nuevas tecnologías que te capacitan para ser más productivo en el trabajo. Este es un buen mes también si eres empleador; aumenta la fuerza laboral y la calidad de los trabajadores es buena. Este es otro indicador de éxito financiero; normalmente las empresas que van mal no contratan nuevos empleados.

La finanzas continúan excelentes: repasa lo que dijimos el mes pasado. Podría haber retrasos, pero se consiguen los objetivos financieros. La pregunta es ¿adónde vas desde aquí? ¿Cómo es la vida en un estado «posriqueza»? Te conviene comenzar a pensar en estas cosas después del 17, ya que ese día Urano inicia movimiento retrógrado.

El poder planetario ha estado en tu sector occidental desde el 19 de abril. Este mes los planetas están en su posición occidental máxima. El 22 se hace muy fuerte tu séptima casa, la del amor, y entras en una cima amorosa y social anual. Este es un periodo para anteponer a los demás, para tomarte unas vacaciones de tu yo y de tus deseos personales; para dejar que ocurra tu bien en lugar de intentar forzarlo con tu esfuerzo personal. Al hacer esto descubrirás que tu bien te llega de forma muy agradable y natural. El amor es feliz después del 22; estás en armonía con el ser amado. Si estás soltero o soltera y sin compromiso, conoces a personas que te inspiran un interés romántico; de boda hay más probabilidades el próximo año que este, pero conoces a personas que son «material para matrimonio», personas con las que considerarías la posibilidad de casarte.

Antes del 22 el amor se ve difícil. No hay sintonía entre tú y el ser amado. Has experimentado muchas veces estas situaciones; no es un problema de larga duración; transige, cede, mientras esto no sea destructivo; deja que el ser amado se salga con la suya; no hay ninguna necesidad de empeorar más las cosas.

Agosto

Mejores días en general: 1, 2, 10, 11, 12, 19, 20, 28, 29
Días menos favorables en general: 6, 7, 13, 14, 25, 26, 27
Mejores días para el amor: 6, 7, 8, 9, 15, 16, 19, 25, 26
Mejores días para el dinero: 3, 13, 14, 21, 22, 30, 31
Mejores días para la profesión: 8, 13, 14, 17, 25, 26

Tómate las cosas con calma el 1 y el 2, ya que Marte está en cuadratura con Urano; conduce con más prudencia, evita los enfrentamientos y las situaciones que entrañen riesgo; controla tu genio. Las personas y tú estáis más propensos a reaccionar exageradamente a las cosas. La comunicación es más difícil estos días, ten paciencia.

Hasta el 22 continúas en una cima amorosa y social anual. Es un buen periodo para conseguir tus objetivos sociales. Se presentan felices oportunidades sociales. Sea cual sea tu estado civil y estés o no en una relación, asistes a más fiestas y reuniones en este periodo. Si estás soltero o soltera tienes más citas. De boda hay más probabilidades el año que viene, pero ahora te estás preparando.

La salud se tornó más delicada el 22 del mes pasado y continúa delicada este mes hasta el 22. Descansa y relájate más; pasa más tiempo en el balneario de salud; que te hagan más masajes. Fortalece la salud de las maneras explicadas en las previsiones para el año. Afortunadamente prestas más atención a tu salud en este periodo y eso es una señal positiva. Después del 22 se normalizan la energía y la vitalidad.

Del 4 al 13 y del 18 al 25 se ponen a prueba las amistades; ten más paciencia con los amigos, es probable que estén más temperamentales. Los problemas en la relación de amistad (comportamiento extraño) podrían deberse a acontecimientos que ocurren en la vida de los amigos, no a ti. También se ponen a prueba los aparatos de alta tecnología. Verifica que estén actualizados tus programas antivirus y antipirateo. A veces se descubren defectos en los aparatos y es necesario reemplazarlos; a veces no hay ningún defecto, simplemente el equipo está más temperamental.

Continúas en un ciclo financiero muy próspero. A veces el exceso de oportunidades, el exceso de dinero, es difícil, confunde. Este parece ser tu problema en este periodo. Continúa trabajando en conseguir claridad mental acerca de las finanzas. Las cosas están mejor de lo que te parecen.

El 22 el cónyuge, pareja o ser amado actual entra en una cima financiera anual y es probable que sea más generoso contigo. Ya cuentas con el favor financiero de las amistades. Del 22 al 27 hay un desacuerdo con el ser amado sobre las finanzas, pero es de corta duración; al final es más generoso.

Si buscas trabajo tienes excelentes aspectos.

Septiembre

Mejores días en general: 7, 8, 15, 16, 24, 25, 26
Días menos favorables en general: 2, 3, 9, 10, 22, 23, 29, 30
Mejores días para el amor: 2, 3, 4, 5, 8, 13, 14, 17, 18, 24, 27, 28, 29, 30
Mejores días para el dinero: 1, 9, 10, 17, 18, 19, 27, 28
Mejores días para la profesión: 4, 5, 9, 10, 13, 14, 22, 23

El 22 de julio el poder planetario se trasladó de la mitad inferior de tu carta a la superior; el 28 del mes pasado el cambio se hizo más fuerte, pues Marte pasó a la mitad superior. Es de esperar que en los meses pasados hayas puesto cierto orden en tu base hogareña. Estás en tu punto de armonía emocional; ahora puedes pasar tu energía a tus objetivos profesionales, externos. Durante lo que va de año se han estado preparando cambios en la profesión y es muy probable que ocurran en los próximos meses. Después del 11 la familia se ve más favorable a tus objetivos profesionales; después de esta fecha también se eleva la posición de la familia en su conjunto. La familia sigue siendo ultra importante en este periodo, pero la sirves mejor triunfando en el mundo externo.

El sector occidental o social de tu carta sigue estando más fuerte que el oriental, así que continúa cultivando tus dotes sociales y evita la voluntariedad o imponerte de forma indebida; sigues necesitando la colaboración de los demás para conseguir tus objetivos.

El 22 del mes pasado se hizo poderosa tu octava casa y continúa fuerte hasta el 22 de este mes. Este es un periodo activo sexualmente. El cónyuge, pareja o ser amado actual prospera. Es un buen periodo para pagar deudas y para contraerlas si lo necesitas. Es un buen mes para regímenes de desintoxicación en todos los planos: físico, emocional y mental.

La muerte no es un tema agradable; tendemos a evitar pensar en ella. Pero cuando está fuerte la octava casa esto es inevitable; nos visita el ángel de la muerte. Normalmente no viene a llevarte sino sólo a recordarte que está ahí; tiene sus maneras de hacer esto. A veces ocurre una muerte en la familia, o muere un socio de negocios o una persona amiga; a veces hay una experiencia de casi muerte; a veces la persona sueña con parientes o seres queridos difuntos. A veces recurren a un medium para comunicarse con parientes difuntos. Se produce un proceso educativo sobre la muerte; en último término este proceso es bueno.

El amor es más difícil este mes. Tú y el ser amado estáis en lados opuestos del Universo. Te ves más distante en este periodo, en especial después del 22. El distanciamiento no significa necesariamente ruptura ni separación, pero si permites que continúe, puede llevar a eso. Tu reto es zanjar las diferencias; ver que el punto de vista opuesto es válido, e incluso complementa tu posición. Si logras hacer esto, tu relación será mejor que antes. En astrología, el opuesto es la pareja amorosa natural; en el plano espiritual (aunque no en el plano psíquico mortal) nos enamoramos de nuestro opuesto. En los planos superiores hay un reconocimiento de la unidad esencial de los opuestos.

Del 15 al 17 es necesario proteger de cualquier daño a los hijos o figuras filiales de tu vida; deben conducir con más prudencia y evitar las situaciones peligrosas. No es aconsejable un viaje al extranjero estos días.

Octubre

Mejores días en general: 4, 5, 13, 14, 22, 23, 31
Días menos favorables en general: 1, 6, 7, 19, 20, 27, 28
Mejores días para el amor: 1, 4, 5, 7, 8, 13, 14, 17, 18, 23, 24, 27, 28
Mejores días para el dinero: 6, 7, 15, 16, 24, 25
Mejores días para la profesión: 2, 3, 6, 7, 11, 12, 19, 20, 29, 30

Hay muchos cambios este mes. Es un periodo hiperactivo, frenético.

El 18 hay un eclipse lunar que ocurre en tu tercera casa. Se ponen a prueba los coches y el equipo de comunicación; conduce con más prudencia y precaución en ese periodo. Ten más paciencia con los hermanos o figuras fraternas, ya que es probable que estén más temperamentales; les ocurren hechos dramáticos, de aquellos que cambian la vida. Todos los eclipses lunares tienden a traer cambios laborales y cambios en el programa de salud, y este no es diferente. Si eres empleador, observas cambios en los empleados en ese periodo; podrían no ser cambios, sino acontecimientos dramáticos que ocurren en la vida de los empleados; ten más paciencia con ellos también; es posible que afloren viejos resentimientos soterrados, para que se puedan corregir.

Este eclipse afecta a Júpiter, tu planeta de las amistades, por lo tanto estas pasan por pruebas; las personas amigas están más temperamentales y podrían tener comportamientos extraños. Paciencia, paciencia, paciencia. Se ponen a prueba tus artilugios de alta tecnología, y es probable que se porten de modo temperamental; según mi experiencia, las energías dinámicas generadas por un eclipse suelen afectar a los objetos físicos. A veces el problema es sólo temporal, pero a veces es necesario reemplazar el equipo.

El otro titular de este mes es la profesión; es un mes hiperactivo y muy volátil; la profesión se ve inestable; la jerarquía de la empresa e industria se ve inestable. Las reglas del juego podrían cambiar drásticamente. Lo bueno es que este mes estás muy concentrado en la profesión, sobre todo después del 23. Este día entras en una cima profesional anual. Tienes la atención en la profesión y la atención lleva al éxito. Estás dispuesto a hacer frente a las diversas dificultades que surjan. La relación con un jefe podría ser mucho mejor; lo mismo vale para tu relación con un progenitor o figura parental. Las relaciones con el gobierno tampoco son fabulosas; si tienes pendiente algún asunto con un organismo gubernamental, reprográmalo para una ocasión mejor, retrásalo el mayor tiempo posible.

La situación amorosa es muy similar a la que explicamos el mes pasado; sigue habiendo mucho distanciamiento entre tú y el ser amado. Esta persona parece estar «por encima» de ti, dando las órdenes, al mando; a veces esto es difícil de llevar. Por otro lado, esta persona apoya tus objetivos profesionales. Después del 22 se reduce la tensión en el amor, pero seguís muy distanciados; es como si vivierais vidas diferentes.

Pese a todos los retos, prosperas. Las finanzas van bien todo el mes, pero en especial después del 22. El ser amado te apoya mucho financieramente; las amistades también. Entra el dinero, pero necesitas continuar trabajando en conseguir claridad mental; tu planeta del dinero sigue retrógrado.

Noviembre

Mejores días en general: 1, 9, 10, 18, 19, 28, 29
Días menos favorables en general: 3, 4, 16, 17, 23, 24, 30
Mejores días para el amor: 3, 4, 7, 11, 12, 16, 17, 23, 24, 26, 27
Mejores días para el dinero: 3, 4, 11, 12, 20, 21, 22, 30
Mejores días para la profesión: 3, 4, 7, 8, 16, 17, 25, 26, 30

La profesión sigue siendo el principal titular este mes; la inestabilidad llega a su punto crítico. El 3 hay un eclipse solar que ocurre en tu décima casa, la de la profesión. Algo está a punto de explotar. Los retumbos a lo largo del año, y el mes pasado, llegan a su punto más alto. No sólo hay cambios en tu profesión, sino también en la empresa e industria. Procura no empeorar las cosas. Ocurra lo que ocurra, sigues teniendo excelentes perspectivas este mes y el resto del año. Ten más paciencia con los jefes, los padres y las figuras parentales; hay dramas en sus vidas; estas personas deben evitar las actividades arriesgadas en este periodo. Este eclipse pone a prueba el amor; esto no significa necesariamente divorcio o ruptura; las buenas relaciones sobreviven a estas cosas, pero las defectuosas tienden a disolverse: sería más adecuado decir a explotar. El Cosmos desea lo mejor para ti (y para tu pareja también), así que el eclipse tiende a hacer explotar cualquier cosa inferior a la perfección. Este eclipse hace impacto en Saturno, tu planeta de la espiritualidad; por lo tanto, hay cambios en tu actitud y práctica espirituales. Tu gurú o figura de mentor pasa por experiencias dramáticas; hay trastornos o reestructuración en una organización benéfica o espiritual a la que perteneces. Saturno nos da nuestra sensación de seguridad y estabilidad, por lo tanto en este periodo te sientes menos seguro, se interrumpe la rutina de tu vida. Esto acabará y establecerás una rutina mejor, pero mientras tanto es desagradable.

Sigues en una cima profesional anual, así que estás muy concentrado en la profesión; pese a todas las dificultades y crisis, tienes éxito, pero todo lo ganas con «el sudor de la frente».

La salud está más delicada desde el 23 del mes pasado y continúa delicada hasta el 22 de este mes. Es necesario reducir las actividades, sobre todo durante el periodo del eclipse. Fortalece la salud de las maneras explicadas en las previsiones para el año. Vas a estar muy ocupado, pero prográmate periodos de descanso siempre que sea posible.

Pese a todos los retos, las finanzas continúan excelentes. Nada de esto toca la prosperidad; tu planeta del dinero retoma el movimiento directo el 13, lo que es otra buena señal. Llega la claridad mental; después del 13 no habrá riesgo en llevar a cabo los nuevos planes financieros. Del 22 al 26 hay un desacuerdo con el ser amado acerca de las finanzas, pero es de corta duración; pasa rápido.

El amor mejora después del 22; hay armonía con el ser amado. Si estás soltero o soltera y sin compromiso, conoces a una pareja romántica; el 30 se ve un día especialmente bueno para esto. Del 4 al 7 esfuérzate en proyectar más afecto y simpatía hacia los demás; podrías manifestar frialdad sin darte cuenta. El 22 tu planeta del amor entra en tu casa once; esto indica oportunidades amorosas *online*, a través de los sitios de servicio de contactos y conexión social; también indica que las oportunidades románticas se presentan cuando estás participando en actividades en grupo y organizaciones. Desde el 23 del mes pasado te atraen «personas poderosas», personas encumbradas; el poder ha sido el afrodisiaco; pero a partir del 22 deseas amistad con el ser amado, no deseas un jefe sino un amigo.

Diciembre

Mejores días en general: 6, 7, 15, 16, 17, 25, 26
Días menos favorables en general: 1, 13, 14, 20, 21, 22, 28, 29
Mejores días para el amor: 2, 3, 4, 5, 11, 12, 13, 14, 20, 21, 22, 23, 24
Mejores días para el dinero: 1, 8, 9, 18, 19, 28, 29
Mejores días para la profesión: 1, 4, 5, 13, 14, 23, 24, 28, 29

El 23 de octubre el poder planetario se trasladó a tu sector oriental; ahora el cambio es más fuerte aún. Estás, pues, en un periodo de independencia personal que se hará aun más fuerte en los próximos meses. El objetivo del Cosmos es un desarrollo equilibrado; a veces es importante la autosuficiencia y la iniciativa personal; a veces es bueno lo que llamamos «egoísmo». A veces necesitamos anteponer los intereses de los demás a los nuestros. Ninguna de las dos posiciones es absolutamente correcta siempre. No podemos actuar en beneficio de los demás a menos que estemos fuertes y seamos autosuficientes. La persona débil no hace un gran servicio a los demás. Este es un periodo para ejercer tu poder y crearte la vida que deseas vivir. Parece egoísmo; te ocupas de tus asuntos y cuidas de ti, del número uno; cuando estés saciado, serás más eficaz en bien de los demás. Es cuestión de énfasis.

El 22 del mes pasado se hizo fuerte tu casa once, que sigue poderosa hasta el 21. Este es el cielo de Acuario; el jardín del Edén, el Shambala o Shangri-lá. Tienes que hacer las cosas que más te gusta hacer, en las que eres bueno. Esto significa un mes de éxito.

La casa once va de amistad, grupos y actividades en grupo. Es un mes social, pero no lo social relacionado con la séptima casa. La casa once va de amistad de la mente; la siete de la amistad del corazón. La casa once va de relaciones no comprometidas; cada persona es libre, nadie tiene obligaciones hacia nadie. Te reúnes con personas de intereses y mentalidad similares, disfrutas de la compañía mutua, conectas y luego te vas a casa a ocuparte de tus actividades normales. Las relaciones son mentales, no emocionales.

Con tu planeta del amor en tu casa once hasta el 21, estas amistades de la mente tienen posibilidades de avanzar. Tal vez una relación amorosa comienza siendo así, pero acaba siendo mucho más. Hasta el 21 los grupos y las actividades en grupo siguen siendo escenarios para el romance. Repasa lo que dijimos el mes pasado.

La casa once está relacionada con la alta tecnología, otro punto fuerte Acuario. Este es un buen mes para aumentar tus conocimientos en este tema. La velocidad del cambio es vertiginosa en este periodo, y siempre hay algo más para aprender.

Este ha sido un año de progreso espiritual para ti, y después del 21 hay más en reserva. Es un periodo espiritual. Todas las actividades de tipo espiritual prosperan en este perioso: meditación, oración, trabajo en obras benéficas. Incluso el amor te llega cuando estás dedicado a tu camino espiritual: en lugares espirituales y con personas espirituales. El amor se ve algo tenso en este periodo; ten más paciencia con el ser amado.

Piscis

♓

Los Peces
Nacidos entre el 19 de febrero y el 20 de marzo

Rasgos generales

PISCIS DE UN VISTAZO
Elemento: Agua

Planeta regente: Neptuno
 Planeta de la profesión: Júpiter
 Planeta del amor: Mercurio
 Planeta del dinero: Marte
 Planeta del hogar y la vida familiar: Mercurio

Colores: Verde mar, azul verdoso
 Colores que favorecen el amor, el romance y la armonía social: Tonos ocres, amarillo, amarillo anaranjado
 Colores que favorecen la capacidad de ganar dinero: Rojo, escarlata

Piedra: Diamante blanco

Metal: Estaño

Aroma: Loto

Modo: Mutable (= flexibilidad)

Cualidad más necesaria para el equilibrio: Estructura y capacidad para manejar la forma

Virtudes más fuertes: Poder psíquico, sensibilidad, abnegación, altruismo

Necesidades más profundas: Iluminación espiritual, liberación

Lo que hay que evitar: Escapismo, permanecer con malas compañías, estados de ánimo negativos

Signos globalmente más compatibles: Cáncer, Escorpio

Signos globalmente más incompatibles: Géminis, Virgo, Sagitario

Signo que ofrece más apoyo laboral: Sagitario

Signo que ofrece más apoyo emocional: Géminis

Signo que ofrece más apoyo económico: Aries

Mejor signo para el matrimonio y/o las asociaciones: Virgo

Signo que más apoya en proyectos creativos: Cáncer

Mejor signo para pasárselo bien: Cáncer

Signos que más apoyan espiritualmente: Escorpio, Acuario

Mejor día de la semana: Jueves

La personalidad Piscis

Si los nativos de Piscis tienen una cualidad sobresaliente, esta es su creencia en el lado invisible, espiritual y psíquico de las cosas. Este aspecto de las cosas es tan real para ellos como la dura tierra que pisan, tan real, en efecto, que muchas veces van a pasar por alto los aspectos visibles y tangibles de la realidad para centrarse en los invisibles y supuestamente intangibles.

De todos los signos del zodiaco, Piscis es el que tiene más desarrolladas las cualidades intuitivas y emocionales. Están entregados a vivir mediante su intuición, y a veces eso puede enfurecer a otras personas, sobre todo a las que tienen una orientación material, científica o técnica. Si piensas que el dinero, la posición social o el éxito mundano son los únicos objetivos en la vida, jamás comprenderás a los Piscis.

Los nativos de Piscis son como los peces en un océano infinito de pensamiento y sentimiento. Este océano tiene muchas profundidades, corrientes y subcorrientes. Piscis anhela las aguas más puras, donde sus habitantes son buenos, leales y hermosos, pero a veces se ve empujado hacia profundidades más turbias y malas. Los Piscis saben que ellos no generan pensamientos sino que sólo sintonizan con pensamientos ya existentes; por eso buscan las aguas más puras. Esta capacidad para sintonizar con pensamientos más elevados los inspira artística y musicalmente.

Dado que están tan orientados hacia el espíritu, aunque es posible que muchos de los que forman parte del mundo empresarial lo oculten, vamos a tratar este aspecto con más detalle, porque de otra manera va a ser difícil entender la verdadera personalidad Piscis.

Hay cuatro actitudes básicas del espíritu. Una es el franco escepticismo, que es la actitud de los humanistas seculares. La segunda es una creencia intelectual o emocional por la cual se venera a una figura de Dios muy lejana; esta es la actitud de la mayoría de las personas que van a la iglesia actualmente. La tercera no solamente es una creencia, sino una experiencia espiritual personal; esta es la actitud de algunas personas religiosas que han «vuelto a nacer». La cuarta es una unión real con la divinidad, una participación en el mundo espiritual; esta es la actitud del yoga. Esta cuarta actitud es el deseo más profundo de Piscis, y justamente este signo está especialmente cualificado para hacerlo.

Consciente o inconscientemente, los Piscis buscan esta unión con el mundo espiritual. Su creencia en una realidad superior los hace muy tolerantes y comprensivos con los demás, tal vez demasiado. Hay circunstancias en su vida en que deberían decir «basta, hasta aquí hemos llegado», y estar dispuestos a defender su posición y presentar batalla. Sin embargo, debido a su carácter, cuesta muchísimo que tomen esa actitud.

Básicamente los Piscis desean y aspiran a ser «santos». Lo hacen a su manera y según sus propias reglas. Nadie habrá de tratar de imponer a una persona Piscis su concepto de santidad, porque esta siempre intentará descubrirlo por sí misma.

Situación económica

El dinero generalmente no es muy importante para los Piscis. Desde luego lo necesitan tanto como cualquiera, y muchos consiguen amasar una gran fortuna. Pero el dinero no suele ser su objetivo principal. Hacer las cosas bien, sentirse bien consigo mismos, tener paz mental, aliviar el dolor y el sufrimiento, todo eso es lo que más les importa.

Ganan dinero intuitiva e instintivamente. Siguen sus corazonadas más que su lógica. Tienden a ser generosos y tal vez excesivamente caritativos. Cualquier tipo de desgracia va a mover a un Piscis a dar. Aunque esa es una de sus mayores virtudes, deberían prestar más atención a sus asuntos económicos, y tratar de ser más selectivos con las personas a las que prestan dinero, para que no se aprovechen de ellos. Si dan dinero a instituciones de beneficencia, deberían preocuparse de comprobar que se haga un buen uso de su contribución. Incluso cuando no son ricos gastan dinero en ayudar a los demás. En ese caso habrán de tener cuidado: deben aprender a decir que no a veces y ayudarse a sí mismos primero.

Tal vez el mayor obstáculo para los Piscis en materia económica es su actitud pasiva, de dejar hacer. En general les gusta seguir la corriente de los acontecimientos. En relación a los asuntos económicos, sobre todo, necesitan más agresividad. Es necesario que hagan que las cosas sucedan, que creen su propia riqueza. Una actitud pasiva sólo causa pérdidas de dinero y de oportunidades. Preocuparse por la seguridad económica no genera esa seguridad. Es necesario que los Piscis vayan con tenacidad tras lo que desean.

Profesión e imagen pública

A los nativos de Piscis les gusta que se los considere personas de riqueza espiritual o material, generosas y filántropas, porque ellos admiran lo mismo en los demás. También admiran a las personas dedicadas a empresas a gran escala y les gustaría llegar a dirigir ellos mismos esas grandes empresas. En resumen, les gusta estar conectados con potentes organizaciones que hacen las cosas a lo grande.

Si desean convertir en realidad todo su potencial profesional, tendrán que viajar más, formarse más y aprender más sobre el mundo real. En otras palabras, para llegar a la cima necesitan algo del incansable optimismo de Sagitario.

Debido a su generosidad y su dedicación a los demás, suelen elegir profesiones que les permitan ayudar e influir en la vida de otras personas. Por eso muchos Piscis se hacen médicos, enfermeros, asistentes sociales o educadores. A veces tardan un tiempo en saber lo que realmente desean hacer en su vida profesional, pero una vez que encuentran una profesión que les permite manifestar sus intereses y cualidades, sobresalen en ella.

Amor y relaciones

No es de extrañar que una persona tan espiritual como Piscis desee tener una pareja práctica y terrenal. Los nativos de Piscis prefieren una pareja que sea excelente para los detalles de la vida, porque a ellos esos detalles les disgustan. Buscan esta cualidad tanto en su pareja como en sus colaboradores. Más que nada esto les da la sensación de tener los pies en la tierra.

Como es de suponer, este tipo de relaciones, si bien necesarias, ciertamente van a tener muchos altibajos. Va a haber malentendidos, ya que las dos actitudes son como polos opuestos. Si estás enamorado o enamorada de una persona Piscis, vas a experimentar esas oscilaciones y necesitarás mucha paciencia para ver las cosas estabilizadas. Los Piscis son de humor variable y difíciles de entender. Sólo con el tiempo y la actitud apropiada se podrán conocer sus más íntimos secretos. Sin embargo, descubrirás que vale la pena cabalgar sobre esas olas, porque los Piscis son personas buenas y sensibles que necesitan y les gusta dar afecto y amor.

Cuando están enamorados, les encanta fantasear. Para ellos, la fantasía es el 90 por ciento de la diversión en la relación. Tienden a idealizar a su pareja, lo cual puede ser bueno y malo al mismo tiempo. Es malo en el sentido de que para cualquiera que esté enamorado de una persona Piscis será difícil estar a la altura de sus elevados ideales.

Hogar y vida familiar

En su familia y su vida doméstica, los nativos de Piscis han de resistir la tendencia a relacionarse únicamente movidos por sus sentimientos o estados de ánimo. No es realista esperar que la pareja o los demás familiares sean igualmente intuitivos. Es necesario que haya más comunicación verbal entre Piscis y su familia. Un intercambio de ideas y opiniones tranquilo y sin dejarse llevar por las emociones va a beneficiar a todos.

A algunos Piscis suele gustarles la movilidad y el cambio. Un exceso de estabilidad les parece una limitación de su libertad. Detestan estar encerrados en un mismo lugar para siempre.

El signo de Géminis está en la cuarta casa solar de Piscis, la del hogar y la familia. Esto indica que los Piscis desean y necesitan un ambiente hogareño que favorezca sus intereses intelectuales y mentales. Tienden a tratar a sus vecinos como a su propia familia, o como a parientes. Es posible que algunos tengan una actitud doble hacia el hogar y la familia; por una parte desean contar con el apoyo emocional de su familia, pero por otra, no les gustan las obligaciones, restricciones y deberes que esto supone. Para los Piscis, encontrar el equilibrio es la clave de una vida familiar feliz.

Horóscopo para el año 2013*

Principales tendencias

Pasar por el periodo de 2008 a 2010 y haber salido con la salud y la cordura intactas fue una consecución importante, Piscis. Si estás bien para leer esto, date una palmadita en la espalda. Las cosas son muchísimo más fáciles ahora. Que lo disfrutes.

En los últimos años han ocurrido muchos cambios importantes y positivos. Neptuno, tu planeta regente, entró en tu signo; esto da mucho glamur a la imagen, una belleza de tipo no terrenal. Da más confianza en ti mismo y autoestima también. Todo tu cuerpo se eleva con las vibraciones. Hablaremos más de esto.

En 2011 Urano entró en tu casa del dinero, trayendo mucho cambio, cambios drásticos, a tu vida financiera, a tus inversiones, a tu actitud hacia el dinero y a tu forma de ganarlo. Volveremos sobre este tema.

Júpiter está en tu cuarta casa desde junio del año pasado, y continuará ahí hasta el 27 de junio de este año. Hay, pues, o mudanza o renovación de la casa y ampliación del círculo familiar. Todo muy feliz.

El 27 de junio Júpiter entra en tu quinta casa. Esto indica un feliz periodo de diversión, unas vacaciones cósmicas. Comienzas a experimentar las alegrías de la vida. Este aspecto también trae suerte en las especulaciones. Si estás en edad de concebir, estás más fértil de lo habitual en ese periodo.

Saturno entró en tu novena casa a finales del año pasado, en octubre, y continuará en ella otros dos años. Este es un periodo difícil si eres estudiante, en especial si estás cursando estudios universitarios o de posgrado. Tienes que trabajar mucho más de lo habitual en tus estudios; no te llegan rachas de suerte, sólo el mérito te consigue el éxito. Si no eres estudiante, la presencia de Saturno en la novena casa indica una puesta a prueba en las creencias, una reorgani-

---

* Las previsiones de este libro se basan en el Horóscopo Solar y todos los signos que derivan de él; tu Signo Solar se convierte en el Ascendente, y las casas se numeran a partir de él. Tu horóscopo personal, el trazado concretamente para ti (según la fecha, hora y lugar exactos de tu nacimiento) podrían modificar lo que decimos aquí. Joseph Polansky

zación de la mente superior. Generalmente esto lleva a «crisis de fe».

Las facetas de mayor interés para ti este año son: el cuerpo y la imagen; las finanzas; el hogar y la familia (hasta el 27 de junio); los hijos, la diversión, la creatividad (a partir del 27 de junio); la religión, la filosofía, la metafísica, los viajes al extranjero; las amistades, los grupos, las actividades en grupo.

Los caminos hacia tu mayor realización este año son: el hogar y la familia (hasta el 27 de junio); la diversión, los hijos y la creatividad (después del 27 de junio); la religión, la filosofía, la metafísica y los viajes al extranjero.

Salud

(Ten en cuenta que esta es una perspectiva astrológica de la salud, no una médica. Antaño no había ninguna diferencia, ambas eran idénticas, pero en esta época podrían diferir muchísimo. Para una perspectiva médica, por favor, consulta a tu médico o a otro profesional de la salud.)

Ahora que Saturno, Urano y Plutón han salido de sus aspectos desfavorables, la salud está mucho mejor que los años anteriores. El periodo 2008-2010 fue especialmente delicado. Este año sólo un planeta lento está en aspecto desfavorable contigo, y sólo hasta el 27 de junio. Pasado el 27 de junio todos los planetas lentos o estarán en aspectos armoniosos (la mayoría) o te dejarán en paz. La salud es buena este año y será mejor aún después del 27 de junio. La sexta casa vacía confirma la buena salud; no necesitas prestarle mucha atención puesto que no hay nada mal.

Sin duda a lo largo del año habrá periodos en que la salud será «menos fácil»; la causa de esto serán los tránsitos de los planetas rápidos, pero son cosas temporales, no tendencias para el año. Cuando acaba el tránsito difícil, vuelve la buena salud normal.

Por buena que sea tu salud siempre puedes mejorarla más aún. Da más atención al corazón y a los pies. Estas zonas son siempre importantes para ti. El masaje periódico en los pies es una excelente terapia y especialmente potente para ti. Respondes a esto mejor que la mayoría. Los baños de pies, hidromasaje, también son muy potentes para ti. Hay muchos aparatos para esto en el mercado y podría convenirte invertir en uno. Evita la preocupación y la ansiedad, las dos emociones que son las causas principales de los problemas cardiacos.

Dado que estas son las zonas más vulnerables este año, si hubiera algún problema, probablemente comenzaría en ellas. Así pues, mantenerlas sanas y en forma es una buena medicina preventiva.

La otra tendencia importante para la salud es la presencia de Neptuno en tu signo; entró el año pasado. Esto indica refinamiento del cuerpo físico; se eleva en vibraciones, como hemos dicho; se sensibiliza más. Por lo tanto, hábitos dietéticos que nunca te han causado molestias en el pasado, podrían causártelas ahora. Se hace necesaria una dieta más refinada. Jamás es aconsejable abusar del alcohol o las drogas, y esto es especialmente cierto para los nativos de Piscis; pero ahora, teniendo a Neptuno en tu signo, es menos aconsejable aún. Esta nueva sensibilidad podría fácilmente hacerte reaccionar exageradamente a estas cosas.

He observado que las personas sensibles reaccionan incluso a cosas como los pesticidas e insecticidas. Normalmente estos productos son necesarios, pero podría convenirte cambiar a productos más biológicos u orgánicos; algo que sea más natural para el organismo.

Piscis es el más «adivino» de todos los signos, aunque Escorpio no se queda atrás. Piscis es capaz de captar un mal pensamiento y reaccionar a él; la persona que está con un nativo de Piscis y desea una buena relación debe practicar un estricto control mental. Pues ahora esta sensibilidad aumenta muchísimo; ahora se vuelve «física» y tangible. Sentirás las vibraciones sutiles en el cuerpo. Si experimentas malestar o dolor, una sensación extraña en el cuerpo, es posible que esto no proceda de ti, sino que lo captas del entorno, de personas que están contigo o cerca, o de personas con las que estás conectado espiritualmente. Debes guardarte mucho de no «identificarte» con estas sensaciones. Si lo haces tendrás todo tipo de aventuras médicas innecesarias. Considera tu cuerpo un «instrumento de medida», como los indicadores de tu coche; el cuerpo simplemente «registra» ciertas sensaciones, pero «no es» la sensación. Sepárate de estas sensaciones. Sí, las sientes, pero no son tú.

El Sol es tu planeta de la salud. Como sin duda saben nuestros lectores, es un planeta de movimiento rápido; en un año transita por todos los signos y casas del horóscopo. Por lo tanto, hay muchas tendencias a corto plazo en la salud, según dónde este el Sol y los aspectos que reciba, que es mejor tratar en las previsiones mes a mes.

Hogar y vida familiar

Esta es una importantísima faceta de la vida este año, un gran foco de atención. Y no sólo porque Júpiter ocupa esta casa hasta el 27 de junio, sino también porque es el planeta de la profesión el que está en esa casa: Júpiter es tu planeta de la profesión. Podríamos decir que tu misión espiritual este año es poner en el orden correcto el hogar, la vida doméstica y familiar. Hasta el 27 de junio esta es tu principal prioridad.

Sin duda tendrás éxito en esto; Júpiter es un planeta benévolo y te ayudará.

Como hemos dicho, podría haber habido mudanza el año pasado, y si no, podría haberla este año. Muchas veces la persona no se muda, sino que o bien compra una segunda o tercera casa o renueva o amplía la suya. El efecto neto es el mismo; es como si se hubiera mudado.

Júpiter en la cuarta casa indica ampliación del círculo familiar. Por lo general, esto ocurre por nacimiento, matrimonio o la entrada en el cuadro de personas que son como familiares para ti. Si estás en edad de concebir, estás más fértil en este periodo.

Hay buen apoyo familiar este año, emocional, financiero y de otro tipo.

La vida familiar es fundamentalmente feliz.

Este tránsito indica la prosperidad y el éxito de la familia en su conjunto. La familia se eleva de posición. Indica especialmente la prosperidad y generosidad de una figura parental.

El planeta de la profesión en la cuarta casa tiene interpretaciones mundanas además de las ya mencionadas. Indica que realizas tu profesión en casa; a veces indica que la casa es la sede de un trabajo o negocio. Aun en el caso de que trabajes en una oficina que no está en casa, vas a hacer más trabajo desde casa. La casa se vuelve un lugar de trabajo o negocio, además de ser tu hogar.

Si los padres o figuras parentales están casados, la relación se ve mucho más feliz este año. Uno de los padres hace esfuerzos inauditos para dedicarse al otro. Si los padres o figuras parentales están solteros, hay romance serio este año. Este año no se ven probabilidades de mudanza para los padres o figuras parentales. Tampoco para los hermanos o figuras fraternas.

Los hijos o figuras filiales de tu vida tienen un año de tipo espiritual; hay mucho crecimiento y desarrollo interior. El crecimiento interior se hará evidente después del 27 de junio, cuando comiencen a prosperar y cojan todo tipo de rachas de buena suerte. Después de esta fecha entran en un ciclo de prosperidad.

Profesión y situación económica

Este año siguen en vigor muchas de las tendencias de las que hemos escrito los dos últimos años. Urano está en tu casa del dinero, donde continuará otros cinco años más o menos. Esto indica mucha experimentación en las finanzas: dar golpes en todas las direcciones; probar diferentes estrategias, salirse del camino trillado, aprender lo que da resultado probando y equivocándose. Esto hace muy estimulante la vida financiera, no hay ni un solo momento aburrido, pero también puede poner a prueba tu fe. Pareces estar en territorio no explorado en este periodo.

En los dos últimos años has hecho cambios financieros drásticos, en tus inversiones, en tu manera de manejar el dinero, en tu manera de gastarlo y en tu manera de ganarlo. Es probable que este año continúen este tipo de cambios.

Urano rige la industria de la alta tecnología. Nuevos inventos, nuevas innovaciones. Así pues, estos sectores te atraen ahora, tienes buena percepción para ellos. Esto también indica lo importante que es para ti mantenerte al día en las últimas tecnologías. Sí, es caro, necesitas gastar en esto, pero es ultra importante en los ingresos.

Urano también rige el mundo *online*: sitios web, negocios *online*: estos también te atraen ahora.

Estás en un periodo de tu vida en que «lo de siempre» simplemente no da la talla; necesitas hacer cambios, hacer las cosas de otra manera. Recuerda: «Si sigues haciendo lo que has hecho siempre, ¿cómo puedes esperar resultados diferentes?» Si deseas resultados diferentes tienes que cambiar lo que haces.

Ocurre también que Urano es tu planeta de la espiritualidad. Por lo tanto su presencia en tu casa del dinero indica que vas a profundizar en la naturaleza espiritual, las dimensiones espirituales de la riqueza y el aprovisionamiento. Ahora bien, como eres Piscis ya entiendes muy bien estas cosas, pero ahora vas a profundizar en ellas. Tu reto en este periodo es acceder a las fuentes sobrenaturales del aprovisionamiento, no a las naturales.

Tu intuición suele ser buena. Eres tal vez el más intuitivo de todos los signos. Pero ahora, teniendo a Neptuno en tu signo y a tu planeta de la espiritualidad en la casa del dinero, tu intuición es más aguda aún. Síguela hacia la prosperidad; en esencia, es fiable (habrá ocasiones en que necesitará más verificación, por ejemplo cuando Neptuno o Urano estén retrógrados o reciban aspectos desfavorables, pero es fundamentalmente fiable).

Urano estará en cuadratura con Plutón la mayor parte del año; el aspecto será más exacto, por lo tanto más potente, en octubre y noviembre. Esto indica que es necesario estar atento a la legalidad de lo que haces en tus finanzas. Las gestiones importantes consúltalas con un abogado. Estudia más acerca de las consecuencias legales de lo que haces. Un poco de previsión te ahorrará muchos dolores de cabeza más adelante.

La profesión va así así en la primera parte del año. Como hemos dicho, en realidad esta parte va de poner en orden el hogar y la familia. Hay muchas probabilidades de un trabajo o negocio con sede en la casa. Si trabajas fuera, en una oficina, es probable que sigas trabajando aún más en casa. El 27 de junio Júpiter entra en Cáncer y comienza a formarle aspectos fabulosos a Neptuno, tu planeta regente. Esto indica mucho éxito profesional, elevación, en la segunda parte del año. Pero primero hay que poner en orden la vida familiar y la emocional. Lo que me gusta de este tránsito es que la profesión parece divertirte; disfrutas del camino profesional; la profesión podría entrañar actividades de diversión, deportivas o de ocio.

Amor y vida social

Este año no está poderosa tu séptima casa, la del amor y el matrimonio. Como saben nuestros lectores, la tendencia es entonces a que las cosas continúen como están. Hay satisfacción con las cosas como están y no hay un impulso especial para hacer cambios drásticos (pero si lo deseas, si te sientes muy motivado, tienes más libertad en esta faceta).

Los asuntos amorosos y sociales sencillamente no son muy importantes para ti este año; algunos años sí lo son. Necesitas centrar la atención en ti, en tus finanzas y en la situación familiar. Si estás soltero o soltera, este año estás en una fase de preparación para el amor. También la futura pareja está en fase de preparación. El momento oportuno es muy importante en los asuntos amorosos; tú y tu futura pareja del alma podríais cruzaros por la calle todos los días y no os reconoceríais, hasta que llegara el momento oportuno.

En tu carta no se ve matrimonio ni relaciones comprometidas este año. Estés casado o casada, soltero o soltera, tenderás a continuar como estás.

De todas formas, si estás soltero o soltera tendrás más citas, sin duda, y aventuras amorosas, en especial después del 27 de junio, cuando Júpiter entra en tu quinta casa. Pero estas no son relaciones serias, sólo para pasarlo bien.

Como hemos dicho, si estás en edad de concebir, estarás más fértil este año. A los prudentes les basta una palabra de aviso.

Las oportunidades de aventuras amorosas, si estás sin compromiso, se presentan en los lugares habituales: fiestas, balnearios, clubes, sitios de diversión. Este año tienes los aspectos para un romance de oficina, pero con jefes o superiores.

Mercurio es tu planeta del amor y, como saben nuestros lectores, es un planeta de movimiento muy rápido; en un año transita por todos los signos y casas del horóscopo. Por lo tanto, hay muchas tendencias a corto plazo en el amor, que es mejor tratar en las previsiones mes a mes.

Mercurio hace movimiento retrógrado tres veces al año; estos son periodos para ir lento en el amor, para hacer revisión de tu vida amorosa y social y ver en qué se puede mejorar; no son periodos para tomar decisiones importantes en el amor, ni en uno ni en otro sentido. Este año los periodos retrógrados de Mercurio son: del 23 de febrero al 17 de marzo; del 26 de junio al 20 de julio, y del 21 de octubre al 10 de noviembre. El amor tiende a complicarse en estos periodos también, así que procura tener más paciencia.

Progreso personal

En octubre del año pasado Saturno entró en tu novena casa, la de la religión y la metafísica, y continuará en ella los dos próximos años. Y además de eso, este año hay dos eclipses en tu novena casa, uno lunar el 25 de abril y uno solar el 3 de noviembre. Esta es una faceta de la vida que va a experimentar mucho cambio y ebullición.

Se ha escrito mucho acerca de la importancia de lo psíquico (estados de ánimo, sentimientos) en cuanto influencia en la vida. Pero no damos mucha importancia a nuestra religión, a nuestra filosofía de la vida, a la metafísica personal. Esto es curioso, porque en realidad los asuntos de la novena casa son mucho más poderosos que los de la cuarta casa. La religión personal, y toda persona tiene una, configura y moldea nuestra psicología. Los cambios en ella, y estos ocurren, cambian todas las facetas de la vida. Cada persona interpreta los acontecimientos de manera diferente y por lo tanto tiene diferentes reacciones psíquicas a ellos.

En los santuarios antiguos, Júpiter (o Zeus, como lo llamaban los griegos) era el rey de los cielos, el más elevado, superior, de todos los dioses. No es casualidad que sea el señor natural de la novena casa. Existe un paralelo en esto. Los asuntos de la novena casa controlan los asuntos de todas las otras casas.

Teniendo al severo Saturno, amante de la realidad, transitando por esta casa, se ponen a prueba tus creencias. Esto es bueno. Tus creencias van a pasar por una «terapia de realidad»; en tu vida ocurrirán cosas que estarán en contradicción con muchas cosas que crees, que considerabas axiomas. Esto te llevará a una revisión y reorganización de tus creencias. Algunas quedarán en la cuneta, descartadas; algunas serán revisadas, ajustadas; algunas, las verdaderas, quedarán tal como son. Al final tendrás una metafísica personal sólida, capaz de resistir las pruebas del tiempo.

Este es un buen año para prestar más atención a esto. Tratándose de asuntos filosóficos, la mejor terapia es la Luz. Cuando pases por una crisis de fe, y las habrá este año, ruega que te llegue la luz. No pares hasta que la recibas. Tienes derecho a ella, manténte firme en tus ruegos.

Ya hemos dicho que vas a profundizar en las dimensiones espirituales de la riqueza. Tal vez la lección más importante es discernir entre los aspectos «visibles, tangibles» de la riqueza (el dinero, los coches, las casas, etcétera) y el poder que produce o crea estas cosas. Por desgracia, la mayoría de nosotros rendimos culto a los efectos secundarios y no a la fuente, al poder que crea la riqueza.

Previsiones mes a mes

Enero

Mejores días en general: 6, 7, 14, 15, 24, 25
Días menos favorables en general: 2, 3, 8, 9, 21, 22, 23, 29, 30
Mejores días para el amor: 2, 3, 8, 9, 10, 11, 18, 19, 21, 29, 30, 31
Mejores días para el dinero: 4, 5, 12, 13, 17, 18, 22, 23, 31
Mejores días para la profesión: 4, 8, 9, 12, 22, 31

Comienzas el año con la mayoría de los planetas en la mitad superior de tu carta. Aunque ya tuviste tu cima profesional anual (el mes pasado), después del 19 tendrás una minicima. El hogar y la familia siguen siendo muy importantes, un principal centro de atención, pero puedes pasar más atención y energía a la profesión. La mejor manera de servir a tu familia en este periodo es triunfando en el mundo externo. Hay éxito después del 19. Si buscas trabajo tienes oportunidades fabulosas. Cuentas con el favor financiero de jefes, mayores, padres y figuras parentales todo el mes, pero en especial del 3 al 5. Las especulaciones son favorables estos días también. Hay un bonito día de paga.

La mayoría de los planetas están en el sector oriental de tu carta, el del yo y los intereses personales. Te encuentras, pues, en un periodo de independencia personal; tienes más poder. Los demás son siempre importantes, pero no pueden entrometerse mucho en lo que deseas hacer o crear. Puedes hacer y tener las cosas a tu manera en este periodo y tu manera parece ser la mejor. Esto no siempre es así, pero por ahora lo es. Así que si las condiciones no te satisfacen, cámbialas, crea las que lo hagan. Tu independencia será más fuerte en los próximos meses. El mundo está dispuesto a adaptarse a ti, y no tú a él.

La mayoría de los planetas están en movimiento directo, el 90 por ciento hasta el 30, y el 100 por ciento después. Las cosas ocurren rápido, hay mucho avance hacia tus objetivos, y en el mundo en general. Normalmente este sería un periodo fabuloso para iniciar nuevos proyectos, pero es mejor que esperes hasta tu cumpleaños. Tu ciclo solar personal todavía está en fase menguante. El día de tu cumpleaños tu ciclo solar comenzará su fase creciente.

Los aspectos para la profesión son muy buenos después del 19; están bien antes, pero no tan buenos como después. De todos modos, tu planeta de la profesión está retrógrado hasta el 30. Todavía necesitas reflexionar y analizar más los asuntos profesionales, en especial las ofertas u oportunidades. Además, hacia fin de mes Júpiter está en cuadratura con Neptuno, y esto indica que hay mucha actividad entre bastidores. Las cosas no son lo que parecen, y necesitas estudiarlas más y tener más información.

El amor es fundamentalmente feliz este mes. Si estás soltero o soltera no hay probabilidades de boda, pero sí hay oportunidades románticas. La vida social se ve armoniosa. Hasta el 19 las oportunidades románticas se presentan cuando estás en grupo, en actividades de grupo y con amigos. El mundo *online* también ofrece oportunidades románticas. Después del 19 el amor se torna más espiritual, más idealista; las oportunidades románticas ocurren en ambientes espirituales: en la sala de yoga, un retiro espiritual, el seminario de meditación, la reunión de oración, la charla espiritual de eventos benéficos. Hay mucho progreso en el amor entre bastidores; puede que no veas la manifestación externa, pero hay progreso.

La salud es buena.

Febrero

Mejores días en general: 2, 3, 11, 12, 20, 21, 22
Días menos favorables en general: 5, 18, 19, 25, 26
Mejores días para el amor: 1, 9, 10, 11, 12, 18, 19, 20, 21, 25, 26
Mejores días para el dinero: 1, 9, 11, 12, 13, 14, 18, 20, 21, 22, 27
Mejores días para la profesión: 1, 11, 12, 18, 19, 21, 22

El principal titular este mes es la vida espiritual, la vida interior. Tu casa doce, la de la espiritualidad, está atiborrada de planetas, lo que denota un fuerte interés y concentración. Después del 18 se hace muy poderoso tu signo, Piscis, y esto también intensifica la vida espiritual. Tu reto será mantener los pies en el suelo y ocuparte de los detalles de la vida mundana; pareces estar más en el mundo espiritual que aquí en la Tierra. Si estás en el camino espiritual harás importantes adelantos este mes. Si no lo estás, también tendrás muchas experiencias de tipo sobrenatural, aunque tal vez las atribuirás a una «coincidencia». Si no estás en el camino espiritual podrías tender a consumir alcohol o drogas en exceso en este periodo, y esto no es aconsejable; el cuerpo está más refinado y podría reaccionar exageradamente a estas cosas. La verdadera práctica espiritual te colocará más alto que cualquier droga, y tendrás bien tus facultades.

Los planetas están en su posición oriental máxima, y también lo estarán el mes que viene. Estás, pues, en tu periodo de máximo poder personal. Impón tu voluntad, faltaría más, construye la vida de tus sueños, crea lo que deseas. El Cosmos te respalda. Más adelante, dentro de unos meses, te será más difícil hacer esto, ahora es el momento.

El 18 entras en una cima anual de placer personal, en una de ellas. En un plano puedes gozar de todos los deleites sensuales; se satisfacen las fantasías sensuales. Disfrútalo. En otro plano, este es un periodo fabuloso para poner en forma el cuerpo y la imagen, de la forma que lo deseas.

Este es un mes feliz. Hay prosperidad todo el mes; buenos beneficios inesperados; las oportunidades financieras te buscan; no necesitas hacer nada especial, te encontrarán. Entre el 3 y el 5 hay un bonito día de paga o una buena oportunidad. La intuición financiera, siempre buena, está súper este mes; sólo tienes que fiarte de ella. Antes del hecho la intuición parece ilógica, pero después del hecho se considera «muy racional»; esto se debe a que la intuición ve cosas, ve el futuro, de una manera que la mente lógica no puede.

Si buscas trabajo todavía tienes oportunidades fabulosas este mes, sobre todo después del 18. No necesitas hacer nada, las oportunidades te llegan. El periodo del 19 al 21 se ve especialmente bueno.

Si cumples años este mes, desde el día de tu cumpleaños hasta el 27 es muy buen periodo para iniciar nuevos proyectos o empresas o lanzar nuevos productos. Todos los diversos ciclos cósmicos y personales están en buena alineación. Si cumples años el próximo mes, espera hasta entonces.

La salud es súper; tienes toda la energía que necesitas para realizar cualquier cosa que te propongas.

El amor también es feliz. Como te ocurre en las otras cosas de la vida, el amor te busca y te encontrará. No necesitas hacer nada especial.

Marzo

Mejores días en general: 2, 3, 10, 11, 20, 21, 29, 30
Días menos favorables en general: 4, 5, 17, 18, 19, 24, 25, 26, 31
Mejores días para el amor: 2, 3, 10, 11, 20, 21, 22, 24, 25, 26, 29, 30, 31
Mejores días para el dinero: 1, 2, 3, 8, 9, 11, 12, 13, 14, 17, 18, 22, 27, 28, 31
Mejores días para la profesión: 1, 4, 5, 8, 9, 17, 18, 27, 28, 31

El 18 del mes pasado se hizo muy fuerte el elemento agua, tu elemento nativo, y sigue poderoso hasta el 20. En esencia, esta es una energía agradable para ti. La única advertencia es que debes mantener tus sentimientos positivos y constructivos; el sentimiento, la energía emocional, es muy potente. Cuando es constructiva, ves el paraíso en la Tierra; tus deseos, tus oraciones, encuentran respuesta muy pronto. Pero si las emociones son negativas puede haber inmensos daños y destrucción; hay más voltaje tras tus sentimientos; puedes manifestar el infierno muy pronto también. Este mes puede ser un sueño hecho realidad o tu peor pesadilla. Depende de ti.

La salud continúa excelente; también pareces más atento a la salud hasta el 20. La buena salud es el mejor embellecedor que existe;

tu estado de salud influye enormemente en tu apariencia. Es posible que esto sea la causa de tu interés. Hasta el 20 puedes fortalecer la salud dando más atención a los pies (masajes en los pies), y a partir del 20 a la cabeza, el cuero cabelludo y la cara (masajes en el cuero cabelludo y la cara). Después del 20 también es bueno el ejercicio físico. Del 27 al 30 es muy potente la curación espiritual.

Es posible que tu cumpleaños sea este mes. Si tienes pensado iniciar un nuevo proyecto o lanzar un nuevo producto, hazlo del 20 al 27; todos los diversos ciclos cósmicos están sincronizados para esto; habrá mucho brío impulsando tu trabajo.

La prosperidad es fuerte todo el mes. Hasta el 12 las oportunidades financieras te buscan; no es mucho lo que necesitas hacer. Gastas en ti; adoptas la imagen de la riqueza; te vistes con ropa cara. La gente te ve como una persona rica y próspera. El 20 entras en una cima financiera anual; así pues, se abren las puertas del cielo y llueve la abundancia; a ti te parece que la riqueza viene de «fuera», de este mundo; pero estas cosas sólo son efectos secundarios de la riqueza espiritual que llueve sobre ti.

Del 27 al 30 podría haber cambios laborales; parecen repentinos. Del 18 al 21 hay importantes cambios financieros; muchas veces esto indica una oportunidad repentina o un beneficio imprevisto que viene como salido de «ninguna parte», de un lugar inesperado.

Del 26 al 29 conduce con más prudencia. Los hermanos y figuras fraternas de tu vida deben evitar las actividades que entrañen riesgo estos días.

El amor continúa feliz este mes; sigues teniendo el amor según tus condiciones. El amor sigue persiguiéndote. Pero tu planeta del amor inició movimiento retrógrado el 23 del mes pasado y sigue retrógrado hasta el 17. Muchas veces esto indica «falta de orientación» en la vida amorosa; las relaciones parecen retroceder en lugar de avanzar. Este es buen periodo para hacer revisión de la vida amorosa y de la relación actual para ver en qué se puede mejorar. Evita tomar decisiones importantes en el amor hasta pasado el 17; después de este día llega la claridad a la vida amorosa.

Abril

Mejores días en general: 6, 7, 8, 16, 17, 25, 26
Días menos favorables en general: 1, 14, 15, 21, 22, 27, 28
Mejores días para el amor: 1, 7, 8, 9, 10, 19, 21, 22, 27, 28, 29, 30

Mejores días para el dinero: 1, 4, 5, 9, 10, 14, 15, 21, 23, 24, 29, 30
Mejores días para la profesión: 7, 8, 14, 15, 19, 27, 28

El poder planetario continúa en su mayoría bajo el horizonte de tu carta. Este traslado comenzó el 18 de febrero y el cambio se va haciendo más pronunciado día a día. Tu atención debe estar en el hogar, la familia y tu bienestar emocional. Este es el periodo para preparar las condiciones interiores (psíquicas y emocionales) para el futuro éxito profesional. Las personas que trabajan en el mundo del espectáculo y las que se dedican al deporte o atletismo saben que la preparación, las actividades no públicas son tan importantes, si no más, que la actuación en la obra, concierto o campeonato. Cuando asistimos a una obra de teatro sólo vemos la punta del iceberg. El trabajo de preparación de la obra fue más intenso y más complicado que la representación propiamente dicha. Y eso te ocurre a ti. Tu profesión, tu éxito externo, se prepara con actividad interior, que no se ve. Estás en la fase «entre bastidores» de tu profesión en este periodo. Esta no hay que descartarla.

La prosperidad continúa fuerte. Sigues en una cima financiera anual. Del 5 al 9 y del 14 al 20 hay bonitos días de paga (u oportunidades felices). Si eres agente de ventas haces una venta afortunada entre el 4 y el 9; si eres escritor o periodista, vendes tus productos entonces. Tal vez te compras un coche o un equipo de comunicación nuevo. Un hermano, hermana o figura fraterna prospera. Los hijos o figuras filiales prosperan del 14 al 20. Gastas más en salud estos días, pero también puedes ganar de ese campo.

Este mes Urano forma una cuadratura bastante exacta con Plutón. Este es un aspecto muy dinámico; hay turbulencia en el mundo. En cuanto a ti, es mejor que evites viajar al extranjero este mes (sobre todo si el viaje es opcional). Se ponen a prueba tus creencias religiosas y filosóficas; a veces esto produce una crisis de fe. Si eres estudiante haces cambios drásticos en tus planes de educación.

La salud sigue buena. Hasta el 19 puedes fortalecerla dando más atención a la cabeza, la cara y el cuero cabelludo (masajes en el cuero cabelludo y la cara irán muy bien), y a partir del 19 al cuello y la garganta; entonces serán potentes el masaje en el cuello y la terapia sacro-craneal.

El 19 se hace poderosa tu tercera casa, la de la comunicación y los intereses intelectuales. Hay dicha en ejercitar la mente; aprender es bueno en sí mismo, tenga o no tenga valor práctico. En tu caso sí lo tiene, pero esto es un efecto secundario. Tus dotes de comunicación y tus conocimientos son importantes en ese periodo; también son importantes el buen uso de los medios de comunicación, la buena publicidad y las buenas relaciones públicas. La gente tiene que saber qué servicio o producto ofreces.

Si buscas trabajo tienes bellas oportunidades del 19 al 25.

El 25 hay un eclipse lunar en tu novena casa. Es fundamentalmente benigno contigo, pero es necesario proteger de cualquier daño a los hijos y las figuras filiales. Este eclipse influye en los asuntos legales o jurídicos, que comienzan a avanzar de forma drástica, y en los estudiantes. Si eres estudiante haces cambios en tus planes educativos. Evita viajar al extranjero y las especulaciones durante el periodo de este eclipse.

Mayo

Mejores días en general: 4, 5, 13, 14, 15, 23, 24, 31
Días menos favorables en general: 11, 12, 18, 19, 25, 26
Mejores días para el amor: 8, 9, 10, 11, 18, 19, 21, 22, 29, 30
Mejores días para el dinero: 2, 3, 6, 7, 8, 9, 10, 11, 12, 18, 19, 21, 22, 27, 28, 29, 30
Mejores días para la profesión: 8, 9, 10, 11, 12, 21, 22, 29, 30

Este mes tenemos dos eclipses, que nos aseguran un mes tumultuoso y lleno de cambios, principalmente a nivel mundial. Para ti, el segundo eclipse, el lunar del 25, es el más fuerte, pero no te hará ningún daño reducir tus actividades también en el primero.

El eclipse solar del 10 ocurre en tu tercera casa y hace impacto en tu planeta del dinero, por lo que hay importantes cambios en las finanzas; un susto o una sorpresa te obliga a hacer los cambios; es muy probable que tu forma de pensar o planificar no fuera realista y el eclipse te indica el por qué. Este eclipse pone a prueba los coches y el equipo de comunicación; a veces es necesario reemplazarlos; otras veces los problemas sólo son temporales. Conduce con más prudencia en este periodo. Si es posible, si son opcionales, evita conducir trayectos largos; reprográmalos para una ocasión mejor. Hermanos, figuras fraternas y vecinos experimentan dramas, de aquellos que cambian la vida. Podría haber cambios laborales también; a veces el cambio ocurre dentro de la misma empresa; el lugar de trabajo pasa por una reorganización. A lo largo de los seis próximos meses habrá cambios en el programa de salud también.

La salud se vuelve más delicada después del 20. No hay ningún problema que vaya a durar, simplemente este es uno de tus periodos vulnerables del año. Tendrías que tomarte las cosas con calma y relajarte más a partir del 20, pero en especial alrededor del periodo del eclipse del 25.

El eclipse lunar del 25 ocurre en tu décima casa, lo que significa cambios en la profesión. No son solamente cambios personales, sino que parece que también afectan a la jerarquía de tu empresa e industria. Este eclipse hace impacto directo en Neptuno, el señor de tu horóscopo, planeta muy importante en tu carta. Así pues, va a producir acontecimientos o incidentes que te obligarán a redefinirte, a redefinir tu personalidad y concepto de ti mismo. Si no te redefines tú lo harán otros y es probable que eso no sea agradable. Cuando empieces a cambiar tu forma de considerarte, también cambiará tu imagen externa, tu presentación al mundo. Por lo tanto, habrá cambios en el guardarropa, en el corte de pelo o peinado, en la imagen. Si no has tenido cuidado en los asuntos dietéticos, este eclipse podría traer desintoxicación del cuerpo. En general, te conviene protegerte de cualquier daño en este periodo; pasa más tiempo tranquilo en casa; lee un buen libro, ve una película, medita y ora. Esta es la mejor manera de llevar este tipo de energía.

Hasta el 20 fortalece la salud dando más atención al cuello y la garganta; los masajes en el cuello serán potentes; también será buena la terapia sacro-craneal. Después del 20 da más atención al sistema respiratorio, a los pulmones, brazos y hombros; en los hombros tiende a acumularse tensión y es necesario aflojarla; que te den masajes periódicos; también son buenos los ejercicios de respiración y el simple aire fresco.

Junio

Mejores días en general: 1, 10, 11, 19, 20, 27, 28
Días menos favorables en general: 7, 8, 15, 16, 21, 22
Mejores días para el amor: 1, 10, 11, 15, 16, 19, 20, 27, 28
Mejores días para el dinero: 2, 3, 7, 8, 9, 17, 18, 25, 26, 27, 30, 31
Mejores días para la profesión: 8, 9, 17, 18, 21, 22, 26, 27

El 20 del mes pasado se hizo fuerte tu cuarta casa, la del hogar y la familia, y sigue fuerte este mes hasta el 21. Este es el periodo para poner en orden la casa y la situación doméstica. En la profesión ocurren muchos cambios importantes y felices, novedades positivas, pero tu atención debe seguir centrada en el hogar, la familia y tu vida emocional. Cuando estás en armonía emocional y actúas en ese estado la profesión prospera naturalmente. Tu misión espiritual continúa siendo la familia, lo ha sido en lo que va de año. Después del 27, cuando Júpiter entra en Cáncer, la familia sigue siendo importante, pero das más atención a los hijos o figuras filiales de tu vida; tu misión es estar por ellos.

El elemento agua se hace extraordinariamente fuerte después del 21; tenemos una situación similar a la de febrero y marzo. Entre el 60 y el 70 por ciento de los planetas (el 27 y 28 es el 70) o están en signos de agua o transitan por ellos; las personas están más emotivas y orientadas al sentimiento; la energía emocional del planeta es mucho más fuerte de lo habitual (con estos aspectos suele llover más y a veces hay inundaciones). Si bien te sientes muy cómodo con mucha agua, debes procurar que tus sentimientos sean positivos y constructivos; cuando son positivos creas y experimentas el Cielo en la Tierra; cuando se vuelven negativos entiendes los siete infiernos. Manténte en guardia en este periodo.

Si estás en el camino espiritual hay importantes consecuencias metafísicas; una oración o meditación tiene éxito cuando logras entrar en la «sensación o sentimiento» de lo que pides. Cuando ocurre esto hay respuesta a la oración y puedes parar de pedirlo. En este periodo es mucho más fácil entrar en la sensación de lo que deseas, por lo tanto tienes más poder para materializarlo. Las afirmaciones positivas son maravillosas, pero mientras no entras en el sentimiento sólo son palabras, conceptos abstractos. La sensación de tus afirmaciones te vendrá mucho más rápido en este periodo. El trabajo espiritual irá mejor.

La salud mejora enormemente después del 21; tienes toda la energía que necesitas para realizar lo que sea que te propongas. Consigues tus objetivos con mucha mayor facilidad, con muchos menos problemas y contratiempos de los que pasan muchos. Ese día entras en una cima anual de placer personal, que será más fuerte que tus cimas normales. Y Júpiter también entra en tu quinta casa. Es un periodo de diversión, placentero; unas vacaciones cósmicas.

Habrá muchas oportunidades para aventuras amorosas, no para amor serio, sólo de diversión. Si estás en una relación, te divertirás más con el ser amado. El amor es como una luna de miel en este periodo.

El 27, cuando Júpiter entra en Cáncer, entras en un ciclo de buena suerte; hay suerte en las especulaciones; si estás en edad de concebir, hay fertilidad; aumenta la creatividad personal. Hay viajes de diversión.

Julio

Mejores días en general: 7, 8, 17, 25, 26
Días menos favorables en general: 4, 5, 6, 12, 13, 19, 20
Mejores días para el amor: 1, 7, 8, 10, 11, 12, 13, 17, 19, 20, 25, 26, 29, 30
Mejores días para el dinero: 1, 5, 6, 7, 8, 16, 17, 25, 26, 27, 28
Mejores días para la profesión: 7, 8, 16, 17, 19, 20, 25

Siguen muy en vigor muchas de las tendencias de que hablamos el mes pasado. El elemento agua continúa muy poderoso, aunque especialmente hasta el 22. Hasta este día continúas en la cima anual de placer personal (que tal vez es la cima de toda la vida). La vida es buena. ¿Hay algunos retos? Puedes apostar. Pero son más fuertes las cosas buenas, la armonía. Cuando surjan las dificultades, cuentas con mucha ayuda para hacerles frente.

Júpiter forma aspectos hermosos a Neptuno este mes. Esto significa felices oportunidades profesionales para ti. Cuentas con el favor de jefes, mayores, padres, figuras parentales y de aquellos que son figuras de autoridad en tu vida. Si tienes asuntos pendientes con estas personas (o con algún organismo gubernamental), este es el periodo para resolverlos; deberías tener las mejores posibilidades.

Haces nuevas amistades, y poderosas, y me parece que te son útiles en la profesión. Tu capacidad para dirigir o gestionar, tu capacidad para llevar tus asuntos y los de otros es mucho más fuerte en este periodo; tienes un don «innato» para esto. La profesión se ve placentera; te las arreglas para encontrar diversión en tu camino profesional. Es posible también que encuentres una profesión en que haya más placer o diversión.

La salud es excelente todo el mes; el principal peligro ahora es el exceso de complacencia en la buena vida; el peso podría ser un problema. Complácete, disfruta, pero no en exceso. Hasta el 22 puedes fortalecer la salud dando más atención al estómago y la dieta; si eres mujer da también más atención a los pechos. Después del 22 presta más atención al corazón.

Las finanzas son buenas este mes. Cuentas con el favor de un progenitor o figura parental. Gastas más en la casa y la familia y puedes ganar de esto también. Del 19 al 24 Marte viaja con Júpiter, lo que hace de estos días un periodo financiero muy fuerte; hay un bonito día de paga; esto podría llegar en la forma de aumento de sueldo (los jefes apoyan tus objetivos financieros) o de suerte en las especulaciones; la creatividad personal tiene más valor comercial estos días. Cuentas con el favor de amistades; las actividades *online* impulsan los ingresos. También te conviene participar en grupos y organizaciones.

El amor es feliz, pero hasta el 21 parece que le falta orientación; tu planeta del amor está retrógrado. Del 17 al 24 ten más paciencia con el ser amado; es probable que esté más temperamental. Esta persona debe protegerse de cualquier daño estos días también; podría pasar por experiencias de aquellas que cambian la vida. El amor podría pasar por pruebas también estos días.

El 21 de mayo el poder planetario se trasladó de tu sector oriental al occidental; terminó tu periodo de independencia personal. Ahora y los próximos meses tienes que vivir con lo que has creado y adaptarte lo mejor que puedas a las condiciones. Afortunadamente, me parece que te sientes cómodo y no ves problema en esto de adaptarte. Estás en un periodo en que no «haces» ocurrir las cosas, sino que «dejas» que ocurran; tu bien ya está preparado y sólo se trata de «no estorbar» su manifestación, de dejar que ocurra. Son importantes tus dotes sociales en este periodo.

Agosto

Mejores días en general: 3, 4, 13, 14, 21, 22, 30, 31
Días menos favorables en general: 1, 2, 8, 9, 15, 16, 28, 29
Mejores días para el amor: 3, 4, 8, 9, 15, 16, 19, 24, 25, 26
Mejores días para el dinero: 3, 4, 13, 14, 21, 22, 23, 24, 30, 31
Mejores días para la profesión: 3, 13, 14, 15, 16, 21, 22, 30, 31

Aún no ha terminado el periodo de fiestas de los dos meses anteriores, sólo está más calmado; sigues asistiendo a fiestas y disfrutando de la vida, pero desde el 22 del mes pasado te tomas un «descanso para trabajar». Estando poderosa hasta el 22 tu sexta casa, la de la salud y el trabajo, si buscas trabajo tienes excelentes aspectos. Este es un buen mes para hacer todas esas tareas vulgares, aburridas, que requieren minuciosidad: poner en orden tus archivos, comprobar que has hecho copia de todos los documentos importantes, poner al día los libros de contabilidad, llevar la cuenta de los cheques en tu talonario, etcétera. Tienes más capacidad para ocuparte de los detalles en este periodo y debes aprovecharla.

Este mes el poder planetario está en su posición occidental máxima; también lo estará el mes que viene. Ten presente lo que hablamos el mes pasado. La voluntariedad y la pujanza no dan buenos resultados en este periodo; permite que ocurra tu bien, no intentes forzar las cosas. Cultiva la buena voluntad de los demás; ellos son los instrumentos de tu bien.

El amor es feliz este mes. Tu planeta del amor avanza raudo en movimiento directo. Hay una enorme confianza y seguridad en el amor; cubres mucho terreno; consigues rápidamente tus objetivos sociales. Y no sólo eso, el 22 entras en una cima social anual. Esto significa que la vida social es mucho más activa que de costumbre; si estás soltero o soltera no es probable que te cases en este periodo; los aspectos para el matrimonio son mucho mejores en 2014-2015, pero de todos modos hay romance y felicidad en el frente amoroso. Son muchas las posibilidades con este aspecto; podrías conocer a la persona con la que te casarás en el futuro, o podrías conocer a personas que son «material para matrimonio», personas con las que considerarías la posibilidad de casarte.

El principal reto en el amor, y esto ocurre después del 24, es zanjar las diferencias con el ser amado; conoces a personas que son exactamente tus opuestas, con perspectivas sobre la vida y posiciones opuestas a las tuyas. Si ya estás en una relación, experimentas esto en la relación. Ten presente que en astrología la persona más opuesta es la pareja natural. Puede que los opuestos sean antagónicos, pero en un plano superior son complementarios, son el uno la otra mitad del otro. Cuando los opuestos se unen (zanjan las diferencias) tenemos la más poderosa de las relaciones.

El 1 y el 2 evita las especulaciones y los riesgos financieros; ocurren cambios importantes en las finanzas estos días; además, la intuición financiera, aunque buena, necesita más verificación. Procura evitar las situaciones arriesgadas en general.

Del 4 al 13 ten más paciencia con los padres, figuras parentales y jefes; experimentan cambios personales y es probable que estén más temperamentales. Estas personas deben evitar las situaciones arriesgadas estos días, protegerse de cualquier daño.

La salud es más delicada después del 22; como siempre, descansa y relájate más. Pon la atención en las cosas verdaderamente importantes y deja estar las triviales. Hasta el 22 fortalece la salud dando más atención al corazón, y después al intestino delgado; después del

22 los problemas en el amor afectan a la salud; si ocurriera eso, restablece la armonía lo más pronto posible.

Septiembre

Mejores días en general: 1, 9, 10, 18, 19, 27, 28
Días menos favorables en general: 4, 5, 6, 11, 12, 24, 25, 26
Mejores días para el amor: 4, 5, 6, 8, 15, 16, 17, 18, 25, 26, 27, 28
Mejores días para el dinero: 1, 2, 3, 9, 10, 11, 12, 18, 19, 20, 21, 27, 28, 29, 30
Mejores días para la profesión: 1, 9, 10, 11, 12, 18, 19, 27, 28

Este mes los planetas siguen en su posición occidental máxima; el poder planetario avanza alejándose de ti, no hacia ti. Es el periodo para tomarse unas vacaciones del yo y de los intereses personales y poner la atención en los demás. Hay quienes dirían que es un periodo para el «no egoísmo». No tienes ninguna necesidad de imponer tu voluntad; tu bien te llega naturalmente por la ley kármica, cuando centras la atención en los demás. Por lo tanto, mientras no sea destructivo, adáptate y sé transigente con los demás este mes. Probablemente su manera es la mejor. Cultiva el factor simpatía, ya que (por ahora) esto es más importante que tus capacidades o méritos.

La salud sigue necesitada de atención hasta el 22. Los planetas lentos son fundamentalmente amables contigo, así que no te ocurre nada importante, simplemente estás en uno de tus periodos más vulnerables del año. La armonía en el amor y con las amistades sigue siendo muy importante; las discordias podrían ser causa principal de problemas de salud. Hasta el 22 fortalece la salud dando más atención al intestino delgado y la dieta, y después a los riñones y caderas.

Después del 22 tendría que mejorar la salud. Este es un mes activo, frenético; hasta el 22 tendrás que ser muy creativo para mantener elevada la energía. He descubierto que dejar de lado las trivialidades, lo que no es esencial en la vida, libera mucha energía. Sin embargo, esto requiere tomar decisiones muy difíciles, y no todo el mundo estará complacido.

Continúas en tu cima social anual; aunque después del 22 se debilita tu séptima casa, estará poderoso el signo Libra (que rige el amor y el romance). Tienes una tendencia natural a sentir atracción por los profesionales de la salud, y hacia los romances de oficina, y esta tendencia es aún más fuerte hasta el 22. Las oportunidades románticas se presentan no sólo en los lugares habituales (fiestas y reuniones), sino también en el lugar de trabajo o cuando estás atendiendo a tus objetivos de salud normales. Hasta el 9 sigue la necesidad de «zanjar las diferencias», de unir los opuestos. Si logras hacer esto tendrás una relación muy potente.

El 22, cuando se hace fuerte tu octava casa, entras en un periodo sexualmente activo. Sea cual sea tu edad o fase en la vida, la libido estará más fuerte de lo habitual. Este periodo es bueno para regímenes de desintoxicación en todos los planos: físico, emocional, mental y financiero. Los circuitos espiritual y físico tienden a atascarse con materia de desecho y es necesario limpiarlos periódicamente.

El 22 del mes pasado el poder planetario se trasladó de la mitad inferior de tu carta a la superior. Llega el periodo para comenzar a centrar la atención en la profesión y en los objetivos del mundo externo.

Aunque estás en un periodo de tu vida fundamentalmente afortunado, el dinero lo ganas mediante trabajo; este no es el horóscopo de una persona a la que le ha tocado la lotería. Un desacuerdo con un amigo complica la vida financiera, pero esto se solucionará el mes que viene.

Octubre

Mejores días en general: 6, 7, 15, 16, 24, 25
Días menos favorables en general: 2, 3, 8, 9, 22, 23, 29, 30
Mejores días para el amor: 2, 3, 6, 7, 8, 15, 16, 17, 18, 24, 25, 27, 28, 29, 30
Mejores días para el dinero: 1, 6, 7, 8, 9, 15, 16, 17, 18, 19, 24, 25, 30
Mejores días para la profesión: 6, 7, 8, 9, 15, 16, 24, 25

Este mes también es hiperactivo, frenético, pero la salud es buena y eres capaz de sobrellevarlo. Puedes fortalecer más la salud con un régimen de desintoxicación; son buenos todo el mes. Hasta el 23 continúa dando más atención a los riñones y caderas; los masajes en las caderas serán potentes. Después del 23 da más atención al colon, la vejiga y los órganos sexuales. Es muy posible que hayas tenido más actividad sexual de la habitual, pero después del 23 conviene más moderación; si escuchas a tu cuerpo sabrás cuándo has tenido suficiente.

El principal titular este mes es el eclipse lunar del 18, que es fundamentalmente benigno contigo; el del próximo mes es mucho más fuerte. Ocurre en tu casa del dinero, e indica que habrá importantes cambios en las finanzas. A veces se comprueba que la forma de pensar y planificar no era realista y es necesario hacer modificaciones; podría haber un gasto inesperado que obliga a hacer el cambio. Marte entra en tu séptima casa el 15, y esto trae oportunidades para formar una sociedad de negocios o una empresa conjunta. Este eclipse hace impacto en Júpiter, y esto significa que se están preparando cambios en la profesión también; estos cambios no son sólo para ti personalmente, sino que también podría haberlos en tu empresa o industria. Los padres o figuras parentales deben protegerse de cualquier daño en este periodo; los hijos y figuras filiales también; estas personas experimentan acontecimientos de aquellos que cambian la vida. Ten más paciencia con ellos, están más temperamentales. Si trabajas en las artes creativas (muchos Piscis lo hacen), hay todo un nuevo enfoque de la creatividad.

Aunque el eclipse produce dramas y cambios, este es un mes fundamentalmente feliz y próspero. El elemento agua está fuerte todo el mes, pero en especial después del 23. Tú personalmente te sientes cómodo con esto, pero ten presente lo que hemos dicho antes; la energía de los sentimientos es la dominante este mes, y los sentimientos son una espada de doble filo; cuando son positivos (y necesitas trabajar en esto) creas el Cielo en la Tierra; tus oraciones y deseos se manifiestan rápidamente; pero si son negativos, bueno, es como un cataclismo nuclear.

El amor es feliz este mes, pero le falta orientación. Hay armonía con el ser amado, pero ninguno de los dos tiene idea de adónde va. Tu planeta del amor inicia movimiento retrógrado el 21, así esta falta de orientación es normal; es el periodo para conseguir claridad mental. Del 17 al 26 Mercurio forma aspectos hermosos con Júpiter. Si estás soltero o soltera esto indica un importante encuentro romántico. Si estás casado o casada, esto indica más armonía y romance en la relación.

El 23 se hace poderosa tu novena casa, considerada la más afortunada de todas las casas por los astrólogos hindúes. Te llaman otras tierras, otros países. Hay felices oportunidades de viaje y de formación. Hay progreso religioso y filosófico si lo deseas. En este periodo una conversación teológica puede ser más interesante que una salida nocturna de diversión

Noviembre

Mejores días en general: 3, 4, 11, 12, 20, 21, 22, 30
Días menos favorables en general: 5, 6, 18, 19, 25, 26, 27
Mejores días para el amor: 3, 4, 7, 11, 12, 16, 17, 20, 21, 22, 25, 26, 27, 30
Mejores días para el dinero: 3, 4, 7, 8, 11, 12, 13, 14, 16, 17, 21, 22, 26, 27, 30
Mejores días para la profesión: 3, 4, 5, 6, 11, 12, 21, 22, 30

El 3 hay un eclipse solar que es bastante fuerte en ti, así que tómate las cosas con calma y haz todo lo posible por protegerte de cualquier daño; conduce con más prudencia y evita los trayectos innecesarios; evita las actividades arriesgadas y los enfrentamientos. Las personas tienden a reaccionar con exageración bajo estas influencias. Este eclipse podría producir sustos en la salud; afecta tanto a tu planeta de la salud, el Sol, como al señor de tu horóscopo, Neptuno; dado que la salud es esencialmente buena, pues no hay ningún planeta lento en aspecto desfavorable para ti, lo más probable es que sólo sean eso, sustos. Busca una segunda opinión, no te precipites a nada drástico. A veces, cuando se ve afectado el señor del horóscopo se produce una desintoxicación del cuerpo; esto no es una enfermedad, aunque suelen diagnosticarlo como si lo fuera, pues los síntomas parecen ser los mismos. Pasa más tiempo tranquilo en casa durante el periodo de este eclipse; lee un buen libro, ve una buena película, ora y medita, dedícate a tu práctica espiritual; la mejor manera de pasar por tránsitos difíciles es estar en la vibración más elevada posible. La «seguridad» es un «estado interior»; estando en vibración elevada sabrás qué pasos dar. Podría haber cambios laborales o en el lugar de trabajo. Este eclipse ocurre en tu novena casa. Si eres estudiante, esto indica cambios importantes en tus planes educativos; podría haber trastornos o reorganización en el colegio; podrían cambiar las normas. Pasa por pruebas tu credo, tu filosofía de la vida, tu comprensión metafísica; tus creencias pasan por un «control de realidad». Esto es bueno. Tendrás que revisar algunas; otras se quedarán en la cuneta y serán reemplazadas por mejores. Posiblemente has hecho viajes este último tiempo; si tienes que viajar, procura no volar durante el periodo del eclipse (unos cuantos días antes y otros tantos después); programa tu vuelo para evitar este periodo.

El 22, cuando el Sol cruza tu Medio cielo, entras en una cima profesional anual. La profesión ha ido bien todo el mes, pero después del

22 va mejor aún. Hay mucho progreso y éxito. Consigues el éxito a la manera tradicional, con trabajo arduo; tu ética laboral es un factor principal. Simplemente trabajas más, rindes más que tus competidores.

La salud es más delicada después del 22; nuevamente, esto no significa que haya un problema de larga duración, sino que entras en uno de tus periodos más vulnerables del año. Afortunadamente estás atento a tu salud; la salud está muy arriba en tu lista de prioridades, y eso es una señal positiva; no haces caso omiso de las cosas. Después del 22 puedes fortalecer la salud dando más atención al hígado y a los muslos; los masajes en los muslos serán potentes. Del 4 al 7 te conviene hacer una visita al quiropráctico u osteópata; es necesario mantener bien alineada la columna.

El amor es muy feliz este mes. Tu planeta del amor forma aspectos fabulosos a Neptuno y Júpiter. Si estás soltero o soltera conoces a una pareja romántica. Hay armonía con el ser amado. El romance se presenta en otros países o con personas extranjeras; también en ambientes religiosos o educativos. Los padres o figuras parentales también tienen más armonía en el amor. Si están casados, hay más armonía en su matrimonio. Si están solteros, encuentran parejas románticas.

Diciembre

Mejores días en general: 1, 8, 9, 18, 19, 28, 29
Días menos favorables en general: 2, 3, 15, 16, 17, 23, 24, 30, 31
Mejores días para el amor: 1, 4, 5, 10, 11, 13, 14, 21, 22, 23, 24
Mejores días para el dinero: 1, 4, 5, 8, 9, 10, 11, 12, 15, 16, 18, 19, 25, 26, 28, 29
Mejores días para la profesión: 1, 2, 3, 8, 9, 18, 19, 28, 29, 30, 31

El 22 del mes pasado el poder planetario pasó de tu sector occidental al oriental. El 5 Mercurio pasa al sector oriental, haciendo más fuerte el cambio. Entras en un periodo de independencia y poder personales; hay quienes lo llamarían periodo de «egoísmo». El poder planetario avanza hacia ti, no se aleja. Más o menos ha terminado el ciclo de «complacer a las personas». Ha llegado el periodo para cultivar tu iniciativa personal y autosuficiencia, el periodo para tomar el mando de tu destino y crear lo que deseas en tu vida. A lo largo de los seis meses pasados has visto lo que es necesario cambiar; ahora llega el momento de comenzar a hacer esos cambios. Hay lecciones que aprendemos creando nuestro mundo y hay lecciones que aprendemos cuando nos vemos obligados a vivir con nuestras creaciones. Ahora es el periodo para crear.

La salud sigue necesitada de atención hasta el 21; lo más importante es mantener elevada la energía. Pero hasta el 21 puedes fortalecer la salud dando más atención al hígado y a los muslos, y después a la columna, las rodillas, la dentadura, los huesos, la piel y la alineación esquelética general; los masajes en la espalda y las rodillas serán potentes entonces; también podría convenirte una visita al quiropráctico u osteópata si te sientes alicaído o indispuesto.

Hasta el 21 sigues en una cima profesional anual, por lo tanto hay mucho éxito; como el mes pasado, fundamentalmente consigues tu éxito con el trabajo, tu rendimiento. Los superiores toman nota de tu ética laboral. Llegan oportunidades profesionales este mes, pero estando retrógrado tu planeta de la profesión estas cosas necesitan más estudio y análisis; no hay ninguna necesidad de precipitarse a nada; tómate tu tiempo e infórmate más. Después del 21 parece que los superiores están menos satisfechos con tu ética laboral, pero esta es una situación temporal; tal vez ellos mismos no saben bien qué desean. El 5 tu planeta del amor, Mercurio, cruza tu Medio cielo y entra en tu décima casa. Esto indica que los métodos sociales favorecen la profesión; es importante asistir a las fiestas convenientes y ofrecerlas, alternar socialmente con las personas que pueden ayudarte en la profesión. El amor es importante en ese periodo, pero problemático. Al parecer estás de malas con el ser amado, no hay sintonía entre vosotros; pero este también es un problema de corta duración; se resolverá después del 24.

Tu planeta del amor estará en tu casa de la profesión del 5 al 24. Si estás soltero o soltera y sin compromiso hay oportunidades románticas con jefes y superiores. En general te atraen personas poderosas, encumbradas; tiendes a alternar con este tipo de personas también. El amor se ve «práctico» este mes, parece un trabajo como cualquier otro. Falta la pasión del amor. Esta será tu tarea; tendrás que proyectar conscientemente más afecto y simpatía hacia los demás, y en especial hacia el ser amado.

Te las has arreglado con cambios y extremos financieros todo el año; pero del 23 al 30 llegan más. La intuición financiera, que es esencialmente buena, sólo necesita más verificación en ese periodo; la intuición podría no significar lo que crees.